인도 불탑
India Stupa

인도 불탑
India Stupa

송봉주 지음

담앤북스

추천사

인도. 참 불가사의한 나라로 보일 때가 많다. 커다란 땅덩어리를 바탕으로 길고 긴 역사가 이어져왔다. 그 안의 문명에는 종교, 설화, 철학, 문학 등 수많은 인류문화 역사가 지금도 만들어져간다. 어느 나라라도 공통의 역사는 있다. 그런데 그 역사가 대부분 현재와는 관계가 없는 죽은 역사로 남아 있는 경우가 허다하다. 하지만 인도의 역사는 죽지 않고, 현대 사회 사람들과 살아서 함께 공존하고 있다. 그렇게 인도의 인류 문화 역사는 가치가 더욱 크다.

이 책은 한국 땅을 삶의 터전으로 살아온 사람이 매우 길고 오래된 인도 역사 속의 불탑문화를 직접 가서 살펴보고 경험한 결과물을 연구보고서로 쓴 책이다.

이 글을 쓰는 본인은 인도 땅 한곳에서 30년을 넘게 살았다. 그 안에 이름 있는 불탑은 몇 차례 다녀온 바 있는데, 이 책의 글과 사진을 보고는 놀라움을 금치 못했다. 나는 그저 껍데기 외관만을 보고 겨우 사진 몇 장 찍어 놓은 게 전부였는데 이 책은 역사문화 예술 등을 두루 살핀 학술적인 글로 탄생하게 된 것에 찬탄의 말을 아끼지 않을 수가 없다. 우선 열악한 환경의 고난을 다 극복하고 이 많은 지역을 다 답사하며 수많은 문명의 역사물을 빠짐없이 찾아가서 연구했음에 놀랍기만 하다.

사실 우리나라 불교 역사문화에서 탑을 빼놓을 수 없다. 적어도 오래된 절이나 규모를 갖춘 사원 도량에는 으레 큰 탑이 예쁘게 자리하고 있다. 누구나 잘 아는 불국사의 다보탑과 석가탑부터!

인도에서 시작된 불탑은 서역 중국을 거쳐 우리나라에 와서 정착되었는데 인도의 본래 탑이 부처님을 상징하는 의미와는 크게 차이가 난다. 우선 우리나라 탑은 사리탑으로 떠오르는 데에 있다. 물론 인도 불탑도 부처님 유골을 모시는 곳에서 출발하였지만 수많은 예술문화로 탈바꿈하면서 훗날에는 부처님을 상징하며 존경과 예배하는 붓다의 상징적인 신앙으로 변하기도 한다.

티베트에서의 불탑은 부처님 마음을 상징하는 문화로 변하면서 아름다운 탑문화로 발전했다. 실로 인도를 벗어나 부처님에 대한 숭상으로 미얀마의 쉐다곤 불탑이나 인도네시아의 보로부두르대탑은 종교 예술의 극치가 아닌가. 유네스코가 정한 세계문화유산으로 지정하였고, 그 가치나 예술성 등은 두고두고 최고의 인류문명으로 남을 것이다.

유독 불교 국가에서는 매우 큰 탑을 조성하여 스님이나 신자들이 몸과 마음을 정화하는 의식인 탑을 도는 신앙 행위가 일상생활화된 채로 남아 있다.

스리랑카, 태국, 미얀마, 네팔의 불자들이 매일 탑돌이하는 신앙 행위는 아름답기도 하다. 인도에서 가끔 절 수행으로 보드가야대탑이나 네팔의 보드나트대탑에서 몇십만 배 절 수행을 해오던 스님이 절하는 도중에 자기 앞에 나타났다며 하얀 사리를 가져와 보여주곤 했다. 처음에는 믿음이 가지 않다가 훗날 달라이 라마의 증명, 즉 법계 사리임을 밝혀주셨을 때 탑이 그저 그냥 돌과 흙벽돌로 쌓아놓은 탑 모양만이 아님을 실감했다.

내 개인 수행자로서 탑에 대한 종교적 경험 사건을 하나 곁들인다.

라닥 쟌스카 계곡에 샤니 곰빠라는 오랜 절이 있다. 거기에는 티베트 불교의 성자로 추앙받는 나로빠(1016~1100) 성인의 사리탑이 있다. 그 스님은 인도 태생으로 나란다대학의 학장을 역임한 대학자이자 고도의 수행자이다. 지금도 당신 가르침 [나로육법]이란 비전이 이어오고 있는 역사적인 고승이다. 본인은 연년이 그쪽 지역을 방문하는 바 열악한 환경에 있는 승가와 마을 주민들에 대한 의료봉사차 매년 가는 곳이다.

한번은 그 사원 주지 스님과 함께 1년에 한 번 문을 열어놓는 날이라며 탑에 있는 나로빠 어른의 소상을 참배하란다. 정성과 함께 합장으로 머리를 드리울 때 내 보는 바로 앞 바닥에 하얀 사리 한 알이 소상의 손에서 튀어나오는 게 아닌가!

이걸 뭐로 설명할 수 있단 말인가!

우선 놀라웠다! 이런 어설픈 탑에서 이런 일이 생기다니!

주지 스님께서는 "한국 비구 스님의 청정행으로 신심, 정성, 공덕으로 이런 일이 생겼다."며 당신도 크게 기뻐하셨다.

이 책은 탑의 연구보고서로 우리가 알고 있던 탑에 대한 지식에서 벗어나며 탑 신앙과 함께 바른 역사적인 신앙의 탑을 알게 되리라 확신한다. 여기서 읽는 이로 하여금 수행의 증장이 되고 나아가 더욱 불심의 열의로 끝내 구경의 불중에 이르기를 희망한다.

2022년 2월

비구 청 전

책을 펴내며

　인도, 우리 관점에서 바라보면 모든 것이 새롭게 느껴지는 거대한 미지의 세계 같은 사상, 종교, 문화의 복잡다단한 것을 문자로 표현하기 매우 어려운 곳이다. 마치 장님이 코끼리를 말하듯 전체를 보지 못하고 일부만 가지고 전체를 말하는 것처럼 우리가 인도를 파악하는 것은 극히 일부에 지나지 않을 것이다.

　인도 곳곳의 불교 유적지를 둘러보았지만 가장 깊은 감명을 받아 강하게 인상에 남은 것은 처음 만난 산치의 대탑이다. 그곳에는 고대인도 문화의 결정체라고 할 것을 보았기 때문이지만 무엇보다도 당시 인도 사람들의 신앙생활 모습이 그대로 다가오는 것을 느꼈기 때문이다. 이후 아잔타, 엘로라석굴을 시작으로 인도 유적의 장대함은 어느 것을 보아도 경탄의 대상이었다.

　인도 유적과 만남 과정에서 새롭게 알게 된 것이 '스투파Stupa'다. 우리에겐 '탑塔', '탑파塔婆' 등으로 알려진 석가모니 부처님의 유골을 봉안한 분묘이자 기념비이다. 초기에는 흙, 벽돌 등으로 조성된 봉분 형태였으나 아소카왕 이후 본격적으로 탑의 형태를 갖췄다. 기원전 3세기 이후 불교가 동남, 중앙, 동북아시아로 전파되면서 탑은 여러 나라의 문화적 전통들을 연결해 하나의 정신적, 문화적 공동체를 형성하는 역할을 맡게 된다. 이처럼 탑은 기원전 5세기경 붓다에 의해 불교가 생긴 이후 현재를 포함하여 미래까지 연결되는 종교적이자 역사적 유구이며 문화적 자산이라 할 수 있다.

탑은 불교 신자에게 신앙생활의 핵심적 존재라고 할 수 있지만, 인도 탑의 독특한 형태와 엄청난 수의 부조상 등이 무엇을 의미하고 있는지, 단순히 불교라는 범위 내로 한정하지 않고 인도인들에게 있어서 어떠한 의미를 지니고 무엇을 의미하는지 알아보고 싶었다.

인도 사람들의 신앙생활에 대한 심층 조사를 한 적도 없었고 문헌 해석에 관해서도 여러 가지 뜻밖의 오류와 실수가 있었을 것이며 여러 전문가로부터 질책이나 충고를 들을 수 있다면 더할 나위 없이 다행이라고 생각한다.

개인적으로 불교미술, 특히 탑에 대해서는 막연한 관심을 두는 것에 지나지 않았다. 부모님 타계 후 본격적으로 불교미술을 탐구하기 시작했다. 공직에 몸을 둔 지 38년 세월을 보내고 정년퇴직을 했다. 그동안 연구에 전념할 수 있는 환경에 몸을 두고 있었던 것은 아니었지만 그래도 많은 어려움을 겪으면서도 결실을 보게 되어, 또 개인적으로 하나의 관문을 무사히 통과하게 되어 홀가분한 기분이다.

동국대학교 대학원에서 불교미술을 전공하면서 석사 때부터 불교미술에 대해 많은 가르침을 주신 김창균 교수님, 인도 석굴에 관심을 두게 해주신 문명대 교수님, 논문 지도과정에서 꼼꼼히 지도해주시고 인도, 간다라와 관련하여 많은 도움을 주신 유근자 교수님, 논문 포기까지 고려할 정도의 어려움에 직면했을 때 힘을 실어주신 이수예 지도교수님 등 진정으로 만나기 힘든 교수님들을 만났다. 여기까지 연구를 진행해 올 수 있도록 도와주신 것에 대해 매우 감사한다. 그 외에 도움을 준 여러 교수님을 비롯한 많은 분으로부터 여러 가지를 배울 수 있었던 것도 잊을 수 없다. 바로 무한의 인연이 있어 오늘의 내가 있음을 다시 한번 깊게 느끼고 감사의 마음으로 가득하다.

  마지막으로 장기간에 걸친 연구 활동을 지켜봐 준 내 가족, 진영, 나리, 혜영, 정식과 특히 제가 원하는 길을 이해하고 계속 지원해준 부인 김명숙에게 진심으로 감사의 뜻을 표하며 이 책을 부모님 영전에 올립니다.

2022년 2월

송 봉 주

목차

머리말

머리말

　인도印度! 다녀오지 않은 분들에게서 "인도 같이 더럽고 혼잡하고 위험하고 더운 나라는 왜 가나요?"라는 질문을 자주 듣는다. 인도를 방문하지 않은 사람들의 마음은 공감된다. 그런데 나에게 "인도는 갈만한가요?"라는 질문을 던진다면 이렇게 대답할 것 같다. "한 번은 다녀올 만합니다. 다만 호불호가 명확해요." 물론 내 경험에서 나온 대답이다.

　인도는 대륙의 나라이며 인더스문명의 발생지이자 아시아 문명의 원천이다. 불교, 힌두교, 자이나교 등 다양한 종교와 문화, 무더위와 추위가 동시에 나타나는 등 서로 다른 매력이 공존하는 곳이다. 또한, 인간과 동물이 함께 숨 쉬는 곳, 가난과 부유가 함께 공존하여 마치 천국과 지옥이 같은 공간에 있는 것을 보면 우리는 문화적 충격을 받는다. 일부만 보고 전체를 말하는 것처럼 우리가 인도에 관해 파악하는 것은 머리카락 하나에도 미치지 않을 것이다.

　하물며 고대 인도인의 종교 생활 모습을 있는 그대로 파악한다는 것은 매우 어려운 일이다. 천축天竺으로 알려진 곳으로 대당 황제의 칙명을 받아 불교 경전을 구하러 가는 삼장법사와 손오공을 묘사한 서유기 무대로도 알려진 인도는 우리에게 불교와 함께 친근감이 드는 곳이다.

　최근의 인도는 우리나라가 70년대 경제발전을 할 때처럼 다녀올 때마다 엄청난 인프라의 변화가 나타나는 것을 느낀다. 인도 여행 또한 매우 쉬워졌다. 사업, 힐링, 요가, 학습, 성지 순례 등 다양한 목적을 갖고 인도를 방문하는 사람이 많다. 성지 순례를 다녀오는 분들은 4대 혹은 8대 불교 성지를 위주로 하고, 유적을 탐방하는 분은 데칸고원의 아잔타 석굴사원 등을 대상으로 하고 있다.

기원전 5세기경 깨달음을 얻었던 석가모니 부처님(이하 석존釋尊, 붓다 병행 표기)이 네팔 지방의 석가국에서 태어나 출가하여 갠지스강 유역의 마가다국으로 건너가 35세에 깨달음을 얻고 불법을 설파한 뒤 80세에 열반에 들어간 이후 인도 각지에서 다양한 형태의 스투파stupa(이하 불탑佛塔과 병행 표기)가 건립되었다. 불탑은 불교와 함께 아시아 각지로 퍼져나갔으며, 1203년 비크라마쉴라Vikramaśilā사원이 이슬람 세력에 의해 소실되면서 인도에서 불교는 소멸하였다. 불교 발생지인 인도에서 건축물로서 기원전의 모습을 전하는 스투파는 중인도 데칸고원에 있는 산치Sanchi 제1탑 뿐이며 대다수 다른 불탑은 기단 일부만 전해질 뿐이다. 다만 소형 봉헌탑이나 바위를 파내 만든 석굴사원에 봉안된 탑, 암석 표면을 깎아내어 표현한 부조탑 등에서 기원전 인도에 건립됐던 것으로 추정되는 다양한 스투파, 즉 불탑의 모습을 볼 수 있다.

고대인도 건축물이 전해지는 것이 없는 상태에서 바위를 파서 만든 석굴사원은 B.C. 3세기부터 A.D. 12세기까지 아지비카교, 불교, 힌두교, 자이나교 등의 종교건축물로 조성되었다. 이곳은 스님들의 수행 및 생활 공간이자 재가 신자들이 예배 및 공양을 올리는 성역의 역할을 해왔다. 석굴 안팎으로 건축, 조각, 벽화 등의 조형공간이 오늘날까지 생생하게 전해지고 있다.

이들 석굴사원은 서인도 데칸고원과 아라비아해와 접하는 해안가 콘칸

konkan 지역에 대다수가 조성되었다. 그 외는 중인도 서말와Western Malwa, 서북인도 구자라트, 남인도 안드라 지역에 일부 남아 있을 뿐이다. 기원 후 지중해 교역의 경제적 효과를 얻은 상인들의 시주 등을 기반으로 해안 도시와 내륙 도시를 연결하는 중요 교통로에 대량으로 개착되었다. 특히 석굴사원 가운데 불교 석굴사원의 주된 예배 대상물인 불탑을 포함한 여러 조각과 벽화는 이곳을 찾은 불교도들에게는 석존의 성지이자 신앙처 역할을 하였다.

불탑은 석존의 유해, 즉 석존의 진신사리가 봉안된 사리탑을 일컫는다. 그러나 석존의 열반 이전에 입적한 사리불이나 목건련 무덤은 석존의 불탑보다 먼저 만들어진 것이다. 그것들도 스투파로 부르고 있어 이 책의 전개 과정에서 스투파와 불탑의 분리 필요성이 제기되어 스투파와 불탑 佛塔으로 구분하였다.

과거불 여부는 신앙 차원에서 등장한 것으로 확실치 않으나 만약 실존한다면 그들의 스투파도 석존의 사리를 봉안한 불탑보다 먼저 만들어진 스투파, 즉 불탑이 된다. 이처럼 불탑이 곧 불사리 탑이라는 관점에서 보면 여러 문제점이 제기된다. 그러나 일반적으로 석존의 사리탑이 최초이며 그것을 모방하여 불제자, 과거불, 벽지불 등의 스투파가 조성된 것으로 알려졌다. 이것들은 후대에 번성한 신앙의 영향을 받은 것으로 보인다.

이 책은 인도불교의 일반사원과 석굴사원의 불탑, 불탑을 봉안한 차이티야굴caitya caves의 조영 이유와 형식 분석을 통해 초기 불탑의 조성과정 및 의의, 편년을 고찰하고 불탑의 변화 과정을 알아보는 데 목적이 있다.

첫 번째는 고대인도의 스투파 조성과 관련하여 석존의 열반과 장례, 사리8분 전설의 검증, 소재 파악을 중심으로 다루었다. 이와 함께 스투파의 용어, 기원, 구성요소, 불탑의 유형, 상징성과 불탑 조성의 의미에 대해 간략하게 고찰하였다.

두 번째는 석굴사원 차이티야굴의 변화에 대해 새롭게 해석하고자 한다. 이것은 석굴사원에 남아 있는 명문의 해석과 평면형식의 비교분석을 통한 조성시기에 대한 편년 정립이라 할 수 있다. 역사기록을 비롯한 기록문화 흔적을 찾는 것이 매우 어려운 인도민족의 특성 때문에 흥망성쇠를 거듭한 여러 왕조 기록이 거의 없다. 그나마 남아 있는 기록도 문헌마다 달라 어떤 문헌을 기준으로 하느냐에 따라 차이티야굴 편년 설정이 학자마다 다르게 나타나고 있다.

반면에 석굴군에는 탑을 봉안한 차이티야굴, 스님이 거주하는 독방 형태의 비하라굴, 다수의 스님이 모이는 강당 역할의 넓은 홀, 스님이 거주하면서 음용할 식수를 보관하기 위해 암반 바닥을 파낸 저수조, 차이티야굴 내부에 세워진 다수의 기둥인 열주 등 많은 곳에서 시주행위를 기록한 명문이 다수 현존하고 있다. 명문은 개조되기 쉬운 문헌 기록과 달리 한번 새겨지면 변경되지 않고 후대에 전달될 가능성이 크다.

물론 후대에 추가된 예도 있겠지만 현재로서는 이들 명문해석과 고고학 발굴결과는 석굴군의 조성시기를 유추하는데 하나의 열쇠가 된다. 그런데 명문과 고고학 발굴결과도 일부 석굴에서만 확인되고 정확한 연대표기가 있는 경우는 매우 드물다. 즉 명확한 연대 표기가 없는 명문의 관찰로 얻은 결과를 전체로 확대하는 것은 오류가 발생할 가능성이 크다고 할 수 있다. 이를 해소하기 위해 될 수 있으면 많은 석굴군의 특징을 비교분석함으로써 실체에 접근한다면 이러한 오류도 적어질 듯하다. 현재로선 많은 수의 유구 조사를 통해 획득한 자료들이 실체에 접근할 가능성이 가장 크다고 보기 때문이다.

세 번째는 차이티야굴의 불탑 연구를 들 수 있다. 이 점은 현존하는 일반사원 불탑의 양호한 예가 전혀 없는 상태에서 차이티야굴의 불탑은 불탑을 이해하는 데 기초가 된다. 스투파 형상에는 불교 사상과 정신이 내재되어 불탑은 불교사원에서 핵심적인 상징이자 숭배의 대상이 되었다. 따라서 새로 정립된 차이티야굴 편년에 근거하여 불탑의 형식 특징과 변화, 사상적 배경 등을 고찰하고자 한다.

네 번째는 북인도, 중인도, 남인도를 포함하는 인도 전역과 서북인도 즉 현재 파키스탄 페샤와르 분지의 간다라 지역과 중앙아시아에서 중국 둔황으로 이어지는 실크로드에 있는 우즈베키스탄, 타지기스탄, 신장웨이우얼 등에 남아 있는 불탑의 비교 고찰을 통해 인도 불탑의 변화 과정을 고찰하였다.

특히 필자가 인도, 파키스탄, 중국 등 여러 나라의 현지답사와 논문작성 과정에서 얻은 인도 전역에 분포된 다양한 불탑의 현황과 특징을 살펴보았다. 그것은 같은 시기에 나타나는 불탑의 개별 특징을 확인하고 분석한 결과를 비교함으로써 같은 시기, 같은 지역 불탑의 특징을 파악하는데 하나의 기준점이 된다고 본다. 물론 전체가 아닌 부분적인 관찰로부터 얻은 결과를 전체로 확정하는 데는 오류가 발생할 수도 있다. 그렇다고 무조건 무시하거나 외면할 필요는 없다고 본다. 여러 가지 조사를 통해 획득한 자료들이 현재로선 그것이 가장 나은 방법이라고 생각되기 때문이다.

18세기 이후 많은 학자에 의해 인도 불탑의 연구가 이뤄졌지만, 일부 불탑에 치중된 부분적 측면이 있다. 이를 해소하기 위해 이 책에서는 그동안 취급하지 않았거나, 소홀했던 개별적 불탑에 대해 현시점에서 많이 다룸으로써 오류를 최대한 해소코자 하였다. 누락된 석굴과 불탑도 일부 있지만, 대부분을 학위 논문에서 비교분석하고 다루었기 때문에 이 책에서는 중요하다고 판단되는 예를 위주로 작성하였다.

　다음으로는 인도불교 일반사원과 석굴사원의 차이티야굴과 스투파 연구는 여러 방면에서 이루어졌다. 먼저 스투파는 고고학 발견 및 발굴, 사리용기와 부장품 등의 출토유물 조사, 구조, 상징성, 명문해석, 부조 장식 등을 주된 연구 대상으로 취급하였다. 불교 석굴사원은 조성 배경, 석굴군의 편년, 평면구조, 불교·힌두교·자이나교 굴과의 비교분석 등 현재도 인도 고고학계에서 계속 진행되는 연구 분야이다. 이 책에서는 2가지 연구 방향으로 정리하였다. 첫째는 인도 스투파에 관한 연구사, 둘째는 석굴사원에 관한 연구사다. 이들 연구사는 보고서 및 논문의 발행 연도를 기준으로 정리·서술하였다.

　인도불교 석굴사원의 차이티야굴과 불탑에 관한 연구는 여러 방면으로 이루어졌다. 동서양을 포괄하여 불탑과 석굴사원 연구사의 모든 것을 거론하는 것은 불가능하지만 이들 연구사를 이 책에서 모두 거론하는 것보다 비중이 큰 연구 성과를 위주로 저자 및 발행 연도 기준으로 간략하게 도표로 정리하였다.

　주된 학자들의 성과를 열거한 표1)의 내용을 살펴보면 지금으로부터 150여 년 전 커닝엄A.Cunningham의 『바르후트 스투파』, 퍼거슨J.Fergusson과 버제스J.Burgess의 『인도석굴사원』을 필두로 수많은 학자에 의해 스투파 및 석굴사원의 발견, 발굴조사, 사리용기 등의 부장품, 구조, 난간이나 탑문 등의 부조, 명문해석 등 불교미술, 불탑과 사원 전체와의 관계, 신앙과의 연관성, 역사적 전개 등 광범위하고 특정 주제에 대한 저서들이 다양하게 간행되었음을 알 수 있다.

표1. 인도 석굴과 불탑 연구관련 저서 및 논문 목록(연대순서)

연구자	연도	저서 및 논문 명칭, 발간장소, 개요
A. Cunningham	1879	The Stupa of Bharhut, London, (바르후트 스투파의 발견 및 부장품 회수, 명문 해석, 도록 등 보고서 발간, 처음으로 고대인도 문화 소개)
J. Fergusson and J. Burgess	1880	The Cave Temples of India, London. (도판이 없는 최초의 종합학술연구서로 오늘날에도 자료가치가 높다)
J. Burgess and B. Indraji	1881	Inscriptions from The cave temples of Western India. Bombay. (명문에 대한 해석)
J. Burgess	1883	Report on the Buddhist Cave Temples and their Inscriptions, London (서인도 석굴사원에 대한 연구)
	1886	The Buddhist Stupas of Amaravati and Jaggayyapeta, London. (남인도 아마라바티와 자가야페타 스투파에 대한 연구)
A. Rea	1894	South Indian Buddhist Antiquities, Archaeological Survey of India, Madras, (남인도에서 발견된 여러 스투파의 포괄적 보고서)
B. M. Barua, K. G. Sinha	1926	Barhut Inscriptions. Calcutta, (바르후트탑 명문과 부조연구, 바루아는 부조내 도상, 신하는 명문, 공동저서)
G. Combaz	1933	L'évolution du stūpa en Asie, I. Étude d'architecture bouddhique, (스투파가 우주론적 상징성을 포함한다는 연구)
	1935	II. Contributuons nouvelles, vue d'ensemble,
	1937	III. La symbolisme du stūpa, Mélanges Chinois et Bouddhiques.
A. H. Longhurst	1936	The Story of the Stūpa, Colombo (스투파 변천을 남인도, 히말라야 건축물과의 비교), (Ind Repr. New Delhi 1979)
	1938	The Buddhist Antiquities of Nāgārjunakoṇḍā, Madras Presidency. (나가르주나콘다 유적 고찰)
J. Przyluski	1936	Le partage des reliques du Bouddha. Mélanges chinois et bouddhiques, Bruxelles, (반구형 모습은 북방 스키타이 민족의 관습이라는 정의)
J. Marshall A. Foucher	1940	The Monuments of Sāñchi, Delhi, (산치 옛 유구에 대한 최고의 보고서)
P. Brown	1940	Indian Architecture, Buddhist and Hindu, Kiran Book (말굽형 차이티야굴 언급)
H. Lüders	1941	Bharhut und die buddhistische Literatur. Abhandlungen für die Kunde des Morgenlandes. Liechtenstein (바르후트탑의 자타카, 명문해석), Bharhut Inscriptions. Corpus Inscriptionum Indicarum, Ootacamund 1963.
W. Spink	1954	Rock-cut Monuments of the Andhra Period: Their Style and Chronology, Harvard (전기석굴의 중요성)
A. K. Coomaraswamy	1956	La Sculpture de Bharhut, Paris (바르후트, 보드가야의 부조에 대한 해설서)
M. Bénisti	1960	"Étude sur le stūpa dans l'Inde ancienne", Bulletin de l'École Francaise d'Extrême-Orient, Tome. (인도 스투파연구 최초로 본격적 검토, 스투파를 9개로 구분)
V. Dehejia	1972	Early Buddhist Rock Temples. New York, (석굴사원을 개관 정리 시도, 특정 석굴의 구조와 조화, 건축적편년)
肥塚隆	1973	「Sātavāhana朝の仏教石窟」『日本仏教学会年報』第38号

연구자	연도	저서 및 논문 명칭, 발간장소, 개요
Sushila Pant	1976	The Origin & Development of Stūpa Architecture in India (인도 스투파의 총괄적 연구서, 바라문묘제에 약간의 수정에 불과)
J. Irwin	1977	The Stūpa and the Cosmic Axis : The Archaeological Evidence, In South Asian Archaeology. (유파 - 야스티)
K. Fischer	1979	Hidden symbolism in stūpa-railing reliefs : Coincidentia oppositorum of Mara and Kama. Wiesbaden, (약시, 미투나 상의 상징적 의미 탐구)
A. L. Dallapiccola	1980	The Stūpa, its Religions, Historical and Architectural Significance. Beiträge zur Südasien-Forshung, Wiesbaden (스투파의 종교, 역사 및 건축의미-인도에서 일본까지 취급)
H. G. Franz	1980	Stūpa and stūpa-temple in the Gandhāran regions and in Central Asia. (간다라, 중앙아시아 탑과 사원 조사)
S. V. Jadhav	1980	Rock Cut Cave Temples at Junnar---An Integrated study, unpublished Phd. poone (준나르 석굴군 종합연구서)
S. Nagaraju	1981	Buddhist Architecture of Western India. Delhi. (차이티야굴, 스투파에 대한 분류, 편년 최초 집대성 시도)
J. G. Willlams	1982	The Art of Gupta India, Princeton
杉本卓洲	1984	『インド佛塔の研究』平楽寺書店, (용어, 모습과 숭배형태, 장묘제도, 기원과 의미, 장례와 탑공양, 사리분배, 의의 등 최초 종합적인 연구결과)
M. K. Dhavalikar	1984	Late Hinayana Caves of Western India, Poona (후기소승석굴)
佐藤宗太郎	1985	『インド石窟寺院』東京書籍, (불교·힌두교·자이나교 굴 연구)
宮治昭	1992	『涅槃と彌勒の圖像學』吉川弘文館 (스투파 상징성과 장식원리)
A. Snodgrass	1992	THE SYMBOLISM OF THE STUPA, Delhi (스투파 평면과 상징성 연구)
野々垣篤	1994	「ダムナール仏教石窟の平面と伽藍の基本構成」, 『日本建築学会計面系論文集』第460号, (서말와 지방의 석굴사원 조사)
塚本啓祥	1996	『インド佛教碑銘の研究I, II』平樂寺書店 (인도 전역에서 출토된 2,800여개의 명문에 대한 해석)
桑山正進	1998	「アウグストゥス靈廟と大ストゥーパ」, 『東方学報』第70冊』 (바킷살구조 스투파 연구)
John Strong	2004	Relics of the Buddha, Princeton University Press
S. A. Pandit	2006	Religious development of Buddhism as understood through the art of Kānheri. unpublished Ph. D. Thesis.
山岡泰造, 中谷伸生	2006	『インド石窟寺院の美術史的研究―西インド地域を中心として―』 関西大学, (전기석굴 자료집)
米田文孝 외3	2008	「インド共和国西デカン地方における小規模仏教石窟群の踏査(1)」 『関西大学博物館紀要』4, (콘칸지방 답사자료집)
加藤直子, 矢谷早, 増井正哉	2009	「ガンダーラ仏教建築における仏塔に関する研究 その1,2,3」, 『日本建築学会計両系論文集』(간다라 불탑을 건축학적 측면 고찰)
平岡 三保子	2009	『インド仏教石窟寺院の成立と展開』山喜房佛書林
Dulari Qureshi	2010	The Rock-cut Temples of Western India, Bharatiya Kala Prakashan (불교, 힌두교 석굴에 대한 개괄적 연구)
ASI		Indian Archaeology-A Review, Archaeological Survey of India (매년 간행되는 인도내 유적지 발굴 및 보수현황 소개)

연구자	연도	저서 및 논문 명칭, 발간장소, 개요
Johannes Bronkhorst	2011	Buddhism in the Shadow of Brahmanism, brill
천득염	1994	「간다라의 불탑형식」, 『대한건축학회논문집』 10권 6호, 통권 68호
	2013	『인도 불탑의 의미와 형식』 심미안
	2018	『인도 불탑의 형식과 전래양상』 심미안
손신영	2005	「간다라 방형 기단 불탑의 일고찰」, 『강좌미술사』 25호
이희봉	2008	「인도 불교 석굴사원의 시원과 전개」, 『건축역사연구』 통권 59호
	2009	「탑의 원조 인도 스투파의 형태 해석」, 『건축역사연구』 제18권 6호
김준오	2012	『인도 초기 Stupa 형식 연구-Relief Stupa 분석을 중심으로-』 전남대학교 박사학위논문
김준영	2013	『분황사석탑 연구』 영남대학교 박사학위논문
송봉주	2019	『인도 불교 석굴과 불탑 연구』 동국대학교 박사학위논문

　20세기 중반 들어 인도 곳곳에서 불탑을 포함한 불교 유적이 새롭게 발견되거나 발굴보고서 등을 통해 그에 대한 새로운 내용이 밝혀지고 있다. 다만 석굴사원 및 불탑 전체에 관한 연구가 아니라 일부 지역의 특정 석굴군에 한정되었고 배치도나 평면도조차 없는 연구가 대부분을 차지했다. 따라서 다양한 외형, 복잡한 구조에 대한 정밀한 실측, 종교적 의의와 기능 연구가 과제라 할 수 있다.

　우리나라의 경우 최근들어 인도 불탑의 시원 형태와 석굴사원의 변화, 불탑, 우리나라 불탑과의 관련성, 인도 석굴과 우리나라 석굴과의 비교분석 등에 대해 체계적이며 구체적인 연구 성과가 나오기 시작하였다.

　현재까지 알려진 1,200여 개가 넘는 인도 석굴군과 수를 알 수 없는 불교사원과 불탑을 모두 조사 분석하는 것은, 국가가 아닌 개인이나 단체에서 진행하기에는 상당히 어려운 일이다. 여러 가지 이유로 인해 그동안 많은 학자의 연구는 특정 지역, 특정 석굴군에 한정되었다. 그러나 최근에는 인도 정부의 간선 도로망 확충과 정비가 이루어져 접근이 쉬워졌다.

이 책은 필자의 박사학위 논문을 토대로 작성했으며, 필자의 논문은 그동안 여러 학자에 의해 이루어졌던 인도 내 석굴 가운데 일부에 한정된 선행 연구와 달리 인도 전역에 분포된 석굴사원 가운데 불탑 유구를 대부분 포함하고 이를 비교 분석하는 것으로 구성하였다. 불탑이 없는 석굴군은 조사범위에서 제외하였고 승탑도 조사범위에 포함하지 않았다. 암석에 새긴 부조 스투파의 경우 조사범위가 매우 넓고 수량도 많아 이들은 이번 조사범위에서 제외하였다. 다만 해당 석굴군에서 중심적인 경우와 일부 부조 스투파는 예외로 하였다.

이 책에서는 석굴사원의 불탑과 함께 인도 전역, 파키스탄, 아프가니스탄, 우즈베키스탄, 타지기스탄, 신장 웨이우얼 자치구 등 중앙아시아에 분포된 평지 및 산지 가람의 불탑을 조사범위로 설정했다. 이들 가람의 경우 훼손되지 않고 남아 있는 불탑의 예를 찾아보기 힘들어 현존하는 불탑의 유구 가운데 답사가 가능하거나 자료 취득을 할 수 있는 유구를 대상으로 한정하였다.

마지막으로 연구 과정에서 취득한 다양한 인도 내 불탑에 대한 방대한 자료를 혼자서 간직한 채 혼돈과 망각 속에 묻히기보다는 지금까지의 조사 성과가 부족하더라도 일단 정리한 후 향후 연구를 진행하기 위한 포석으로 삼았다.

고대인도印度와
불탑

1장

고대인도印度와
불탑

1. 고대인도와 불교

막상 인도에 대해 언급하려면 생각보다 쉽지 않다. 왜냐하면, 인도에 대해서 아는 게 거의 없기 때문이다. 그런데 알고 있다고 착각하는 게 의외로 많다. 아마 불교와 관련이 있기 때문일 것이다. 현재 국가로서의 인도를 생각할 때 고대인도의 영토는 매우 컸다. 영국 식민시대는 현재의 파키스탄, 방글라데시 외에도 인도의 문화사 영역 안으로 네팔, 부탄을 포함하였고 A.D.1~3세기경 쿠샨왕조 때는 아프가니스탄, 중앙아시아 남부까지 영역을 넓혔다.

인도는 국어가 없다. 흔히들 힌디어로 알고 있으나 국어를 정할 수 있는 나라가 아니다. 1961년 총조사에 의하면 인도 내에서 사용하는 언어가 1,652개에 달하며 2001년 총조사에서는 100만 명 이상이 사용하는 언어가 30개로 드러났다. 인도법에서는 22개의 언어를 공식 언어로 인정하고 있다. 이처럼 인도는 다문화, 다인종, 다언어, 다종교로 이루어진 국가이다.

다종교, 다인종, 다언어 등의 국가로 만들어지는 맥락을 살펴보면, 기원전 언제인지 알 수 없는 시기에 카스피해 근처에 있던 많은 유목민, 즉 아리안족으로 알려진 유목민 집단이 남쪽으로 이주를 시작했다. 아리안족이 남쪽으로 이동할 때 만난 강이 지금의 파키스탄 인더스강이다. 지금

30 · 인도 불탑 *India Stupa*

우리가 인도 종교와 관련하여 부르는 '힌두Hindu'라는 용어는 당시에는 신두Sindu라고 불렸다. 그런데 이란 지역에 정착한 아리안족들은 S를 H로 발음했고 '신두'는 '힌두'로 발음되었다. 그러니까 우리가 알고 있는 '힌두'라는 용어는 종교 이름이 아니고 '인더스강 건너편에 사는 사람들'을 가리키는 용어이다.

아리안족은 인더스강을 넘어 동쪽으로 갠지스강을 따라 이주를 계속 진행했다. 이주하는 지형을 살펴보면 갠지스강 주위로 동쪽의 벵골만에 이르는 지역은 산 하나 보기 힘든 평야 지대로 북쪽은 히말라야산맥, 남쪽은 데칸고원으로 둘러싸여 갠지스강을 따라 하류인 동쪽으로 이동하는 지형상의 특징이 있다. 이후에도 중앙아시아에서 인도로의 이주가 계속 진행되었다. 선이주했던 아리안족은 동쪽으로 이동하면서 갠지스강 지역에 정착하였고, 나중에 이주한 아리안족에 의해 낙후된 지역으로 인식되어 석존이 속했던 석가족이 야만족 취급을 받게 된다.

아리안족의 이동 경로에 관해 DNA 연구를 포함하는 다양한 연구결과를 보면 파미르고원과 히말라야산맥을 통해서도 남성 위주로 구성된 소수의 사람이 넘어온 것으로 알려졌다. 그쪽은 높은 산악지역이라서 지금도 사람들이 쉽게 넘어올 수 있는 곳이 아니다. 적은 수의 사람이 왔음에도 이들은 갑자기 인도 사회의 주류가 된다. 그 이유는 뭘까? 그들에게는 차크라Cakra가 있었기 때문이다.

'차크라'는 산스크리트어로 '마차바퀴'를 의미하는데, 차크라를 달고 있는 전투용 마차를 라타ratha라고 한다. 이것은 고속주행용으로 말이 앞에서 끌고 뒤의 마차에 병사가 승차하여 고속으로 달리면서 활을 쏘는 전투 행위를 한다. 이처럼 우수한 기동력을 갖춘 장비를 이용하여 적 후방 깊숙이 기동함으로써 적을 심리적, 물리적으로 마비시키는 전격전의 형태는 전쟁의 양상을 완전히 바꾸어 놓는 새로운 혁신이라 할 수 있다. 아리안들은 이 차크라를 만드는 기술을 가지고 있었다. 갠지스강 유역으로 먼저 이주했던 아리안들이 차크라를 이용하여 마차를 만들고 인도 갠지스강의 평야 지대를 질주했던 장면을 상상하면 당시 인도 원주민들이 느낀 것은 '공포' 그 자체였을 것이다.

아리안들은 유목민족이기에 남겨 놓은 그림이나 기록은 없으나 이와 관련하여 B.C.1,700~1,200년경 터키의 히타이트족, 이집트 등에는 세계 최초의 말이 끄는 전투용 마차를 타고 전쟁하는 장면을 묘사한 부조(그림 1-01)가 전해진다.

불교에서는 차크라를 법륜法輪으로 표기하는데 법륜은 산스크리트로 '다르마 차크라Dharma Cakra'이다. 법륜은 부처님의 가르침이 세상 어느 곳에 존재하는 중생에게도 영향을 끼치는 보물이란 의미가 있고, 이 바퀴를 굴리며 중생을 현혹하는 환상과 미신을 부수며 앞으로 나아간다고 본 것이다. 절에 가면 석가모니 부처님을 부르는 용어 중 하나가 '전륜성왕'이다. 이것은 마차바퀴를 굴린 성스러운 임금을 의미한다. 최근에는 인도 국가의 휘장에도 바퀏살 형태의 차크라를 표현할 정도인데, 이는 인도인들에게 차크라가 얼마나 중요한 위치를 차지하는가를 확실히 보여주는 예이다.

그림 1-01.
터키 Hittites족의 전투마차 이용 전쟁장면 부조
(기원전 9세기, 루브르박물관)

1) 베다 시대

B.C.1,500년~B.C.500년 사이를 가리켜 고대인도의 종교 지식과 제례 규정을 담고 있는 베다Veda시대, B.C.500년 이후를 서사시 시대로 분류하며, 베다 시대는 아리안족 이주 시기와도 맞물려 아리안족의 지배 시기라고 할 수 있다. 서양에서는 그리스 미케네문명(B.C.16세기~B.C 12세기)에서 시작하여 그리스의 고전기까지, 즉 로마가 태동하기 직전까지의 시기였다. 인도에서는 사제를 중심으로 제사를 지내고 신을 숭배하며 그들에 대한 제식화 현상이 나타난 시기이다. 이때부터 처음으로 신에 대한 개념이 등장하면서 여러 신, 하늘과 땅 등 신들이 나타났다. 33명의 신들을 찬양하는 1,028개의 찬가가 리그베다에 기록되었고 그중에는 천지창조의 이야기가 언급되었다.

홍미로운 것은 그때부터 사회적 분화가 나타났다는 사실이다. 고대인도 신화에 등장하는 최초 인간인 푸루샤Purusa의 각 부분에서 만물이 출생한다는 이야기가 실려 있다. 이것은 브라만, 크샤트리아, 바이샤, 수드라 계급의 탄생이 나타나는 것을 보여준다. 즉 인도 사회의 카스트 제도는 아리안들에 의해 리그베다부터 존재해왔던 사회 시스템이라는 것이다.

아리안들은 자신들이 무슨 생각을 하면서 이 세상을 살았는지에 대해 먼저 살펴보아야 한다. 왜냐하면, 현재까지도 이어지는 인도 사상과 종교의 핵심이기 때문이다. 그 핵심에는 야즈니아Yajna라는 제사의식이 있다. 이 제사의식의 특징은 어느 하나(예를 들어 기독교의 유일신)가 다수에게 수혜를 주는 관계가 아니라 서로 순환적으로 의지해서 사는 큰 틀에서의 원리라 할 수 있다.

이러한 예는『본생경』권1,「기원공양의 전생이야기」에서 볼 수 있다. "상인이 장사하러 나갈 때 생물生物을 죽여 천신들에 공양을 바치고 '우리가 뒷날 목적을 이루고 돌아올 때는 다시 와서 공물을 올리겠습니다' 하고 떠났다. 뒷날 목적을 이루고 돌아와서는 '천신의 위덕에 의해 그렇게 되었다고 생각하고 돌봄을 감사하기 위해 많은 생물을 죽여 공양하였다"는 것을 통해 인도인들에게 이어지는 종교 내면의 모습을 살펴볼 수 있다.

고대인도 제사의식의 특징을 간략하게 언급하면, 하늘나라에 데바Deva라는 신들이 있었다. 이 신들은 악한 신 아수라asura와 싸운다. 이때 신들이 반드시 이겨야 한다. 그래야만 신들이 이겨서 우주의 질서가 정상적으로 순환한다고 여겼기 때문이다. 예를 들어 비가 와야 할 때는 비가 와야 한다. 비가 내리면 비를 맞고 초목들이 자란다. 초목이 자라면 유목민들에게 제일 중요한 가축이 초목을 먹고 살아가고, 다시 그 가축을 사람이 먹고사는 과정을 반복한다.

이때 제일 중요한 건 필요할 때 비가 오는 것이다. 그래서 신들이 아수라와 싸워서 이길 수 있도록 지원하는 방법으로 불을 피운다. 이것을 아그니Agni라고 부른다. 그래서 불火도 '아그니'고, 불의 신神도 '아그니'이다. 우리가 알고 있는 '아궁이'라는 용어도 이와 연관성이 있다. 아그니에 제사용 곡물을 태우면 연기가 되어 하늘로 올라가서 신들에게 지원이 되는 것으로 생각했다. 이러한 우주적 질서를 베다 시대에는 리따Ṛta라고 부르고 산스크리트에서는 다르마Dharma로 용어가 교체된다. 아리안들은 자기들이 스스로 세상을 지키면서 살아가는 원칙이 있다고 생각하였다. 그것은 사회 종교적인 규범이자 법칙이고 우주운행의 원리를 나타낸다.

B.C. 600~B.C. 500년경에는 종교 문헌이 2가지로 분리된다. 하나는 슈루티Sruti로 하늘(신)으로부터 직접 계시를 듣고 기록했다는 천계서天啓書이고, 다른 하나는 천계서의 내용을 기억하기 위해 사람이 작성한 전승서傳承書인 스므리티Smrti이다. 슈루티의 가장 중요한 경전으로 4개

의 베다 문헌을 든다. 그것은 리그베다Rg-veda, 사마베다Sāma-veda, 야주르베다Yajur-veda, 아타르바베다Atharva-veda를 가리키지만, 실제로는 해설서인 브라흐마나Brāhmaṇas, 아란야까Āraṇyakas, '우파니샤드Upaniṣad'도 포함된다.

베다와 브라흐마나는 각각 신에 대한 찬가와, 제의에 관련된 경전, 아란야까와 우파니샤드는 제사와 권위주의에 반발하여 일어난 내적 지혜에 관한 철학적 경전으로 베다와는 다른 성질을 갖고 있다. 베다의 끝인 우파니샤드는 '신성한 가르침을 듣기 위해 스승의 무릎에 앉는다'라는 것으로 개인적인 철학이 등장하고 사유하는 것, 일자에 관한 생각이 나오며 B.C.8세기에는 우파니샤드 철학이 등장한다. 이로 인해 이 시기 이후에 인도에서는 불교, 자이나교와 같은 새로운 종교운동이 태동한다.

참고로 우파니샤드에서는 우리에게 많이 알려진 요가Yoga의 개념이 본격적으로 나타난다. 우리나라에서는 많은 사람들이 육체적인 수련행위만 생각하는데 요가의 뜻은 '힘쓰는 모든 노력'을 말한다. 앉아서 강의를 듣는 것도 요가, 짐을 싸서 이사하는 것도 요가에 속한다. 반면 이사를 해서 정착하여 쉬는 것은 크세마Kṣema라고 한다. 즉, 요가를 통해 이동하여 정착해 쉰다(크세마). 이처럼 유목민족인 아리안들의 인생은 '크세마→요가→크세마→요가'의 반복으로 이루어지니, 요가에 대한 오해가 불식되었으면 좋겠다.

우파니샤드를 거쳐 마누법전 시대에 와서 사회적 규범까지 확보가 되었으나 대중들은 종교에 쉽게 접근하지 못한다. 너무 제의적이고 철학적인 관계로 사람들이 이해하기가 어렵게 되자 종교를 쉽게 설명해주는 시대가 온다. 그것이 이야기로 전해주는 서사시의 시대이다.

B.C.500년경 이후에 성립되는 서사시 시대에 전승서 스므리티의 가장

중요한 문헌은 라마야나Ramayana, 뿌라나purāṇa, 마하바라타Mahābhārata, 수뜨라sūtra, 바가바드기타, 마누법전을 들 수 있다. 베다를 이해하고 공부하기 위해서는 수뜨라(경전)에서 언급되는 6가지의 학문을 수련해야 한다. 정확한 발음을 위한 쉬끄샤Śikṣā, 언어의 운율을 위한 찬다스Chandas, 체계화된 문법학 비야카라나Vyākaraṇa, 산스크리트 어원학 니룩타Nirukta, 천문학 죠티샤Jyotiṣa, 제례학 칼파Kalpa이다. 이 가운데 쉬끄샤(음성학), 찬다스(운율학)는 쉽게 말해 리듬에 맞춰 텍스트를 외우는 것이다. 예를 들어 불교도들이 반야심경, 천수경 등을 외울 때 하는 고유의 리듬을 이용하는 것과 같다.

그런데 베다 시대에만 언어에 강세強勢가 있고 산스크리트에는 강세가 없다. 그래서 악센트까지 완벽하게 외워야만 베다 시대에 제사를 지내는 브라흐만이 되는 것이다. 발음과 관련하여 구체적인 예를 들어보면 우리의 경우는 '신라新羅'라고 쓰고 '실라'로 발음한다. 이것이 나중에 '신라'인지 '실라'인지 알 방법이 없다. 나중에 틀리지 않으려면 '라신'으로 한번 읽어 놓으면 정확하다.

B.C.5세기경, 문자가 사용되기 전에 고대인도의 문법학자 파니니Panini의 아스탸다이Aṣṭādhyāyī는 산스크리트의 음운론과 형태론적인 기술을 사용하여 거의 완벽하게 담고 있다. 4,000여 개의 많은 규정이 서로 얽혀 이루어지는 문법체계는 놀랍게도 문자 기록의 도움 없이 만들어졌고 현재까지도 구전으로 암송되어 전승될 수 있었던 문법체계를 만들었다. 언어학자 사이에서는 파니니 문법체계를 인류 문명사의 기적으로 꼽는 학자가 있을 정도이다.

인도 종교는 2개의 커다란 전통을 유지하고 있다. 하나는 현세적인 삶에 참여하여 적극적으로 사는 것을 권장하며 현세적 가치를 중시하는 '쁘

라브릿티pravṛtti 다르마', 다른 하나는 세속에서의 삶을 '고苦'라고 생각하여 여기서부터 자유로워지는 것, 소위 해탈을 추구하는 '니브릿띠nivṛtti 다르마'이다. '쁘라브릿티 다르마'는 경향이 극단화로 치달아 형식주의로 흐르게 된다. 의례를 중시한다거나 현세적인 가치를 너무 중시하다 보니 많은 폐해가 나타났다.

여기에 반발하여 나타난 움직임이 '니브릿띠 다르마'로, 우파니샤드부터 등장하는 탈속적인 종교전통이다. 바로 자이나교와 불교의 등장이다. 그런데 이 탈속적인 경향이 극단적으로 가다 보면 사회와 삶이 유지가 되지 않는다. 그래서 모두 출가해버리고 삶에 우위를 두지 않게 되면서 등장한 종교가 힌두교이다. 힌두교는 2가지 가치와 전통을 적절하게 결합함으로써 2가지 가치를 함께 추구할 수 있는 종교이념과 실천체계를 제시한 것이다.

2) 불교 경전 시대

불교 경전이 최초로 성립된 것은 석존께서 열반 후 왕사성 밖의 칠엽굴七葉窟에서 거행된 제1차 결집을 통해서였다. 그전까지는 경전을 결집할 이유가 없었다. 왜냐하면, 결집 전에는 석존께서 살아계시기 때문에 궁금한 점은 직접 물어보면 되었기 때문이다. 그러다 석존께서 열반에 들자 그분의 말씀을 기억해야 할 필요성이 대두되었다. 요즈음 같으면 녹음 또는 문서로 기록을 남길 텐데 당시에는 그러지 못했다.

모든 고대 종교에서 그랬듯이 중요한 것은 암송이다. 1차 결집을 하면서 많은 제자가 모여 '표준 암송안'을 준비하였다. 많은 사람 가운데서 석존을 따라갔던 사람들의 기억을 되살려 그때쯤 석존께서 어디를 갔는데 그때 누가 따라나갔는지, 또 그때 들었던 말씀을 외우게 하고 옆에 동행했던 다른 사람이 수정하는 방식으로 표준 암송안을 만들고 외우게 했다. 이때부터 경전은 "이와 같이 내가 들었노라."로 시작하며 "기뻐하며 받들어 행하노라."로 끝나는 형식을 취한다.

2차 결집은 1차 결집 이후 100여 년이 지난 후 이루어진다. 앞에서 언급했듯이 계율이나 교리 해석의 의견대립으로 나타났다. 이때는 주로 계율에 대한 것을 정비한다. 이때까지 경전은 문자로 기록된 것이 아니라 암송하였다가 구전되는 방법이었다.

3차 결집은 2차 결집 이후 다시 100여 년이 지나 B.C. 250년경 아소카왕 대에 처음으로 문자가 나타나면서 그전까지 암송으로 전해지던 것이 문자로 기록되기 시작한다. 그러나 이 시기는 200~300년이 지난 상태로 문자로 기록되기 전의 경전이 과연 온전하게 석존의 육성으로 온전히 전해진 것인가에 대한 의문도 들지만, 파니니 문법체계 등 여러 가지 정황이나 가르침의 내용을 통해 믿을 만하다고 볼 수 있는 것이다. 카니시카왕 후원으로 이루어진 4차 결집이 있으나 경전 범주에서 제외된다.

2. 석존의 열반과 불탑

불교 경전에 의하면 석존은 영생할 수도 있었는데 스스로 수명을 단축하여 쿠시나가르Khusinagar의 사라쌍수 아래에서 80세에 열반涅槃에 들었다.[1] 석존의 '죽음'에 대해 '열반'이라는 단어를 사용하는 것은 이유가 있다. 인도에는 인간을 비롯해 살아 있는 모든 것은 다시 태어나서 환생한다는 윤회輪廻사상이 존재하고 윤회의 반복은 끝이 없는 것이라 한다. 사람이 반드시 겪는 생로병사의 고통에서 벗어날 수 없음을 알고, 세속 인연을 버리고 출가한 석존께서도 고통에서 벗어날 수 있는 해탈解脫을 추구하기 위해서였다. 해탈의 다른 이름은 열반이며, 일체의 번뇌와 고뇌에서 빠져나와 영원한 안락을 얻는 것을 의미한다.

열반에는 2가지가 있다. 하나는 아직 육체가 남아 있는 상태에서의 깨달음 즉 번뇌는 완전히 소멸했지만, 육신이라는 장애 때문에 완전한 해탈을 성취하지 못한 보드가야 보리수 아래에서의 성도成道를 의미하는 유여열반有餘涅槃이다. 다른 하나는 육체와 번뇌가 모두 소멸하여 괴로움의 모든 분별이 완전히 끊어진 적멸寂滅의 경지에 이르는 무여열반無餘涅槃이다. 여기에 도달한 자는 다시는 이 세상에 태어나지 않는 윤회의 괴로움에서 벗어난다. 이렇게 석존은 두 번 다시 이 세상에 태어날 수 없는 죽음, 즉 열반에 든 것이다. 불교 교리를 떠나 석존의 '죽음'은 불교 이상理想의 실현을 의미한다.

석존은 열반에 들기 전에 열반 후 세존을 친견하고 공경하지 못할 것이라는 아난다의 청을 받아들여 제자들에게 가르침을 남겼다.

첫째는 "아난다여, 믿음을 가진 선남자가 친견해야 하고 절박함을 일으

1　각묵스님, 『디가니까야』권2, 「대반열반경」, 초기불전연구원, 2006. p. 217.

커야 하는 4가지 장소가 있다. … 여기서 여래가 태어나셨다. 여기서 여래가 위 없는 정등각을 깨달으셨다. 여기서 여래가 위 없는 바퀴를 굴리셨다. 여기서 여래가 무여열반의 요소로 반열반하였다."[2]라며 네 곳의 순례할 장소를 언급했다.

이곳은 우리에게 4대 성지로 알려진 탄생지 룸비니, 성도지 보드가야, 초전법륜지 바라나시의 녹야원, 입멸 장소인 쿠시나가라이다. 그런데 성지 순례의 원어는 cetiya-cārika로 직역하면 '탑묘의 순례'로 석존께서 열반 후 탑을 꼭 조성할 장소를 지칭한 것이라 할 수 있다. 이와 함께 "아난다여, 누구든 이러한 성지 순례를 떠나는 청정한 믿음을 가진 자들은 모두 몸이 무너져 죽은 뒤 좋은 곳, 천상세계에 태어날 것이다."라며 성지 순례에 대한 좋은 점을 설하고 있다. 그리고 다비후 탑을 건립할 장소에 대해 언급을 하였다. "아난다여, 전륜성왕의 유체에 대처하듯이 여래의 유체도 대처해야 한다. 그리고 큰길 네거리에 여래의 탑을 조성해야 한다."라며 탑의 조성 위치에 대해서도 '큰길 네거리'를 언급하였다.

네거리는 사람의 왕래가 빈번한 장소이면서 지모신이나 촌락신을 모셔 제례를 지내는 장소이기도 하다. 이것은 불탑과 대비되는 스마사나(Smasana, 무덤)가 마을에서 안 보이는 곳에 만들어졌고 그곳에서 돌아올 때는 뒤를 돌아보지 않고 돌아오며, 마을 중간에는 망자의 세계와의 경계를 표시하기 위해 흙덩이를 쌓아 두는 것과 큰 대조를 보인다.

즉 불탑은 망자와의 영원한 모임의 장소이자 추억을 기념하는 곳이라고 할 수 있다. 망자에 대한 꺼림칙한 관념은 불식되고 높이 존경하며 사모하는 장소가 되어 석존과 만남이 이루어지는 위치를 나타낸 것이다.

---

2 각묵스님, 앞의 책, p. 267.

둘째는 "내가 가고 난 후에는 내가 그대들에게 가르치고 천명한 법과 율이 그대들의 스승이 될 것이다."라는 것이다.[3] 이것은 열반에 든 석존을 의지해서는 안 된다는 의미이다. 다음으로는 "그대들은 근본에 힘쓰고 근본에 몰두하여라. 근본에 방일하지 말고 근면하고 스스로 독려하여 머물러라." 이것이 석존의 마지막 유훈이다.[4]

이것들은 모두 행하기 어려운 것이다. 이러한 석존의 유훈은 그대로 믿어지고 지켜진 것일까? 전혀 그렇지 않았다. 제자나 재가 신자들에게 석존은 소멸해서 떠난 분이 아니고, 또 의지하지 않을 수 없는 분이었다. 이것이 불탑Stupa을 조성하게 되는 요인이라 할 수 있다.

1) 석존의 장례

석존께서 열반에 들어가기 전에 아난다가 열반 이후의 존체尊體는 어떻게 대처해야 하는지 질문을 했을 때 석존께서 다음과 같이 답했다고 전한다.

"아난다여, 그대들은 여래의 몸을 수습하는 것에는 관심을 두지 말라. 여래에 청정한 믿음이 있는 크샤트리아 현자들과 바라문 현자들과 장자 현자들이 여래의 몸을 수습할 것이다."

즉 장례는 재가 신자들에게 맡기고 출가 스님들은 관여하지 말고 수행에 전념하라는 것이다. 아난다가 계속해서 여래의 존체에 대한 장례 방법을 질문하자 거기서 석존은 다음의 방법을 제시하였다.

"아난다여, 전륜성왕轉輪聖王의 유체에 대처하듯이 여래의 유체에도 대

---

3   각묵스님, 앞의 책, p.283.
4   각묵스님, 앞의 책, p.269.

처하면 된다."[5]

그러나 아난다는 계속해서 전륜성왕의 유체 대처방안에 대해 질문을 했고 석존은 전륜성왕의 장례에 따라 다음과 같이 행하라고 설하셨다.

"아난다여, 전륜성왕의 유체는 새 천으로 감싼다. 새 천으로 감싼 뒤 새 솜으로 감싼다. 이런 방법으로 500번 전륜성왕의 유체를 감싼 뒤 황금으로 만든 기름통(관)에 넣고 황금으로 만든 다른 통으로 덮은 뒤, 모든 향으로 장엄을 하여 전륜성왕의 유체를 화장한다. 그리고 큰 네거리에 여래의 탑을 조성해야 한다."[6]

특이한 것은 아난다에게는 여래의 몸을 수습하는 사리 공양에는 관심을 두지 말라고 하면서도, 다른 한편으로는 불탑 공양을 권하는 모순이 보인다.

전륜성왕은 고대 인도인들이 추구했던 바퀴를 굴려 세계를 다스리는 이상적인 제왕을 가리킨다. 바퀴는 수레의 바퀴가 아니고 법의 바퀴法輪이며, 무력에 의한 것이 아니라 정법正法에 의해 세계를 다스리는 것을 의미한다. 인도에선 민족이나 부족 사이에 분쟁이 끊이지 않아 국가를 통일하여 안정시켜주는 이상적인 왕을 갈망하고 있었는데 전륜성왕이야말로 거기에 어울리는 사람이었다. 석존께서 출가하지 않았다면 이러한 왕이 되었을 것이라 한다. 석존의 장례가 전륜성왕의 장례처럼 한다는 것은 석존을 왕으로도 인정한다는 의미이다.

이처럼 석존의 장례는 아난다의 지휘 아래 쿠시나가르에 사는 말라족 사람들과 크샤트리아·바라문·장자들에 의해 치러졌다. 사라 숲속에 있는

---

5 각묵스님, 앞의 책, pp. 268~269.
6 각묵스님, 앞의 책, pp. 269~270.

유체遺體에 대해 춤과 음악, 꽃과 향에 의한 공양이 이루어지고 평상 위에 안치하여 마쿠타반다나寶冠支提라는 화장터로 운구되었다. 그곳에 서는 앞에서 언급한 순서대로 유체는 천과 솜으로 감싸 입관된 후 기름을 채운 다음에 화장용 장작더미를 쌓아 올려 다비에 부쳐졌다.

그러나 석존의 첫 번째 제자로 법통을 이어받을 마하가섭이 먼 곳에 있어 아직 그곳에 도착하지 않자 화장용 장작더미에 불이 붙지 않았다. 가섭이 도착해서 장작더미에 3회 우요右繞 행위를 하자 불이 저절로 타올랐다. 다비가 끝나자 모든 천신이 비를 내려 불이 꺼지자 석존의 존체는 남김없이 타고 몸을 감싼 가장 안쪽과 바깥쪽의 한 겹과 사리舍利만 남았다. 7일간 사리는 궁전 내에 안치되어 춤과 노래, 음악과 꽃과 향으로 예배 공양 되었다. 이렇게 석존의 장례는 무사히 마쳤지만, 이 소식을 들은 주변 부족의 우두머리들이 석존의 사리를 요구하며 쳐들어왔다. 하마터면 사리 쟁탈전이 벌어지게 되었다는 것이 여러 열반 관련 경전에서 언급되는 내용의 요지이다.

석존의 장례에 대해서는 당시 인도의 일부 풍습인지 보편적으로 행해지던 의식이었는지는 알 수 없으나 장례 풍습을 모방하여 시행된 것으로 보인다. 즉 먼저 유체를 천으로 싸서 관에 납입하고, 상여에 실어 화장터로 옮긴 후 화장한다. 마지막에 유골을 항아리에 넣은 후 매장하는 순서다. 다만 순서나 방식 등을 보면 일부 석존의 장례를 특별하게 보이도록 경전 기술과정에서 의도적 작의적인 과장과 변화가 더해진 것으로 볼 수 있다. 갑자기 새로운 장례법으로 치러졌다고는 생각되지 않기 때문이다.

여기에서 가장 주목되는 것은 화장火葬하는 장례문화와 석존의 유골 및 뼈 항아리의 안치 장소인 불탑에 대한 신앙이다. 당시 바라문교에서 행해지는 장례법 및 망자관과 좋은 대조를 이루는 매우 이질적이며 특이한 신앙 형태로 불교 측 망자 공양의 참모습이라 할 수 있다. 먼저 경전에 의하면 석존이 있었을 당시 인도 마가다국의 일반적인 장례문화는 시신을 갖다버리는 형태를 취하고 있다. 한 예로 마가다국의 왕사성 부근에 있는 시신을 갖다버리는 시타림尸陀林의 경우를 들 수 있다. 시신을 숲속에 버리면 독수리가 시신을 먹어치우는 조장鳥葬이 행해졌고, 숲에는 항상 음습하고 찬바람이 돌아 한림寒林이라고도 불렸다.

매장문화는 일정한 곳에 자리를 잡고 사는 생활을 하는 농경문화의 장례법과 다르게 화장 또는 조장을 하는 장례문화는 일정한 거처를 정하지 않고 옮겨 다니면서 목축을 하는 유목민족이 행하던 문화이다. 유목민들은 계속 이동을 하기에 매장한 곳을 다시 찾아올지 알 수 없고, 매장할 경우 짐승이 파헤치는 등 분묘를 관리할 수 없어 화장火葬 또는 조장鳥葬을 한다. 여기에는 화장하면 연기로, 조장하면 독수리가 하늘로 올라가는 개념으로 영혼이 하늘로 승천한다는 의미를 지닌다. 즉 고대인도 제사의식과 일맥상통한다.

이와 같은 장례문화는 중앙아시아의 유목민족이었던 아리안족이 인도에 정착하면서 전해진 유목문화의 풍습이라고 할 수 있다. 특히 아리안족으로 먼저 이주를 했던 석가족에 이와 같은 장례문화가 나타난 것은 유목문화의 풍습이 자연스럽게 전해진 것이라 할 수 있다. 이러한 예는 우리나라에서도 장례 후 또는 백중 때 망자가 사용하던 물건, 종이돈, 종이옷 등을 태우는 모습에서 찾아볼 수 있다.

화장을 마친 석존 유골의 수습과 사리의 봉안 장소인 불탑의 조성, 즉 '사리 공양'과 '불탑 공양'이야말로 불교 신앙의 가장 근본적인 것으로 다른 종교에서는 찾아보기 힘든 특이한 장례 방법이라 할 수 있다. 불교 경전의 기술이 과장되거나 각색된 것은 인도민족 사유법 자체의 특성에 의한 것도 있겠지만 석존이라는 분에 대한 절대적인 신앙의 표현으로, 석존이 신성시되었음을 보여주는 것이다.

2) 사리 8분과 10탑 건립 전승

불탑이 조성되는 것은 말할 필요도 없이 석존이라는 위대한 인물의 열반 이후로 간주한다. 경전에 의하면 석존의 유체는 말라족에 의해 다비에 부쳐졌지만 불사리佛舍利를 둘러싸고 여러 부족, 왕, 바라문 들 사이에 쟁탈전이 벌어졌다. 그때 도나Dona 혹은 드로나Drona라는 바라문의 중재로 그곳에 와 있던 8개의 부족 또는 세력에게 균등하게 사리가 분배되고 쟁탈전은 해결될 수 있었다.

8부족 또는 세력은 쿠시나가르Kushinagar의 말라족Malla, 다비 장소에 와있던 파와Pava의 말라족Malla, 알라카파Allakappa의 부리스족Bulis, 라마그라마Ramagrama의 콜리야족Koliyas, 웨타디파Vethadipa의 바라문Brahman 들, 카필라바스투Kapilavastu의 석가족Sakyas, 바이샬리Vaishali의 릿차비족Licchavi, 마가다국Magadha의 아자타샷투왕Ajatasattu 등이다. 불사리는 이들 8개 부족 또는 세력의 고향으로 가지고 돌아가서 불탑에 봉안하고 제사와 공양의 대상이 되었다.

한편 도나 바라문은 사리를 분배 또는 들어 있던 항아리를 가져가 병탑을, 사리분배가 끝난 뒤 도착한 핍팔리바나Pipphalivana의 모리야족Moriyas은 화장터의 숯을 가지고 가서 숯탑을 세워 8개의 사리탑과 병탑, 숯탑을 합쳐 모두 10개의 탑이 최초의 불탑으로 전해지는 사리분배 전설은 매우 유명하다.

사리분배 전설을 전하는 경전은 다수 있지만, 초기 경전에서 대표적인 것으로는 『디가니까야』「대반열반경Mahāparinibbāna-suttanta」, 초기 한역 경전은 『불설장아함경佛說長阿含經』, 「유행경遊行經」, 『불반니원경佛般泥洹經』, 『반니원경般泥洹經』, 『대반열반경大般涅槃經』, 『십송률十誦律』, 『근본설일체유부비나야잡사根本說一切有部毘奈耶雜事』, 『둘와텐첵Dul ba phran tshegs kyi gzhi』을 들 수 있다.

이외에도 불탑 숭배만을 주제로 하는 경전은 매우 적은 편이다. 한역에선 5종, 티베트 역에선 20종 남짓 확인되는데 그마저도 인도 스투파가 변형 발전된 소형 불탑인 초르텐Chorten 조성법이나 의궤를 취급한 것으로, 밀교계 혹은 티베트 차이티야와의 연관성을 나타내고 있을 뿐이다. 이들 경전의 사리분배 전설 내용은 다소 혼란스럽고 고고학 자료도 부족하므로 어디까지 진실인지 확인하는 것은 매우 어렵다. 왜냐하면, 가장 오래된 것으로 알려진 남방의 전승이 다른 내용을 전하고 있어 의문이 드는 부분이 많기 때문이다.

전설의 내용을 간략하게 살펴보면, 석존의 열반 장소인 쿠시나가르에서 말라족에 의해 석존의 장례가 모두 끝났을 때 『디가니까야』 「대반열반경」에는 마가다국의 아자따샷뚜阿闍世(아사세)왕이 사자를 보내 사리의 일부를 요구했다는 기록이 보인다. 그러나 『대반열반경大般涅槃經』에는 사리를 주지 않으면 군사를 보내겠다고 위협하는 부분이 등장하는 반면 『디가니까야』에서는 누락되었다.

사리분배 장소에 도착한 순서의 경우 파와의 말라족이 처음 왔고 마가다국을 맨 마지막에 거론하지만, 순서는 일정치 않다. 지리적 거리로 볼때 쿠시나가르에서 마가다국摩竭國, 마갈국, 왕사성이 가장 먼 곳에 있고, 파와波婆國, 파바국의 말라족이 가장 가까운 것을 볼때 이는 타당한 내용으로 보인다.

그런데 『디가니까야』에서는 이례적으로 다르게 언급하고 있다. 즉 빠알리어 경전이 다른 경전과 다른 내용이거나 누락되는 등 큰 차이를 여러 곳에서 보인다는 점이다. 이것은 초기의 전승을 있는 그대로 전하는 것이 아니라 뒤에 수정되어 다시 써졌다는 것을 의미한다. 따라서 빠알리어 경전에서 사리분배 전설의 원형을 찾으려는 것도 위험하다고 할 수 있다. 다만 이 책에서는 어느 자료가 전설의 원형을 전하는가에 대한 것을 살펴보려는 게 아니고 여러 경전이 전하는 바를 그대로 살펴본 것에 지나지 않는다.

또 다른 예는 아소카왕이 라마그라마탑을 제외하고 7탑을 열었다는 전설의 경우도 여러 경전에서는 아소카왕(북방계 경전), 마하가섭과 아자타삿뚜왕(남방계 경전)의 차이가 있을 뿐 나가Nāga들에 의해 지켜지고 숭배된 것으로 전한다. 나가들이 사리 공양과 특별한 관계가 있는 이유는 무엇을 의미하는 것일까?

분명히 망자나 유골에 대한 숭배는 '아리안족'에서는 존재하지 않았는데 갑자기 절대적인 숭배가 이루어진 것인지? 의문점은 물의 정령 나가와 관계가 있는 '비아리안족'에서는 그것에 대한 숭배가 있었기 때문에 점차 석존의 신격화와 함께 사리 숭배가 이뤄졌다고 본다.

전설 자체의 허구성에 대해서도 여러 가지의 요인을 들 수 있다. 첫 번째로 '8'이라는 숫자가 많이 사용된다는 점이다. 팔정도八正道, 팔회중八會衆[7], 팔승처八勝處[8], 팔해탈八解脫[9], 팔배사八背捨, 팔관재계八關齋戒, 팔공덕수八功德水 등을 열거할 수 있다. '8'이라는 숫자가 지니는 의미는 정의·공

---

7 여덟 가지의 회중(會衆)을 나타냄, 각묵스님, 앞의 책, pp. 222~223.

8 여덟 단계의 삼매의 경지를 나타냄, 각묵스님, 앞의 책, pp. 223~227.

9 여덟 가지의 해탈을 나타냄, 각묵스님, 앞의 책, pp. 227~228.

평·풍부 등을 상징하고 행운·길상을 가져다주는 특별한 의미가 있는 것으로 알려졌다. 사리 8분도 그것에서 응용된 것이라 할 수 있다.

사리분배의 8부족에서 사리를 요구한 이유에 대해서도 '붓다는 우리들의 스승이기에, 또는 경애하는 사람이기에 요구하는 것'과 다르게 『디가니까야』, 『대반열반경大般涅槃經』에서는 붓다가 왕족인 크샤트리아인 점을 강조하고 있다. 이들의 사리분배 요구에 대해 쿠시나가르의 말라족은 '세존께서는 우리 마을의 땅에서 반열반 하였기에 사리를 나누지 않겠다'면서 요구를 거부한다. 그러자 『불설장아함경』을 포함한 경전에서는 군대를 일으킬 준비가 되었고 힘으로 빼앗아야 한다고 전하는 것과 달리 『십송률』에서는 군대를 동원해 성을 에워쌌다고 전한다. 이에 쿠시나가르 사람들은 7국의 군대에 맞서 싸울 준비를 정비했다는 것이다. 그런데 『디가니까야』에서는 전쟁 관련 기사는 나타나지 않고 곧바로 바라문 중재자에 대해 언급하고 있어 주목된다.

두 번째로는 도나의 병탑과 모리야족의 숯탑에 대한 전승이 일치하지 않는다. 소재지뿐만 아니라 'Dona'라는 바라문의 출신지를 비롯해 불확실한 점이 많다. 'dona'가 '계량, 컵'을 의미하는 단어임을 고려할 때 의도가 숨어 있는 가공의 존재임이 엿보인다. 즉 바라문 조정자에 대해서는 도나, 향성香姓, 둔굴屯屈, 모궐毛蹶, 도로나徒盧那, 성연姓烟, 돌로나突路拏, 데보당 얌빠 등으로 바라문의 이름과 출신지가 다양하게 나타나고 있어 의혹이 많은 인물이라 할 수 있다. 바라문은 8부족 또는 세력에게 석존의 자비심을 강조하고 자비를 칭찬했다고 하면서 진정시키는 구조를 전개하는 인물로 소개하고 있다.

한편, 석존이 계실 때는 석존의 가르침이 지켜졌으나 열반 후에는 그것이 희미해졌다고 한탄하는 모습과 사리를 분배하고 각지에 불탑을 건립하여 공양하기를 바라는 모습이 보인다. 이것은 바라문 조정자가 단순히 사리의 분배를 하는 것뿐만 아니라 석존의 교화 영향력이 약화하고 불교가 쇠퇴하는 것에 대해 불탑을 불교 융성의 기점으로 생각하여 반영한 흔적으로 여겨진다.

세 번째는 사리를 취급하는 사람들과 장소가 각각 짝을 이루어 모두 4조의 구성을 이루는 것이 확인된다. 먼저 쿠시나가르 말라족과 파와 말라족의 대립, 라마그라마 콜리야족과 카필라바스투 석가족의 대립, 알라카파 부리스족과 웨타디파 바라문들의 조합, 바이샬리 릿차위족과 마가다국 아자타삿뚜왕과의 대치를 들 수 있다. 이렇게 부족이나 국가의 대립 및 대결 관계가 사리분배 전설에 반영되고 있다.[10] 도나 바라문이 중재에 들어간 것은 이러한 대결, 대립을 원치 않는 불교의 비폭력, 평등주의를 표방한 것은 아닐까?

그로부터 200년쯤 뒤 마우리아왕조의 아소카Ashoka왕에 의해 8만 4,000여 개가 조성되었다고 전해지는 스투파는 석존의 기념비이다. 19세기 말 이후, 고고학자들에 의해 사리병이 발굴되면서부터 아소카왕 시대에 대량의 사리탑을 세운 것 자체는 사실로 확인되기 시작했다. 그러나 8만 4,000이라는 숫자는 실제로 조성된 불탑이 아니라 매우 많이 조성된 것을 비유한 것으로 보인다. 아소카왕이 건립한 불탑이 원형 그대로 전해지는 것은 없지만 산치 제1탑, 사르나트의 달마라지카탑 등은 아소카 석주가 부근에 현존하고 있어 조성시기가 아소카왕 시대로 거슬러 올라간다.

여러 곳의 초기 불탑 발굴 작업을 통해 아소카왕 이전의 불탑은 봉분 형태로 이루어진 것이 발견되었으며, 아소카왕 이후의 조성방법과는 다른

---

10 杉本卓洲,『インド佛塔の研究』平樂寺書店, 1984. pp. 384~392.

방법으로 이루어진 것이 확인되었다. 기존의 흙, 벽돌, 목재로 조성된 불탑에 석재를 이용하여 활발하게 증축되었다. 탑문, 난간도 목재에서 석재로 만들어졌고 산치 제1탑의 형식으로 확립되었다. 더욱이 석존 사리뿐만 아니라 과거불 사리를 봉안한 불탑이나, 제자의 사리, 석가족의 유골을 납입한 탑, 불발佛髮, 불치아를 봉안했다는 불탑도 만들어졌고 재가자, 출가자를 불문하고 불탑신앙은 널리 확산하였다.

3) 근본 8탑의 소재 및 전설 검증

전설의 개요를 보면 근본 8탑이 세워진 것에 대해 초기 열반 관련 경전의 내용이 대부분 일치하는 것으로 알려졌다. 그러면 실제로 불사리가 8등분 되어 탑이 세워진 것인지와 탑을 세운 장소, 고고학적으로는 어떠한지 등 여러 가지 의문점이 발생한다. 그러나 아쉽게도 근본8탑이나 아소카왕이 조성한 불탑은 현존하지 않으며 형태도 알 수 없다. 다만 아소카왕이 건립한 것으로 알려진 가장 안쪽의 벽돌로 쌓은 위에 B.C. 2세기경 승가왕조 시대에 증축한 산치 제1탑이 초기 불탑의 형태를 전하는 것으로 추정하고 있을 뿐이다.

(1) 카필라바스투(Kapilavastu, 迦毘羅城), 카필라성 말라족Malla

: 피프라흐와Piprahwa탑

카필라바스투는 석존의 출신지이며 아버지 숫도다나정반왕淨飯王이 거주하는 성의 소재지이다. 예전부터 네팔의 틸라우라코트Tilaurakot에 해당한다고 알려졌으나 1898년 룸비니 서남쪽 14.5km, 틸라우라코트에서 남동쪽 약 22km정도 떨어진 인도와 네팔 국경 부근 비드푸르Birdpur의 피프라흐와 Piprahwa에서 B.C. 5세기경 카필라바스투의 샤카족에 의해 세워졌다고

그림 1-02. 피프라흐와 스투파 전경

추정되는 탑이 펩페Peppe에 의해 발견되었다(그림 1-02).

당시 탑의 땅속 5.5m 지점에서 높이 15cm, 지름 10cm의 사리병(그림1-03)이 발굴되었다. 그 중 사리병 1개의 뚜껑에서 브라흐미 문자로 '이것은 석가족의 존귀한 석존의 사리용기로 영예스러운 형제, 자매, 아들과 아내들이 함께(시주한 것이다)'라는 내용이 새겨 있다. 이 명문[11]으로 인해 전설에서 전하는 석가족이 건립한 불탑에 해당하는 것으로 알려졌고, 많은 학자의 지지를 받아거의 정설화 되었다. 이곳이 실제로 석존의 유골을 모신 것이면 피프라흐와탑은 석존 입멸 후 사리 1/8을 봉안한 것이 틀림없는 것으로 볼 수 있다. 그로부터 70년 이상의 시간이 경과한 후 1972년 인도 고고학국의 유적 정비과정에서 스리바스타바Srivastava에 의해 새로운 사리용기가 발굴되었고 2회에 걸친 증축이 있었던 것이 확인되었다.

펩페가 발굴한 사리용기보다 아래쪽에서 발견된 사리용기는 크기가 다르지만, 외형이나 재질이거의 같았고 탄화된 유골이 들어 있었다. 출토된

그림 1-03.
피프라흐와
스투파 출토 사리용기
(콜카타 인도박물관)

---

11   W.C.Peppé, The Piprāhwā Stūpa, Containing Relics of Buddha. Journal of the Royal Asiatic Society of Great Britain and lreland, London, 1898. pp.573~578.;
V.A.Smith, Note. London, 1898. pp.579~588.

사리용기를 볼 때 B.C.5~4세기경에 속하는 것으로 확인되었다. 따라서 펩페가 발견한 사리용기보다 연대적으로 더 오래된 것으로 판명되었으나 명문은 확인되지 않았다.

그런데 기존 사리용기 명문의 해석이 2가지로 나타났다. 즉 석존의 사리를 봉안한 것과 석존의 친족 사리용기라는 해석[12]으로 양분되는 문제점이 나타나 아직 불탑 확증은 얻지 못하는 실정이다.

『대당서역기』권6에는 카필라성 주변에서 수많은 솔도파窣堵波가 존재하는데 해당 불탑에 대해서는 언급이 전혀 없다. 그 대신에 비루타카 Virudhaka왕에 의해 몰살당한 수백 수천 개의 샤카족 사람들을 매장한 솔도파에 대해서는 자세하게 전하고 있다.[13] 비루다카왕에 의해 몰살에 가까운 커다란 타격을 받은 것이 분명한 석가족 사람들이 석관과 대량의 부장품을 봉안한 대탑을 세울 수 있었는지 의문이 든다. 또한 석가족에 의해 봉안된 것으로 추정되는 사리용기가 어떤 이유로 2개의 장소로 분리되어 봉안되었는지 알 수 없다. 2개의 장소로 분리된 사리는 동일 인물의 것일까? 많은 의문이 남는다.

전설에 의하면 용왕이 수호하는 라마그라마탑을 제외하고는 아소카왕에 의해 7탑은 모두 열려 사리가 꺼내진 것으로 전해진다. 그런데 발굴과정에서 사람 손길이 닿은 흔적을 확인하지 못한 것으로 알려졌다.[14] 만약 전설이 사실이 아니라면 아소카왕의 손길이 가해지지 않고, 그대로 남아 있었다면 현장玄奘스님이 방문했을 때도 언급이 있어야 함에도 언급되지

---

12   杉本卓洲, 앞의 책, pp. 347~349.

13   현장, 『대당서역기』권6, 겁비라벌솔도국(劫比羅伐窣堵國)條

14   P.C. Mukherji, A Repot on a Tour of Exploration of the Antiquities of Kapilavastu. Delhi -Varanasi 1969. p. 47.

않는 등 아직 검토해야 할 점이 많이 남아 있다.

(2) 바이샬리Vaishali 릿차비족Licchavi – 레릭Relic탑

그림 1-04. 붓다 레릭Buddha Relic 스투파 전경

그림 1-05. 레릭 스투파 출토 사리용기(파트나박물관)

바이샬리의 릿차비족이 조성한 것으로 알려진 현재 파트나Patna에서 북북서쪽으로 약 30km 정도 떨어진 레릭Relic 탑(그림 1-04)을 예로 들 수 있다.

『대당서역기』권7, 비사리국毘舍離國조에 언급된 바이샬리의 왕이 사리분배 때 얻어온 사리를 가지고 세운 탑이라는 기록[15]을 단서로 조사가 행해졌고 1957~1958년 발굴이 이루어졌다. 발굴 시 작은 부장품과 소량의 회토가 들어간 토제 사리용기가 발견되었다. 사리용기(그림1-05)는 피프라흐와탑 사리용기보다 매우 조악하고 부장품의 동전을 통해 피프라흐와탑보다 더 오래된 것으로 추정되나 명문을 포함하여 불탑으로 여길 수 있는 증거는 찾지 못했다.

스투파는 기초를 구축한 뒤 4회에 걸쳐 증축된 것으로 확인되었다. 최초 스투파는 지름 7.5m의 소규모로 진흙을 쌓아 만들어졌으며 내부에서 북방 회색 마연토기 발굴을 통해 B.C.600~ B.C.200년대에 조성된 것으

---

15 현장, 『대당서역기』권7, 비사리국(毘舍離)條

로 밝혀졌다. 1차 증축은 마우리아왕조 대에 벽돌로 이루어진 것으로 보이며, 2차 증축은 비교적 소규모로 행해졌고, 3차는 지름이 12m로 확대되었다. 마지막 증축 때는 앞선 증축 때의 것을 유지하려는 것으로 확인되었다. 따라서 석존 열반 이후 분배된 사리 몫으로 릿차비족에 의해 조성된 것으로 생각할 수 있다.

『대당서역기』권7에 의하면 "이 속에는 예로부터 여래의 진신사리 10말이 들어 있었는데, 아소카왕이 9말을 가져가서 1말만이 남아 있었다. 후에 국왕이 다시 불탑을 열어서 가져가려고 억지로 건드리려 하자, 그때 지진이 일어나 왕이 감히 열지 못하였다."라는 기록과 고고학적 발굴을 통해 스투파 중심부는 릿차비족의 것임을 나타낸다고 할 수 있다.

다만 피프라흐와탑과 비교하면 스투파 크기가 너무 작고 부장품 수량도 엄청난 차이가 나타났다. 사리용기도 매우 빈약하고 납입자 신분을 알수 있는 명문이 없으며, 유골이 아니라 소량의 재만 수습된 점 등이 릿차비족이 건립한 스투파라고 확정을 짓기에는 부족한 상태이다. 바이샬리부근에는 아직도 미발굴 봉분이 존재하고 있어 향후 더 많은 발굴 데이터의 축적이 필요하다.

특히 바이샬리에는 우데나優陀延支提, 고따마까瞿曇支提, 사땀바까菴羅支提, 바후뿌타카多子支提, 사란다다娑羅支提, 챠파라遮波利支提 등의 차이티야支提가 존재하고 있다. 이것들이 분묘의 성격을 갖는 여부는 분명하지 않지만, 이땅에 스투파 숭배가 활성화되었다는 것을 말해 준다. 따라서 가장 오래된 스투파가 바이샬리에서 발견된 것은 우연이라 하기엔 석연치 않다.

(3) 쿠시나가르Kushinagar 말라족Malla탑

쿠시나가르는 석존께서 열반한 곳으로 그의 장례가 시행되고 사리가 분배된 장소이며 불탑이 최초로 세워진 장소이기도 하다. 현재 고락푸르 Gorakhpur에서 동쪽 약 55km 지점의 Deoria의 Kasia에 해당한다. 그러나 오늘날 석존의 화장터인 마쿠타반다나Makutabandhana지제로 추정되는 라마브하르Ramabhar 스투파, 열반 장소로 알려진 열반당 옆 파리니르바나 Parinirvana 스투파와 커다란 스투파 터가 있지만 사리 8분의 1을 모신 근본 8탑 여부는 분명치 않다.

『불반니원경』, 『반니원경』에는 "성에서 동쪽으로 나가서 30~40리 떨어진 '위치衛致'마을의 네거리 가운데에 세웠다"라는 기록이 있다. 그러나 이곳을 방문한 현장玄奘의 『대당서역기』 권6에는 쿠시나가르 불탑이 언급되지 않고 여래의 몸을 불사른 곳, 여덟 명의 왕이 사리를 나눈 곳으로 그 앞에 아소카왕 석주가 있다고 전한다. 법현의 『고승법현전』에는 "성의 북쪽 쌍수雙樹 사이, 희련하希連河 변에서 세존께서 머리를 북쪽으로 하고 열반하신 곳 … 여덟 왕들이 사리를 나눈 곳 등이 있는데 모두 탑이 세워졌다"고 전해지고 있다. 현재까지 아소카 석주도 발견되지 않았고 경전에서 언급되는 방위가 일치되지 않는 등 경전의 전승 내용과 현장이나 법현이 전하는 것이 사실인지 아닌지는 아직 확정되지 않았다.

(4) 파와Pava 말라족Malla탑

파와Pava는 석존께서 쿠시나가르에 도착하기 전에 들린 곳이며 대장장이 아들 춘다의 마지막 공양을 받은 곳이다. 『디가니까야』, 『장아함경』에는 석존께서 돼지고기 또는 전단나무 버섯을 드시고 피를 토할 정도의 극심한 고통을 겪었다고 전한다. 이 음식에 대해 빨리어 경전에서는 skara maddava를 드시고 돌아가신 것으로 되어 있다. skara maddava의 종류에 대해 어린 양고기, 부드러운 밥에 우유를 섞어 만든 것, 말린 돼지고기라는 견해도 있다.

쿠시나가르에서 북북동쪽 18km 지점의 파드라우나Padrauna 또는 남동쪽 파질나가르Fazilnagar로 비정된다. 그러나 현장, 법현도 파와의 탑에 대해서는 아무런 언급이 없어 아직 정확한 위치에 대한 단서를 찾을 수 없다. 쿠시나가르는 석존의 열반 장소인 반면, 파와는 자이나교 개조 마하비라Mahavira의 입멸 장소라는 전승은 매우 시사적이다.[16] 이들 사이에 사리 쟁탈이 벌어졌다는 배경에는 우리로서는 알 수 없는 의도가 있던 것으로 보는 것은 지나친 것일까.

(5) 알라카파Allakappa 부리스족Bulis탑

알라카파의 위치에 대해 커닝엄은 비하르의 차프라Chhapra 부근, 아카누마 지젠赤沼智善은 마가다국과 가까운 왕국 등 여러 학자마다 위치 비정이 다르게 나타나고, 경전에도 거의 나타나지 않는 등 알려지지 않은 부족이라 할 수 있다. 자세한 고고학 명문이 확인되기 전까지는 위치 확정을 할 수 없는 상황이다. 커닝엄은 물증없이 라우리야 난단가르Lauṛiyā Nandangaṛh 탑으로 추정하고 있을 뿐이다. 다만 라우리야 난단가르탑에서 출토된 금화를 통해 레릭, 피프라흐와탑과 같은 시대에 조성된 것으로 알려졌다.

(6) 라마그라마Ramagrama 콜리야족Koliyas탑

라마그라마 탑을 제외한 7탑을 열었다는 전승은 여러 경전에서 언급된다. 그런데 북방계 경전과 달리 남방계 경전은 갠지스강에 수장되었다는

---

16   현재는 마하비라의 입멸 장소를 파트나 남쪽 Bihar Sharif 인근의 Pawapuri로 본다.

등 완전히 다른 이야기가 전한다. 스리랑카 역사서 『마하밤사Mahāvaṃsa』 31. 20~30에는 라마그라마탑이 갠지스강 강가에 만들어졌고, 후에 범람으로 인해 사리함이 유실되었는데 나가들이 사리함을 발견하여 탑과 건물을 세워 봉안하고 공양을 하였다고 전한다. 북방계 경전과 남방계 경전 모두 나가들에 의해 지켜지고 숭배된 것으로 전하고 있다. 이러한 라마그라마탑의 특별한 취급, 나가에 의한 수호와 숭배가 무엇을 의미하는지 현재로선 알 수 없지만, 특수한 의미를 담고 있는 것은 부정할 수 없다.

앞에서 잠깐 언급되었듯이 물의 정령 나가와 관계가 있는 '비아리안족'에서는 망자의 유골에 대한 숭배가 있었기 때문에 점차 석존의 신격화와 함께 사리 숭배가 이뤄졌다고 본다.

프질스키J.Przyluski는 라마그라마탑은 갠지스강에 인접해 있었는데 카필라성에 인접한 라마Rama로 옮겼다는 주장[17]이 있지만, 그의 주장에 몇 개의 무리한 점이 나타나고 있어 정설로 이어지고 있지는 않다. 라마그라마탑에 대해서는 현장의 『대당서역기』권6, 람마국藍摩國조에 상세한 내용이 등장한다.

"람마국은 텅 비고 폐허된 지 이미 오랜 세월이 지났으며 경계도 분명치 않다.⋯ 옛 성의 동남쪽에는 벽돌로 만들어진 스투파가 있는데 높이는 100여 척에 조금 못 미친다. 옛날 여래께서 입멸에 드신 뒤 이 나라의 선왕이 제 몫의 사리를 얻어서 본국으로 돌아와서 정중하게 모셨는데 ⋯ 아소카왕이 스투파를 다시 나누어 세우고자 하였는데 ⋯

17 J.Przyluski, Le partage des reliques du Bouddha. Mélanges Chinois et bouddhiques. Vol. 4. 1935~36. Bruxelles, Juillet 1936. pp. 341~367.

이 못에 사는 용이 사리를 빼앗길까 두려워서 … 부디 훼손하거나 망가트리지 말아 주시기 바랍니다. 아소카왕은 자신의 힘이 미칠 범위가 아님을 헤아리고서 마침내 이 나라의 스투파를 발굴하지 않았다."

현재까지도 라마그라마 불탑의 위치에 대해서는 아직 확정되지 않았지만, 일반적으로 네팔의 라마그라마탑과 인도 고락푸르Gorakhpur주변 여러 곳의 스투파 등으로 추정할 뿐이다. 다만 콜리야족에 의해 세워지고 나가에 의해 수호되었다는 것과 어떤 관계에 있는지 문제가 될 것이다. 그런데 코삼비는 콜리야족이 나가라는 이름으로 불렸다고 해석하는 것으로 동일시하면 쉽게 해결될 것으로 보는 견해도 있다.[18]

(7) 웨타디파Vethadipa 바라문Brahman탑

웨타디파의 위치에 대해 일부 전승되는 알라카파왕과 웨타디파왕의 이야기를 제외하고 전해지는 자료는 없다. 알라카파의 부리스족과 웨타디파의 바라문들은 석존 생존 시에 접촉하거나 관계되었다는 흔적도 없다. 석존과 관계가 있다는 증거가 확인되지 않는데도 사리 쟁탈전에 등장하는 이유에 대해서는 알 수 없다. 전설에 의하면 사리 쟁탈에 임한 8부족 또는 국가는 전쟁 준비에 들어갔다고 전한다.

마가다국과 같은 강국과 경쟁할 수 있는 무력을 지녔는지, 역사적으로도 알려지지 않은 웨타디파의 바라문들이 사리 쟁탈전에 참여했는지, 더구나 바라문들이 사리를 가질 수 있었는지 여부는 알 수 없다.

---

18   D. D. Kosambi, The Culture and Civilisation of Ancient India in Historical Outline, London 1965. p. 109.

여기에는 우리가 알지 못하는 특별한 의도를 연출하고자 사리 8분의 작가들이 등장시킨 것은 아닐까. 관점을 바꿔보면 이처럼 알려지지 않은 곳의 사람들에게도 사리가 분배되었다는 것이다. 라마그라마탑의 경우처럼 고대인도에서 차지하는 비중이 크지 않아도 근본 8탑이 조성되었다는 것은 이렇게 알려지지 않은 곳이야말로 불사리 숭배의 진정한 의미가 담겨 있는 것은 아닌지 모른다.

(8) 마가다국Magadha 아자타삿투왕Ajatasattu탑 - 라즈기르Rajgir탑

마가다국은 인도 최초의 군주국가로 고대 중인도의 강국이며 불교와 인연이 매우 깊은 곳이다. 석존 재세 시에 빔비사라Bimbisara왕은 불교에 귀의하여 초기불교 교단 형성과 발전에 크게 이바지하였고, 그의 아들 아자타삿투왕은 부왕 때보다 강력한 영토 확장을 시행했다.

아자타삿투왕의 사리분배 내용은 북방계와 남방계 경전에서 여러 차이점이 발견된다. 법현과 현장은 불탑에 대해 특별한 모습을 전하는데 북방계 전승에 따르고 있는 것이 확인된다. 위치에 대해서도 반대(동, 서) 방향으로 전하고 있어 분명치 않다. 현재 아자타삿투왕 건립 불탑은 라즈기르 내 도로 주위에 위치하는 것으로 추정하고 있는데 발굴은 안 되었다. 이러한 맥락을 보았을 때 라즈기르탑의 소재는 아직 불분명하다.

이처럼 근본 8탑의 정확한 소재지를 알려주는 고고학 자료는 현재까지도 불분명하다. 사리분배 전설에는 혼란이 많고 허구적인 요소도 포함되었으며 작가의 인위적인 추가도 확인된 상태이다.[19] 어쨌든 아직도 검토할 여지가 많이 남아 있다. 적어도 2~3개의 근본 8탑에 해당하는 것으로

19　杉本卓洲, 앞의 책, pp. 384~392.

추정되는 다른 불탑의 추가 발견이 필요하다.

이와 함께 불교의 4대[20], 8대 성지와 근본 8탑과의 연관성은 확인되지 않지만 모두 불탑이 세워져 오늘날 많은 순례객의 방문을 받고 있다. 4대 성지는 약 2,500여 년 전 고타마 싯다르타가 태어난 탄생지 룸비니의 진신사리탑, 29살에 출가하여 6년간의 고행 끝에 깨달음을 얻어 보살 단계를 넘어 붓다로 승화한 성도지 보드가야의 마하보디대탑, 붓다가 자신과 함께 고행했던 5비구에게 처음으로 설법을 한 초전법륜 장소인 사르나트의 달마라지카탑과 차우칸디탑, 석존께서 열반에 든 장소 쿠시나가르의 라마브하르탑과 파리니르바나탑 등이다.

8대 성지는 4대 성지와 불교 최초의 사원 죽림정사와 석존에게 가섭이 지은 염화미소의 장소가 있는 마가다국의 수도인 라즈기르(왕사성)의 라즈기르탑, 천불화현의 기적을 보인 기원정사가 위치한 쉬라바스티(사위성)의 오라즈하르 천불화현탑, 싯다르타를 낳고 7일 만에 죽은 모친 마야를 위해 도리천으로 올라가 3개월간 설법을 하고 인간 세계로 내려온 장소인 상카시아의 미발굴된 산키사탑, 석존 자신을 키운 이모이자 부친 숫도다나왕의 왕비였던 마하빠자빠띠 고타미를 포함한 비구니의 출가를 허용한 바이샬리의 아난다탑 등이다. 이들 탑에 대한 발굴 작업도 아직 이루어지지 않았다.

4) 불탑 이전의 불탑

불탑은 석존의 사리가 봉안된 사리탑인 것은 더 말할 필요가 없다. 그런데 석존의 열반 이전에 죽은 제자, 사리불이나 목건련의 스투파는 석존의

---

20 4대 성지는 석존께서 열반에 들기 전 아난다에게 알려준 순례할 장소 4곳이다.

불탑보다 먼저 만들어진 것이기에 그들의 스투파도 불탑으로 불릴 수 있다. 과거불로 부르는 것은 분명치 않지만, 만약 실존한다면 그들의 탑은 석존의 불탑에 선행하는 불탑이 된다. 또는 홀로 깨달은 자를 의미하는 벽지불辟支佛의 탑도 마찬가지이고, 석존 제세 시에 세워졌다는 머리카락을 봉안한 발탑髮塔, 손톱을 봉안한 조탑爪塔의 예도 있다. 그렇지만 일반적으로는 석존의 불탑이 최초이며 그것을 모방하여 다른 탑이 만들어진 것으로 알려진다. 과연 불탑 이전에 다른 불탑이 존재했을까?

여기서 석존의 머리카락과 손톱을 이용하여 만든 최초의 불탑 관련 기사가 『대당서역기』권1에 전한다.

"성의 북쪽 40여 리에 파리성波利城이 있는데 성안에는 각각 하나의 스투파가 있으며 … 옛날 여래께서 불과佛果를 처음으로 증득하신 뒤 보리수 아래에서 일어나 녹야원鹿野園으로 가셨다. 그때 두 명의 장자가 붓다의 위광威光에 감화되어 자신들이 지니고 있던 노자를 모두 털어서 우유죽妙蜜을 바쳤다. … 여래에게 인간과 하늘의 복을 설법해주기를 청하니, … 법의 가르침을 듣고 나서 그들이 공양하는 곳의 물건을 요청하니, 붓다께서 그 머리털과 손톱을 주셨다. 두 장자가 장차 본국으로 돌아가서 어떻게 경례敬禮의 의식을 올려야 할 것인지를 묻자 붓다께서는 승가지僧伽胝를 반듯하게 접어서 아래에 깔고 다음에는 울다라승鬱多羅僧을, 그다음에는 승각기僧却崎를 쌓고 이어서 발우를 엎어놓은 뒤에 석장錫杖을 세우셨다. 이와 같은 차례로 솔도파窣堵波가 만들어졌다. 두 사람은 명을 받들고 각자 자기의 성으로 돌아가서 성지聖旨의 의식을 본떠서 훌륭하게 세웠다. 이것이 바로 붓다의 법에 있어서 최초의 솔도파인 것이다."

그런데『마하승기율摩訶僧祇律』에는 지제를 세웠다는 것이 기록되었고,
『사분율四分律』에는 공양을 올렸지만, 탑에 봉안했다는 내용은 기술되지
않았다. 이외에도 다수의 경전에 전해지는데 내용이 상이하다.

　이들 전승에 따르면 석존 생존 시에 이미 존체 일부를 넣어 만든 탑이
존재했었다고 보인다. 실제로 탑이 건축되었는지는 알 수 없으나 석존과
공간적으로 떨어져 있는 사람들이 취했을 석존의 자취를 느낄 방법을 채
택했었을 것이기 때문이다. 석존의 존체 일부를 소유함으로써 석존과 함
께 한다는 의미가 석존 제세 당시에 형성되었을 가능성이 높다.[21]

　「벽지불辟支佛」의 탑에 대해 살펴보면, 벽지불은 붓다의 일종으로 스승
없이 혼자서 깨달았다는 '독각獨覺', 연기법에 따라 정각을 얻었다는 '연각
緣覺'으로 부르며 타인에게 설법 교화를 하지 않는 것으로 석존 이전에 출
현한 것으로 알려졌다. 본생담에도 석존의 과거생에서 여러 번에 걸쳐 활
동하는 것이 전한다.『본생경』권2,「물의 전생이야기No.459」에서는 벽지
불에 대해 전하고 있다.

"옛날 현인들은 내가 세상에 나오기 전에 있었어도 번뇌를 억제하고
벽지불의 지혜를 얻었다. 하고 그 과거의 일을 말씀하셨다. … 벽지불
은 두 손가락 길이의 머리칼로 가사를 입고 북방 설산의 난다무라카
굴속에 사는 사람이다. 그는 새빨간 겹옷을 입고 번갯불 같은 허리띠
를 매고 빨간 가사 한 자락을 벗어 올리고 구름 빛깔의 분소의糞掃衣를
두 어깨에 걸고 검은 찰흙의 바루를 왼쪽 어깨에 매달았다. 그는 공중
에 서서 설법하고는 하늘 높이 올라 난다무라카 동굴에 내렸다."

21　이자랑,「율장의 불탑 기술에 관한 일고찰」,『불교연구』제43집, 2015. pp.75~103.

벽지불 특징은 긴 머리에 빨간 옷을 입고 공중 부양하는 모습을 나타내는데 『리그베다[10.136.1~7]』에서 긴 머리에 노란색 옷을 입고 하늘을 나는 무니Muni로 부르는 수행자와 공통된 점이 보인다.

『숫타니파타』「코뿔소의 외뿔의 경」에는 아난다가 홀로 깨달음을 추구하는 연각불과 관련하여 질문하자 "모든 존재에 대해서 폭력을 쓰지 말고, 그들 가운데 그 누구에게도 상처주지 말며, 자녀조차 원하지 말라. 하물며 동료들이랴. 코뿔소의 외뿔처럼 혼자서 가라."[22]는 것처럼 '스승없이 홀로 수행하여 깨달은 자'에 해당하는 말이었다.

석존 자신도 설법 활동을 하기 전에는 벽지불 가운데 한 사람이었다고 볼 수 있다. 따라서 그의 무덤은 불탑 이전의 불탑 모습이라 할 수 있다. 그러기 때문에 실제로는 벽지불의 탑이라는 특수한 형태의 발견은 기대할 수 없고 현재로서도 벽지불의 탑이라는 단서를 얻을 수 없는 실정이다.

석가모니 부처님 즉 석존釋尊 이전의 세상에 출현했던 여섯 분의 붓다, 비바시불毘婆尸佛, 시기불尸棄佛, 비사부불毘舍浮佛, 구류손불拘留孫佛, 구나함불拘那含佛, 가섭불迦葉佛이 존재했었다고 한다. 여기에 석존을 포함하여 과거칠불로 알려진다. 석존은 자신이 설한 법이 독단적인 것이 아니라 과거불들이 가르쳐온 것을 다시 설명하는 것에 불과하다고 역설하고 있다. 대표적인 것이 과거칠불이 공통으로 계율의 근본으로 삼은 「칠불통계게七佛通戒偈」의 "모든 악을 저지르지 말고 모든 선을 행하여 스스로 그 마음을 깨끗이 해라. 이것이 모든 부처의 가르침이다."[23]

---

22   전재성, 『숫타니파타』한국빠알리성전협회, 2005. pp.72~100.
23   전재성, 『숫타니파타』한국빠알리성전협회, 2005. pp.72~100.

라는 것이다.

과거불 가운데서 흥미로운 것은 코나카마나불, 한역경전에서 구나함
불拘那含佛로 음역되는 과거불이 현재 네팔 카필라바스투 인근의 니갈리
사가르Nigāli Sāgar의 아소카왕 석주 비문에서 확인되었다. 내용은 '아소카
왕 즉위 14년(B.C.255년경)에 코나카마나불Konākamana의 스투파를 중축했
고, 즉위 20년에 이 땅에 와서 축제를 열고 석주를 세웠다'고 한다. 현장의
『대당서역기』권6, 겁비라벌솔도국劫比羅伐窣堵國조에는 코나카마나불과 함
께 구류손불Krakucchanda의 탑이 아소카 석주 앞에 있다고 전한다.

> "가라가촌타불의 성에서 동북쪽으로 30여 리를 가다 보면 오래된 거
> 대한 성에 이르게 된다. 그 성안에는 솔도파가 있는데 이곳은 현겁 중
> 사람의 수명이 4만 세일 때 가낙가모니불迦諾迦牟尼佛께서 태어나신 성
> 이다."

경전 중에서 과거불의 탑에 대해 많이 언급되고 있지만 모든 과거불에
대해 언급되는 것이 아니며, 그 가운데 코나카마나불의 탑에 대해 현장과
법현의 기록을 통해 알 수 있으나 다른 경전에서는 찾아보기가 힘들다.
과거불의 탑 가운데서 중요한 것은 6대 가섭불迦葉佛의 탑이다. 많은 경전
에서 거의 일치하는 내용을 전하고 있다. 그중 『마하승기율』권33, 232. 탑
의 법조에서 가섭불의 탑에 대해 전하고 있다.

> "부처님께서 구살라국拘薩羅國에 머무시며 유행하셨다. 그때 어떤 바
> 라문이 땅을 갈다가 세존께서 지나시는 것을 보고 소와 막대기를 땅
> 에 놓고 부처님께 예배하였다. … 나에게 예배하고 그 막대기 아래에

가섭 부처님의 탑이 있느니라. … 세존께서 가섭 부처님의 보탑寶塔을 나타내시니, 높이가 1유순由旬이요, 면의 너비가 반 유연由延이었다."

현장의 『대당서역기』권6, 실라벌실저국室羅伐悉底國조에는 코살라국의 사위성에서 "큰 성의 서북쪽으로 60여리를 가다 보면 옛 성에 이른다. 이곳은 현겁賢劫 중에 사람들이 2만 세의 수명을 누릴 때 가섭파불迦葉波佛이 태어나신 성이다.… 성의 북쪽에 솔도파가 있는데 가섭파불의 전신全身 사리가 있는 곳이다. 이곳은 모두 무우왕이 세운 것이다."

가섭불의 탑이 다시 매몰되고 다시 석존에 의해 지상으로 용출되었다는 『법화경』권4, 견보탑품見寶塔品조의 다보여래 보배탑 이야기를 연상시킨다. 불탑의 소멸과 용출을 나타낸 것은 인도 불탑의 쇠함과 성함이 있었음을 비유한 것으로 보인다. 이외에도 다수의 경전에서 가섭불의 탑에 대해 언급하고 불탑의 건립법이나 공양법에 대해 상세하게 설명하고 있다.

『마하승기율』에서 탑을 흙덩이로 만들었다는 내용으로 볼 때 최초의 탑은 진흙탑으로 볼 수 있다. B.C.5세기 경으로 추정되는 바이샬리 레릭탑의 경우 내부가 진흙으로 조성된 점을 볼 때 가섭불의 탑도 이것에 대응한다고 할 수 있다. 석존 이전의 벽지불탑, 과거불탑, 가섭불탑 등에 관한 내용이 경전 곳곳에서 확인되나 실제로 석존의 불탑보다 빨리 세워졌다는 증거는 찾아보기 어렵고, 고고학 자료도 확인된 바 없어 보다 상세한 고고학 조사가 필요하다.

한편 『십송률十誦律』권56에는 탑을 세우는 법起塔, 탑터塔地, 감탑龕塔법, 탑법塔法, 공양탑법, 장엄탑법, 화향영락법 등에 자세하게 묘사되어 불탑에 관한 실제 신앙 모습을 비교적 정확하게 설명하고 있다.

"탑을 세우는 법[起塔法]이란 다음과 같다. 급고독給孤獨 거사가 … '거사여, 그대는 이 손톱과 머리카락에 공양하라.' … '머리카락을 모시는 탑과 손톱을 모시는 탑을 세우도록 청허한다.' 이것을 탑을 세우는 법이라 한다.

탑지[塔地]란 … 그곳에 탑을 세우는 곳이며, 감탑법[龕塔法]은 감탑龕塔과 주탑柱塔을 세우고 모든 종류의 탑을 세우는 탑법[塔法]을 … 탑을 공양하는 법[供養塔法]으로 탑에 올린 공양물을 출자하여 이익금으로 탑에 공양함을 … 탑에 공양하는 것으로 … 여러 색깔과 여러 가지 장신구를 … 탑을 장엄하는 법[莊嚴塔法]으로 금강좌金剛座나 높은 당사·높은 누각·이층 누각에 여러 가지 보배 방울과 반짝이는 장신구·영락·번당幡幢·꽃·일산·금·은·진주·등의 온갖 보물을 매달아 탑을 장엄 … 탑에 공양할 것은 화향영락법[花香瓔珞法]으로 화향花香·말향末香·도향塗香·꽃·영락·보배 영락을 나열, 등을 켜고, 여러 가지 음악을 연주하고, 담장과 벽에 향을 바르고, 향합을 여러 곳에 배치하여 꽃향기가 퍼지게 하고, 향유를 바닥에 뿌리는 것을 허락하신다."

2장

건축물로서의
불탑

건축물로서의
불탑(스투파)

1. 스투파 용어

석존의 유골을 봉안한 불탑을 가리키는 용어로 대표적인 것은 스투파 stupa와 차이티야caitya라는 두 단어를 들 수 있다. 이 두 단어에는 여러 가지 면에서 적지 않은 차이가 발견되어 처음부터 같은 뜻으로 사용된 것이 아니며, 경전과 사용처 등에서 차이가 확인된다.

'스투파'라는 용어는 아리안족이 인도로 이주하여 정착하는 과정에서 토착문화와 결합 과정을 거치면서, 자신들의 독자적인 종교나 설화를 보존하고 세계관이나 인생관을 전해주는 인도에서 가장 오래된『리그베다 Rigveda』에서 확인되지만 '차이티야'는 찾아보기 어렵다. 이곳에선 우주목, 신성한 불꽃 덩어리(불의 제사의식), 하늘과 땅을 연결하는 기둥(베다 시대의 제사의식과 관련), 황금 언덕 등의 의미가 있는 것으로 알려졌다.[24] 이것들은 불탑의 의미나 기능을 생각하는데 각각 큰 의미가 있다.

동시에 '스투파'라는 용어가 아리안족 사이에서 발생하여 사용된 것을

---

24   A. A. Macdonell & A. B. Keith, Vedic Index of Names and Subjects. Vol. II. London, 1912. p. 483.『Rigveda』의 Stupa는 머리의 윗부분을 가리키는 상투를 의미하며 나중에 '정수리'로 변한다.

암시하고 있다. 이처럼 '스투파' 명칭은 베다Veda 및 브라흐만Brahman과 관련 있는 용어임을 알 수 있다.

'차이티야'라는 용어는 고대 인도의 서사시 「마하바라타Mahabharata」 등에서 자주 등장하는 것과 달리 '스투파' 단어는 거의 볼 수 없다. 차이티야는 '성화단', 바라문들이 행하던 '공희제의 장소'를 뜻하며 일반적으로 신성한 나무를 가리키거나 사당을 의미하기도 한다. 또 큰 나무가 있는 곳에 화장터가 설치되거나 화장터나 무덤에 나무를 심는 등 그것이 기념수가 되어 성역으로 지정되었다. 인도뿐만 아니라 동서양에서는 수령이 긴 나무나 특정한 나무를 신성시하는 수목 숭배 형태인 성수聖樹신앙이 성행하여 오늘날까지 이어진다. 대표적인 예로 보리수, 크리스마스 트리 등을 들 수 있다. 그중 보리수의 본래 이름은 아슈바타Asvattha 또는 핍팔라Pippala로 불리는데 석존께서 깨달음을 얻었기 때문에 붙여진 이름이다. 한역되면서 지제支堤 또는 제다制多로 사용되었다.

초기 경전에서는 팔등분 된 사리를 봉안한 탑을 스투파로 지칭하지만 차이티야는 석존의 생애와 관련된 탄생, 정각, 초전법륜, 열반 장소 등을 가리키는 용어로 사용된다. 그러나 후대의 산스크리트 경전이나 대승 경전에서는 두 용어가 완전히 같은 동의어로서 「불탑」의 의미로 사용된다. 이와 관련하여 당대 인도를 다녀온 3대 구법승 가운데 의정義淨스님의 『대당남해기귀내법전大唐南海寄歸內法傳』권3에는 다음과 같이 전한다.

"차이티야에는 두 개의 의미가 있다. 하나는 석존에 대한 대중들의 그리움이 이곳으로 모이는 것을 생각하는 것과 두 번째는 흙벽돌을 쌓아 이것을 완성하는 뜻이며 졸도파라고 이름 붙였으나 의미가 같고 옛날에는 탑이라고도 했고 별도로 지제라고도 말했지만, 이것들은 모두 같은 뜻이다."

사리 포함 여부와 관련하여 『마하승기율』권33, 탑묘塔墓에는 불사리를 봉안하는 것을 탑, 불사리를 봉안하지 않는 것을 탑묘 즉 제다(차이티야)라 는 두 용어에 대해 다음과 같이 의미를 규정하고 있다.

"사리가 있는 것은 탑이라 이르고 사리가 없는 것은 탑묘라 하니 부처 님께서 탄생하신 곳과 도를 얻으신 곳, 법륜을 굴리신 곳, 열반에 드 신 곳과 보살상, 벽지불의 굴, 불족적 등이다. 이러한 모든 탑묘에는 부처님과 꽃과 일산 등의 공양구를 모신다."[25]

이렇게 서로 다른 용어가 최종적으로 동일시되지만 본래 내포하는 의 미가 다르므로 2가지의 용어가 출현한 것으로 볼 수 있다. 그런데도 '스투 파'라는 용어는 불교에서만 사용된다. 이 문제에 대해서는 아쉽게도 현재 로서는 알 수 없다. 단지 스투파라는 용어가 '베다'에 나타남으로써 불교 이전에 존재했음을 알 수 있고 불교 측에서 사용하게 된 용어임을 추정할 뿐이다.

스투파와 차이티야 외에 「다투가르바Dhātugarbha」, 「달마라지카Dharmarā jika」 등의 호칭이 있다. 「다투가르바」는 '사리를 의미하는 다투, 자궁 또 는 성소聖所를 의미하는 가르바'에서 유래된 용어로 스리랑카에서 「다가 바Dagaba」로 부르는 용어의 어원이다. 「달마라지카」는 아소카왕이 8만 4,000탑을 만들었다는 설화 속에서 언급되는 명칭이다.

---

25 『대당남해기귀내법전(大唐南海寄歸內法傳)』, 『마하승기율』 동국대학교 역경원.

스투파 즉 불탑佛塔은 건립됨으로써 공경하는 사람들의 다양한 생각 속에 살아 숨쉬며, 불탑 자체가 여러 가지의 의미를 내포한 하나의 상징을 나타내는 복합체라고 할 수 있다.

스투파는 산스크리트Stupa, 팔리Thupa, 영어권과 미얀마 등 동남아시아권에서는 Zedi[26], Pagoda, 스리랑카는 Dagaba, Dagoba, 티베트는 Chorten, 중국은 솔도파窣屠婆·窣堵婆, 졸도파卒都婆, 졸탑파卒塔婆, 소도파素覩波 등으로 뜻보다 음을 빌려 한역되었다. 이후 단순화되면서 탑파塔婆, 탑塔 등으로 표현[27]되었다. 이와 함께 석존의 사리를 봉안한 경우는 불탑佛塔, 스님의 사리를 모신 경우는 승탑僧塔으로 구분하는 것과 달리 인도의 스투파는 특별한 구분이 없이 같이 사용하고 있다. 이러한 점을 고려하여 이 책에서는 스투파를 불탑과 승탑으로 구분하여 사용하였다.

---

26 제디(Zedi)는 chedi, jedi 로도 부르며 Caitya, Cetiya에서 유래된 용어이다.

27 우인보, 『탑과 신앙』, 도서출판 해조음, 2013에는 불탑의 어원에 대해 한역 경전 위주로 자세하게 언급하고 있어 이 책에서는 간략하게 언급하였음.

2. 스투파 기원

문헌·고고학 자료에서 가장 오래된 스투파에 관한 서술이나 소재를 얻는 것은 역시 불교권이며 이것은 그대로 불탑 연구로 연결된다. 그러나 스투파는 앞에서 언급했듯이 불탑이 아니다. 엄밀히 보면 스투파 가운데 한 형태로 보아야 한다. 스투파 기원에 대해 많은 학자의 다양한 견해와 가설이 제시되었지만, 아직도 정설이 확립되지 않았다.[28] 즉 스투파의 기원은 언제, 어디에서 시작되었는지? 어디서부터 확인해야 하는지 의견이 나뉘기 때문이다.

스투파 기원과 관련되어 제기된 다양한 학설 가운데서 가장 대표적인 것으로는 첫째, 반구형지붕설로 스투파 본체인 반구형 복발 형태가 스투파 조성 당시 오두막의 반구형지붕을 표현한 것으로 보는 설이다. 반구형 지붕 형태가 크게 수행자의 거주처, 바라문의 제의용 성화 보관 오두막, 아리안족의 오두막 등과 비슷하다는 관점에서였다. 수행자들의 거주처나 바라문들의 성화 보관 장소가 반구형의 둥근 지붕을 하는 것은 산치 제1 탑의 부조 등에서 확인된다. 무덤 형태가 원추형의 지붕이나 초가지붕을 나타낸 오두막은 관습에 의해 성역화되고 차이티야굴에도 채용되었으며, 『샤타파타 브라흐마나』에서 망자를 위하여 집 혹은 표식으로 무덤을 만든다는 견해를 나타낸다. 퍼거슨, 퍼시브라운P. Brown, 세나르É. Senart, 무라타 지로村田治郎 등이 주장하였다.

둘째, 인간의 두개골설로 스투파라는 말 자체가 '머리, 정수리' 등을 의미하는 곳에 착안하여 나온 설이다. 인도에서 가장 오래된 B.C.5세기

---

28 스투파 기원설에 대해서는 杉本卓洲의 『インド佛塔の研究』에서 기원과 관련된 다양한 견해를 언급하였기에 자세한 것은 참고하기 바람.

경 피프라흐와 스투파의 지름35m에 비해, 높이가 6~7m로 현격히 낮은 원형 봉분 형태로 두개골과 비슷하다는 점과 『큰 원숭이의 전생이야기, No. 407』의 '보살인 원숭이 왕이 죽었을 때 모든 왕에 대한 의식에 따라 장례를 치르고 화장 후 그의 두개골에는 황금 칠을 한 다음 창끝에 꽂아 향과 화환을 받들고 공양한 후 두개골을 사리로 만들어 체티야에 안치하고 평생 공양하였다'라며 상징주의와 연결을 시도하였다. 쿠마라스워미, 바루아 등이 주장하였다.

셋째, 봉분설로 가장 많이 인용되는 설이다. 스투파 숭배가 종교적인 특성이 있는 것 외에 인류학 측면에서 원시 민족 사이에 흙이나 돌을 이용하여 인공적으로 쌓은 신성성을 지닌 봉분으로부터 유래된 자연발생적인 기원을 지니고 있다. 다만 다양한 봉분의 형태가 존재하는데 그 가운데 반구형의 분묘가 스투파 형태로 채용된 점에 대한 의문점 등이 나타나고 있다. 후세A. Foucher, 피노L. Finot, 로우랜드B. Rowland, 두트S. Dutt 등이 주장하였다.

넷째, 스마사나설Smasana로 바라문계 문헌에서 언급되는 아수라에 속하는 사람들, 동방의 사람들이 만든다는 원형 무덤인 스마사나에서 전래한 것이라는 설이다. 즉 아수라 무덤의 둥근 형태가 둥근 스투파로 탄생하였고 불교도가 동방의 사람들이었기 때문이라는 주장과 베다의 의례에 따라 망자의 유골을 땅에 묻고 흙을 둥그렇게 쌓는 무덤에서 기원했다는 설이며 바루아B. M. Barua, 바네르지A. C. Banerji, 아르테칼A. S. Altekar 등이 주장했다.

다섯째, 외부유입설이다. 이탈리아 중서부에 있는 에트루리아Etruria, 터키의 리디야Lydia, 중앙아시아 스키타이족의 투라니안Turanian의 분묘 형태 등에서 전래하였다는 설이다. 최근 아리안의 천막 큐폴라Copola 또는 북유럽의 쿠르간Kurgans의 형태와의 연관성을 제시하고 있다. 인도유럽어족의 한 종류인 슬라브Slavs족 사이에 시신을 화장한 후 유골을 뼈 항아리에 넣고 그 위에 봉분한 무덤과 스투파와 완전히 같은 장묘법이지만 스투파와 관련 있다고 단정할 수는 없다. 퍼거슨, 콤바즈G.Combaz, 프질스키J.Przyluski, 야즈다니G.Yazdani 등이 주장하였다.

여섯째, 상징주의 복합설이다. 장묘법의 기원이 있어도 스투파가 지닌 상징성 즉 우주 창조의 상징성, 지모 신앙, 우주산, 성화 제단, 석존 자신이 왕족인 크샤트리아 출신인 점 등 매우 복잡한 상징주의가 작용하여 조성되었다는 설이다. 다만 어느 것이 불탑 이전부터 존재했고, 계승된 것인지, 어떠한 점이 불탑에 처음으로 적용된 것인지 등 사실 여부 확인이 어렵다는 점이며 무스Paul Mus, 란노이 등이 주장하였다.

일곱째, 거석설로 선사시대 이후에 볼 수 있는 분묘 또는 기념물에서 구하는 설이다. 다만 인도의 거석 건조물 형태가 다양하게 조성되는 특징이 있어 불탑과의 연관성이 적으며 스미스V.A.Smith[29], 코삼비D.D.Kosambi 등이 주장하였다.[30]

이밖에도 다양한 견해가 있지만, 결정적으로 밝혀진 것은 없고 많은 학자는 복수의 요인을 꼽는다. 말하자면 스투파는 하나의 문화복합체라고 불러도 좋을 것이다. 형태뿐만 아니라 의미, 기능 측면에서 부분적인 관점이 아닌 종합적인 관점에서의 접근이 필요하며 시대 이외에 지역 차이도 고려해야 하는 등 여러 가지 면에서 심사숙고해야 한다.

---

29 V.A.Smith, A History of Fine Art in India and Ceylon from the Earliest Times to the Present Day. Oxford at the Clarendon press, 1911.

30 杉本卓洲, 『インド佛塔の硏究』東京, 平樂寺書店, 1984.

스투파 자체를 두고 지상의 왕이 머무는 무덤인 이집트의 피라미드, 중국의 황제릉, 하늘의 신과 지상의 인간을 연결하는 바빌로니아의 지그라트ziggurat 등과 비교할 수 있는 측면이 있다. 이것들은 모두 평범하지 않은 차원에 있던 사람, 대규모의 인력 동원이 가능한 지배층들과 관련이 있는 건축물이다. 그러나 스투파는 바라문적 우주의 중심인 상징주의와 다른 기능을 갖는 것으로 나타난다. 신들 세계와 인간 세계의 양측이 융합되고 기쁨을 나누는 곳에서 양측 속성이 일체화되는 인도 특유 사유법의 작용을 볼 수 있는 것이다. 즉 스투파는 하늘과 땅을 결합하는 중간에 있는 것으로 일종의 허공주의 표현이라고 할 수 있다. 경전에서 불탑이 허공에 뜨는 것으로 묘사되는 『묘법연화경』권4, 「견보탑품」 내용과도 이러한 개념과 연결될 수 있다.[31]

> "그때 부처님 앞에 7보탑이 하나 있었으니, 높이는 5백 유순이요 너비는 250유순으로, 이 탑은 땅으로부터 솟아나 공중에 머물러 있었다."

이처럼 불탑은 건립됨으로써 공경하는 사람들의 다양한 생각 속에 살아 불탑 자체가 여러 가지 의미를 내포하여 하나의 상징을 나타내는 복합체라고 정의를 내릴 수 있고, 인도 특유의 사고법에 근거한 산물이며 다른 세계에는 유례가 없는 것이었다.

---

31 『묘법연화경』권4, 동국대학교 역경원.

3. 스투파 구성요소

스투파의 구성요소를 확인하기 위해서는 현존하는 인도 스투파의 대표적인 예라 할 수 있는 중인도 보팔의 산치 제1탑을 들 수 있다. 그림 2-01은 B.C.3세기 아소카왕 대에 조성된 후 B.C.1세기경 증축되었다가, 20세기 초 복원된 산치 제1탑의 19세기 발견 당시 모습이다. 원래의 모습은 알 수 없지만, 현재로선 초기 스투파의 모습을 확인할 수 있는 유일한 예다. 발굴시 수습된 일산日傘 1점과 아소카 석주 주두와 명문이 새겨진 부재는 산치 고고학박물관에 소장 중이다.

그림 2-01.
산치 제1탑 19세기 도판
(산치고고학박물관)

산치 제1탑의 남쪽 탑문 제1횡량 뒷면의 부조 스투파 복발그림(그림 2-02) 부위에 새겨진 B.C.1세기경 프라크리트어 3행의 명문에는 '시리-사타카르니왕의 장인匠人 책임자인 바시슈티의 아들 아난다의 시주다'라고 기록되었다[32]. 명문에 언급된 사타카르니왕의 연대에 대해 여러 가지 설이 있지만, B.C.1세기경 서말와 지역을 통치한 숭가왕조의 Siri Satakarni,

---

32 　塚本啓祥『インド仏教碑銘の研究I』平楽寺書店, 1996, p.3.

사타카르니 II세로 판단하고 있
다.[33]

그림 2-02. 산치 제1탑 횡랑내 스투파 명문

산치 제1탑의 부조상에서는 석존
의 이미지를 볼 수 없으나 스투파,
보리수, 불족적, 대좌 등으로 석존
을 표현하였다. 이를 통해 석존께
서 입멸 이후 다시 형체를 만들 필
요성을 못 느끼고 불교의 공空사상과 맞물려 석존의 형상을 제작하지 않
는 무불상 시대에 조성된 것을 알 수 있다.

스리랑카 역사서 「마하밤사mahāvaṃsa」에는 아소카왕이 마힌다Mahinda왕
자를 스리랑카로 포교를 위해 파견했을 때 자신의 어머니 데비Devi를 만
나기 위해 산치 인근의 비디샤Vidisha에 체류한 것이 기록되었다. 이와 함
께 산치사원에 아소카 석주가 남아 있는 것으로 보아 아소카왕과의 연관
성이 확인된다. 이러한 예를 통해 산치 제1탑의 최초 조성시기는 마우리
아왕조 시대인 B.C.3세기로 판단된다.

스투파 형태에 대해서는 여러 경전에서 묘사되었는데 그 가운데『마하
승기율摩訶僧祇律』권33에는 다음과 같이 언급하였다.

"세존께서 스스로 가섭불의 탑을 일으키시니 아래의 기단 사방에는
난순欄楯을 둘러 세워 둥글게 두 겹을 세우고 사방으로 방아方牙가 나
오며 위에는 반개槃盖와 장표長表와 윤상輪相을 세웠다. 부처님께서 말
씀하셨다. 탑을 만드는 법이 마땅히 이와 같아야 한다."

33 M.K.Dhavalikar, SANCHI, Oxford University, 2003, p.4.

이것을 산치 제1탑과 비교하면 난순은 울타리, 둥근 2겹은 기단과 복발, 방아 사출은 4곳의 탑문, 반개는 평두로 알려진 하르미카를 나타내고, 장표는 산간, 윤상은 산개로 볼 때 경전 문구와 실물이 일치하는 것을 알 수 있다.

『근본설일체유부비나야잡사根本說一切有部毘奈耶雜事』권18에서는 불탑의 모습을 다음과 같이 묘사하였다.

"벽돌을 사용하여 두 겹으로 기초를 만들고 다음은 탑신을 놓으며, 그 위에 복발을 놓되 높이고 낮추는 것은 마음대로 할 것이다. 그리고 그 위에는 평두를 놓되 높이는 12척으로 하고 방方은 23척으로 할 것이며 크기의 대·소·중에 준하여서 윤간을 세우고 다음은 상륜을 붙이되 그 상륜을 거듭하는 수는 혹 하나·둘·셋·넷에서 열셋까지로 하고 다음에는 보병을 두도록 할 것이다"

산치 제1탑(그림 2-03, 04)의 구성요소는 가장 아랫부분이 원통형 기단(Medhi, 基壇), 반구형 복발(Anda, 覆鉢), 하르미카(Harmika, 平頭)로 부르는 방형 울타리, 울타리 가운데에는 일산을 고정하는 기둥인 산간(Yupa-yasti, 傘竿)이 세워졌고 삼중의 일산(Chattra, 日傘)이 올려졌다. 기단과 복발 주위에는 울타리와 난간Vedika이 빙 돌려 있고, 그 사이에는 오른쪽으로 도는 우요右繞행위용 탑돌이 통로(Pradakshina patha, 繞道)가 마련되었다. 난간이나 울타리는 기둥과 기둥 사이를 관석suchi 3개로 연결하며 위에 덮개돌笁石을 올려놓았다. 지면에서 기단 위로 올라가는 계단sopana이 두 군데 설치되어 탑돌이 행위가 자연스럽게 이루어지게 되었다.

시대가 흘러가면서 불탑의 형태에 변화가 나타나지만, 기단과 반구형 복발, 하르미카로 구성되는 기본형식은 후대까지 잘 유지되고 있다. 불탑 외곽에는 울타리와 4곳의 방위에 탑문Torana이 세워졌다. 탑문은 2개의 긴 기둥과 위로 휘어진 수평재(횡량) 3개로 구성되었다. 탑문은 일부 스투파에서만 확인되고 있어 일상적인 예는 아닌 것으로 보인다.

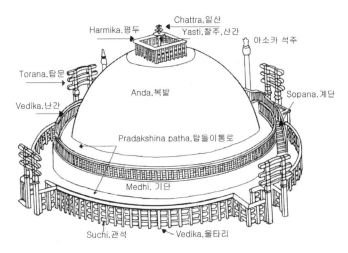

그림 2-03. 산치 제1탑 각부의 명칭

그림 2-04. 산치 제1탑 조감도

1) 기단Medhi, 난간Vedika

불탑의 중심인 반구형 복발Anda을 지면으로부터 높게 하여 빗물과 지하수 등으로부터 보호하고, 복발의 하중을 받아 지반에 골고루 전달하며, 지면보다 높게 함으로써 불탑의 장중함을 나타내기 위한 역할을 하는 기단은 복발보다 지름이 약간 넓게 조성되었다. 기단은 현지에서는 메드히Medhi로 불리는데 그것은 베다의 제사의식에서 희생을 의미하는 메다 medha와 유사성을 보인다.

울타리와 난간(그림 2-05)은 기둥과 기둥 사이에 3개의 관석Suchi을 가로 형태로 삽입하고 맨 위에 덮개돌을 덮는 형태이다. 울타리와 난간을 가리키는 베디카Vedika는 제단을 의미하는 베디Vedi와 유사하며, 관석을 의미하는 수치suchi는 제사를 지내는 장소에 까는 잔디 같은 풀뿌리를 의미하는 수차suca와 유사성이 보인다.

그림 2-05.
산치 제1탑 하부 탑돌이 통로 및 계단, 울타리

이처럼 불탑을 구성하는 부재 명칭이 베다의 제사의식에서 사용되는 명칭과 비슷한 점은 우연으로 볼 수 있지만, 반대로 스투파 세계와 베다 또는 바라문 세계가 동떨어지지 않음을 나타낸다고 할 수 있다.

다만 인도에서는 울타리와 난간의 구분 없이 베디카Vedika로 부르고 있으나 사용하는 용도가 다르다. 울타리는 외부와의 경계 또는 보호, 결계 구역의 구분이 주목적이고 난간은 높은 곳에서 추락 방지를 위한 역할이 주목적이기에 울타리와 난간으로 구분하였다.

기단의 설치목적이 부처님 사리를 봉안하고 있는 복발의 엄청난 하중으로부터 벗어나고, 빗물 등으로부터 불탑을 보호하고, 더욱 높게 보이게 함으로써 장중함과 위엄을 나타내는 것으로 볼 수 있다. 이러한 기단명칭과 관련하여 우리나라 경우 이희봉은 드럼이나 원통부, 천득염은 간다라 지역에서는 기단, 산치나 차이티야굴의 불탑은 원통부, 혹은 대좌 등 건축학적 용어로 사용할 것을 제안하였다. 그런데 기단 형식을 분석한 결과 방형, 원통형 기단, 원통형 탑신의 예가 다수 확인되어 일률적으로 적용하기에는 무리가 따른다.

인도가 아닌 영어권 국가에서 보편적으로 사용하는 용어인 드럼 또는 이것을 직역한 원통부를 사용하는 것도 적당하지 않다. 인도 현지에서도 제단의 의미가 들어가 있는 메드히Medhi를 사용하고 있는 점을 고려하여 기단을 그대로 사용하였다. 다만 후기불교 불탑에서는 별도의 기단이 나타나고, 서북인도에서는 다중 기단과 원통형 탑신이 조성되는 예가 확인되어 원통부로 지칭할 경우 구분이 쉽지 않아 우리나라 석탑처럼 단층 기단 또는 상·중·하층 기단으로 구분하였다.

2) 탑돌이 통로(Pradakshina patha, 繞道)

원통형 기단 주위에는 울타리Vedika와 탑문Torana이 4개소에 마련되고 오른쪽으로 도는 탑돌이 행위를 할 수 있는 공간이 마련되었다. 기단 윗부분의 가장자리에는 추락을 방지하기 위한 난간 Vedika이 설치되었다. (그림 2-06)

현재 요도繞道로 부르는 프라 닥시나 파타pradakshina patha는

그림 2-06.
산치 제1탑 상부 탑돌이 통로 및 계단, 난간

인도에서 귀한 자에게 경의를 표하기 위한 의례법인 우요 행위를 위한 통로이며, 태양의 운행과 관련된 것으로 알려져 있다. 이 책에서는 우리에게 익숙하지 않은 요도보다 친근한 느낌이 있는 '탑돌이 통로'를 사용하였다.

바르후트나 보드가야의 울타리 부조에서 볼 수 있듯이 나무, 집, 사당을 울타리로 둘러싸는 것은 외부로부터의 침입 방지 및 성스러운 공간과의 구분을 위한 목적이 있다. 이와 함께 오른쪽으로 도는 우요 행위를 나타내는 숭경의 표현 공간 확보라는 점에서 불탑신앙이 성수신앙 등 일상적이고 세속적인 세계와 분리되지 않는 관계에 있음을 나타낸 것이라 할 수 있다. 이러한 신앙 형태는 고대인도 장묘문화 중 봉분을 둥글게 에워싸는 환상열석Stone circle을 통해 표현되어 불교가 나타나기 이전부터 사용되던 고대인도의 풍습이다.

3) 탑문Torana

탑문은 불교, 힌두교, 자이나교 사원에 있는 문으로 인도 곳곳의 많은 스투파에 설치되었지만, 현재는 불교 쇠퇴와 함께 대부분 없어지고 일부만 전해지는 상태이다. 처음에는 목조로 세워졌으나 석조로 된 것만 남아 있을 뿐이다.

2개의 기둥을 세우고 윗부분에 3본의 횡량을 설치하였으며 횡량은 가운데가 위로 약간 솟은 둥근 형태를 띠고 있다. 2개의 기둥만 조성된 예도 있고, 본생도나 불전

그림 2-07. 산치대탑 탑문Torana

도, 꽃, 신수神獸 등을 모티브로 한 정교한 조각들이 새겨 있다. 가장 양호한 상태로 남아 있는 산치대탑 탑문(그림 2-07)의 경우 주두柱頭에는 사자상 등이 환조 형태로 새겨진 예도 있다.

그림 2-08.
사하스트라 바후 힌두사원 탑문
Sahastra Bahu Temple

5~6세기 이후 자이나교와 힌두교사원(그림 2-08)에도 탑문이 조성되었다. 불교사원과 달리 이들 사원의 횡량은 1~2본으로 구성되고 건축물의 기둥 형태를 나타내며 외관은 앞, 꽃, 보석, 조각 등으로 화려하게 장식된다.

힌두교와 자이나교의 탑문은 사원 앞에 울타리와 상관없이 독립적으로 세워져 장엄한 분위기를 조성하고 있다. 그리고 행운을 가져다주고 상서롭고 왕의 승리를 기념하기 위해 세워지는 등 다양한 의미를 지닌다.

이와 달리 불교사원 탑문은 불탑을 보호하는 울타리와 연결되고, 세속과 성역을 구분하는 결계 구역과도 연관이 있다. 이들 탑문은 우리나라 사찰의 입구에 있는 일주문, 홍살문, 일본의 신사 입구에 있는 도리이鳥居, 중국의 패루牌樓에 영향을 끼친 것으로 보인다.

4) 복발(Anda, 覆鉢)

기단 위에 올려 있는 반구형의 불탑 본체로 스님들이 공양할 때 사용하는 식기인 발우를 뒤집어 놓았다는 뜻을 가진 복발覆鉢을 가리킨다. '복발' 용어가 사용되는 것은 현장의 『대당서역기』권1에서 석존의 설법을 들은 두 장자가 귀향할 때 공양을 하는 방법에 대해 언급된 이후로 알려진다.

"여래께서 승가지를 반듯하게 접어서 아래에 깔고 다음에는 울다라승을, 그다음에는 승각기를 쌓고 이어서 발우를 엎어 놓은 뒤에 석장을 세웠다"

복발이라는 명칭에 대해 이희봉은 '복발형'의 경우는 어느 정도 이해되지만 '엎어놓은 밥그릇'이라고 곧바로 지칭하는 것은 불경스러운 것을 의미하는 오류로 볼 수 있어 '불교에서의 알' 또는 '부처님 알'이라는 뜻의 '불란佛卵'이라는 용어를 제안하였다.[34] 그런데 발음상 뭔가 부적절해 보인다. 그렇다고 전혀 엉뚱한 뜻을 내포한다고 보기에도 어려운 것이 '복발' 용어라고 생각한다.

그것은 스투파의 기원설에서 바르후트나 산치 등에서 확인되는 수행자들의 암자나 바라문들의 성화 보관 장소가 복발처럼 반구형의 둥근 지붕으로 되어 있는 것이 확인되기 때문이다. 수행자들의 암자와 같은 반구형 부분을 복발로 한역하는 이유에 포함되지 않았을까 하는 의문이 들기 때문이다. 필자도 의미와는 약간 동떨어졌다고도 생각되지만, 우리에게 익숙해진 '복발'이라는 명칭을 그대로 사용하는 것도 하나의 방법으로 본다.

복발을 영어권에서는 외형적으로 보아 '돔'이라고 부르지만, 현지에서 안다Anda로 지칭하는 것은 단지 그 모습이 '알卵' 모양에서 유래하는 것이 아니라 우주 창조의 상징, 부활의 개념이 포함되어 있기 때문이다. 인도 문화는 인류와 우주가 물에서 태어났다는 창조 신화를 바탕으로 성립되었기 때문이다.

베다 주해서인 『샤타파타 브라흐마나』에는 '태초에는 물 들과 파도만

---

34   이희봉 「탑 용어에 대한 근본고찰 및 제안」『건축역사연구』통권71호, 2010. pp.57~59.

존재하고 있었으며 그들은 어떻게든 번식하려고 애를 썼다. 고행하고 열기도 발생시키는 등 노력을 하자 그들에게 황금알 히란야 가르바hiranya-garbha가 생겼다. 1년 동안 황금알은 물을 떠다니다가 1년 후 최초의 인간 푸루샤Purusa, 즉 창조주인 프라쟈파티Prajapati가 황금알에서 태어난 것'이 언급되었다.[35]

다른 예로『리그베다』(X, 121)에서 히란야 가르바에 대한 찬가[36] 장면에서는 '태초의 물에서 히란야 가르바 즉 황금알이 나타나고 그것이 만물의 유일한 절대자가 되며 천지·산과 바다 등 우주를 유지하는 것'이라고 언급하고 있다.

이들 신화에서 언급되는 히란야Hiranya는 황금을 뜻하며 가르바Garbha는 태胎를 의미하고「우파니샤드」에서는 우주의 영혼 혹은 브라흐만Brahman, 범천을 의미한다. 이처럼 안다Anda에 담긴 태胎, 자궁garbha이라는 의미는 단순히 모양만 비슷한 것이 아니라 고대인도 신화에 나타나는 신화적인 의미를 담고 있는 것은 틀림없다. 즉 스투파는 사람의 분묘를 뜻하는 것 이외에 우주 만물이 생성된 곳, 모든 것이 생겨나고 생명이 잉태된 곳 등 만물의 모태로 조성되었음을 시사한다. 거기에는 인도인들의 우주관과 천지창조론, 상징성 등 분명히 고대인도 문화의 상징성에 기반을 두고 있다.

반구형 복발은 인도뿐만 아니라 스리랑카, 미얀마 등 동남아시아에서는 명칭만 다를 뿐 지금도 외형이 반구형 복발 형태를 나타내고 있다. 우리나라에서 가장 오래되고 완벽한 상태로 전해지는 예로 통일신라시대

---

35 『Shatapatha-Brahmana』(XI. 1. 6 . 11~22)

36 辻直四郞訳『リグ・ヴェーダ讃歌』岩波文庫, 1970. pp. 316~318.

실상사삼층석탑 상륜부의 복발도 반구형이 아닌 분명히 눌린 알 형태이다. 이것은 당시 신라인에게도 '알卵'이라는 개념이 확실하게 전해졌다는 증거라고 할 수 있다. 이러한 점을 고려하여 이 책에서는 외형을 표현하는 복발 및 돔 용어보다는 현지에서 사용하는 '안다'와 우리에게 익숙해진 '복발'을 함께 사용하였다.

한편 불탑 평면이 원형을 나타내는 것은 가장 단순하고 일반적인 봉분 형태이다. 하지만 『사타파타 브라흐마나』에 의하면 '스마사나smasana'라고 부르는 무덤에 대해 언급하면서 '신에 속하는 사람들 즉 바라문들은 방형으로 만들고 신들에게 대적하는 아수라에 속하는 동방에 사는 사람들은 원형으로 만든다'는 구절이 있다. 여기서 방형은 방향성을 갖지만, 원형은 방향성이 없는 것으로 간주하는 것과 연관성이 있다. 방형은 신들의 세계인 천계天界, 원형은 지계地界로 여기며 중국을 비롯한 여러 나라에서 하늘은 원, 땅은 방형이라고 생각하는 것과 같다.

동방의 거주자이며 아수라에 속하는 자들은 분명히 불교도를 말한다. 이들 불교도는 선이주했던 아리안족으로 늦게 이주한 아리안족인 바라문들에 의해 야만족 취급을 받고 있었다. 당시 바라문 사회는 갠지스강 중류 지역에 있었기 때문이며, 불교 융성지역은 그보다 동쪽에 위치하고 불탑이 바로 원형이다.

5) 하르미카(Harmika, 平頭), 탑두부塔頭部

하르미카는 현재 평두平頭로 알려진 스투파를 구성하는 요소 가운데 가장 많은 의문점을 가진 반구형 복발Anda 꼭대기의 중앙에 있는 산간과 일산을 보호하는 방형 울타리에 둘러싸인 부분을 가리킨다. 하르미카 용도에 대해 아직도 완전히 이해되지 않았다는 주장도 있고, 신전이나 궁전으로 보는 견해도 있는 등 학자들 사이에서도 여러 가지 견해로 나뉜다. 현존하는 하르미카 형태를 살펴보면 크게 2가지로 분류할 수 있다.

그림 2-09. 산치 제1탑 하르미카(平頭)와 일산

첫째는 산치 제1탑의 단순한 형식으로 반구형 복발 위에 세워진 산간, 일산, 이를 보호하는 방형 울타리로 조성된 모습이다. (그림 2-09)

산간과 일산은 나무의 형태를 나타내고 있어 붓다가 깨달음을 얻은 장소, 보리수를 표현한 것이다. 평두平頭로 알려진 하르미카는 19세기 이후 난간 형태로 복원되어 원형은 알 수 없다. 현재 산치 고고학박물관 야외 전시장에는 19세기 발굴

그림 2-10. 산치대탑 출토 일산(산치고고학박물관)

과정에서 수습된 일산 1점이 전시되어 조성 당시 모습을 추정할 수 있다 (그림 2-10).

하르미카가 현재 실물로 확인된 예는 파키스탄 탁실라박물관에 소장 중인 A.D.1~2세기 시르캅Sirkap 출토 하르미카와 층단받침, 일산으로 이루어진 것이 유일하다(그림 2-11). 분명히 산치와 같이 울타리 형태를 갖추고 중앙에 산간과 일산 3개를 세워 우리나라 석탑 상륜부의 앙화仰花, 보륜寶輪과 매우 유사한

그림 2-11.
Sirkap출토 탑두부(탁실라박물관)

모습으로 조각되었다.

시르캅 출토 탑두부는 산치 제1탑과 다르게 층단받침을 석굴사원의 불탑과 부조탑의 예처럼 석재에 조각하는 방법으로 조성되었다. 즉 쌓아 올리는 방법으로는 구현하지 못했던 스투파 탑두부에 내재한 상징성을 표현해낸 것이라 할 수 있다. 이것으로 보아 하르미카는 외형상 산간, 일산을 보호하기 위한 울타리 용도라 할 수 있다.

탑두부 자체가 지니는 의미는 성수聖樹의 표현으로 볼 수 있다. 성수는 재생을 반복하기에 영원한 생명력을 지니고 있어 풍요·다산 등 현재도 인도에서 성행하는 민간신앙이며 기능상으로도 실제 기능을 가진 건축 요소, 희생제의용 제단, 수미산 등의 의미를 지닌 것으로 본다.[37]

둘째는 수메르산, 즉 수미산과의 연관성과 전륜성왕의 하늘궁전을 표현한 형식으로 차이티야굴에 봉안된 불탑과 부조탑에서 볼 수 있다. 하르미카 위에 층단받침, 창문과 발코니를 가진 누각 형태의 건물, 신전 또는 궁전묘사, 성벽과 같은 모티브가 있는 형식 등으로 크게 구분된다.[38]

하르미카 외형이 석굴사원의 불탑과 일반사원의 불탑이 다르게 조성되는 가장 큰 차이는 바위를 조각하여 표현한 것과 흙, 벽돌 및 석재를 이용하여 쌓는 방식의 차이로 나타난 것이라 할 수 있다. 당시 인도인들은 복발을 포함하여 하르미카 위에 석재 및 벽돌을 이용하여 쌓는 방법으로는 역피라미드 형태의 층단받침을 조성할 기술이 부족하였기에 스투파에 포

---

37   宮治 昭, 『インド仏教美術史論』中央公論美術出版, 東京, 2010, pp. 161~166.

38   J. Przyluski, "The Harmikā and the Origin of Buddhist Stūpa". Indian Historical
      Quarterly. Vol. XI. Calcutta, 1935. pp. 199~210 ; A. K. Coomaraswamy, History of
      Indian and Indonesian Art. p. 30; H. Sarkar, Studies in Early Buddhist Architecture
      of India. Delhi 1966. pp. 10~13.

함된 여러 가지 상징성을 표현할 수 없었다.

　이것을 반영하듯 일반사원의 불탑은 하르미카를 포함한 원형을 갖춘
예를 볼 수 없는 것과 다르게 석굴사원의 불탑과 부조탑에는 하르미카를
포함한 형태의 탑두부가 전한다. 하르미카는 방형으로 기둥과 기둥 사이
에 관석 3개로 구성된 난간형태로 부조되어 울타리임을 표현하였다. 복
발 위로는 일산 사이에 두꺼운 판석 여러 매를 겹쳐 쌓은 듯한 층단받침
이 부가되었다.[39]

　층단받침과 관련하여 란노이[40]는 스투파의 복발Anda을 세계의 산을 둘
러싸는 하늘의 돔을 나타내는 상징물로 정상 부위를 받치는 기둥인 우주
축을 의미한다고 주장하였다. 그렇다면 스투파는 산과 어떠한 관계를 맺
는 것일까? 최종적으로 스투파는 신전神殿이 있고 신들이 강림하는 성스
러운 메루산Meru Mt.을 의미한다.[41] 메루산 또는 수메르산Sumeru Mt.은 힌
두교 성전문학인 푸라나purana 또는 서사시 등에 자주 언급되는 범인도적
인 우주관과 세계관에 기초한 세계 중심의 산으로 한역 경전에서는 수미
산須彌山 등으로 한역되었다.

　경전에서 수미산과 관련하여 『장아함경』권18 「염부제주품」에서는 다음
과 같이 상세하게 묘사하고 있다.

　"수미산은 바닷물 속에 들어간 부분과 나온 부분이 각각 8만 4,000 유

39　이 부재에 대해 특별히 지칭하는 용어는 확인할 수 없으나 우리나라 석탑 옥개석의 층
　단받침과 동일한 형태를 나타내어 이 책에서는 '층단받침'이라는 용어를 사용하였다.

40　Richard Lannoy, The Speaking Tree ; A Study of Indian Culture and Society.
　Oxford Univ. Press 1971, pp. 22 ; 39.

41　杉本卓洲, 앞의 책, p. 211.

순이고 밑 부분은 땅에 닿아 있으며 곧게 솟아올라 굽은 곳이 없다. 그곳에는 온갖 나무들이 자라고 있고 나무에서는 갖가지 향기를 내어 그 향기가 온 산에 가득하다. … 그 산의 네 면에는 네 개의 봉우리가 솟아 있는데 일곱 가지 보배로 이루어졌으며, 7보로 만들어진 층계로 된 길이 있고 … 일곱 겹의 담장을 보면 담장마다 네 개의 문이 있고 문에는 난간이 있다. … 아래층과 중턱, 위층의 층계 길에는 가루라迦樓羅, 지만持鬘, 희락喜樂이라는 신이 살고 있으며 그곳에는 네 개의 봉우리가 솟아나 있는데 사천왕이 살고 있는 궁전이 있고, 수미산 꼭대기에는 3만 3,000개의 궁전이 있다."

그림 2-12.
돈황 제303굴 수미산

『장아함경』권20, 「세기경 도리천품」에는 세계의 중심인 수미산의 정상에 있는 도리천보다 위쪽에 있는 야마천, 도솔타천, 화락천, 타화자재천 등 욕계육천계欲界六天界를 묘사하고 있다. 즉 수미산보다 위에 있는 천계는 역층단받침을 이루며 위쪽으로 계속 이어지는 것으로 묘사하고 있다. 후대의 수미산 세계도의 천계를 보면 실제로 평행한 층단받침에 의해 나타나기 때문이다.

대표적인 예로는 수隋대에 조성된 둔황燉煌 제303굴 내부 중앙에 있는 수미산[42] 등을 들 수 있다. (그림 2-12)

---

42   Robert Sharf, The Eastern Buddhist, Art in the dark: the ritual context of Buddhist caves in western China, Eastern Buddhist Society, 2013.

기단은 방형, 층단받침은 역원추형이지만 천상세계가 층단을 이룬다는 고대 인도인들의 생각을 스투파의 층단받침으로 표현해 놓은 것으로 볼 수 있다. 이외에도『불본행경佛本行經』권7[43]에서는

"염부제 땅은 모두 드높은 덕이 태산과 같고 바라문이 세운 탑으로 금 항아리 탑은 아홉째이고 부처님 재를 모은 탑 등 꼭 열좌가 묘하고 드 높았네. 꽃과 향과 보배며 깃발과 일산을 탑에 공양해 빛나게 하였 으며 꽂고 장식함이 매우 묘하고 좋아 향기가 퍼지는 산 바위와 같았 다."

『대장엄론경大莊嚴論經』권13에서 불탑과 수미산의 관계에 대해서는

"불탑이야말로 수미산 같거늘 제가 어리석어서 훼손시키고 범하였기 에 현재세에 나쁜 명칭을 얻고 후생에는 나쁜 갈래에 떨어질 것이다."

이외에도『마하승기율摩訶僧祇律』권33 등 여러 불교 경전에서 불탑이 수 미산과 동일시되는 것이 확인된다. 로우랜드[44]는 스투파는 우주 건축의 축소판으로 안다는 하늘의 돔을 묘사한 것이며 지상에서 하늘로 우뚝 솟 은 세계의 산, 우주산을 둘러싸고 있다고 하였다.

하르미카는 도리천의 신이 머무는 하늘을 나타내며 하늘의 돔 가운데

---

43 『불분행경』권7, 以舍利神塔 於閻浮提地 巍巍德如山 梵志所建立 金罌塔第九 佛積炭灰 塔 滿十妙巍巍 華香寶幡蓋 表顯供養塔 挍飾甚妙好 如香熏山巖,「八王分舍利品」

44 B.Rowland, The Art and Architecture of India, Harmondsworth, 1967. pp.47~48, p.142.

에 둘러싸인 우주산의 꼭대기에 위치한다. 안다로부터 솟은 산간에 의해 완성되는 스투파는 이러한 상징성 들을 통해 우주산인 수미산의 복제라는 견해를 나타내었다. 이처럼 스투파 하르미카에 다양한 장식이 더해지고 난간이나 문으로 둘러싸여 여러 가지 공양이 이루어지는 스투파 모습은 특히 전륜성왕의 도성 모습을 연상케 하고 스투파 자체가 바로 지상낙원을 표현하는 것이다.

성스러운 산의 이미지는 당연히 산지 가람의 조성 및 석굴 개착과 깊은 관련이 있다. 왜냐하면, 석굴사원의 융성은 인도 특유의 종교관, 자연관과 우주관에 바탕을 두기 때문이다. 중세 이후 불교 석굴사원을 대신하여 주류가 되는 힌두교사원을 성스러운 산에 비유하는 것도 성스러운 산에 신전을 조성하는 행위에서 성스러운 산 자체를 신전으로 재현하는 행위의 전환을 의미하는 것이기 때문이다.

하르미카 중앙에 있는 기둥은 유파 야스티Yupa yasti로 부르는데 집단이나 공동체가 숭배하는 신앙의 대상에게 희생제물을 바치는 희생제의 때 희생 짐승을 묶는 기둥과 같은 용어로 각각 유사한 점을 보인다.[45] 나무의 수직성에 근거하는 성수신앙의 한 형태로 현재 우리나라에서 탑재 명칭으로 심주心柱, 산간傘竿, 찰주刹柱 등으로 사용된다.

기둥인 산간 위에는 우리나라에서 법륜으로 사용하지만, 인도 스투파의 꼭대기에 있는 부재는 법륜이 아닌 일산日傘을 표현하고 있다. 일산은 법륜과는 의미가 다른 귀한 분을 나타내는 인도 고유 장식의 의미가 있다. 이처럼 인도 스투파에는 법을 뜻하는 법륜은 없고 인도의 고온 강렬한 햇빛을 차단해 주는 일산만 존재하기 때문이다. 실제로도 일산의 형태

---

45   杉本卓洲, 앞의 책, pp. 102~104.

를 갖춘 예는 대량으로 발견되며 현재 인도인들의 생활 속에서 사용된다. 우리나라에서 사용하는 보륜寶輪은 용어 선택에서 본래의 의미를 상실한 잘못된 선택이라 할 수 있다.

6) 상부구조 명칭

스투파의 상부구조 명칭과 관련하여 인도에서는 하르미카, 층단받침, 산간, 일산을 포함하는 스투파 상부구조를 지칭하는 용어는 확인되지 않았다. 반면 우리나라 석탑의 경우 노반露盤부터 복발覆鉢, 앙화仰花, 보륜寶輪, 보개寶蓋, 수연水煙, 용차龍車에 이르는 전체를 상륜부相輪部(그림 2-13)로 부르고 있다.

인도 스투파와 우리나라 석탑의 경우 명칭뿐만 아니라 기단부와 탑신부 형태에서도 현격한 차이가 나타나고 있어 우리나라 고유의 특징을 표현한 것이라 할 수 있다. 그런데 3~6세기에 조성되는 다수의 사원과 불탑 유구에서 우리나라의 기단과 같은 형태가 확인되어 관련 여부에 관한 추가 연구가 필요하다.

그리고 노반, 복발, 보륜 등으로 구성되는 상륜부도 인도 스투파의 형태와 상징성을 그대로

그림 2-13.
실상사 동삼층석탑
상륜부 명칭

표현하고 있어 흥미롭다. 먼저 상륜부相輪部의 보륜寶輪은 석존의 불법을 상징적으로 표현한 것이다. 산치 제1탑 탑문의 아소카 석주 법륜法輪부조 (그림 2-14)의 경우처럼 석존의 불법을 상징적으로 표현하면서 불법이 세계

그림 2-14.
산치 제1탑 횡량 석주의 법륜

로 널리 퍼져나가는 것을 의미하는 것이라 할 수 있다. 동시에 아소카왕 통치이념의 핵심으로서 법의 수립을 표명하는 것이다.

우리나라 석탑의 '상륜부' 용어는 고유섭부터 시작하여 장충식, 정영호 등 탑 용어의 규범처럼 사용하고 있다.[46] 이에 대해 이희봉은 '탑상부塔上部' 또는 '탑두부塔頭部'를 제안하였고[47], 강우방, 신용철은 인도 스투파의 도면과 명칭을 언급하면서 야슈티, 칼라사, 차트라, 하르미카로 표현하였는데[48] 이렇게 조성된 예는 인도 스투파에서는 찾아볼 수 없다.

한편 일본에서는 상륜相輪[49], 중국은 탑의 각 부분 명칭을 기단부는 탑기塔基, 탑신부는 탑신塔身, 상륜부는 탑정塔頂으로 부른다. 그런데 앞에서 언급했듯이 인도 스투파에는 법륜이 없고 일산만 있어 학술용어로 '상륜'은 적합하지 않다.

한자 표기에서 '上'으로 쓰면 바로 위쪽을 나타내는 의미를 지닌다. 예를 들어 지상地上은 지상에서 뜬 곳이 아닌 즉 허공을 의미하는 것이 아니며 지표면을 의미하는 것이다. 그래서 상륜부相輪部, 탑상부塔上部 보다는 형태가 뾰족하게 위로 향하고 있어 첨두부尖頭部라는 표현을 사용해도 무

---

46 장충식, 『신라석탑연구』 1987, p.62, 정영호, 「한국 석탑 양식의 변천」 1981, p.170.

47 이희봉, 「탑 용어에 대한 근본고찰 및 제안」 『건축역사연구』 19권 4호, 2010. p.63.

48 강우방, 신용철 『탑』 솔, 2003, p.64

49 『国宝の美』 18, 建築4, 朝日新聞出版, 2009, p.13.

리가 없다고 본다.

　필자는 우리나라 석탑과 서북 인도의 간다라 불탑 경우처럼 찰주가 맨 위로 뾰족하게 돌출되는 예는 '첨두부尖頭部'를 사용하고, 인도 본토의 스투파의 경우 일산이 맨 위를 장식하여 전체적으로 둥근 형태를 나타내는 상부구조 명칭을 '탑두부塔頭部'로의 명칭 사용을 제안하였다.

4. 스투파 유형

『본생경本生經』No. 479에는 석존과 아난다의 대화에서 주목되는 부분이 있다. 아난다가 석존께서 안 계실 때 사람들이 향과 화만(화환)을 가져와도 그것을 공양할 대상이 없다. 이때 공양할 대상에 대해 질문하고 석존께서 답하는 내용이 있다.

> "부처님 지제支提에는 몇 가지가 있습니까? 아난다여 세 가지가 있다. 부처님 그것은 무엇입니까? 사리리카와 파리보기카와 웃데시카다."[50]

여기서 사리리카saririka는 사리(치아, 머리카락, 손톱 등도 포함)와 관계되는 것이며, 파리보기카paribhogika는 부처님이 사용한 죽장자나 의발 등 사용물과 관련이 있고, 웃데시카uddesika는 성스러운 장소를 기념해서 세운 것을 나타낸다. 『대당서역기』에는 석존의 사리를 모신 스투파 이외에도 다양한 스투파 유형을 언급하는 등 경전에서는 과거불을 포함하여 다양한 스투파의 예를 자주 언급하고 있다.

스투파 유형에 관해 기존연구에서 미트라D. Mitra는 위의 3종류에 봉헌탑을 추가하여 4종의 불탑을 언급하고 있다. 푸억Le Huu Phuoc은 형태와 기능에 따라 붓다와 제자, 비구들의 유골을 납입한 유형인 유적, 발우·가사·경전 등을 봉안한 개체용, 붓다와 관련된 중요한 사건을 기념하기 위해 조성한 기념용, 불교도들에게 불법 등 보이지 않는 존재가 있음을 상기시키기 위한 상징용, 순례자, 성직자가 더 나은 업보를 쌓기 위해 중요한 순례지 및 사원을 방문한 것을 기념하기 위해 조성한 봉헌용의 의미를

---

50 『본생경』권3, 479. 가링가보디 자타카, 한글대장경 동국역경원

포함하여 5종으로 구분하였다[51].

김준오는 진신사리를 봉안한 성 유물함 스투파, 붓다 제세시 중요한 기념비적 스투파, 봉헌 스투파와 석굴사원 스투파 등으로 분류하였다.[52] 이 책에서는 인도에 조영된 스투파를 분류한 결과 푸억의 구분법에 동의하여, 유적·기념·상징·개체·봉헌용 5가지 주요 유형으로 구분하였다.

1) 유적Relic 스투파

쿠시나가르에서 열반하신 석존의 다비 이후의 유골, 즉 사리 매장 장소로부터 석존 이외의 비역사적인 다른 붓다와 제자의 유골 그리고 재가 신자의 유골 등을 포함하는 모든 불교 기념물 중에서 가장 존경받고 숭배의 대상이 되는 불탑이다. 가장 오래된 것으로 알려진 피프라흐와탑과 산치 제1~3탑 등 석존과 같은 시대의 제자, 이후 상좌부Theravada 스님들의 유골이 포함된 것으로 알려진 대표적 유형이다.

2) 기념Commemorative 스투파

석존과 제자의 삶에서 중요한 사건, 석존께서 탄생한 것을 기념한 카필라바스투, 최초의 설법을 한 사르나트, 깨달음을 얻은 보드가야, 열반 장소인 쿠시나가르 등을 기념하기 위해 세워진 불탑이다. 아소카왕은 불교 귀의 이후 석존의 삶과 관련된 각각의 장소에 불탑을 세웠고 그것을 기념하기 위해 사원을 건립하였다.

51　D. Mitra, Buddhist Monuments. Calcutta, 1971. pp. 21~22; Le Huu Phuoc, BUDDHIST ARCHITECTURE, Published by Grafikol, 2009. pp. 149~150.

52　김준오, 「印度 初期 Stupa 形式 硏究」 전남대학교 박사학위논문, 2012. p. 57.

대표적인 예로는 성도成道를 기념한 보드가야BodhGayā의 마하보디 대탑Mahabodhi Temple, 초전법륜初轉法輪의 사르나트Sarnath달마라지카 Dharmarajika탑, 사위성의 천불화현千佛化現 기적을 나타낸 장소를 기념한 오라즈하르Orajhar 탑 등이 전형이라 할 수 있다.

3) 상징Symbolic 스투파

원래 불탑은 석존의 사리를 봉안한 것이지만 불교도들에게 불상과 불법 등 보이지 않는 존재가 있음을 상기시키기 위해 특별히 내부의 사리 유무와 관계없이 자신들의 해탈을 위해 끊임없이 노력해야 한다는 열반의 궁극적인 상징으로 세워진 불탑이다. 이들 유형은 시간이 지나면서 밀교를 포함한 다른 불교 학파의 복잡한 교리를 구체화한다.

대표적인 예는 석굴사원의 불탑을 들 수 있고, 다른 예로 인도네시아 보로부두르Borobudur대탑으로 대승 보살의 정신적인 세계인 다투(Dhatu, 界)와 영적 단계인 부미bhumi를 상징하고, 밀교의 만다라mandala, 즉 불계佛界를 도식화하여 입체적으로 구현한 것으로 계단 하나씩을 올라가면서 불교의 삼계三界를 차례로 나타내고 있다. 즉 기단은 욕계欲界, 위의 5단계 층단은 색계色界, 원형 테라스는 무색계無色界로 복잡한 상징성을 건축 형태로 표현하였고, 네팔의 스와얌부나트Swayambhunath는 건축적 만다라 형태로 밀교Vajrayana 사상을 표현하였다.

4) 개체Object 스투파

불탑에는 석존과 제자들의 중요한 소지품이라 할 수 있는 발우, 가사, 경전 등이 봉안된 경우를 들 수 있다. 『방광대장엄경』권10, 『대당서역기』 권8에는 석존의 발우를 모신 탑에 대해 언급이 있고 케사리야Kesariya탑을 대표적인 예로 들 수 있다.

"북천축국의 형제인 상인 2인이 본국으로 돌아가던 중, … 49일 동안 아무것도 드시지 못한 석존에게 음식을 공양하였으나 석존께서 어떤 그릇에 이것을 받아야 할까 생각하자, 그때 사천왕이 금, 은, 칠보 발우를 가져왔으나 석존께서 모두 받기를 거부하자 사천왕이 각자 궁으로 돌아가서 돌로 만든 발우를 갖고 와서 바치니 여래께서는 그들의 것을 사양하지 않고 모두 받으셨다. … 석존께서 음식을 다 드신 후 발우를 공중에 내던지자 범천이 받아 범천궁으로 돌아가 탑을 세워 공양하였다."

5) 봉헌Votive 스투파

출가자 및 재가 신자들이 중요한 순례지 및 사원에 더 나은 업보를 쌓고, 자신들의 방문을 기념하기 위해 건립한 것이다. 일반적으로 형태가 작고 다양하며 대탑 또는 사원 주위에 세워졌다. 이러한 예는 룸비니, 보드가야, 사르나트, 쿠시나가르, 달마라지카, 간다라 지역의 여러 사원 등과 같은 주요 순례지 가운데서 다수의 봉헌탑을 찾아볼 수 있다. 이외에도 봉헌판을 이용한 부조불탑을 예로 들 수 있다.

5. 불탑 축조방식

 편암과 활석, 녹색편암, 자갈 등을 사용하는 축조법으로 이루어진 간다라 지역과 달리 인도 본토에서는 자연석, 벽돌, 진흙 등의 재료를 사용하여 조성된다.

그림 2-15. 바이샬리 붓다레릭 스투파 전경

그림 2-16.
서인도 날라소파라 스투파 내·외부 벽돌조 모습

 첫 번째로 진흙을 사용하여 축조하는 방식이다. 대표적인 예로 바이샬리의 붓다레릭탑은 가장 안쪽의 축조물은 B.C.5세기경으로 추정되는데 진흙을 이용하여 쌓은 것이 확인되었다. (그림 2-15)

 두 번째는 벽돌을 쌓은 축조방식이다. B.C.5세기의 피프라흐와탑, B.C.3세기 날라소파라탑(그림 2-16) 등에서 벽돌을 쌓은 것이 확인되어 석존 열반 이후 아소카왕 이전부터 인도인들이 가장 널리 사용되던 불탑 조성방법이다. 내부는 흙과 벽돌을 이용한 예도 있고 벽돌로만 축조된 것도 확인되었다.

 세 번째는 자연석을 다듬어 외부를 장식하고 내부는 잡석과 흙을 채워넣는 방식이다. 이 경우는 자연석을 비정형으로 거칠게 다듬고 자연석과 자연석을 단순히 쌓는 방법과 자연석을 벽돌처럼 일정 규격으로 다듬고 회반죽을 사용하여 쌓는 방법으로 구분된다.

전자의 경우는 B.C. 2세기경 샛다라Satdhara탑은 내부가 흙과 잡석, 안드허Andher탑은 내외부가 자연석을 벽돌처럼 다듬어 축조한 방식으로 쌓인 것으로 볼 때 주위에서 구하기 쉬운 재료인 흙, 돌, 벽돌을 사용하여 축조한 것이다. 산치대탑 부근의 탑을 발굴할 때 내부 모습을 통해 축조방식이 확인되었다.(그림 2-17) 원통부 외곽은 일정한 크기로 다듬은 자연석을 벽돌 쌓듯이 빙 돌려가고 내부

그림 2-17.
중인도 스투파 발굴장면 (산치고고학박물관)

그림2-18. 중인도 산치 제1탑 복발 외부 모습

는 자연석과 흙을 채워 넣은 모습이다.

후자는 후대에 증축을 통해 이뤄진 산치대탑을 들 수 있다. 외벽의 경우 산치대탑은 자연석을 일정한 크기로 다듬어 벽돌을 쌓고 회반죽으로 고정하는 방법으로 축조되었다. (그림 2-18)

벽돌과 자연석을 쌓는 축조방식은 전축식博築式으로 동북아, 동남아에서도 볼 수 있어 인도 불탑으로부터 기원한 것이라 할 수 있다. 중국 예는 611년 산둥山東 지역의 신통사 사문탑四門塔이 가장 이른 시기로 확인되었으나 축조방식이 석재를 장방형 블록 형태로 다듬어 쌓고 내부가 비어 있는 형식으로 내부를 채우는 인도의 축조방식과는 다르다.

그림 2-19.
남인도 아마라바티 스투파 복원도, wikipedia

그림 2-20. 카나가나할리 스투파 패널 부조상

네 번째는 원통부 전체를 석재 패널로 부착하는 방식이다. 패널에는 다양한 부조를 장식하는 예가 많으며, 주로 남인도 불탑과 현 파키스탄의 간다라 불탑에서 확인된다. 남인도에서 대표적인 예로는 아마라바티탑(그림 2-19), 자가야페타탑 등을 들 수 있다.

다른 방식은 자연석을 벽돌처럼 다듬어 쌓은 뒤 표면에 석재 패널을 부착하고 패널에는 다양한 부조상을 장식한 예가 있다. B.C.3~2세기에 조성된 카나가나할리탑을 예를 들 수 있다. 중인도에선 보기 힘든 조성방식이며, 아소카 석주도 다른 형태로 조성되었다. (그림 2-20)

다섯 번째는 원통부 내부에 바큇살 형태의 구조 벽체가 조성된 방식이다. 대표적인 예로는 간타살라, 나가르주나콘다, 사리훈담, 코뚜루 디나디빠루탑(그림 2-21) 등을 예로 들 수 있다.

그림 2-21.
남인도 코뚜루 디나디빠루 스투파 바큇살 구조벽체 전경 (복원 후)

구조 벽체는 벽돌을 이용하여 쌓는 방식이며 이러한 예는 주로 남인도의 대형스투파와 서북인도, 간다라 지역에서 일부 확인되며 소형탑에서는 바퀴살 형태가 아닌 다른 문양을 나타내고 있다. 이러한 축조방식은 12개의 별자리와 관련된 주장이 대세를 이루었다.

최근에는 구와야마 쇼신桒山正進의 로마 아우구스투스황제 영묘의 대형 원형건축물 축조기술을 인도에서 받아들여 조성되었고, 서북인도에서도 이와 유사한 구조가 확인되었는데 지리적으로 멀리 떨어져 바퀴살 형태가 전해지는 과정에서 변화가 나타났다는 견해를 제시하고 있다. 그런데 소형 스투파에서는 바퀴살 형태가 아닌 형태로 조성되는 예도 있다. 다른 조성 이유는 알 수 없지만, 상징성을 포함한 다른 조성의미가 내포되어 있다.

여섯 번째는 바위를 파내거나 바위 표면에 불탑을 새긴 방식이다. 대표적인 예로는 뒤에서 별도로 언급할 석굴사원의 불탑을 들 수 있다. 인도 불탑의 재료와 축조방법에 대해『대당서역기』에서는 '솔도파窣堵波'로 언급하고 일부에서만 황적색벽돌, 벽돌, 푸른 돌, 돌로 만들었다고 언급하고 있다. 645년에 저술된『속고승전續高僧傳』에는 다음의 내용을 통해 살펴볼 수 있다.

"此實本地。佛非妄也。雖經劫壞。本空之處願力莊嚴如因事也。並是如來
流化。斯跡常在不足怪矣。故其勝地。左則標樹諸窣睹波。即靈塔之正名。
猶偷婆斗藪婆之訛號耳。阿育王者。此號無憂。恨不睹佛。興諸感戀。絓是
聖跡皆起銘記。故於此處爲建石塔。高三十餘丈。又有石壁佛影。蹈跡衆

相。皆竪標記。"[53]

이 내용에 의하면 인도 전역에 세워진 솔도파는 무우왕(아소카왕)이 석존의 성스러운 자취가 있는 곳에 세운 석탑으로 석벽은 불상으로 장엄되었다는 것으로 볼 때 당시 현종이 당나라를 방문했을 당시에는 중국에서는 아소카왕이 세운 탑을 '석탑'으로 인식하고 있었다.

우리나라의 예는 가장 이른 시기인 분황사탑의 축조방식에서 확인되듯 방형 기단, 불탑 형식 등 다양한 불탑의 조성방법이 우리에게 전해졌을 가능성을 배제하지 못한다. 즉 인도에서 동남아시아를 거쳐 산둥을 귀착지로 하는 남해로를 통해 인도의 전축식 불탑이 중국 산둥지역으로 전해진 것으로 보인다[54].

6세기 중엽 이후 한강 유역을 장악한 신라는 산둥의 등주登州와 화성의 당은포唐恩浦를 연결되는 등주항로登州航路로 부르는 외교적 조공 루트를 통해 교섭이 이루어졌다.[55] 이때 전축식 인도 불탑이 전해진 것으로 추정된다. 특히 신라의 유학승, 구법승들이 중국을 방문할 때 이 항로를 이용해서 왕래했던 사실이 이를 입증한다. 김준영은 분황사석탑의 조형적 특징이 중국의 경향과는 상관없이 독자적으로 인도의 불탑을 인식하고 도

53 ŒØç⁵-w4, T.50, No.2060, 448b:8-15. 김준영,『분황사석탑연구』영남대학교 박사학위논문, 2014. pp.98~100.

54 『한서(漢書)』권28,下 중국과 인도의 항로를 구체적으로 나타내고 있다. 박경식, pp.171~175.

55 산둥 적산포에서 일본, 발해를 연결하는 적산항로로 부르는 황해횡단항로는 백제가 멸망하기 전부터 사용하던 상업적 무역항로이며, 백제 멸망 이후 신라에 의해 통일되는 전후하여 입당로(入唐路)가 등주(신라시대의 외교적 조공루트 도착기점, 현재의 내주萊州)에서 등주(현재의 봉래蓬萊)로 변경된다.

입했음을 주장하였다.[56]

홍미로운 것은 간다라 지역에서 A.D.2
~3세기경 쿠샨왕조 대에 출현하는 방형
기단 불탑이 실크로드를 통한 교역로 이
외에 인도 내륙으로 전해지면서 4세기경
서인도 구자라트주 데브니모리탑에서도
출현한다. 이곳과 직접 연결되는 5~6세
기경 서말와 지역의 담나르석굴군 등에
서 다수의 방형 평면 스투파가 환조 형태
로 조각된다. (그림 2-22) 특히 암반을 파고

그림 2-22. 서말와 담나르 6굴 석탑

들어가는 방식이 아닌 깎아 만들어 외부로 노출되는 예도 확인된다.

이들 서말와 지역의 방형 기단 석탑과 우리나라 전형적인 석탑 기단
부와의 연관성을 현재로서는 알 수 없지만, 간다라의 방형 평면 불탑이
실크로드 및 해로를 통해 전해지면서 신라에서 사용했을 가능성을 보다
높여주는 예라고 할 수 있다. 향후 이 부분에 관한 연구가 더 이루어져
야 할 것이다. 참고로 스투파가 증축 또는 보수되는 이유를 들자면 오랜
시간의 경과 및 외부환경의 변화 등으로 인해 이루어지는 예도 있지만,
스투파 크기가 시주자의 신앙심과 권위를 나타낸다고 보는 관점도 존재
하고 있다.

---

56 김준영,『분황사석탑연구』영남대학교 박사학위논문, 2014. pp.138~140.

6. 불탑의 공양(Puja, 供養)과 기능

석존 입멸 후 다비를 거쳐 유골(사리)이 근본 8탑에 봉안되고 아소카왕 대에 대량의 불탑이 조성된 것은 역사적 사실로 확인되고 있다. 『디가니까야』를 포함한 열반 관련 초기 경전에서는

"석존께서 열반에 들기 전 열반 이후의 존체 처리방법에 대해 묻자, 다비 후 큰 네거리에 불탑을 조성하고 거기에 화환이나 향이나 향 가루를 올리거나 절을 하거나 청정한 믿음을 가진 자들에게는 오랜 세월 이익과 행복이 있을 것이다."

즉 불탑을 조성하는 장소와 석존에 대한 공경과 숭배의 의미를 표현함으로써 얻게 되는 공덕에 관한 내용이 확인되었다.

여기서 주목되는 것은 불탑에 행해지는 공양이 불교 신앙의 참모습이라 할 수 있다. 공양 행위가 석존 열반 이후 처음으로 이루어진 것인지 또는 예로부터 전해 오던 것을 계승한 것인지 파악하기에 앞서 고대 인도인들이 행하던 제사 또는 공양에 대해 앞에서 언급한 대로 고대 인도인, 구체적으로 아리안족에게는 야즈니아Yajna라고 부르는 제사의식이 있다.

위와 같은 제사가 갖는 의미를 다양한 기원과 함께 신들에 대해 수많은 제사의식인 푸쟈puja가 이루어졌다. 집안에서는 화로에 곡물이나 기름 등을 올리며 매일 가족의 화목과 안녕을 바라는 제사의식, 불의 제단을 만들어 인간이나 동물의 희생犧牲이 행해졌으며 제사를 주관하는 바라문을 초청하는 때도 있다. 가장 성대하게 치러진 것은 아그니차야나Agnicayana

라는 공희제供犧祭 또는 소마제[57]이다.

차야나cayana용어와 관련하여 주목되는 것은 스투파를 가리키는 차이티야Caitya 또한 동사의 어근「√ci(Cita)」에서 유래된 것으로 돌이나 벽돌 등을 겹쳐 쌓아 만든 것을 가리킨다. 차이티야는 바라문들이 행하는 공희제의 제사 장소를 가리키며 희생제의 때 동물을 매다는 기둥과 동일시되었다.

예로부터 신들에게 동물 희생犧牲이 행해졌다. 지금은 결코 죽임을 당할 수 없는 소들도 희생 동물로 바쳐졌다. 특히 여신이 피를 좋아하는 것으로 여겨져 오늘날에도 염소와 닭 등이 희생되고 있다. 물론 불교는 불살생[58]의 입장에서 희생에 반대를 표명했고 불탑에의 공물은 동물과 관계없는 향, 꽃, 꽃가루, 등불, 당번, 일산, 방울, 영락, 춤과 음악 등을 바쳐 불탑을 장식하는 공양 행위가 이뤄졌다. (그림 2-23)

붓다의 유체를 다비한 화장터를 차이티야라고 하여 cita에서 파생된 차이티야와 연결된다. 그러나 차이티야의 일반적인 의미는 신성한 나무를 가리키고 있다. 큰 나무가 있는 곳

그림 2-23. 군투팔리석굴 스투파 꽃가루 공양 모습

---

57 소마soma는 신에게 바치는 음료로 현재까지 정확하게 알려진 것은 없으나 환각작용을 나타내는 식물의 즙이다. 베다 시절에 제일 싸움을 잘하는 인드라가 소마를 마신 것과 동일하게 되어 인드라(제석천)는 천하무적이 되며 그래서 나쁜 신들을 다 물리치고 온 우주가 질서(Rta) 를 잡게 해 준다는 음료이다. 현재 남인도 남부디리 Nambudiri 등에서 소마 제사가 행해지고 있다.

58 불살생의 전통은 베다와 상관이 없고 불교에서 나왔다고 언급하는 일부 주장과 달리 불살생을 의미하는 아힘사ahiṃsā의 전통은 베다에서 나온다.

에 화장터가 설치되거나 화장터나 무덤에 나무를 심는 등 잊혀서는 안 되는 장소가 된 것이다. 인더스문명 이후 인도에서는 번식력이 강한 나무는 성스러운 힘을 지닌 것으로 간주하는 성수聖樹 신앙이 오늘날까지 이어지고 있다. 대표적 예로는 보리수를 들 수 있다. 보리수는 '차이티야' 이름으로 꽃이나 향 등을 바쳐서 숭배되고 나무 아래에는 대좌가 설치되거나 사당이 만들어지기도 하며, 경전에서는 석존께서도 차이티야에 가서 설법도 하고, 매우 기분이 좋고 즐거운 장소라고 언급하기도 했다고 전한다.

한편 나무에는 약샤Yaksa, 약시Yaksi로 부르는 정령이나 여신이 거주한다고 믿었다. 공양을 올리는 자에게는 수많은 혜택을 주었고 나무 밑에 온 사람에게는 가지를 뻗어 열매나 그늘을 제공하고 자식을 점지해 주기도 했다. '여의수' 또는 도리천에 있다는 영원한 생명을 주는 나무인 '겁파수劫波樹', 재산을 증식시켜주는 나무 등 사람들이 바라는 것을 해결해 주는 기복적인 요소를 지니고 있다. 오늘날에도 마을 어귀의 큰 나무 여신에 염소나 닭 등을 바치며 악령이나 역병 등으로부터 피해를 보지 않기를 바란다. 이러한 나무의 성격은 불탑 공양이 커다란 공덕을 가져온다는 것과 밀접하게 관련되어 있다.

불탑과 성수신앙이 직접 연결되는 것으로 해석하지 않을 수 없을 정도로 강하게 결합하고 있다. 먼저 양측 모두 베푸는 것이 많은 존재라는 점이다. 불탑도 수신樹神과 마찬가지로 모든 재해로부터의 구제, 병의 치유, 재산 증식 등을 비롯한 인간의 무한한 기복을 위해 예배하는 사람들에게 앞으로의 가능성에 대해 기대를 하는 것이다.

수신樹神이 머무는 나무 주위에 울타리를 하거나 오른쪽으로 도는 우요 행위를 통해 숭배의 예를 표현하는 것도 불탑과 차이가 없다. 오히려 바르후트탑(그림 2-24) 또는 보드가야대탑 난간 부조에서 많이 확인되는 등 성수 숭배와 불탑신앙과의 긴밀성을 보여준다. 단지 공물의 품목에서 다소의 차이가 있을 뿐이다. 이러한 점은 불탑 숭배와 공양이 성수 숭배 등 민간의 일상적이며 세속적인 종교의 세계와 분리되지 않는 관계에 있음을 보여준다.

그림 2-24.
바르후트탑 차이티야, 보리수 숭배 부조
(콜카타인도박물관)

이외에도 가난한 자는 한 방울의 기름이라도 공양을 올리는 것, 불탑의 장엄, 보수를 위한 벽돌 운반뿐만 아니라 불탑 청소, 제초, 시들은 꽃 제거 등의 공덕도 큰 공양으로 되어 깨달음을 얻고 붓다가 될 것이라고 한다. 인도 카스트 제도에서 보면 천한 부류에 속하는 청소 행위 등이 종교적으로 가치 있는 것을 의미한다. 즉 불교가 낮은 계층 사람들과 연결되었음을 암시한다고 볼 수 있다.

『본생경本生經』「기원공양의 전생이야기」에서는 공양에 관한 이야기가 전해진다.

"상인들이 장사하러 나갈 때 생물生物을 죽여 천신에게 희생Bali공양(공물)을 바치고 '우리가 훗날 목적을 이루고 돌아올 때는 다시 와서 공물을 올리겠습니다'라고 기원하며 떠났다. 그 후 목적을 이루고 돌아와서는 천신들의 위덕威德에 의해 그렇게 되었다고 생각하고 그 돌봄을 감사하기 위해 많은 생물을 죽여 공양하였다."

여기에는 어느 특정 '소원'을 실현해 주도록 신에게 기원하며 그것이 달성되었을 때는 공물을 바침으로써 신의 보호와 공양을 올리는 것에는 상호호혜 관계가 형성되는 기원적 신앙 형태를 보여준다.

이처럼 공양puja 행위가 지닌 의미는 첫째 정령숭배, 둘째 구체화하지 않은 신격에 대한 기원, 셋째 악령, 귀신의 위세와 무력을 아우르는 위무慰撫, 넷째 동물 희생이 수반되지 않는 정령숭배, 마지막으로 정령뿐만 아니라 지위가 높은 신을 포함한 모든 신과 모든 동물에 대한 헌공[59] 등 다양한 의미가 포함되었다.

불탑에 예배하는 것은 합장과 불탑 앞에 무릎을 꿇고 예배를 하는 것이 보통이지만 '프라닥시나(Pradaksina, 右繞)'라는 불탑을 오른쪽으로 한 번 혹은 세 번 또는 일곱 번 도는 탑돌이 예배법이다. 이 행위는 인도에선 태양의 운행에 따르는 태양 숭배와 관련된 것으로 알려졌으며 성聖, 청정淸淨, 길상吉祥한 것 등에 대한 의례적 행위이다. 불탑에 대한 공양은 불교의 독자적 측면이라 할지도 모르지만, 결코 무無로부터 유有가 된 것은 아니다. 고대인도부터 전해 내려오던 바라문에서 토착 부족민에 이르는 여러 신앙의 형태가 불탑 숭배라는 형태로 이어온 것은 부정할 수 없다. 현재도 힌두교사원 및 큰 나무에서 우요 행위가 행해지듯이 인도인들에게 있어 자연스러운 신앙 형태의 표현이라 할 수 있다. 이 같은 불탑 숭배에 대한 기능은 3가지를 들 수 있다.

첫 번째로 분묘의 기능을 들 수 있다. 붓다나 제자를 포함한 고승들의 사리를 모셔두는 장소에 대한 숭배와 예배 대상으로의 기능이다.

두 번째는 예불 대상의 기능이다. 초기에는 비구들의 불탑 숭배를 배척

---

59   杉本卓洲, 앞의 책, pp. 135~140.

하는 등 특별한 숭배 대상이 없었다. 육신이 없어진 석존에 대한 추모의 성격을 지닌 공양이었으나 대승불교에서 불신관佛身觀의 변화에 따른 영원한 붓다의 상징으로서의 불탑 숭배로 나타난 기능이다.

세 번째는 공덕을 쌓는 장소의 기능이다. 인도 각지에 세워진 불탑과 사원의 수가 8만 4,000이라는 숫자에서 나타나듯이 많은 수량이다. 이처럼 많은 수량의 조탑은 한 사람이 아닌 여러 재가 신자의 시주 때문에 이루어진 것이다. 특히 불탑의 각 부분을 각각의 재가자들이 시주함으로써 그에 상응하는 공덕을 쌓게 되는 것이기에 봉헌 명문에 자신의 이름과 발원 내용을 남긴 것이다.

7. 불교미술과 불탑

인더스문명 이후, B.C.1,500년 무렵 아리안족의 진출로 원주민 드라비다족의 토착 신앙과 유목민의 신앙과 풍속이 만나면서 새로운 형태의 신앙과 미술의 발전이 이루어졌다. B.C.5세기 이후 여러 종교 중에서도 불교는 일찍부터 조형미술에 강한 관심을 나타내었고, 불교미술이 본격적으로 전개되는 시기는 마우리아왕조가 멸망하고 북인도와 중인도 영역을 차지한 슝가왕조 때였다.

슝가왕조는 불교에 대해 호의적이라고는 보기 어렵지만 중요한 불교 유적이나 승단의 거점이 영토 내에 포함되어 재가자들의 후원을 받은 승단의 세력이 커지고 이에 따라 조형 활동이 활발하게 이뤄진다. 쿠샨왕조 이후 불상의 제작이 이뤄지나 신앙의 중심이 불상으로 대체되지 않고 불탑이 계속해서 인도불교 신앙의 중심을 유지한다.

불교 경전에 의하면 초기 불교도들은 구체적 예배 대상물인 불탑 조성에 관여하고 공양하는 성스러운 존재로 인식하는 것을 알 수 있다. 석존의 유골(사리)을 봉안한 불탑을 석존으로 여기고 신앙심의 근거가 되는 가장 중요한 예배 대상이 되어 이를 조성하고 장엄하는 것에서 인도의 불교미술이 시작되었다.

불교미술의 근원인 불탑의 초기 형태는 B.C.5세기 석존의 사리를 넣은 사리용기를 봉안하고 주위에 흙을 다지거나 벽돌을 쌓은 봉분 형태의 불탑이었다. 처음에는 불탑을 둘러싼 울타리, 난간, 탑문은 목재였겠지만 시간이 지나면서 석재로 대체되고 현존하는 바르후트탑, 산치탑의 예처럼 본생도, 불전도, 다양한 부조상 및 환조상으로 불탑 외관을 장식하는 형태로 변화되었다.

불교미술은 인도 고유의 문화 속에서 발전되었지만 다른 세계의 문화

속에서도 꽃을 피운 범 아시아적 보편성을 가진 측면이 있다. 그것은 불교라는 종교성에 의한 면도 있지만, 불교미술 자체가 민족성을 넘는 초월적인 불교 관념을 표현하는 고전적인 예술성을 나타내는 데 성공했기 때문이다. 불탑을 주된 공양 대상으로 하는 형태를 불교 신앙의 초기 단계라고 보면 불상의 출현은 새로운 형태의 단계로 구분된다. 이 책에서는 불탑과 관련한 부분만 고찰하고 불상에 대해서는 다음에 기회가 되면 언급하고 싶다.

B.C.3세기에 출현하여 남인도를 제외한 인도 전역을 지배한 마우리아 왕조 아소카왕에 의해 세워진 아소카 석주를 들 수 있다. 무력에 의한 정복 전쟁을 후회하면서 법Dharma에 따르는 국가 통치를 하고, 그 취지를 제국의 각지에 석재에 새기라는 칙령을 내리고 세운 기념 석주이다.

석주에서 가장 주목받는 것은 초전법륜지 사르나트에 세워진 석주(그림 2-25)이다. 주두는 4마리의 사자가 등을 맞대고 사방을 포효하는듯한 자세를 취하고 그 위에는 현재는 없지만, 법륜이 올려 있는 형태이다. 정상의 법륜은 석존의 설법을 의미하고 사방을 향해 사자후獅子吼하는 모습을 표현한 것으로 석존의 불법이 널리 전파되는 것이라 할 수 있다. 이 같은 모습은 바르후트탑, 산치탑 등에 법륜을 기둥 위에 놓고 공양을 올리는 모습으로 표현된다. 석주가 무엇을 의미하는 것인지는 알 수 없지만, 기둥에 대한 신앙은 초기 불교미술 시대에 존속했다.

그림 2-25. 아소카석주 주두
(B.C.2세기,사르나트고고학박물관)

1) 불교 조각상의 조성과 의의

인더스문명 때부터 다양한 예술 활동이 있었으나 진정한 의미의 인도 미술은 불탑의 탑문과 난간, 울타리에 다양한 조각상이 새겨지면서 시작되었다. 그래서 불탑이 인도 미술의 근원이라 할 수 있다. 불탑 본체를 석존 자체로 간주하고 있어 직접 장식을 한 것은 찾아볼 수 없으나 대신 불탑을 둘러싼 울타리, 난간, 탑문에 장식을 하였다.

그림 2-26.
바르후트 스투파 탑문과 울타리
(B.C. 2세기, 콜카타 인도박물관)

가장 오래된 예로는 B.C. 2세기경 바르후트탑에 불교 설화를 주제로 하는 부조상을 들 수 있다. 현재 콜카타인도박물관으로 이전된 바르후트탑 울타리와 탑문을 장식한 부조는 대부분 없어지거나 훼손되어 동문과 좌우 난간만 복원되었다. (그림 2-26)

울타리는 관석과 덮개돌로 구성되었는데 안팎으로 원형 구획, 반원형 구획, 방형 구획이 빼곡하게 들어서고 각 구획 내에는 붓다의 전생 이야기인 본생도Jātaka와 붓다의 생애를 표현한 불전도佛傳圖 등의 불교 설화를 주제로 하는 부조로 장식되었다. (그림 2-27) 구획의 테두리 또는 바깥 부근에 부조의 주제를 나타내는 명문이 새겨졌다. 명문 해독이 이루어지면서 오늘날 부조의 내용을 이해하게 되면서 불교미술의 발생 과정이 알려졌다.

불탑의 울타리에 새겨진 부조의 내용을

그림 2-27.
메추리의 전생 이야기, 바르후트탑
(B.C. 2세기, 콜카타인도박물관)

살펴보면 매우 다양한 소재를 다루고 있다. 그중에는 명문과 함께 석존이 보살로서 신·인간·동물 등으로 거듭 태어나고 선행을 했을 때의 전생 이야기인 본생담Jataka으로 나타낸 것이 확인되었다. 그런데 여성이 주인공으로 표현된 예도 있어 석존의 전생만을 묘사하지 않았음을 알 수 있다. 본생담 이외에도 석존 일생의 중요 사건들을 표현한 불전도 등도 많지만, 약샤·약시·나가와 같은 민간신앙의 신들, 천계와 유토피아 세계, 동물이나 식물의 장식문양 등을 통해 당시 인도인의 세계를 엿볼 수 있다.

이들 본생도는 각 구획 내에 여러 장면을 표현하는 일도수경식一圖數景式에 의한 2개 이상의 시간이 공존하는 이시동도법異時同圖法, 한 화면에 한 장면만 표현하는 '일도일경식법一圖一景式', 원형 및 방형 구획의 부조와 다르게 가로 형태의 긴 난간의 덮개돌 등에 순차적으로 장면의 광경場景을 이동 표현하는 장경이동법場景移動法, 여러 단의 방형 구획을 이용하여 시간적 차이가 나는 장면을 연속적으로 표현하는 방법 등으로 상징성을 표현하고 있다. 이들 부조 패널에는 조각 내용을 알려주는 명문이 있어 어느 정도 이해할 수 있는 것도 있지만 대부분은 불가능하다. 아마 참배자들에게 부조 내용을 가리키며 설명하는 역할을 담당하는 스님이 있었음을 짐작케 한다. 이처럼 불탑의 부조를 통해 어떤 형태로든지 교훈적인 기능을 주고 있어 교육 장소로의 역할을 하였다.

그림 2-28. 산치 제1탑 탑문(북문 뒷면)과 부조상, B.C.1세기

중인도 산치탑에서는 1912년 종합적인 발굴조사와 유적보존 작업을 거쳐 현재 3기의 스투파와 거기에 부속되는 울타리와 탑문이 거의 완전한 모습으로 남아 있어 당시의 생생한 불교미술의 모습을 볼 수 있다. (그림 2-28)

산치 제1탑의 4개 탑문에는 상부 횡량을 지지하는 좌우 기둥 뒷면 일부를 제외하고는 모든 면에 빠짐없이 장식하였다. 법륜, 삼보표 등의 길상문과 함께 수문신상, 그사이에는 말이나 코끼리를 탄 인물상 등이 배치되었다. 횡량 돌출부에는 날개 달린 사자나 말을 탄 인물, 약시상 등이 각각의 탑문 정면과 내측면에는 여러 단에 걸쳐 방형 구획을 마련하고 불전도·본생도 등의 불교 이야기를 부조하였으며 기둥 하부 안쪽에는 수문신으로 약샤상이 부조되었다.

2) 열반 미술의 탄생

대승불교 시대에는 사상도를 발전시킨 팔상도八相圖가 조성되었다. 그 중「석존의 죽음」을 표현한 부조, 즉「열반」에서「조탑」에 이르는 열반에 관한 설화 도상이 파키스탄의 간다라 지역에서 많이 조성된다. 이와 다르게 남인도 아마라바티탑 등에서는 사라쌍수 아래에서 석존의 입멸을 표현하는 열반도상은 하나도 발견되지 않고 반드시 스투파 도상으로 대체되었다. (그림 2-29) 즉 석존이 침상 위에서 옆으로 눕는 모습의 열반도는 중, 북인도에서는 확인되나 남인도에서는 발견되지 않는다. 이것은 남인도에서「석존의 죽음」은 불교 이상의 실현을 의미하며 열반 설화도상으로의 발전을 거부한 것이다.

그림 2-29.
남인도 스투파 공양부조,
아마라바티탑,
A.D.150년, 첸나이박물관

고대인도에서는 우상 숭배의 전통이 없던 것이라는 견해도 있지만 완전한 깨달음을 얻고 열반에 들어간 붓다의 모습을 색이나 형태로 나타낼 수 없다는『범망경梵網經』의 기록 등을 근거로 나타난 결과라 할 수 있다. 이처럼 초기에는 주인공인 석존의 모습을 직접 표현하지 않고 보리수, 빈대좌, 불족적佛足迹, 법륜, 스투파 등으로 표시하고 있다. 이 전통은 상당기간 존속되는데 이러한 '석존 불표현' 방법은 초기 불교미술의 가장 큰 특징 가운데 하나이다.

또 하나의 특징은 파키스탄의 간다라 미술에서는 석존의 일생을 100장면 이상으로 표현하면서 석존의 열반 모습을 구체적으로 표현했다는 점이다. 이것은 간다라 미술의 열반 도상과 남인도의 열반도상은 별개로 성립되었음을 나타낸다.

『열반경』은 석존께서 평생에 걸쳐 설하신 가르침을 결론적으로 요약한 핵심적인 경전이라 할 수 있다. 이들 경전에는 석존의 열반을 전후하여 발생하는 내용을 순차적으로 분류하였다. '마왕 마라 빠삐만의 반열반 간청', '바이샬리에서 쿠시나가라로 향하는 석존 최후의 여행', '수밧다 유행승의 귀의와 열반', '사라쌍수 아래에서 열반에 든 석존', '슬퍼하는 아난다와 위로하는 아나율', '사명외도로부터 석존의 열반 소식을 전해 들은 마하가섭', '석존의 발에 절을 하는 마하가섭', '다비', '입관', '사리쟁탈전', '사리분배', '사리운구', '불탑건립' 등 석존이 열반에 들 때까지 사건과 관련된 여러 가지 설화가 수록되어 있다.

이처럼 석존의 입멸을 주제로 하는 열반 미술은 첫 조성부터 불탑신앙과 밀접한 관계를 맺으면서 불교미술의 발전에 따라 열반 미술의 중요한 주제가 되었다. 초기에는 석존의 열반 장면을 스투파 모습으로 표현하는데 상당한 기간 존속된다. A.D.1세기 후반 간다라와 마투라 지역에서 처음으로 불상이 출현한 이후 불탑의 불전도에 석존의 열반 장면이 부조되기 시작한다. (그림 2-30) 열반 도상은 아시아 각지로 퍼져나가면서 열반상과 열반도에 기본이 되는 도상을 제공하는 점에서 중요하다.

그림 2-30.
열반부조 샤리바롤Sahr-i-Bahlol 출토,
페샤와르박물관

3) 호탑신

불탑이 마우리아왕조부터 본격적으로 건립되면서, 이전부터 민간신앙 속에서 재물과 복을 주는 재보신財寶神, 풍요신豊饒神 등으로 신앙되던 남성신 약샤Yakṣa, 여성신 약시Yaksi 등의 존상도 제작되어 불탑을 장식한다.

경전에 의하면 다양한 신들 가운데 불탑에 불손한 행위를 하면 불탑에 거주하는 호탑신이 분노했다고 한다. 예를 들면 불탑 밑으로 시신을 운구하거나 대소변을 보거나, 우요 행위가 아닌 좌요 행위를 하면 호탑신이 분노한다는 내용이 전해진다. 여기서 거론되는 호탑신은 약샤(Yaksa, 夜叉)를 가리킨다. 약샤 또는 약시의 기원은 분명치 않지만, 비 아리안족의 토속신으로 숲속이나 호수, 산, 바위 등 곳곳에 출몰하고 죽은 자의 혼령과도 연결되는 등 신출귀몰하고 자유자재로 변하며 사람과 짐승에 위해를 끼치는 악령으로 여겨졌다. 그런데 자신들을 믿는 자에게는 자비로운 혜택을 주는 빛나고 맑은 존재로 경외 되기도 하는 것이다. 민간신앙의 신들은 불교에 도입되면서 불법의 수호신 역할을 맡게 된다. 불탑을 석존 자체로 간주하여 불탑에 직접 장식하는 것은 자제하는 대신에 탑문, 울타리 등에 수문신으로 등장한다. (그림 2-31)

a.쿠베라상   b.비류다카상   c.나가라자상   d.말을 탄 인물상

그림 2-31. 바르후트 호탑신 부조상, B.C.2세기, 콜카타인도박물관

그중에는 명문을 통해 탑을 수호하는 호탑신의 존명이 확인되었다. 명문에 의해 쿠베라Kubēra(그림 2-31a), 비류다카Virudhaka(그림 2-31b), 머리에 용개를 쓴 나가라자Nāgarāja(그림 2-31c)는 물을 지배하던 신으로서 존재감을 드러냈다. '쿠베라'로 이름이 붙은 것은 약샤의 왕으로 유명한 북방 다문천왕이며, '비류다카'는 구반다의 왕으로 알려진 남방 증장천왕에 해당되어 사천왕을 구성하는 신들의 이름으로 확인되었다.

이들 인물상은 이전의 민간신앙에서 유래된 것은 틀림없다. 남녀신 모두 많은 장신구를 몸에 걸쳤으며, 남성신은 가슴 앞에 두 손을 모으고 한 손을 가슴에 대고 누르는 듯한 자세를 취하고 있다. 불교도들은 나쁜 것으로부터 성역을 지키기 위해 이러한 수호신을 입구에 배치한 것이다.

모서리 기둥 중에서 말을 탄 남성상이 쥐고 있는
작은 기둥이 주목된다(그림 2-31d). 「헬리오도로스
석주」의 가루다 도상을 연상시키는 기둥의 형태가
현존하는 아소카 석주의 주두 형식과도 일치한다.

특히 산치탑의 경우 연꽃을 바치는 약샤의 입상
(그림 2-32)은 나중에 연꽃을 든 관음보살의 모델이
되는 요소를 포함하고 있어 주목된다. 이처럼 불법
의 수호신들이 불탑 주위에 조성된 것이 확인된다.

그림 2-32.
산치 제1탑 동문 약샤상

그림 2-33a.　　　그림 2-33b.　　　그림 2-34.
살라반지카상　　　바르후트탑　　산치 제1탑 약시상

4) 여성상과 미투나상

불탑이나 차이티야굴
주위에는 의미를 알 수
없는 여성들이 장식되어
있다. 석굴사원은 물론
일반사원의 불탑에도 여
성의 젊고 풍만한 육체
의 인도적 표현의 극치
가 돋보이고 있다. 바르
후트탑, 산치대탑에서 관능미를 뽐내는 다양한 자세, 교태스러운 자세 등
은 열반의 상징인 불탑과 어떠한 연관성을 나타내고 있는 것일까?

바르후트탑의 여신(그림 2-33)이나, 산치대탑의 여신(그림 2-34)에서 볼 수
있는 여신의 특징은 나무와 얽매이며 코끼리, 말, 마카라 등 물과 관련이
있는 동물을 승물乘物로 삼고 있다.

이처럼 여신 중에는 오른손으로 나뭇가지를 잡고 오른발은 나무줄기를 휘감고 있는 예를 볼 수 있다. 대표적 예로 석존의 어머니 마야부인이 무우수 나무를 오른손으로 잡는 순간 오른쪽 옆구리에서 붓다가 태어났다는 설화는 앞의 예와 관련 있다.

약시가 살라 나무를 팔과 다리로 잡는 독특한 자세의 여인상을 '살라반지카Salabhanjika'라고 부른다. 이것은 임신을 원하는 여자의 자세로 알려졌으며 이것이 의미하는 것은 그녀들은 본래 나무의 정령으로 생산과 풍요를 관장하는 여신이었다. 아이를 잉태하고 작물의 풍작, 가축의 다산 등을 베푸는 역할을 하며 불탑이라는 성역에 나쁜 것의 침입을 막는 수호신의 역할을 담당하고 있었다.

인도 여성에게 아들을 낳는 것은 거역할 수 없는 의무였다. 인도뿐만 아니라 우리의 경우에서도 확인되었던 것으로 그 일을 거스르는 것은 죄가 되었다. '아들' 낳는 것을 바라는 기원은 여성들의 간절한 소원으로 이것은 신에 대한 신앙으로 나타났고 이를 따른 것이라 할 수 있다. 그녀들은 혐오의 대상이 아닌 생산과 풍요를 관장하는 여신으로 아이를 잉태하고 작물과 가축의 풍작, 다산 등을 베푸는 수호신적 역할을 담당하는 것으로 묘사되었다.

그림 2-35. 난간 기둥의 약시상,
마투라 부테사르출토, 콜카타인도박물관

또 다른 예는 A.D.1~2세기경 마투라를 포함한 여러 지역에서 출토된 여신들이 나무에서 벗어나 단독의 여성상으로 표현되는 예를 들 수 있다. 이들 여성상은 젖가슴이 크고 허리는 가늘며 엉덩이는 풍만한 매우 관능적인 자세를 취하고 있다. (그림 2-35) 이것은 당시 아름다운 유녀들의 모습 또는 이상적인 여성상을 표현한 것으로 여겨진다.

아름다운 여인을 보고 좋아하는 사람은 마음에 애착을 불러일으키지만, 탐욕을 없애는 부정관不淨觀을 닦은 자는 이러한 여성상에 대해 마음이 흔들릴 이유가 없다고 본다. 수행자는 여인상을 보면서 좋고 추함은 자기 자신의 마음에 있는 것이지 외부로부터 유혹에 의한 것이 아니라는 것을 말하는 것 같다.

즉 해탈을 원하는 출가 비구들에게 그녀들은 마녀적인 존재로서 불력佛力으로 극복시키고 초월해야 할 대상이었다. 금욕에 대한 억압이라는 측면과 신들, 동·식물, 여성, 미투나와 같은 장식처럼 궁극적으로 생명이 발아하고 전개하여 번식하고 풍요로운 세계가 출현하는 생명의 발생 장소로서 상징성을 지닌 양면성을 갖고 있다고 할 수 있다.[60] 그녀들은 여러 가지의 의미와 기능을 갖고 불탑을 장식하는데 가장 적합한 것으로 여겨졌으며 석존의 열반을 상징하는 불탑이 생명의 발생 장소로 간주한 것은 불교의 사상성과 무관하다고는 할 수 없다.

이외에도 불탑은 천계나 유토피아 세계, 동물이나 식물의 장식문양, 락슈미 등 당시 인도인의 세계나 자연스러움을 나타내는 소재들로 장식되었다. 이들 장식은 불탑을 장엄하기 위한 수단으로 전개되는 조형 활동으로 불교도들을 이해시키는데 매우 효과적인 수단이었다.

살펴본 바와 같이 인더스 문명기에도 예술적 활동이 있었으나 진정한 의미에서 미술의 꽃이 피기 시작한 것은 석존의 무덤이자 기념비인 스투파의 탑문과 난간에 다양한 조각이 조성되면서부터이다. 다양한 소재가

---

60   杉本卓洲, 앞의 책, p. 433.

다뤄지는 조각 내용은 명문을 통해 어느 정도 이해할 수도 있지만, 대부분은 불가능하다. 아마도 순례자들에게 도상의 내용을 설명하는 역할을 맡은 스님. 즉 도상에 대한 전문지식을 갖춘 설명을 전문으로 하는 스님이 있었음이 틀림없다.

이와 관련한 예로 카를라 제8굴의 명문에서 설법사(說法師, Dhammakathika)라는 시주자가 등장하는 것을 들 수 있다. 설법사는 대승불교가 퍼지는데 가장 커다란 공헌을 한 자들을 가리킨다. 그들은 스스로 보살도를 수행하면서 대중을 향해 법을 설하고 대중들에게 그 법문을 베껴 쓰고 외우도록 하며 법을 널리 퍼뜨리는 것이 공덕을 쌓는 길[61]임을 알려주는 소임을 맡은 자들이다. 마찬가지로 경전이 구전으로 전승될 때 경전을 외우고 합송하는 바나까(Bhāṇaka, 通誦者)라는 스님이 있는데, 이 스님은 불탑과 탑문 및 난간의 자타카, 불전도 등의 내용을 감수하고 설명과 해석을 맡았다.

명문으로 확인되지 않았지만 바나까와 같은 스님들이 석굴사원에서 게송 등을 이용하여 방문하는 재가 신자들의 마음을 사로잡는 그야말로 불탑을 생동감 있게 하는 주역의 역할을 담당했을 것으로 여겨진다.

이렇듯 스님과 신자들이 차이티야굴로 들어서고 불탑을 돌면서 석존과 관련된 많은 설화 도상과 조각상을 보고 어떤 형태로든지 교훈을 얻었을 것이므로 차이티야굴과 불탑은 일종의 문화센터 역할을 하고 있었다.

61　김미숙, 『인도 불교사-붓다에서 암베드카르까지』 살림출판사, 2007.

8. 불탑 조성과 의미

1) 불탑 조성의 상징적 의미

앞에서 살펴본 불탑이 갖는 상징적 의미는 크게 2가지로 구분된다. 첫 번째는 전륜성왕의 성도城都로서의 불탑 이미지를 들 수 있다.『불소행찬佛所行讚』권1에서는 성인의 예언을 언급하고 있다.

> "싯다르타 태자가 태어났을 때 아시타 선인이 찾아와서 아이의 상相을 살펴보고 이 아이가 출가하지 않으면 이 세상의 이상적인 왕, 즉 전륜성왕이 될 것이며, 출가하면 해탈을 성취하고 이 세상의 모든 광명이 되는 붓다가 될 것이다."

태자는 출가를 선택하고 입멸 후 전륜성왕 무덤처럼 불탑이 조성된 것은 석존이 전륜성왕과 동일시되었음을 보여준다.『불설장아함경佛說長阿含經』권3에서는 사라쌍수 아래에서 열반에 들기 전에 석존과 아난다의 대화에서 전륜성왕이 다스리는 구사바제拘舍婆提국의 도성을 묘사한 장면이 상세하게 언급되고 있다.

> "궁전에는 사보四寶로 이루어진 누각이 있고 4개의 문과 평상자리가 설치되어 태양처럼 빛나 눈이 부셨다. 궁전 앞에는 사보로 된 벽돌로 연못을 조성하고 칠보로 된 줄기·잎·과실을 가진 다린 나무가 줄지어 장식되고 바람이 불면 아름다운 음악이 연주되고 사람들을 기쁘게 했다."

전륜성왕의 도성과 어떠한 삶을 추구했는지를 보여주는 내용이다. 사방을 울타리와 4개의 문으로 둘러싸고 옆에 연못을 갖춘 불탑과 매우 유사하다. 산치 제1탑이나 보드가야대탑 근처에는 지금도 연못을 볼 수 있다. 이처럼 전륜성왕의 도성과 불탑이 밀접한 관련이 있는 것으로 확인된다.

두 번째로는 불탑이 수미산과 밀접하게 관련되었다는 점이다. 수미산須彌山은 수메루산 또는 메루산으로 부르며, 묘고산妙高山으로도 한역되는 산으로 불교 고유의 것이 아니다. 고대인도 서사시나 푸라나 등에 보이는 범인도적 우주관·세계관에 기초한 세계의 중심에 있는 산이다.『장아함경』권18「세기경」'염부제주품'에서는 수미산과 관련된 내용을 상세하고 언급하고 있다. 요지를 살펴보면 다음과 같다.

수미산 즉 수메르산은 바닷물에 들어간 부분과 나온 부분이 각각 8만 4,000 유순이고 밑부분은 땅에 닿아 있으며 곧게 솟아올라 굽은 곳이 없다. 그곳엔 온갖 나무들이 자라고 있고 나무에서는 갖가지 향기를 내어 그 향기가 온 산에 가득하다. 거기에는 성현聖賢들이 많으며 매우 신령스럽고 묘한 하늘들도 머물러 살고 있다. 그 산의 네 면에는 4개의 봉우리가 솟아 있는데 7가지 보배로 이루어졌으며, 7보로 만들어진 층계로 된 길이 있고 그 길의 양쪽에는 일곱 겹의 보배 담장과 보배 난간과 보배 그물, 보배 가로수가 있다. 또한 중턱과 위에 있는 층계로 된 길이 있는데 그것들에도 각각 일곱 겹의 보배 그물 등이 있다. 일곱 겹의 담장을 보면 담장마다 4개의 문이 있고 문에는 난간이 있다. 담장 위에는 모두 누각이 둘러 있고 그 주위에는 동산 숲과 목욕하는 연못이 있는데 온갖 보배 꽃이 피어나고 꽃과 열매가 무성하며 향기로운 바람이 사방에서 일어나 사람들의 마음을 기쁘게 한다. 오리·기러기 등 수천 종의 새들이 서로 화답하며 지저귀고 있다. 아래층과 중턱, 위층의 층계의 길에는 각각 가루라伽樓羅, 지만持鬘, 희락喜樂이라는 귀신이 살고 있으며 그곳에는 4개의 봉우리가 솟아나 있는데 사천대왕이 사는 궁전이 있고, 수미산 꼭대기에는 삼십 삼천의 궁전이 있다.

그런데 불전에서 전하는 수미산의 모습은『마하바라타』(VI.12.5~37)에서는 조금 모습을 다르게 표현하고 있다. 수미산(메루산)은 인도 민족이 창조한 신화적인 낙원의 하나로 여기며 밑바탕에는 산들로 둘러싸인 숭고한 히말라야의 연봉에 대한 동경이 있고 그것을 매개로 성립한 것이라 할 수 있다. 즉 메루산은 우주·세계의 중심에 있는 커다란 산이며 동시에 우주 그 자체를 구성하고 있다고 여겼다.

위와 같이 고대인도인은 수메르산 정상에 신들의 신전이 있고 하늘과 땅을 연결하는 우주 축, 세계의 중심으로의 의미를 지닌것으로 보고 있었다. 그리고 스투파와 관련하여 주목받는 것은 하르미카를 포함하는 탑두부의 존재이다. 학자들은 일반적으로 신전 또는 궁전으로 해석하고 있다. 실제로도 석굴사원의 불탑 탑두부 및 부조탑의 탑두부에서 궁전으로 묘사한 예가 다수 발견되고 있다. 이처럼 스투파 형태는 정상에 신전이 있는 수메루산 그 자체가 되며 스투파를 탑돌이하고 위로 오르는 행위는 신들이 강림하는 성스러운 산으로의 입산을 의미한다고 할 수 있다.

하르미카 위의 층계가 역층단형으로 구성된 이유 중 하나가 하늘과 지상을 연결하는 것과 동시에 신이 하강하는 계단으로 여겼기 때문이다. 즉 성스러운 산인 스투파는 신이 머무는 천상계와 지상의 인간계가 연결되는 기능을 갖는 것을 의미하는 것이며 차트라는 수메르산 정상에서 자라는 커다란 나무를 표현한 것으로 볼 수 있다.

불교 설화를 집성한『디비야바다나Divyavadana』에는 스투파 조성과 관련된 기사를 상세하게 언급하고 있다.

"스투파는 황금으로 자궁의 형태를 만들고 사방에는 네 개의 계단을 만든 다음 차례로 기단, 복발을 조성하고 기둥을 세운다. 그 위에 하르미카, 기둥을 세우고 비를 막는 큰 일산을 설치했다. 스투파 사방으로는 각각 벽이 있는 문과 공간을 만들고 사방으로 연못, 네 개의 탑을 세운다. 또 사방으로 연못을 만들고 석존의 탄생·성도·초전법륜·열반을 기념하는 탑을 세운다."

『마하승기율』권33에는 불탑 형상에 대해 앞에서 언급한 수미산의 묘사와도 매우 유사하게 언급하고 있다.

"불탑을 칠보로 만들고 사방으로 난간을 두르고 기둥을 세우며 탑 위에는 금박으로 덮고 사방에 불감을 만들며 사방에 원림을 조성한다. 모든 계절에 꽃과 과일을 얻을 수 있도록 하고, 사방에 연못을 만들어 다양한 연꽃을 심는다."

이처럼 불탑과 수미산과 극락세계는 밀접하게 연결되었다. 다만 불탑은 상상 속에 있는 것이 아닌 현실 세계에 존재하는 것으로 불탑을 찾아간 재가 신자, 순례자들에게 휴식과 안락을 제공해 주는 곳이었다.

즉 불탑은 석존과의 영원한 만남의 장소이자, 추억의 기념 장소라 할 수 있으며, 우주 만물이 생성된 곳, 모든 것이 생겨나고 생명이 잉태되는 등 만물의 모태로 조성되고, 궁극적으로는 지상낙원의 기능을 한 것이다.

2) 불탑 조성의 실용적 의미

불탑을 바라보는 우리는 불탑이 조성되는 진정한 의미에서 벗어난 것은 아니냐는 질문과 비판을 동시에 받을 것 같다. 왜냐하면, 이제까지 많은 연구자는 불탑이 조성되는 시대의 건축기술과의 관계를 고려하여 건축물의 역사 측면에서 바라본 측면이 있었기 때문이다. 불탑은 분명히 하나의 건축물이다. 하지만 불탑이라는 건축물은 다른 건축물과 다른 점이 있다.

즉 가옥은 사람이 살기 위한 곳이며, 창고는 물건을 보관하는 등 각각 자기 고유의 실용 목적이 있다. 하지만 불탑의 경우는 실용 목적을 가진다고 할 수 없다. 유럽에서 흔히 볼 수 있는 많은 탑 또는 종루의 경우 실용 목적은 등대 또는 망루로 이용된 것이다. 탑의 발생, 예술적 성격과 역사적 배경을 실용적인 기능과 연관시켰을 뿐 탑에 담긴 의미에 관해 설명하는 것은 어렵다.

불탑은 유용한 것이라 할 수 있다. 우리에게 절대 필요불가결한 것으로 생각하지만 사실 그것에만 머무는 것이 아니라 실용 목적이 있는 건축물 이전에 비현실적인 정신적 목표를 갖게 하는 측면이 있는 것이다. 인도 불탑과는 완전히 다른 모양인 중국의 전탑, 한국의 석탑, 일본의 목탑과 마찬가지로 단순히 실용 목적의 건축물은 아니다.

물론 불탑의 최초 의미는 석존의 무덤을 나타낸 것이었다. 그러나 불탑의 진정한 의미를 획득한 것은 석존의 무덤이라는 의미를 넘어섬으로써 가능해졌다고 본다. 원형에 흙을 덮은 석존의 무덤, 거기에 무더운 인도에서 귀인의 상징인 일산이 몇 겹 씌워진다. 점차 높아져 마침내 불탑이 완성된다. 그리고 무덤이 하나의 불탑이 될 때 무덤의 상징으로서의 목적 이상의 것이 되는 것으로 생각한다. 이렇게 불탑은 역사적 실재로의 석존이라는 인간의 숭배가 부정될 때 다른 의미가 부여되고 불교 건축 속에서 당당하게 자신의 존재를 나타내는 것이다.

여기서 의문이 드는 것은 왜 인간은 불탑을 포함한 탑을 세우는 것일까? 동서고금을 막론하고 많은 탑이 세워진 것일까? 목적이 없다면 어찌 보면 쓸모없는 건축물을 세우는데 엄청난 노력을 쏟아부었을까? 실제로 탑의 건축은 쉽지 않다. 공중으로 높고 우뚝 솟은 건축물은 건축학적으로도 고도의 기술이 필요하고 동시에 막대한 비용이 필요하다. 이러한 노력을 무의미한 건축물로 여겨지는 탑에 소비한 것일까에 대해 의문이 든다.

알렉산더는 탑을 세우려고 하는 인간의 의지를 일종의 높은 것에 대한 충동으로 이해하고 있다. 인간은 자기를 표현하려는 강한 의도가 있으므로 자기 존재를 과시하고 자기 존재를 공중 높이 비약하려는 의지를 인간의 내면에 깊이 품고 있기 때문이다. 이러한 인간의 높은 곳에 대한 의지의 표출로 탑을 세웠다고 보고 있다. 유럽의 탑은 언제나 무한으로 뻗어 가려는 높은 곳에 대한 의지를 나타내는 것이라 할 수 있다. 그래서 무한에 대한 진행이기 때문에 유럽 교회의 탑은 오랜 세월에 걸쳐 만들어졌고, 그것이 완성되었을 때도 탑의 정상은 높이에 대한 가능성을 간직하고 있어 현재의 완성은 일시적인 마감일뿐 기회가 있으면 더 높이 세우려는 의지를 담고 있다고 보고 있다.[62]

그런데 인도 불탑을 포함하여 중국, 한국, 스리랑카, 미얀마 등 아시아의 불탑을 고찰 대상으로 할 때 약간의 차이가 있는 것을 알게 된다. 불탑은 앞에서 기술한 바와 같이 반드시 삶의 의지 때문에 세워진 것이 아니다. 그것은 먼저 석존의 무덤으로 세워진 것이다. 여기에는 위대한 석존

---

62   M.R.Alexande『塔の思想-ヨーロッパ文明の鍵』池井望 譯, 河出書房新社, 1992

의 유해가 봉안된 무덤으로서의 불탑 최초의 의미였다. 그러나 이 의미는 나중에 석존의 열반을 나타내는 무덤에서 불교의 위대함을 나타내는 표시로 변한다. 오히려 불탑이 탑으로서의 의미가 있는 것은 죽음의 근거에서 위대한 가르침의 표시로 성격이 바뀜으로써 시작되었는지도 모른다.

더구나 불탑의 조성 의지는 아소카왕의 인도통일 의지와 결합한다. 아소카왕에 의해 세워진 다량의 불탑은 불교의 위대함을 나타내는 동시에 아소카왕 정복 의지의 위대함을 나타내는 것이다. 그래서 불탑은 한쪽에는 열반에 든 석존에 대한 숭배의 의미를 지니면서 한편으론 살아있는 아소카왕의 권력 표시 의미가 있다 할 수 있다.

인도를 포함하여 중국, 한국에서도 최초의 불탑은 대부분 사리탑의 성격을 가진 탑이었다. 사리탑은 석존의 유골을 봉안하는 탑으로 불탑의 내부에 사리가 봉안되어 있다. 인도에서 중국을 거쳐 한국으로, 스리랑카를 거쳐 미얀마, 태국, 한국 등으로 탑이 전해지면서 형태가 완전히 바뀌어도 사리탑으로서의 불탑 성격은 강하게 남겨진 것이다. 이처럼 높이 솟은 불탑이라는 건축물 자체가 하나의 죽음을 의미하는 것이다.

유럽의 탑처럼 영원히 떠오르는 하나의 의지를 나타낸 것이 아니라, 석존이라는 한 사람의 위대한 죽음의 영광을 보여주는 것이다. 유럽의 탑이 한없이 상승하는 삶에 대한 의지를 나타내는 것이라면 불탑은 삶과 죽음과 끝없는 윤회 위에 태어난다고 할 수도 있다. 불탑을 세우는 자체는 인간의 삶의 충동이자 죽음의 충동이 있는 것이라 할 수 있다. 즉 형이상학적인 무한한 삶에 대한 의지와 함께 심오한 죽음에 대한 성찰을 포함하는 것이다.

불교도가 석존의 무덤인 불탑을 성스러운 것으로 존경한 것은 결코 석존의 법과 무관하지 않다. 석존의 사상 중심에는 죽음, 즉 열반이라는 사상이 있다. 석존은 인간을 괴로움苦의 모습에서 보았다. 생로병사生老病死, 그것이 석존께서 들여다본 인간의 4가지의 고통이었다. 그러나 이 4가지 고통에서 가장 인간에게 근본적인 고통이라고 생각한 것은 죽음의 공포이다. 자신의 존재가 허무하게 사라지는 괴로움과 그러한 괴로움이 왜 인간에게 있는 걸까.

석존께서는 괴로움의 원인을 갈애渴愛로 보았다. 삶에 대한 갈애, 석존은 모든 갈애를 끊고 고요하게 사는 것을 이상으로 여겼다. 그리고 약 50년 동안 이러한 이상을 설파하고 다녔지만, 마침내 그 이상을 자신이 자신의 몸으로 체득하고 우리에게 보여준 것이다.

즉 열반이다. 석존께서는 어디까지나 고요했다. 슬퍼 우는 제자들에게 인생무상의 이치를 설하고 조용히 죽음을 맞았다. 예수 그리스도처럼 사후의 부활을 예언하지도 않았다. 그에겐 영혼의 불사不死도, 사후死後의 불사도 하나의 환상에 지나지 않았다. 사람은 자연에서 태어난 것처럼 다시 자연으로 돌아간다. 석존께서는 자연으로 돌아갈 수 있도록 조용히 열반의 세계로 들어간 것이며, 자신의 사상에 따라 평온하고 고요한 죽음을 선택했다. 그러한 석존을 기념하여 불탑이 세워진 것이다. 불탑은 이중의 의미에서 죽음의 사상을 포함하고 있으며 죽음을 인간 고찰의 중심에 둔 불교사상의 표시이기도 하다.

훗날 석존의 상을 열반도 또는 열반상으로 그리거나 제작하는 것은 결코 우연이 아니다. 거기에는 석존의 가르침 그 자체가 있는 것이다. 예수 그리스도가 십자가에 매달려 있는 것과 달리 열반도 또는 열반상은 조용히 누워 있다. 여기서 표현하려는 것은, 수직을 지향하려는 의지가 아니라 수평을 지향하는 의지임을 나타낸다. 유럽의 탑처럼 한없이 높은 곳을 향하며, 끝없이 천상으로의 접근을 의미하는 배경에는 즉 승천에 대한 의지 즉, 죽음으로부터의 탈출의 의지가 포함된 것이다. 많은 탑은 하나하나가 승천의 의지를 간직하고 있을 뿐 아니라 예수 그리스도를 본떠 하늘에 영원한 삶을 영위하려는 수직적 의지 속에 본질이 숨어 있는 것이다. 영원한 삶의 형이상학 바닥에는 역시 죽음의 두려움이 은폐되어 있다.

이러한 삶과 죽음의 문제를 포함함으로써 불탑이 지닌 외관의 특징을 통해 조성목적이라는 것에서 벗어나 비로소 불탑이 지닌 정신사적 연구에 들어설 것이다. 우리 자신에게 불탑은 무엇이 됐는지, 다양한 불탑을 만든 인도인을 포함한 불교도의 마음속에 어떤 형이상학의 사상이 존재했을까? 우리에게 남겨진 크나큰 과제일 것이다.

3장

인도불교
석굴사원

인도불교
석굴사원

1. 석굴사원의 기원과 전개

종교 수행자의 거처 및 수행 장소로 동굴洞窟을 사용한 것은 고대인도 역시 예외가 아니다. 석존께서 전정각산前正覺山에서 고행하는데 사용된 자연 동굴이 아니라 암반을 파내는 건축 행위로 조성된 인위적 구조물로의 석굴石窟이 출현한 것은 훨씬 뒤인 B.C.3세기 후반경 아소카왕 재위 기간이다. 석굴은 인도, 중국에서 많이 조성되었고 우리나라는 경주 골굴骨窟석굴과 석굴암을 예로 들 수 있다. 그런데 자연 동굴을 활용한 골굴석굴과 달리 석굴암은 가공된 석재를 쌓아 올린 건축물 축조형태로 되어 석굴로의 분류는 애매하다.

석굴 명칭도 영어권에서는 'cave temple, rock temple, rock cut temple' 등으로 표현되며 중국에서는 '○○洞'으로 부르는 예가 많듯이 자연 동굴과 인공석굴로 구분하고 있다. 그런데 정작 대량으로 석굴이 개착된 인도에서는 석굴을 지칭하는 용어는 확인되지 않는다. 이러한 점을 고려하여 이 책에서는 'rock cut temple'을 직역하여 '석굴사원石窟寺院'이라는 용어를 사용하였다.

석굴사원은 북인도에 이어 남인도, 중인도, 서인도에서 불교뿐만 아니라 자이나교, 힌두교의 여러 석굴사원이 각각 수행자들의 수행공간이자 신자들의 예배하는 성역으로 산속에 전개됐다. 석굴사원의 조영에는 자연환경, 각 교파와 교단, 시주자, 기능, 장인 집단, 장소, 조성방식 등 여러 가지의 요소가 얽혀 있다. 특히 석굴사원 내부는 평면, 기둥, 천장, 형태 등에 이르기까지 목조 사원건축의 형식을 답습하고 있어 얼핏 일반적인 건축사원과 다름없어 보인다. 영구적인 재료인 암석에 고대 사원의 목조 건축 양식을 그대로 재현함으로써 조성 당시 일반사원의 모습을 현대에 전하고 있어 인도 건축사와 미술사에서 독자적인 의미와 조형 양식을 생생하게 보여 주고 있다. 지금도 석굴사원을 방문하는 이들에게 커다란 감명을 주고 있다.

이들 석굴사원이 서데칸 지역에 집중적으로 개착되는 특징을 살펴보면 첫 번째로 지형 조건을 들 수 있다. 지질학적으로 데칸고원은 지구상에서 가장 오래된 지층에 속하는 용암분출로 이루어진 현무암층이다. 오랜 세월 풍화로 인해 형성된 사다리꼴 구릉지 등 두꺼운 암반이 마치 시루떡 형태로 형성되었다. 이처럼 데칸고원 구릉지나 계곡 암반층은 충분한 두께와 강도를 갖고 있어 석굴사원 조성에 가장 좋은 조건을 갖추고 있다. 실제로 전체 석굴의 90% 이상이 데칸고원에 개착되었다.

두 번째는 기후조건이다. 우기에는 고온다습한 열대몬순기후, 건기에는 뜨거운 햇빛을 피할 수 있는 인도의 풍토에서 한적하고 쾌적한 석굴은 종교 수행을 하는 데 최적의 환경을 제공한다.

세 번째는 기술적인 이점을 들 수 있다. 암반은 목재·흙·벽돌로 된 건축물보다 견고성 측면에서 당연히 앞서고, 일단 조성되면 해체하기 어려워 성스러운 시주물과 자신의 공덕을 영구적으로 남기고 싶은 시주자의 요구를 충족시킨다. 공사방법도 석재를 채석장에서 잘라낸 다음 조성 장소까지 옮긴 후 가공하여 쌓아 구축하는 일반사원의 건축방법보다 석굴사원은 장소 자체인 암반을 깎아내면 되기 때문에 가공이 쉽고 비용의 절감 측면도 고려된다.

왜냐하면, 암반을 깎아낸 부스러진 돌조각은 작아 반출이 쉽고 자재 운반이라는 비용이 절감되며, 구조 측면에서도 쌓아 올리는 역학적인 구조물이 아닌 바위를 깎아내는 조각이기 때문에 붕괴할 가능성도 매우 적다. 이처럼 일반사원과 비교하면 몇 가지 장점이 있다. 단점은 너무 깎아 내거나 조각을 잘못하면 수정할 방법이 없다는 점이다. 단점을 유의하면 생각보다 조성하기가 쉽다고 할 수 있다. 흥미로운 것은 적은 수이지만 자연 동굴을 활용했던 초기 석굴의 예가 확인된 점이다. 초기에는 자연 동굴을 활용하였으나 교통로 등 재가 신자와 쉽게 접촉할 수 있는 적절한 곳에 위치한 자연 동굴의 수가 적은 관계로 석굴을 활용한 것으로 보인다.

네 번째는 사회적·경제적 조건이다. 아소카왕 시절부터 기원후 수백 년에 이르는 기간은 인도 국내의 상공업이 발달하고 교류가 원활해지는 시기이다. 특히 석굴이 대량으로 개착될 때는 로마와의 교역 활성화로 인해 해안 도시에서 내륙 도시를 연결하는 교통로가 사방으로 개설되었다. 실제로 서데칸의 많은 불교 석굴은 해안가의 항구도시에서 내륙의 각 도시를 연결하는 교통로 또는 그곳에서 멀지 않은 곳에 개착되었다. 따라서 서데칸의 불교 석굴은 바위산이나 계곡이라는 지형적 조건과 도시 및 도로라는 사회적·경제적 배경이 잘 연결된 상황이 명백하게 확인된다.

불교 석굴사원의 기본 구성은 불탑을 봉안하는 차이티야굴caitya caves과 스님들이 거주하는 비하라굴vihara caves로 구성되었다. 각각 별개로 만들어졌지만 한 세트가 되어 성립되었다. 차이티야굴은 반드시 해당 석굴군의 중앙 또는 좌·우측으로 치우친 예도 있고, 1굴만 있는 것이 아니라 다수로 구성되는 예도 있는 등 주변 환경에 따라 다르다. 소규모는 비하라굴을 포함하여 3~4개, 대규모는 수십 또는 백 개 이상에 이르는 대가람을 형성한 곳도 있다. 이처럼 불교 석굴사원은 인도 불교사원의 축소판이라고 할 수 있다. 현재 고대인도 건축사원이 전혀 없는 상태에서 당시 건축사원 양식을 충실히 모방한 석굴사원을 통해 고대인도 불교사원의 다양한 모습을 사실감있고 세밀하게 표현하여 우리에게 전해주는 매우 중요한 역사자료라고 할 수 있다.

마지막으로는 종교적 측면이다. 석굴사원은 불교 교단의 거점이자 석존(불탑)을 봉안하고 출가자가 수행에 전념을 다 하는 장소인 동시에 재가 신자들에게 포교라는 중요한 목적이 있다. 재가 신자는 속세에서 생활하며 석굴사원에 참배하러 오기도 하고 스님이 신자가 있는 곳으로 가서 탁발하는 등 일상적인 접촉이 이루어지고 있다. 이러한 접촉이 없다면 포교는 불가능해지기 때문이다. 현실적으로 스님의 생활은 모두 재가 신자의 시주행위로 이루어지기 때문에 속세와의 접촉 없이는 스님의 생활 자체가 이루어지지 않는다. 그러므로 석존이 봉안된 신성한 장소와 속세와의 교류 관계를 전제로 석굴사원의 위치가 선정되었다.

구체적으로 속세, 즉 재가 신자들이 있는 도시 또는 촌락과 가까운 곳에 있는 장소라는 것이다. 이 점에서 석굴사원이 교통로 주변에 위치하는 것이 고려된 것이라 할 수 있다. 그리고 스님들의 수행 생활 등을 고려할 때 산이나 계곡이든지 어느 정도 도시와의 거리와 높이를 유지하는 것이 중요하다. 이러한 격리감이 유지될 수 있는 적당한 장소와 개착에 적합한 암반층이 있는 장소가 선정된 것이다. 실제로도 서데칸의 석굴사원들은 마을로부터 거리나 높이가 적당하게 유지되고 있는 것을 확인할 수 있다. 사원 위치와 관련하여『사분율四分律』권50, 방사건도房舍犍度에는 석존께서 사원 위치에 대해 구체적으로 언급하고 있다.

"조용한 곳과 나무 밑과 빈방과 산골짜기와 굴속 같은 곳과 풀밭과 풀
더미 곁과 숲 사이와 무덤 사이와 개울 곁에서 풀이나 잎을 깔고 살
라."

경전 내용대로 석굴사원의 위치도 같은 곳에 조성된 것이 확인된다. 이
렇게 석굴 개착에는 다양한 조건이 있음을 알 수 있다. 시루떡 형태로 이
루어진 암반, 고온다습한 열대 기후와 건조한 기후로부터 벗어나 수행할
수 있는 장소, 신성神聖과 속세俗世와의 관계 설정 및 경제여건 등 다양한
조건이 종합적으로 고려되어 최적의 장소로 석굴이 선정된 것이다.

2. 석굴사원의 조영

인도 전역에서 다양한 석굴이 개착되었다. 1880년 퍼거슨에 의하면 1,200개 이상[63]의 석굴이 개착된 것으로 전한다. 그중 서인도에만 900여 개 (불교 720개, 힌두교 160개, 자이나교 35개)에 달하는 것으로 알려졌다. 이때 조사된 석굴 수량은 지금부터 140여 년 전의 것으로 그 후에 확인된 석굴 사원도 있어 현재 알려진 석굴사원의 총 수량은 그것들을 훨씬 상회한다. 다만 석굴사원의 숫자는 작은 것은 사방 수m의 작은 석굴에서, 큰 것은 깊이가 수십m에 달하는 대형석굴 혹은 2층, 3층으로 구성된 석굴사원까 지 포함한다. 1개로 조사된 석굴사원에는 실제로 여러 부속된 석굴을 갖 춘 예도 있어 1,200여 개라는 것은 대충 짐작의 기준이라는 것이다.

석굴 수 산출방식에 대해 숭배 대상인 불탑을 봉안하는 차이티야굴과 출가 스님의 거주공간인 비하라굴만 산출하는 예도 있고 거기에 저수조 도 석굴 수에 포함하는 예도 있다. 인도 고고국은 전자에 의한 방법에 따 라 석굴 본체에 석굴 번호를 붙였고, 1970년대까지 대부분의 연구는 이를 따랐다.

불교 석굴사원의 유지에 필수인 식수의 저장장소인 저수조의 중요성을 언급하는 1980년대 이후의 연구에서는 후자의 방법, 즉 저수조를 포함하 여 총 수량을 산출하는 방법이 주류를 이룬다. 예를 들어 준나르석굴군의 경우 차이티야굴 10굴, 비하라굴 174굴, 저수조 115굴과 분류할 수 없는 미완성 굴을 포함하면 총계 324굴로 산출되어 수량이 급격하게 증가한 다. 최근 손신영은 인도 석굴사원의 수량에 대해 총 2,200여 개라는 구체

---

63   J. Fergusson and J. Burgess : The Cave Temples of India. London, 1880.

적인 숫자를 제시하고 있다. [64]

　이들 석굴사원은 B.C. 3세기경부터 A.D. 12세기에 걸쳐 1,500년이라는 긴 역사적 전개 속에 조영되었고, 대부분인 1,000여 굴 정도가 서인도 지역에 집중되었다. (그림 3-01)

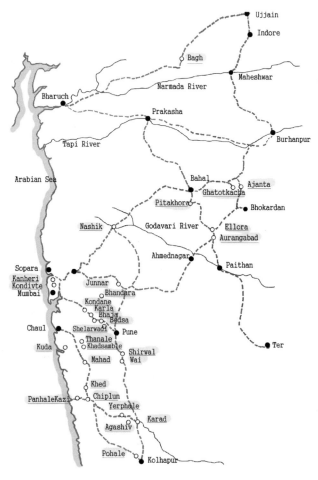

그림 3-01. 서인도 무역항과 교통로, 석굴 위치도

64　손신영 「칸헤리석굴과 골굴석굴」, 『강좌미술사』51, 한국미술사연구소, 2018. p. 58.

석굴사원은 아지비카교, 불교, 자이나교, 힌두교 등에 해당하며 고대, 중세 인도 종교문화의 핵심을 이루었다. 각 종교와 양식의 문제에 대응하여 명확한 시대구분은 어려우나 이들 석굴사원의 발전 단계에 관해 기존 연구는 3기로 구분하였다. [65]

제I기는 B.C. 3세기~B.C. 2세기의 비불교 석굴사원으로만 이루어진 시기이다. 인도 최초의 통일된 제국을 수립한 마우리아왕조 아소카왕 때 아지비카교를 위한 로마스리시 석굴이 B.C. 3세기 중후반에 처음으로 개착된 이후 시기라 할 수 있다. 로마스리시석굴이 위치한 지역은 석존이 적극적으로 포교 활동을 한 불교의 중심지로 이 지역에 석굴사원이 먼저 개착된 것은 석존 재세시보다 훨씬 뒤의 일이지만 서데칸과 연결되는 사회적, 경제적 배경과 잘 맞는다.

흥미로운 점은 최초의 불교 석굴로 알려진 군투팔리석굴이 위치한 남인도 칼링가Kalinga 지역은 아소카왕의 정복 전쟁 과정에서 수많은 인명피해가 발생한 곳이다. 아소카왕은 칼링가 전쟁의 참혹한 결과를 참회하면서 불교에 귀의하여 인도 각지에 불교사원을 건설하였다. 군투팔리 불교사원 대탑 부근에서 B.C. 2세기경 명문이 확인되었으나 석굴사원 조영과의 관계는 알려지지 않았다.

다만 로마스리시석굴의 마우리아 광택으로 불리는 암반 표면의 연마기법과 칼링가전쟁 이후 이 지역에 동일한 연마기법으로 개착된 군투팔리 석굴의 불탑과 아소카 마애법칙을 통해 아소카왕의 불교사원 건설 영향에 의해 건립된 것으로 보여 석굴의 조영 시기를 아소카왕 재위 기간인 B.C. 3세기 중후반으로 추정한다. 이것은 비불교 석굴로만 이루어졌다는

---

65   佐藤宗太郞,『インド石窟寺院』東京書籍, 1985, p.20.

제 I 기에도 불교 석굴이 처음으로 등장했을 개연성이 높다.

한편 이 시기는 아소카왕이 스리랑카로 왕자 마힌다Mahinda와 여동생 상가미트라Sanghamitra를 파견하여 불교 포교에 나서는 시기였음이 스리랑카 역사서인 마하밤사Mahavamsa를 통해 전해지는 등 제I기에도 불교석굴과의 연관성을 보여주고 있다.

제 II 기는 B.C. 2세기~A.D. 2세기까지 불교 석굴만 대량으로 개착되는 시기이다. 이 시기의 불교 석굴은 불탑을 봉안한 차이티야굴과 스님의 거주처인 비하라굴로 구성되며 종교적 중심인 불탑이라는 명확한 조형물이 존재하는 것이 I기와 가장 큰 차이점이다. 그리고 아소카왕에 의한 8만 4,000탑 건립의 설화를 통해 이후 불탑 숭배가 급격히 대중화되었다고 할 수 있다.

마우리아왕조가 B.C. 185년경에 멸망한 후 4세기 굽타왕조에 의해 북인도가 통일되기 전 다양한 정치세력이 등장하는 격변기이다. 대표적 왕조는 북인도 마가다 일대를 차지한 슝가왕조, 석굴사원이 집중적으로 개착되는 시기에 데칸고원 일대의 패권을 차지한 사타바하나왕조를 언급할 수 있다. 3세기~4세기경 일시적인 석굴 조영의 공백기에는 사타바하나왕조가 멸망한 이후 포스트 사타바하나왕조 대에 다양한 지방 세력의 활동이 활발하였다. 이들 지방 세력의 후원에 의한 석굴 조영이 활발해지는 특징을 보였다.

제III기는 5세기~12세기까지 불교, 힌두교, 자이나교 석굴이 장기간에 걸쳐 개착되는 시기이다. 석굴사원의 숫자도 많고 인도 석굴사원이 가장 화려하게 발달하고 전개되는 시기이다. 특히 4~6세기는 마우리아왕조 이후 혼란한 정세를 마감한 굽타왕조의 문화 전성기에 해당한다. 이 시기에는 불교, 힌두교, 자이나교 석굴이 서데칸을 포함하여 인도 전역에 조영되는 특징을 보인다.

이중 미야지 아키라宮治昭는 불교 석굴의 조성시기 분류를 제Ⅱ기로 알려진 사타바하나왕조 대에 조영된 전기석굴과 제Ⅲ기로 알려진 5세기 말 이후 굽타왕조 대에 조영된 후기석굴로 크게 구분[66]하였다. 이 책에서는 미야지 아키라의 전기·후기석굴 구분법을 사용하였으며 마우리아왕조 대에 조영된 군투팔리 석굴과 석굴 조영 공백기로 알려진 3~4세기까지를 전기불교, 그 이후를 후기불교 석굴 조성시기로 분류하였다.

다수의 석굴사원이 서데칸 지역에 집중적으로 개착되는 이유는 앞에서도 언급하였지만, 다음과 같이 들 수 있다.

첫 번째는 지형·환경조건이다. 광대한 데칸고원의 서쪽 끝은 남북으로 이어지는 서가츠산맥이 있다. 데칸고원은 서가츠산맥을 기점으로 동쪽으로 완만하게 내려오며, 상당수의 하천은 동쪽의 벵골만으로 흘러가고, 하천의 침식으로 생긴 계곡이나 사다리꼴형의 작은 바위산이 늘어서거나 독립된 상태로 곳곳에 흩어져 있다. 지질학적으로 데칸고원은 현무암질 용암이 분출하여 시루떡 형태의 두꺼운 암반으로 형성되었다. 즉 석굴사원을 개착하는데 가장 기본적인 조건인 개착에 적합한 바위산이 데칸고원에 많았다는 점이다.

두 번째는 석굴개착이 가능한 사회적·경제적 조건이다. 국내의 상공업이 활발해지면서 각 도시를 연결하는 교역로가 곳곳에 개발되었다. 특히 기원전·후 로마와의 무역이 이루어지면서 경제적 기반을 갖추게 된 것이다. 즉 무역을 통해 막대한 부를 얻은 무역업자나 상인, 번왕, 대신, 공인 등 다양한 재가 신자들에 의해 석굴사원이 유지되는 것을 석굴의 명문을

---

66   宮治昭『インド美術史』吉川弘文館 1982年. p.52.

통해 알 수 있다. 실제로 데칸고원의 많은 불교 석굴은 도시 근처나 각 도시를 연결하는 교역로 또는 그곳에서 멀지 않은 곳에 개착되었다.

세 번째는 기후조건이다. 무덥고 많은 강수량이 동반되는 몬순기후와 건기의 뜨거운 햇빛을 피할 수 있는 인도의 풍토에서 한적하고 쾌적한 석굴의 환경이 종교적인 수행 활동에 알맞은 점 등을 들 수 있다.

네 번째는 기술상의 이점이다. 인도와 같은 고온다습의 기후에서는 목조건축이 쉽게 썩어버리기 때문에, 내구성이 견고한 석굴이 특별히 환영을 받게 된 것이다. 견고성 측면에서 목조, 흙, 벽돌보다 석재가 앞서는 것은 당연하다. 또한 만들어지면 해체하기 어려워 성스러운 영역을 영구적으로 남기고 싶다는 시주자의 요구를 만족시킬 수 있기 때문이다.

마지막으로 종교적 배경이다. 석굴이 위치한 곳은 마을에서 일정 거리를 둔 산속으로 수행 생활에 적당하기 때문이다. 경전에 의하면 불교 교단이 종종 동굴을 수행, 명상의 장소로 이용한 것을 전하고 있다. 『대당서역기』에 왕사성의 영취산에서 석존과 그의 제자들이 선정했다는 동굴의 일화가 기록된 것을 예로 들 수 있다. 또한, 불교 석굴은 단순히 한적한 곳이 아니라 탁발 등 의식주를 재가 신자의 시주로 충당하고 있어 재가 신자와 접촉을 할 수 있는 장소가 선정되었다.

1) 불교 석굴

불교 석굴은 출가자의 집단생활 및 수행 실천의 장소와 달리 힌두교석굴은 신전으로만 이루어져 건축의 기능과 형태에 차이가 있다. 전기불교 석굴은 전반적으로 간소하고 스님의 거주처인 독방의 좌우 배치 형상이 불규칙한 것이 대부분이며 부분적으로 입구를 목조건축을 본뜬 모티브로 장식되었다. 고대초기 '불상은 표현하지 않았다'라는 '불상 불표현'의 전통을 답습하는 무불상 시대로 불상은 표현되지 않는다. 후기불교 석굴은 석굴 구조가 복잡해지는 동시에 전기불교 석굴보다 전체적으로 정연해지며 건축 장식이 화려해지고 대부분 불감이 마련되어 다양한 형상의 불보살상이 조각되는 특징을 보인다.

불교 석굴은 기능상 2가지 유형으로 구분된다. 첫 번째로 종교적 중심의 명확한 조형물인 불탑이 봉안되어 예배 의식을 행하는 공간인 차이티야굴Caitya caves이다. 두 번째는 출가한 스님들의 거주공간이자 수행공간인 비하라굴Vihara caves로 구성된다. 이들 석굴은 일반적으로 한 곳의 석굴군에 1굴 또는 소수의 차이티야굴과 다수의 비하라굴로 구성되는 경우가 대부분을 차지한다. 차이티야굴은 지상 사원에 건립된 말발굽 평면에 불탑을 봉안하는 공간인 차이티야 그리하Caitya griha를 그대로 석굴에 표현한 것이다.

(1) 차이티야굴Caitya Caves

차이티야 그리하를 석굴에 표현한 차이티야굴은 전방후원형(역U자형)의 평면, 천장은 원형 또는 원통형으로 둥글게 깎아낸 궁륭천장, 다수의 기둥으로 구성된 열주에 의한 측면통로와 중앙통로의 구획을 통한 결계지結界地 구분과 이중 탑돌이 통로 확보, 안쪽에 불탑을 봉안한 형태로 이루어진 웅장하고 확고하며 긴장감과 신비성이 풍기는 종교적 정점에 도달한 공간이다. 이들 말발굽형 궁륭천장 차이티야굴의 특징은 크게 4가지를 들 수 있다.

첫 번째로 암반으로 구성된 산 중턱을 측면에서 안쪽으로, 위쪽부터 아래쪽으로 파고 가장 안쪽에 불탑 형태로 암반을 깎아내어 조성하였다.

두 번째는 모두 불탑 1기만을 봉안한 간결한 공간이다. 예외적으로 다수의 스투파가 조각된 예는 승탑으로 조성된 경우이다.

세 번째는 내부에 열주를 조각하여 중앙의 예배공간과 불탑에 대한 예배행위인 탑돌이를 할 수 있는 측면통로가 조성되었다. 전기불교 석굴의 열주에는 장식을 대부분 표현하지 않았지만, 후기불교 석굴 열주에는 다양한 조각상을 표현하였다. 외부에는 목조 박공형의 장식을 나타내며 정면에 열주를 마련하거나 정면에 한 쌍의 남녀를 표현한 미투나상, 약샤, 수문신 등의 조각을 통한 장식성을 확실하게 나타낸다.

네 번째는 정면 입구 상부에 커다란 보주형의 창을 개설하였다. 장식적인 경우도 있지만 많은 경우는 햇빛이 석굴 내부를 직접 비치게 조성되었고 많은 석굴에서 공통으로 나타나는 경우가 많아 차이티야창으로 부르는 등 내·외부 공간에서 매우 명확한 특징을 나타낸다.

이처럼 말발굽형 열주식의 차이티야굴 (그림 3-02)이 전기·후기불교 석굴을 통해 표준이 된다는 것이 기존의 견해이다. 그러나 차이티야굴의 평면은 말발굽형 평면 외에 방형 평면의 예가 인도전역에서 다수가 확인되었다. 규모의 크고 작은 차이는 있어도 수량적으로 더 많이 조성되어 당시 인도인들에게 보편적으로 애용된 평면형 태라는 점이다.

그림 3-02.
말발굽형 열주식
차이티야굴 평면도

(2) 비하라굴 Vihara Caves

스님들의 거주공간이자 수행공간인 비하라굴은 방형 설계가 기본이다. 가장 대표적인 형식은 방형의 넓은 공간(중정中庭에 해당)의 벽면에 한 변 2m 정도 크기의 스님들 개인 공간인 독방으로 개설된다. (그림 3-03)

그림 3-03. 피탈코라 비하라굴 독방 전경

그림 3-04. 나식 제3굴 내부 독방 및 부조 스투파

독방은 1인용과 2인용이 있고 내부에는 돌침대를 깎아 만든 것을 제외하고는 장식이 거의 없다. 크기는 약간의 차이가 있을 수 있지만 큰 독방은 없으며 넓은 중정이 있는 경우는 독방의 수가 많고, 작은 중정의 경우는 수가 적다. 나식 제3굴(그림 3-04)의 경우처럼 중정 공간에는 정면을 제외한 3면에 다수의 독방이 개설되고 안쪽 벽에 불탑이 부조된 특이한 예도 있다. 이것은 개착 당시부터 조성된 것으로 불탑에 대한 공양과 예배를 처음부터 의도하였음을 보여준다. 즉 이 석굴은 스님의 거주공간이자 불탑에 대한 예배를 올리는 종교적 의식이 강한 공간의 복합적인 성격을 지닌 석굴로써 후기불교 석굴 양식의 전개에 연결고리가 되는 석굴 평면의 대표적인 예이다.

어쨌든 전기불교 비하라굴은 중정 공간의 3면에 독방을 배치하는 기본 형식으로 발전했다. 물론 변칙적인 경우도 있지만 비하라굴 공간구조는 지상건축 비하라의 형식을 거의 그대로 답습한 것이라 할 수 있다. 그것은 차이티야굴의 경우도 동일하다.

지상건축 비하라는 정방형의 중정을 중심으로 사방을 '□'자형으로 둘러싸거나 혹은 3면을 'ㄇ'자형으로 에워싸고 독방을 조성하였다. 다만 비하라굴의 경우 중정을 사방으로 독방이 둘러싸는 예는 없다. 그것은 채광 문제에서 온 제약 때문일 것이다. 지상건축 비하라의 중정中庭이 비하라굴에서는 자동으로 넓은 증정 공간이 되기 때문에 장식이나 특별한 조형 처리가 이루어지지 않은 것으로 볼 수 있다. 이외에도 여러 면에서 비하라굴은 지상의 비하라 건축을 모방하고 종교적 중심장소인 차이티야굴에 부속된 것이다.

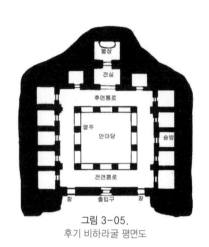

그림 3-05.
후기 비하라굴 평면도

후기불교 비하라굴의 특징은 첫 번째로 제일 깊숙한 벽면의 중앙에는 본존불을 모신 불당을 배치하고 장식성도 풍부해져 불전으로서의 성격이 강해지는 점이 전기불교 비하라굴과 큰 차이점이다. (그림 3-05)

이처럼 후기는 전기보다 두드러진 변화가 나타나는데 비라하굴 중심에는 불탑을 대신하여 불상이 주요 숭배 대상으로 된 점이다. 아잔타 또는 엘로라석굴에선 불탑이 불상을 지지하는 것처럼 변했지만 불상을 봉안하지 않고 불탑을 봉안한 차이티야굴도 있다. 그러나 차이티야굴은 아니다. 바그 석굴의 경우처럼 비하라굴의 증정 안쪽 깊숙한 벽에 불탑을 봉안한 작은 탑당이 마련되어 있다. 이것은 앞서 언급한 나식 제3굴 부조탑의 예와 통한다. 즉 불상 출현에 따른 새로운 평면형식으로 표현된 것이다.

두 번째로는 불당 앞에 증정이 있고 좌우 벽과 안쪽 벽에 불특정 다수의 독방이 조성된다. 나식 제3굴의 경우처럼 스님의 거주처이자 불탑에 대해 예배를 하는 종교적 의식이 강한 공간으로 복합적인 성격을 지닌 석굴로의 변화가 나타났다.

세 번째는 중정 주위에 열주가 서 있고 회랑이 형성되었다. 이 3가지의 특징이 후기불교 비하라굴의 기본 구성으로 보이지만 실제로는 이외에도 변칙적이고 다양한 평면의 불교 석굴이 확인된다.

또 다른 특징은 불당 내부의 본존불 이외에 많은 숫자의 불상이나 보살, 신상, 조각, 벽화 등으로 석굴 안팎을 장식하고 있다는 점이다. 이것이 후기불교 석굴의 특징이지만, 한편으로는 그러한 조형의 반복과 충만 등 일종의 과도한 장엄함으로 그 때문에 종교적 핵심인 본존불의 존재감이 상당히 약화하는 때도 있다. 종교 공간의 성격 차이가 궁극적으로 스투파와 불상의 차이로 나타나는 것은 단순히 석굴사원의 문제가 아니라 인도불교 사원 자체에 깊이 관련되는 공간 형식의 차이 변화와 함께 깊이 고찰해야 할 문제이기 때문이다.

(3) 전기불교 석굴사원

전기불교 석굴사원은 B.C. 3세기에 인도에서 최초로 개착된 것으로 알려진 남인도 군투팔리Guntupalli석굴(그림 3-06)을 시작으로 A.D. 2세기에 걸쳐 대다수의 불교 석굴이 데칸고원의 서쪽 지역인 서데칸과 해안지방인 콘칸 남부 지역에 개착된 시기이다[67].

---

67 A. H. Longhurst, "The Buddhist Monuments at Guntapalle, Kistna District" Annual Report of the Archaeological Department, Southern Circle, Madras, 1916~17, pp. 30~36.

그림 3-06. 군투팔리석굴 평면도 및 입면도

　서데칸 지역에서 가장 이른 시기에 조성된 불교석굴은 최초 불교석굴로 알려진 군투팔리석굴의 원형평면과 유사한 준나르 툴자레나TuljaLena 제3굴과 함께 인도 최초의 석굴인 로마스리시석굴의 원형 평면에 장방형 전실이 추가된 형태와 유사한 뭄바이의 콘디브테 제9굴로 추정하는 것이 일반적이었다.[68] 그것은 앞서 언급한 서데칸의 콘칸 지역에서 아소카 마애 법칙이 발견되는 등 마우리아왕조 아소카왕의 영향이 미치던 지역과 시기였음을 고려한 결과였다.[69] 즉 석굴사원 조영 문화의 전파는 마우리아왕조의 인도 각지 진출이 하나의 계기라 할 수 있다.

　이외에도 바위산에 석굴을 개착한 행위의 사상적 배경으로 산을 성스러운 것으로 파악하고 거기에 신앙생활을 영위할 수 있는 공간을 만든 것으로 항구적인 성스러움의 획득을 지향했다고 하는 주장[70]도 있다. 또는 아소카왕 원정의 동기를 인도 각지에 있는 광물자원의 획득에 있어 그 발

68　Vidya Dehejia, Early Buddhist Rock Temples, London, Thames and Hudson, 1972, pp.152~53.

69　Romila Thapar, Asoka and the Decline of the Mauryas, London, Oxford University Press, 1961, pp.255~256.

70　平岡三保子「西インドの石窟寺院—仏教石窟寺院の発生と展開—」; 肥塚隆・宮治昭編 『世界美術大全集第13巻インド (1)』小学館, 2000, p.258.

견을 위해 산을 개착했다는 견해[71] 등이 있지만 소수의견일 뿐이다.

한편 불교 석굴은 아니지만, 인도 최초의 석굴로 알려진 B.C. 3세기 중후반에 개착된 라지그리하(왕사성)에 인접한 로마스리시Lomas Rishi, 수다마Sudama석굴에 새겨진 명문을 통해 아소카왕 대에 육사외도六師外道의 하나인 아지비카Ajivika교도들에게 시주된 것으로 확인되었다.[72]

그림 3-07.
로마스리시석굴 입면도, 평면도

석굴군은 로마스리시굴(4굴)과 수다마굴(3굴)로 이루어졌다. 이중 로마스리시 석굴(그림 3-07)로 많이 알려진 제7굴은 석굴사원 차이티야굴의 시원적인 형태로 자주 거론되고 있다. 입구 이외의 안팎에는 장식이 없으며 내부구조는 반원통 궁륭천장의 장방형 전실과 돔형 천장의 원형실이 옆으로 파인 모습이다. 내벽과 천장은 표면이 매끄럽게 연마되어 마우리아왕조 대의 특징을 나타낸다. 석굴 내부는 불탑이나 불상이 없이 빈공간으로 무엇인가를 만들었거나 놓았던 흔적도 없으나 원형 공간이 무엇인가를 모시기 위한 공간이었음은 틀림없다는 견해가 주류를 이루고 있다.

그러나 고대인도의 전통적인 바라문의 영향에서 벗어나 새로운 사상의 소유자인 사문 등으로 기록된 수행자들은 스승과 제자들 간의 토론을 통해 확립된 '우파니샤드' 철학의 영향을 받은 여섯 사상가인 육사외도六師外道

71 Romila Thapar, The Penguin History of Early India: from the Origins to AD1300, London, Penguin Books, 2002, p. 196.

72 Kittoe, Notes on the Caves at Burabur, Journal of the Asiatic Society of Bengal, XVI, Calcutta, 1847, pp. 401~416.

의 성격상 불교의 석존(釋尊, Buddha), 자이나교의 마하비라Mahavira와 같은 숭배 대상이 필요치 않은 명상의 수행과 육체적 고행을 행하는 고행주의를 감안한다면 비어있는 공간 형태는 당연하다 할 수 있다.

아소카의 손자 다샤라타 마우리아Dasharatha Maurya에 의해 시주[73]된 나가르주니 제3굴Vapiyaka은 봉안 대상이 없는 장방형평면의 평천장으로 확실한 수행 공간의 모습을 보여준다. 전기불교 석굴 평면 유형으로 알려진 방형 평천장이 B.C.3세기경부터 조성된 것을 보여주는 중요한 예라 할 수 있다.

다른 특징은 목조건축의 모방이다. 로마스리시석굴 입구에는 목조 맞배지붕과 유사한 둥근 측면 모양이 묘사되었다. 둥근 지붕에서 튀어나와 처마 같은 형태로, 초가집 지붕을 연상시키는 등 지상 건축물 형태를 충실하게 모방하고 있어 불교 석굴의 차이티야창과의 연관성을 보인다.

그런데 말발굽형 차이티야굴에서 가장 이른 시기에 조영되었다는 바자Bhaja석굴보다 이른 시기에 조성된 것으로 보이는 바제포레스트석굴이 최근 발견되어 주목받고 있다. 그것은 인도 석굴사원에서는 볼 수 없었던 자연 동굴을 이용하여 개착한 것으로 추정된 시원적 형태라고 할 수 있기 때문이다. 아직 조성연대를 추정할 수 있는 고고학 자료는 확인되지 않았지만 서데칸 지역에서 가장 처음으로 조성된 소규모 석굴로 추정된다. 왜냐하면, 석굴 및 스투파의 발전적 측면을 고려하면 인공석굴로 변천되는 과정을 보여주는 예이기 때문이다. 향후 고고학적 발견이 기대된다.

전기불교 석굴 시기에 주로 개착되던 규모가 큰 말발굽형, 반원통형 궁륭(穹窿, Vault)천장 차이티야굴과 달리 전기불교 석굴 말기로 알려진 2세기

---

73   Wikipedia, Barabar Caves 항목참조

에서 공백기로 알려진 4세기 사이에 개착된 것으로 추정되는 소규모의 장방형 평천장 차이티야굴이 콘칸 남부 지역을 중심으로 광범위하게 개착되었다.[74]

일반적으로 석굴 조영 시기를 언급할 때 전기불교 석굴과 후기불교 석굴 사이인 '3~4세기의 석굴 조영 공백기'라는 기간을 언급하고 있다. 그런데 2세기에 걸친 공백기 또는 중단기를 보낸 후 후기불교 아잔타석굴과 엘로라석굴과 같은 규모가 크고 장엄한 석굴이 갑자기 출현한다는 것은 건축적인 면이나 장인들의 전통 등 발전적 측면에서 바라보면 매우 부자연스러운 것이다.

적은 숫자라도 공백기로 알려진 3~4세기에 석굴 조영이 지속하고 있었다고 보는 것이 자연스러울 것이다. 이 시기에 조영된 것으로 추정되는 앞에서 언급한 콘칸 지역 석굴군의 방형 평천장의 석굴 형태는 석굴 조영 공백기라는 커다란 의문점을 해소할 수 있는 실마리를 제공하고 있어 향후 이에 관한 연구가 집중되어야 할 것으로 보인다.

(4) 후기불교 석굴사원

A.D. 3~4세기에 해당하는 중단기 또는 공백기로 알려진 기간을 보낸 후 5세기경 굽타왕조의 제후였던 바카타카Vakataka왕조 후원에 힘입어 조영 활동이 재개[75]되고 5~6세기를 정점으로 이후 점차 쇠퇴하여 8세기 경에는 조영 활동이 끝났다. 후기불교 석굴은 석굴 수로만 보면 전기불교

74　米田文孝·豊山亜希·森下真企·松並真帆,「インド共和国西デカン地方における小規模仏教石窟群の踏査(1)」『関西大学博物館紀要』14, 2008.

75　Susan L. Huntington, The Art of Ancient India: Buddhist, Hindu, Jain, New York and Tokyo, Weatherhill, 1985, pp. 239~274.

석굴보다 매우 한정되었고 편년 연구 또한 확증이 부족하여 많은 문제를 갖고 있다. 그러나 전기불교 석굴보다 훨씬 크고 구조가 발전하는 특징을 나타내며 불상을 비롯하여 다양한 조각, 건축 장식의 요소도 증가하여 건축공간으로의 완성도를 높였다.

아잔타 후기석굴의 경우 석굴마다 열주를 포함하는 여러 장식적 요소가 시주자의 요구 등에 의해 평면, 규모, 건축, 벽화, 존상 배치 등에서 현격한 차이가 나타났다. 이러한 다양성은 일반적으로 전기불교 석굴 말기부터 공백기 사이에 조영 횟수가 급격히 줄어들고 불상의 등장과 함께 석굴 개착 경험이 부족한 장인이 새로운 시대에 어울리는 건축형식을 모색하면서 나타난 결과물로 보인다.

불교 석굴 조영은 5~6세기 이후 쇠퇴기에 접어들었으나, 기존에 알려진 후기 아잔타, 엘로라석굴군 이외의 서말와 지역에서 다양한 평면의 석굴과 불탑이 최근에 알려졌다. 서말와 지역에 있는 석굴군의 차이티야굴은 말발굽형 무주식과 열주식, 방형, 환조 건축형, 열주 부설의 비하라굴, 차이티야굴의 승방 부설, 비하라굴의 탑당 부설 등 같은 평면의 예가 하나도 없을 정도로 다양하게 개착되는 특징을 보였다.

스투파는 후기불교 석굴의 특징이라는 불상의 유무와 상관없이 기단 난간은 전기불교 석굴 불탑의 일반적인 관석 난간형식이 아닌 횡대 난간이 표현된다. 원통형 기단과 복발로 구성되는 초기 불탑 형식에 방형 또는 팔각형의 하층 기단이 새롭게 추가되고 기단부와 복발에는 감실 또는 불상이 부가되는 등 다양한 양식의 불탑이 조영되며 동일 석굴군에서 10여 개의 스투파가 조성되는 경우도 확인된다.

후기불교 석굴사원은 초기에는 대부분 대승불교의 성격을 나타내고 있다. 시대가 내려가면서 밀교의 여러 파가 이를 대신하고 힌두교, 자이나

교 석굴사원 개착이 성행하였다. 급기야 엘로라석굴군에서는 여러 종교
에 귀속되는 석굴이 한 곳에 병존하는 등 종교성의 다양화가 나타났다.

이 시기의 불교 석굴사원은 불탑을 대신하여 석굴 내에 불상을 봉안하
는, 이른바 불상 중심시대의 석굴사원으로 전개되는 특징을 나타낸다. 전
기불교 석굴을 불탑 중심의 공간 지배라고 한다면 후기불교 석굴은 불상,
보살상, 신상, 장식, 문양 중심의 공간 지배가 특징이라고 할 수 있다. 확
실히 전기·후기의 공간개념은 예배 대상의 유무에서 크게 차이가 나타나
고 있어 식별이 비교적 쉽다. 그러나 기존에 알려진 이러한 특징 외에도
다양한 평면의 차이티야굴과 불탑이 등장하는 것도 후기불교 석굴사원의
또 다른 특징이다.

2) 힌두교 석굴

(1) 힌두교의 신神

힌두교는 인도에서 자생적으로 생긴 종교로 우리에게는 매우 생소한
종교이다. 앞에서 언급했듯이 힌두Hindu라는 용어는 현재 파키스탄의 인
더스강을 나타내는 신두(Sindhu, 大河)에서 유래된 것으로 '인더스강 건너
편에 사는 사람들'을 가리킨다. 이란 쪽으로 이동한 아리안들은 S를 H로
발음하면서 '신두→힌두'라는 용어로 부르게 되면서 정착하게 된 것이지
종교 이름이 아니다. 실제로도 19세기 이전까지 인도인들은 힌두교를 종
교로 생각하지 않았다.

힌두교는 불교와 자이나교와 같은 창시자敎祖가 없는 기본적으로 다신
교이다. 인도 인구 숫자만큼 많다고 알려진 다양한 신들의 관념도 매우
복잡하게 얽혀 있으며 신들도 시대에 따라 변화하였다. 힌두교 신의 계보
를 거슬러 올라가면 B.C.1,500년경 이란과 인도로 분리 진출하여 북인도

로 이주한 아리안은 전투 마차를 이용하여 순식간에 토착민인 드라비다족을 점령하고 정착하면서 새로운 환경에 적응하였다. 이로 인해 유목문화와 농경문화의 신앙이 융합하면서 새로운 문화를 만들어냈고, 처음으로 신에 대한 개념이 생겨났다.

아리안족이 인도로 이주하여 만든 『베다veda』는 사람이 만든 것이 아니라 신의 계시를 받아 만든 하늘의 성전이라는 의미를 지닌 천계서인 '슈르티Sruti'로 부른다. 베다 시대에는 많은 자연 현상의 힘에 대한 두려움의 표현 또는 숭배 과정에서 신들로부터 구복을 바라는 단순한 형태였고, 신들을 인격화하고 신격화한 결과 신의 숫자는 셀 수 없을 정도로 많이 생겼다.

베다 시대에서 가장 신성한 왕이자 신들의 제왕에 있던 인드라(帝釋天, Indra)를 위시하여 태양의 신 수르야(Surya, 日天)(그림 3-08), 달의 신 찬드라(Candra, 月天), 물의 신 바루나Varuna, 불의 신 아그니Agni 등이 있다.

베다의 3대신은 아그니, 인드라, 수르야로 이 가운데 '리그베다'에 나타나는 찬가는 대부분 '인드라'에게 바쳐진 것이다. 베다의 종교는 제사를 중시하는 성격의 브라만교로 발전한다. 이 제사장들을 브라흐마나 Brāhmana로 부르고 있으며, 한역경전에서 바라문으로 음역된다. 힌두교는 베다의 종교나 브라만교가 변화된 것으로 「초기 힌두교」로도 불린다. 이후 B.C.500년경 신으로부터 직접 전해졌으며, 슈르티에 속하지 않는 전승서인 스므르티Smrti에 속하는 종교 설화집 푸라나purāṇa 시기에 해당하는 힌두교 시대에

그림 3-08.
엘로라 제25굴 전실 천정,
말이 이끄는 마차를 탄 수르야, 6세기

들어와서는 우주의 창조부터 소멸까지의 힌두교적 우주론과 철학, 왕·영웅·성인·반신半神들에 대한 설화 내용을 담고 있다.

힌두교 신은 우주 최고의 원리이자 창조자로 브라흐마(梵天, Brahma)가 성립되는 등 신들의 지위에 커다란 변화가 나타난다. 즉 베다 신의 지위가 약해지면서 트리무르티Trimūrti[76]로 상징화되는 창조의 신 브라흐마Brahma, 파괴의 신 시바Siva, 태양신 비슈누Vishnu가 힌두교 3대 신으로 자리매김한다. 창조의 영역[77]은 브라흐마가 주관하는 것으로 프라자파티와 동일시되지만 추상적 개념에 가까워 시바와 비슈누를 중심으로 신들의 관계가 정립되었다.

이처럼 '베다'의 다신 신앙은 다양한 변화를 거쳐 일원론적 다신교로 발전하는 힌두교 신앙으로 나타난다. 즉 힌두교신은 하나이지만 다른 이름으로 불린다는 것이다. 이 과정에서 토착민인 드라비다인들의 종교와 신의 개념이 습합되면서 각종 동물, 재물신의 숭배, 흑인 정령 신앙, 토템 신앙 등이 힌두교의 틀 속에 자리 잡는다.

예를 들어 토착민의 생식기 숭배인 '링가Linga' 신앙이 시바신과 결합하면서 생명의 탄생과 우주의 에너지를 상징하는 가장 중요한 경배 대상으로 자리 잡았다. 뱀의 신 나가Naga, 원숭이 신 하누만Hanuman, 특히 야마Yama는 「리그베다」의 신화 속에서 최초의 인간으로 죽음을 경험하고 그곳의 신이 되었다가 뒤에 지옥의 관념과 결합하면서 무서운 죽음의 왕, 지

---

76 트리무르티는 '세 개의 형상'을 의미하며 기독교의 삼위일체처럼 힌두교의 교의로 정의되며, 힌두교의 세 신 브라흐마·비슈누·시바가 통합 일체화된 브라흐만의 인격신으로 정의된다.

77 인도의 우주 창조설은 창조주(프라자파티) 자신의 자기복제에서 시작한다. 즉 창조주 이전에는 모든 것이 없던(無) 것이 아니라 이미 창조주 자신 속에 있는 것으로 여기며, 기독교의 창조라는 개념과는 다르다.

옥의 왕, 염라대왕이 되는 등 불교와의 연관성이 확인된다.

시바신은 우주를 파괴하고 비슈누는 우주를 창조한다고 여겼는데 시바의 파괴행위는 우주의 재창조를 전제로 한 것이기에 창조를 위한 파괴행위라 할 수 있다. 이렇게 두 신은 힘을 바탕으로 최고신의 지위에 오르게 된다. 이 과정에서 나타나는 가장 큰 특징은 '배우자 신'과 여러 가지 모습으로 변화하는, 우리에게 영화로 널리 알려진 '화신, 아바타라(Avatara, 化神)'를 들 수 있다.

'배우자 신'의 경우 예를 들어 시바신의 배우자는 '파르바티Pārvatī, 두르가Durga 등이 있고, 비슈누신의 배우자는 락슈미Lakṣmī이다. 이들 여신은 원래는 독립적인 신들로 현재도 일부에서는 독립적인 신앙 형태를 유지한다. 이러한 신들의 관계에서 자녀신들이 태어나는데, 대표적인 예로 인간의 몸에 코끼리의 머리를 가진 가네샤Genesa, 시바신의 아들인 스칸다(Skanda, 韋駄天) 등을 꼽을 수 있다.

'아바타라化神'은 주요 신들의 모습을 인간이나 동물로 표현하는 것이다. 대표적인 예로 비슈누의 화신은 물고기 마츠야Matsya, 거북이 쿠르마Kurma, 멧돼지 바라하Varaha, 반인반수 나라심하Narasimha-사자 형상, 난쟁이 바마나Vamana, 파라슈라마Parasrama[78], 라마Rama, 크리슈나krishna, 붓다Buddha, 백마 칼키Kalki이며 불교의 화신불 개념을 탄생시킨다. 이와 같은 힌두교 신들의 흥망성쇠와 활약, 재편성과 통합이라는 것은 당연히 신화적 세계에서 전개되었고 이 신화적 세계를 배경으로 하는 힌두교는 독자적이고 체계적인 조형 활동이 활발해지면서 힌두교사원의 조각으로 발

---

78 힌두교 비슈누신의 6번째 화신, 아수라의 스승, 오늘날까지 살아있다는 유일한 아바타라이다.

전을 나타낸다.

베다 및 바라문 시대에서는 신들에 대한 찬가나 의례 행위는 이뤄지고 있으나 조형화된 모습은 보이지 않고 불교보다 훨씬 늦은 4~5세기에 이르러 시작된다. 다만 힌두교적 조형이 없던 것은 아니다. 그것들은 흥미롭게도 초기불교의 조형물로 연결되고 활발하게 조형되었다. B.C.2~1세기의 불탑 주위를 둘러싼 울타리, 탑문 등에 약샤Yaksa, 약시Yaksini, 나가Naga, 나기니Nagini, 미투나Mituna 상 등 토속신앙의 신들이 수호신 혹은 장식으로 표현되고 있던 것이다. 이러한 토속신앙의 남녀신을 숭배하는 재가 신자들이 동시에 불교에 귀의하여 불탑 건립에 참여하였고, 불교 교단에서도 그것을 받아들였다. 양측이 분리될 수 없는 관계에 있음을 보여주는 예라 할 수 있으며, 서로 맞물리면서 각각 독자적인 발전을 이루었다.

대표적인 예로 바자 제19굴의 인드라와 수르야 부조상, 바르후트탑 난간의 락슈미상, 마투라 박물관의 기원전 3세기경의 약샤상(그림3-09), 파트나 박물관의 기원전 3세기경의 약시상을 들 수 있다. 특히 마투라의 A.C.1세기 보살입상(그림 3-10)과 유사한 점을 볼 때 불상의 기원에 이들

약샤상의 존재가 영향을 미치는 것으로 보인다. 불교와의 연관성은 알 수 없지만, 힌두교 신상으로는 가장 오래된 것이다.

이처럼 힌두교의 신들이나 사상은 불교에 흡수되어 우리에게 전해지고 있다. 불교의 보살, 신장, 명왕, 천신의 대

그림 3-09.
약샤상, Parkham출토,
기원전 3세기, 마투라박물관

그림 3-10.
보살상, 마투라출토,
기원후 1세기, 마투라박물관

다수는 원래 힌두교의 신들이었다. 대표적인 예로 관음보살상의 경우 모든 것을 힌두교적이라 할 수 없지만, 천수천안 관음의 천수천안千手千眼과 십일면 관음보살의 다면다비多面多臂 표현은 힌두교 사상이 바탕에 있다.

(2) 힌두교 석굴사원의 개착

힌두교 석굴이 조성되던 시기는 북·중인도에서 굽타왕조가 쇠퇴하고, 서인도 콘칸지역에는 칼라츄리Kalachuri왕조(520~600년), 남인도는 칸치프람Kanchipuram의 팔라바Pallava왕조(8세기 중엽~12세기 후반), 마두라이Madurai의 판드야Pandya왕조(B.C.3세기~A.D.11세기), 바다미Badami의 차루키아

그림 3-11. 우다야기리Udayagiri 석굴,
(5세기초)

Chalukya왕조(500~700년경)가 나타났던 시기였다. 힌두교 석굴사원은 불교보다 훨씬 늦은 후기불교 석굴 시기인 5세기 초 마디야 프라데시주의 우다야기리Udayagiri석굴[79] (그림 3-11)을 시작으로 보고 있다.

후기불교 석굴이 5~6세기를 정점으로 쇠퇴하는 것과 달리 본격적인 힌두교 석굴은 남인도 바다미Badami사원(578년)으로 5~7세기 차루키야 Challukya 왕조의 아이호레Aihole사원과 7~8세기 파따다칼Pattadakal의 석조 건축을 예로 들 수 있듯이 6~8세기에 정점에 도달하고 9세기경에 개착 작업이 끝났다.

힌두교 석굴의 조형은 당연히 힌두교 신의 계보를 그대로 이어받아 전

79　제7굴 내벽에 굽타 기원 82년(A.D.401~2년)의 개굴 명문이 있어 연대가 확인된다.

개되고 있으며 비슈누신과 시
바신의 석굴로 구분되었다. 그
리고 각각의 신화를 주제로 한
부조상들이 석굴을 장식하였
다. (그림 3-12)

그림 3-12.
비슈누신 3번째 화신, 바라하(Varaha,멧돼지),
5세기, 우다야기리석굴

힌두교 석굴의 양식에는 독
자성을 나타내는 부분도 있지
만, 불교 석굴의 영향이 짙게 담겨 있는 부분도 확인된다. 이처럼 힌두교
석굴은 불교 석굴과 서로 강한 영향을 주고받으면서 독자적인 발전을 이
루었고 불교 석굴과 양분할 정도의 비중을 차지하고 있다. 그리고 엘레판
타굴, 엘로라 카일라사나타사원과 같은 대형 석굴의 출현과 석굴 내 조각
은 질적으로 불교 석굴을 훨씬 능가한다. 그렇게 인도 조각사를 장식하는
대작이 인도 각지의 힌두교 석굴에서 연이어 나타났다.

힌두교 석굴의 첫 번째 특징은 전기불교 석굴의 차이티야굴, 비하라굴
과 같은 고유하고 명확한 공간구성은 없으며 다양한 공간 형식이 나타난
다는 점이다.

힌두교 석굴뿐만 아니라 힌두교사원도 초기에는 신상이나 시바신을 상
징화한 남성 성기 형태의 링가Linga를 모신 사당에서 출발했으며, 예배당
이나 우요 행위를 위한 통로 등 종교적 기능 공간이 추가된 것이다. 이후
본격적인 사원 공간이 만들어져도 사원의 원형은 거의 변하지 않는 특징
을 보인다. 실제로 힌두교 석굴의 평면형식은 후기불교 석굴의 평면과 특
별히 차이 나는 것은 아니다. 오히려 부분적으로 기본 형태는 거의 같다
고 해도 좋을 정도이다. 즉 링가가 봉안된 공간 형태와 불상이나 불탑이
봉안된 평면과 거의 겹친다. 앞쪽에 방형 평면·평천장의 전실이나 넓은

홀, 열주를 세운 측면통로 형성, 오른쪽으로 도는 우요 통로 등 여러 가지의 공통점이 있다. 이러한 점은 불교와 힌두교의 차이를 넘어선 시대적 특징이 명확하게 나타난다.

두 번째 특징은 힌두교석굴이 불교석굴과 결정적으로 다른 것은 불교의 비하라에 해당하는 스님의 생활공간이 없어 모든 공간이 「신의 주거지」로 구성된다는 점이다. 즉 불교석굴의 비하라굴과 같은 고유하고 명확한 공간 구성이 없으며, 기능적으로도 스님이 거주하는 비하라굴이 없고 모두 신전의 기능으로 구성되었다. 이러한 현상은 힌두교는 불교와 같은 교단 조직이 없어 독립적으로 존재하며 일부 대형 사원을 제외하고는 대부분 소규모 사원이다. 사원 규모가 대형이라도 그 자체로 사회적 중심은 아니었지만 '힌두사회'를 형상화한 것이라 할 수 있다. 왜냐하면, 스님의 삶터는 마을 안이었고 교단 조직이 없으므로 힌두교 석굴사원은 '신이 거주하는 장소'로만 존재하기 때문이다.

세 번째 특징은 힌두교 석굴의 조형 질과 양이 후기불교 석굴과 양분할 정도의 대규모 석굴사원의 출현이다. 엘레판타Elephanta, 엘로라 제16굴인 카일라사나타Kailasanathar사원 등을 대표적인 예로 들 수 있다. 엘레판타굴은 서인도 뭄바이 앞쪽 섬에 있는 7개의 석굴로 이루어졌지만, A.D.6세기 초에 개착된 제1굴이 확실한 구조를 갖추고 있다. (그림 3-13) 이 석굴은 불교 석굴을 포함하여 인도의 석굴사원 중에서 가장 규모가 크며 석굴 내에는 열주가 배치되고 평면은 3면에 입구가 있는 십자형의 평면이며 개착 도중에 링가와 추가로 트리무르티의 시바신을 봉안하는 변칙적인 공간 구성을 보인다.

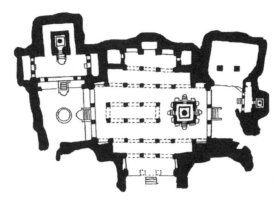

그림 3-13. 뭄바이 엘레판타 제1굴 평면도

엘로라 카일라사나타사원(그림 3-14)은 암반으로 이루어진 산기슭 경사면을 폭 45m, 길이 84m, 높이 34m의 'ㄷ'자형으로 깎아내고 중앙의 암반 안팎을 조각하여 건축사원과 같은 형태로 완성한 것이다.

그림 3-14. 엘로라 카일라사나타 힌두교사원 전경

카일라사사원은 암석사원이면서도 석굴사원의 특징이 복합된 특수한 사원으로 전통적인 형식의 틀을 벗어난 예이다.

산스크리트로 카일라사Kailasa산은 히말라야산맥에 있는 시바신이 거주하는 힌두교의 성지로서 오래전부터 숭배를 받으며 불교의 수메르산과 동일시되고 있다. 시바신이 카일라사산에 거주하여 '카일라사나타' 즉 시바신의 거주처를 지상에 표현해 놓은 것으로, 동일한 명칭의 힌두사원이 인도 전역에 많이 조성되었다.

초기불교 사원은 불탑을 중심으로 발달했고, 불탑 주위를 둘러싼 울타리, 탑문 등에 약샤, 약시, 나가Naga, 나기니Nagini, 미투나Mituna 상 등이 수호신으로 표현되었다. 이러한 토속적인 신격이 초기불교와 연결되는 것은 불교와 힌두교의 융합 과정에서 나타난 흥미로운 점이라 할 수 있다. 예를 들어 토속적인 남녀신 등을 숭배하는 재가 신자들이 동시에 불교에도 귀의하여 불탑 건립에 참여하고 불교 교단도 그것을 수용하고 있던 것이다.

초기불교 석굴의 조형은 불탑에서 불상 중심시대로 오면서 힌두교 신상이 불교 조형의 내부로 들어오고 불교, 힌두교 조형은 서로 맞물리면서 독자적인 발전을 보여준 것이다. 그리고 힌두교 석굴의 조형은 당연히 힌두교 신들의 계보를 그대로 이어받아 전개되며 최고의 신이 된 시바와 비슈누 석굴사원으로 양분되었다.

즉 힌두교 석굴은 시바와 비슈누 신전으로 발전한 것이며 각각의 신화를 주제로 하는 조각들이 석굴 내에 표현되었다. 그러나 시바사원에는 시바 계통의 신상, 비슈누사원에는 비슈누 계통의 신상들만 표현되는 것처럼 엄격한 것은 아니다. 실제로는 양쪽 신상이 밀착 공존하고 있으며, 불교 석굴의 영향이 짙게 담긴 부분도 있다. 거기에도 힌두교 조형 전반의 문제와 마찬가지로 불교와의 관계가 나타낸다. 힌두교 석굴을 대표하는 엘로라석굴 가운데 카일라사나타사원을 마지막으로 인도 석굴사원은 급격히 소멸된다.

한편으로는 북쪽의 아리안문화와 남쪽의 드라비다문화의 대립과 융합이 진행되는 남북 문화의 공존 영향이 지상의 힌두교사원에 그대로 나타난다. 즉 힌두교사원은 북방형식의 나가라Nagara식, 남방형식의 드라비다Dravida식, 이를 혼합한 베사라Vesara식으로 분류되며 또다시 지역적으로 다양한 형태에 매우 복잡한 구조를 나타낸다.

3) 자이나교석굴

자이나교석굴을 특정하는 것은 자이나교 개조 마하비라Mahavira상을 본존으로 모시는 것과 석굴 내부에 깨달음을 얻은 24명의 성자인 지나Jina 또는 티르탕카라tirthankara로 부르는 상을 표현한 점이다. (그림3-15)

그림 3-15.
바다미 제4굴(자이나교) 마하비라상과
티르탕카르상

티르탕카라는 리샤바나타Rishabhanatha, 네미나타Neminatha, 파르쉬바나타Parshvanatha, 마하비라Mahavira로 구분된다. 얼핏 살펴보면 불상과 외관상으로 구별하기가 어려운 예도 있지만, 최고의 완성자를 뜻하는 지나상을 조성하는 것이 자이나교 석굴의 유일한 특징이라고 해도 좋다.

불교에는 깨달음을 얻은 다섯 명의 지나가 있는데 이들은 각각 5개의 방위를 의미하는 오방불을 나타낸다. 오방불은 동방 아촉불, 남방 보생

불, 서방 아미타불, 북방 불공성취불, 중앙 비로자나불이다.

자이나교석굴은 석굴사원의 발전 3단계 가운데 제I기에서 나타난다. 라지기르의 손반다르Sonbhandar석굴, 오릿사주Orissa의 우다야기리Udayagiri석굴 등을 들 수 있다.

그림 3-16.
손반다르(Son bhandar) 석굴 내부,
A.D.4세기, 라지기르

손반다르석굴의 경우 내부구조와 크기가 로마스리시석굴의 형태와 비슷한 반원통형 궁륭천장에 장방형 평면이며 마우리아 광택은 로마스리시석굴에 비해 연마가 덜 된 편이다. 조성시기는 발견된 명문으로 인해 굽타왕조 대인 3~4세기경으로 보고 있다.(그림 3-16) 평면형태를 근거로 일부에서는 마우리아왕조 대로 올려보는 학자도 있다.

제II기에는 한 곳도 개착된 예가 없다. 불교와 거의 같은 시기에 시작하여 많은 유사점을 갖고 인도 고유의 종교로 발전했음에도 불구하고 석굴은 개착되지 않았으며 그 이유에 대해서는 알려지지 않았다.

제III기인 7세기 무렵에 일부 석굴이 개착되었으나 불교나 힌두교보다는 규모 면에서 작은 편이다.

대표적인 예로 바다미Badami 제4굴이 가장 오래된 자이나교석굴이지만 규모는 작고 정면의 열주, 정면 통로, 넓은 홀 등 평면형태는 힌두교 석굴형식을 그대로 모방하고 있다. 인도 발생의 불교, 힌두교, 자이나교 석굴이 공존하고 있는 석굴군으로 유일한 엘로라석굴군의 좌측에 있는 제30~34굴 등 6굴이 자이나교 석굴이나 모두 승방이 없는 신전 형식으로 이루어진 특징을 나타내고 있다. 자이나교석굴의 조영은 대체로 11~12 세기경에 마지막을 알리는데 그것은 그대로 인도 석굴사원의 종말이기도 했다.

3. 불교 석굴의 명문銘文

서인도에 대규모 석굴이 조영되는 시기는 B.C.1세기경 그리스의 상인 히팔루스에 의해 '히팔루스 계절풍Hippalus Monsoon'이라는 아라비아해 계절풍이 발견된 이후라 할 수 있다. 상인들은 인도-로마와의 교역을 위해 7월 이집트를 출발하여 9월 인도에 도착하고 다시 11월 귀로에 올라 2월에 알렉산드리아로 가는 항로개척을 통해 비약적으로 증대한 대지중해교역의 경제적 효과를 배경으로 하고 있다[80]. 이 시기를 포함하여 B.C.2세기~A.D.3세기에 걸쳐 데칸을 중심으로 지배한 사타바하나왕조 대의 기록과 관련하여 현재로서는 전해 내려오는 사료도 없고 전승과 문헌 자료의 신빙성도 한계점에 달한 상태이다.

역사적 사료가 거의 없는 인도에서 가장 오래된 문자는 아소카 석주 및 바위에 새긴 마애법칙磨崖法則의 명문이다. 그전까지는 암송을 통해 구전되어오던 것뿐이었다. 흥미로운 것은 기원전 천몇백 년 전 베다veda를 문자도 없이 지금까지 글자 하나, 악센트 하나 틀리지 않고 전해진다는 점이다. 이러한 특징 때문에 인도-유러피안어를 연구하는데 매우 소중한 자료로 사용되고 있다.

B.C.5세기경 고대인도의 문법학자 파니니Panini가 썼던 '파니니 문법'으로 알려지는 4,000여 개의 규정이 서로 얽혀 이루어지는 구조를 보여주는 문법체계는 놀랍게도 문자의 기록 없이 만들어졌고 오늘날까지도 구전으로 암송의 형태로 전승되고 있다. 이같이 암송으로 전해지던 것이 명문으

---

80   村上堅太郞 訳注『エリュトラー海案内記』中公文庫,1993 ; R.G. Bhandarkar, Early
History of the Deccan, Bombay, 1926; Yazdani, The Early History of Deccan,
London, 1960

로 기록된 것과 비례하여 명문 해석에 대한 것도 매우 중요한 자료이다.

고대인도에서 처음 문자로 쓰인 아소카 명문과 이후에 나타난 프라크리트, 산스크리트 문자로 쓰인 다량의 명문이 스투파 또는 석굴 등에서 확인되었다. 이들 명문의 해석이 본격적으로 이루어진 것은 기존의 간헐적 연구 결과를 집대성한 츠카모토 게이쇼塚本啓祥의『인도불교 명문 연구』[81]를 들 수 있다. 명문의 숫자는 174개소 2,828점에 달하지만, 산치, 바르후트, 마투라, 아마라바티 등이 절반에 달하고 나머지 부분도 상당수가 박물관에 소장된 유구를 통해서 확인된 명문이다. 그중 서인도에서는 36개소 400여 점의 명문이 확인되었다. 최근에도 석굴과 명문이 발견되고 있어 향후 연구 결과가 기대된다.

당시 인도인들이 얼마나 열광적으로 불교를 수용하고 지지했는지를 여실히 보여주는 자료라 할 수 있다. 연대 확정을 가능케 하는 왕의 명칭 이외에도 당시의 사회적 상황이나 불교 활동 기록도 포함되어 있어 해당 시기의 사회상과 불교사상을 알 수 있는 매우 중요한 자료임은 틀림없다.

그중 34개 차이티야굴에서 명문이 확인되었는데(그림 3-17) 아잔타 제26굴, 가토트가챠, 칸헤리 제3굴, 카를라 제8굴, 나식 제3굴, 제10굴, 비마샹카르석굴에서만 왕의 명칭 또는 연대가 보인다. 나머지 석굴은 왕족 또는 지방 번왕 세력, 상인을 비롯한 재가 신자에 의한 발원문으로 확인되었다.

석굴 편년을 확인하거나 추정하는 방법의 하나는 현존하는 차이티야굴·스투파·비하라굴·강당·저수조 등에 새겨진 예, 중창 불사를 할 때 많은 재가 신자들의 시주행위, 소규모는 개인, 집안 등이 시주 발원 등의 시주행위와 발원문을 기록한 명문 등을 거론할 수 있다. 명문은 한번 새겨

81　塚本啓祥『インド仏教碑銘の研究I』平楽寺書店, 1996.

지면 변경되지 않고 후대에 전달되는 특징이 있어 개조되기 쉬운 문헌 자료와 비교하면 신뢰도가 높다고 할 수 있다. 명문 중에 시주일시, 시주자 이름, 출신지, 거주지, 혈연관계, 부파 교단의 명칭과 책임자 등의 기록은 사실에 근거한 것으로 추정된다.

그림 3-17.
간다르팔레 제27굴 명문 예

물론 시주자의 공적 명문 중 시주자의 업적을 과장하는 경향도 있어 사실에 대한 겉치레의 가능성을 확인하지 않을 수 없으나 어쨌든 현존하는 사료 가운데 명문은 매우 신빙성이 높은 것이라고 할 수 있다. 이들 명문을 통해 확인된 것은 다음과 같다.

첫 번째로 아잔타 제9굴 등 석굴사원 여러 곳에서 대덕大德 또는 아사리 阿闍梨라고 부르는 대승교도들이 시주했다는 점이다. 그곳에는 '이 시주에 어떤 복덕이 있으면 부모를 비롯하여 일체중생의 무상지無上智의 과보를 얻기 위해서'라는 발원문이 있다. 무상지란 최고의 깨달음과 열반을 가리키며 재가자들도 무상지를 얻을 수 있다는 것을 알려주고 상기시켜 주고 있다. 그리고 자신들을 보살이라고 칭하고 있는 점이 확인된다. 그들은 세속의 안락과 해탈을 구하고 자신의 이익과 이타利他를 구하며 자신들을 고행자로 간주하여 세속과의 분리를 확인하고 결코 세속적인 생활에 만족하지 않음을 보여준다.

불상 시주자 중에는 제다산부(制多山部, Caitya-vāda)에 속하는 자도 있고, 부파불교에 속하는 자도 있어 대승 일색이 아닌 것이 확인된다. 이처럼 석굴사원의 명문을 통하여 다른 부파 스님들이 함께 거주했다는 것을 알 수 있다. 이것은 부파 간에 갈등이 없었다는 것을 보여준다. 칸헤리 제3굴 명문에서 확인된 궤범사 '나와깜미까Navakammika'는 사원과 불탑 조성 감독을 맡은 자로서 스님들 가운데서 나온 인물이며 이외에도 여러 대덕의 이름이 거론되고 있다. 아잔타 경우에는 '석종비구(śākya bhikṣu, 釋種比丘)'라는 스님 호칭이 언급되고 있다. 이들은 분명히 대승의 스님들이며 석존의 유훈에 대해 충실하지 않은 것을 나타낸 것이다.

두 번째는 석굴사원의 명문에서는 다수의 시주자 명문이 확인된다. 준나르 붓트링가 제40굴에는 그리스 계통 출신의 시주자임을 나타내어 북인도 출신의 시주자도 석굴 조영에 참여한 것이 확인되었다. 카를라 석굴의 경우는 법상부 대덕은 소파라 출신이며, 준나르석굴군은 바루치, 나식은 야바나 출신이고, 피탈코라, 쿠다, 나네가트, 쉐라르와디, 베드사 등 불교 석굴이 활성화된 교역로를 통해 개착된 것을 알려준다. 또한 불교 석굴과 교역로가 서로 밀접하게 관계되어 있음을 보여주며, 지역을 가리지 않고 시주 및 발원 행위가 이루어졌다는 것이 밝혀졌다.

세 번째는 나식 석굴군을 포함하여 여러 곳의 석굴에서 스님에게 토지나 촌락을 시주하는 경우가 확인된다는 점이다. 이러한 행위는 고대인도에서는 드문 일이 아니다. 마우리아왕조 대에 작성된 인도의 정치, 외교, 군사 지도서인 「아르타샤스트라Arthasastra」를 비롯한 각종 문헌에는 이러한 예가 잘 나타난다. 즉 전답에서 나오는 이익을 고려하여 어떤 소임을 맡은 자가 어떤 방식으로 거두고 관리하였는가 하는 세부적인 문제는 확인되지 않는다. 하지만 서데칸을 포함하여 인도 전역에서 불교 승단이 토지를 소유하고 고용인으로부터 소작을 시키거나 금전을 대부하여 이익을 얻고 있었다는 사실은 여러 문헌에서도 확인되고 있다. 이를 통해 불교 승단은 1세기경부터는 토지소유자와 경작자인 농민 사이에 맺은 장원제도의 바탕 위에 경제적 기반을 다져가고 있던 것이다.

한편 서말와 석굴군의 편년과 관련되는 유일한 자료는 담나르석굴에서 발견된 점토제 인장 한 점이다. 5~6세기에 사용된 문자로 "Chandanagiri-mahavihara"라는 명문이 새겨 있다.[82] 명문 가운데 'Chandanagiri'는 현재 담나르석굴군에서 서쪽으로 3~4km 떨어진 찬드와사Chandwasa 마을과 관련이 있고 'mahavihara'는 대승원굴을 가리키는 것으로, "Chandanagiri-mahavihara"는 담나르석굴군을 지칭하는 것으로 간주하여[83] 담나르석굴군이 5~6세기에 조영되었음을 짐작할 수 있다.

이를 증명하듯이 마이트라카왕조(475년경)의 창시자인 바타르카Bhatarka

의 코인이 앞서 언급한 데브니모리탑에서 발견된 코인에서 서말와 석굴군에서 볼 수 있는 유형의 부조탑이 확인되었다. (그림 3-18) 이를 통해 서말와 지역의 불탑이 5세기경에는 활성화 되었다는 것을 알 수 있다.

이처럼 석굴사원의 안팎에 새겨 있는 수많은

그림 3-18.
데브니모리 스투파 출토
스투파부조 코인

82 Indian Archaeology: A Review, 1960-'61, p.60.(Clay seal, District Mandasor - During the conservation of the monuments at Dhamnar, Shri A.H.Khan discovered a clay seal inscribed with the legend Chanda-nagiri-mahavihara in the script of the fifth-sixth century.)

83 Kailash Chand Jain, Malwa through the Ages, Motilal Banarsidass Publ, Delhi, 1972, p.397.

시주자 명문을 통해 유추할 수 있는 것은 불교 석굴사원을 개착하고 유지한 시주자들은 로마와의 교역을 통해 취득한 엄청난 부를 배경으로 한 상인, 왕족, 귀족, 스님이었다는 사실이다. 이들 시주자에 의해 개착된 다양한 석굴사원에 쏟아부은 정성은 현재의 시점에서도 엄청난 것이다. 이와 달리 농민을 포함한 일반 시민의 이름이 새겨진 예는 거의 찾아볼 수 없다는 점이다.

이를 통해 추정되는 것은 대규모 시주를 할 수 없던 일반 농민과 서민들은 향·꽃·등불 등을 이용한 불탑의 장엄, 조성, 보수를 위한 벽돌 운반·불탑의 청소, 제초, 시들은 꽃 제거 등으로 불탑에 대한 시주행위를 나타냈음을 경전을 통해 미루어 짐작할 뿐이다.

경전에 의하면 불탑에 향이나 향 가루를 올리거나 절을 하거나 마음으로 청정한 믿음을 가지는 자들에게 오랜 세월 이익과 행복이 있을 것이라는 석존의 가르침이 전해진다. 이처럼 불탑에 대한 시주행위는 그 자체로 커다란 공덕을 쌓는 행위이기도 했지만, 자신은 물론 가족과 친족 등의 내세에 걸쳐서까지도 정신적, 물리적 행복을 가져다준다고 생각하였고 이 때문에 불교도들은 석굴과 불탑, 부조장식 등을 시주한 것이다.

4. 법신사리 신앙의 태동

불탑은 스투파가 아니고, 스투파 가운데 한 형태라 할 수 있다. 불탑이 되는 것은 스투파 내부에 붓다의 진신사리가 봉안됨으로써 비로소 가능해진다는 점이다. 사리舍利[84]는 산스크리트 문헌에서는 'śarīra' 또는 'sarīra'의 음역으로 몸이나 뼈, 유골 들을 뜻하는 일반명사이다. 팔리 문헌에서는 시신은 'sarīra', 화장 후 유골은 'dhātu'로 구별하고 있다.

인도에선 오래전부터 다양한 기원과 함께 신들에 대한 수많은 동물 희생犧牲제의를 포함한 푸자Puja 공양이 행해졌다. 불교는 불살생不殺生입장을 표명하며 불탑에 대한 공양은 향·꽃·등불·당번·일산·방울·영락·기악·불탑의 장엄, 조성, 보수를 위한 벽돌 운반·불탑의 청소, 제초, 시들은 꽃 제거 등의 행위로 나타났다. 이러한 공덕은 큰 공양이 되어 깨달음을 얻고 붓다가 될 것이라고 하였다. 지금도 불탑에 화환을 걸거나 향 가루를 뿌리는 것이 확인된다.

이처럼 스투파에 다양한 공양 행위가 이루어지는 것은 스투파에 봉안된 불사리佛舍利 때문이다. 그런데 꼭 사리가 봉안되는 것은 아니다. 사리를 대체하거나 상징하여 숭배를 나타내는 물건 등이 봉안되는 예도 있다. 인도에서 가장 오래된 불탑으로 알려진 B.C.5세기 피프라흐와탑에서 1,000여 점이 넘는 대량의 다양한 사리장엄구가 발견되었다. 남인도, 간다라 불탑에서도 이러한 예가 많이 확인되었다. 이들 사리장엄구와 사리용기에 갖가지 의미가 담긴 것은 틀림없다. 보석류는 석존의 공양품인 '七寶'를 나타내고 황금은 '不死' 등을 나타낸다. 영원한 생명의 상징인 석

---

84 望月信亨, 『佛敎大辭典』3, p.2185; 주경미, 「중국 고대 불사리장엄 연구」, 서울대학교 박사학위논문, p.6, 2002.

존의 진신사리는 영원한 생명을 얻는 것을 상징한다. 이러한 사리 공양 및 불탑 공양은 불교 신앙의 가장 근본적인 것으로 다른 종교에서는 거의 찾아볼 수 없는 공양 방법이다.

그런데 경전에는 유골뿐만 아니라 머리카락이나 손톱을 이용하여 불탑이 만들어졌다는 내용이 전해진다. 이것은 분명히 불교의 부정관不淨觀으로 일컫는 신체관과는 다른 것이다. 고정적이며 실체적인 자아atman는 존재하지 않는다는, 자기를 버리고 집착 없는 것을 의미하는 무아설無我說[85]과도 상반된다. 따라서 사리를 기반으로 하는 불탑 숭배 자체가 불교의 근본적 원리에 정면으로 거역하는 행위라는 측면도 있다.

흥미로운 것은 "내가 가고 난 후에는 내가 그대들에게 가르치고 천명한 법과 율이 그대들의 스승이 될 것이다"라는 유훈을 남겼다.[86] 여기서 '법法'은 법신法身을 나타내는 것이라 할 수 있다. 왜냐하면, 법은 석존에 의해 설해진 것이기 때문이다. 여기에서 '법신사리'와 관련된 사상이 나타나게 되는 것은 필연적이라 할 수 있다. 『대반열반경』에는 '법신사리'와 관련된 내용이 다음과 같이 전한다.

"법신사리를 존중하려면 모든 부처님의 탑에 예경해야 한다. … 중생들로 하여금 나의 몸 가운데 탑이라는 생각을 일으키고 예배하고 공양하게 하였으니, 이런 중생들이 나의 법신으로 귀의할 곳을 삼게 하는 것이다."[87]

85　『종교학대사전』, 한국사전연구사, 무아설, 1998.

86　『디가니까야』2권 6.1, 권2

87　『대반열반경』제8권, 「여래성품」, "欲尊重法身舍利 便應禮敬諸佛塔廟 所以者何 為欲 化度諸衆生故 亦令衆生於我身中起 塔廟想禮拜供養 如是衆生 以我法身為歸依處"

앞에서 언급한 사리분배 전설에 의하면 사리는 8분되고 사리를 담았던 병과 화장터에 남은 숯을 이용하여 탑이 세워진 것으로 확인되어 열반 이후에 10기의 불탑이 조성되었음을 알 수 있다. 또 아소카왕 대에 8분 된 불사리 중 한 곳만 제외하곤 모두 회수해서 8만 4,000개의 불탑을 조성했다는 설화가 전한다.[88] 그런데 설화처럼 많이 조성된 불탑에 넣을 석존의 진신사리眞身舍利는 현실적으로 한정되었다. 특히 석재나 벽돌을 쌓아 축조하는 방식의 일반사원 불탑과 달리 석굴사원 불탑의 경우 만드는 방식이 환조 조각이기 때문에 내부에 진신사리를 넣을 공간이 없다. 그러므로 당시 인도인들의 사리 봉안 방법에 변화가 나타나는 것은 필연적이다. 그것은 불탑에 붓다의 사리가 봉안되어야 불탑으로써 숭배의 대상이 되기 때문이다. 사리 봉안과 관련하여『불설조탑공덕경』에는 관세음보살이 석존께 탑을 조성하는 법과 탑에서 생기는 공덕의 한량을 묻는 질문에 대해 석존께서 설하시는 대목이 전한다.

"탑 안에는 여래의 사리나 머리털이나 치아나 수염이나 손톱이나 발톱을 간직 … 혹은 여래의 법장인 12부경을 두되, 최하로 하나의 4구게句偈만을 두더라도 … 모든 법은 인연으로 나는 것이며 내가 이 인연을 설하느니라, 인연이 다한 까닭에 없어지나니 라면서 그것은 부처님의 법신이라 이르니 너는 반드시 그 탑 안에 두어라."[89]

즉 불탑은 붓다의 법신이 있는 곳이며 불탑이 바로 '법신사리'라고 설하

---

88 『아육왕전』, 권1,『아육왕경』권1, 동국대학교 역경원
89 『불설조탑공덕경』, 동국대학교 역경원

는 것은 진신사리 개념과는 전혀 다른 개념으로 사용되는 것을 알 수 있다[90]. 이러한 법신사리 사용처와 관련하여 『묘법연화경』권4 「법사품」에 경전을 소지하면 얻는 공덕에 대해 잘 설명하는 대목이 있다.

"『법화경』의 한 구절을 받아서 읽고 외우며 해설하고 쓰거나, 이 경전에 가지가지 좋은 물건으로 공양하되, … 이런 사람들은 일체 세간이 우러러 받들므로 마땅히 여래께 하는 공양으로 공양을 할지니라."[91]

여기서 한 구절이 무엇을 뜻하는지 분명치 않으나 「연기법송緣起法頌」에 해당하는 것으로 보인다. 『묘법연화경』권4 「법사품」에서 다시 언급된다.

"… 중략 … 혹은 경권이 있는 곳이거든, 다 7보의 탑을 일으키되 극히 높고 넓게 하여 장엄하게 꾸미고, 다시 사리를 봉안할 것이 없느니라. 왜냐하면, 이 가운데는 이미 여래의 전신이 있기 때문이니라."[92]

또 「법사품」에는 "설법하는 이가 고요하고 한적한 곳에 있으면, 내가 그때 널리 하늘·용·귀신 등을 보내어 그 설법을 듣게 하며 … 나의 몸을 얻어 보게 하며"라며 줄거리도 없고 설법자가 사람이 없는 고요하고 한적한 곳에 살며 출가자인지 재가자인지 확실치 않다. 그러나 불탑을 부정하는 것이 아니라 법화경을 호지護持하고 학습하는 장소로서의 의미를 주며,

---

90   최복희, 「연기법송에 대한 고찰」 『新羅文化』 제47집, 2016. 2. pp. 155~156.

91   『묘법연화경』권4 「법사품」, 동국대학교 역경원.

92   『묘법연화경』권4 「법사품」, 동국대학교 역경원.

법화경을 설하는 설법자는 석존과 동등한 사람이라는 것이다.

이를 통해 사리를 고집하지 않고 법화경을 호지하고 설하는 법사들의 거주처인 탑 건립을 권장하고 있다. 여기서 언급되는 석존의 사리는 진신사리, 법화경은 진리를 상징하는 경전을 의미하는 법신사리法身舍利에 해당한다고 할 수 있다. 또한 '탑stupa' 또는 '지제caitya'의 구별이 없고[93] '법신사리'라는 용어도 등장하지 않으나 법신사리의 중요성을 나타내는 것으로 볼 수 있다. 그리고 진신사리가 아닌 법신사리인 경전을 불탑에 봉안하여 숭배하고 있다. 봉안 방법으로는 경전을 전부 봉안하지 않고 경전 중에서 하나의 게송을 점토의 인장과 석판, 혹은 불상의 둘레와 대좌 등에 새겨 그것을 탑에 봉안하는 방법이 사용된다.

『법화경』을 포함한 대승 경전 곳곳에 한 게송만으로도 좋으니 그것을 옮겨 써서 공양하면 커다란 공덕을 얻는다고 반복되는 것이 확인된다. 법신사리는 모든 경전을 의미하는 것이 아니다. 앞서 언급한 경전 중에서 하나의 게송偈頌으로 대표적인 것은 「무상게無常偈」와 「법신게法身偈」, 「법성게法性偈」 등을 들 수 있다. 이 가운데 무상게와 법신게는 양측 모두 불교의 기본적인 교설을 단순화하였지만, 연기법송이 더 많은 호응을 얻었다고 할 수 있다.

「무상게」는 석제 환인이 나찰로 자신의 몸을 바꾸고 고행자 앞에서 게송을 말한 것을 돌 등에 새긴 것으로, "변천하는 모든 법 항상 하지 않아, 이것이 났다가는 없어지는 법이라네, 났다 없다 하는 법 없어지고 나면,

---

93   산스크리트본에는 탑(塔)과 지제(支提)를 구별하여 사용한다. 塚本啓祥, 『法華經の成立と背景-インド文化と大乗佛敎』東京, 佼成出版社, 1986, pp.151~152.

그때가 고요하여 즐거우리라."[94]이다.

「법신게」는 일반적으로 '연기법송緣起法頌'으로 알려진 게송이다. '제법종연기 여래설시인 피법인연진 시대사문설' 즉 "모든 것은 인연에 따라 일어나는 것, 부처님은 그 인연을 설 하셨네, 모든 것은 인연에 따라 소멸한다. 이것이 부처님께서 가르친 바라네."라는 내용이다.[95]

「연기 법송」은 라지기르에서 앗사지Assaji가 사리불과 목건련에 들려준 게송[96]으로 남방 불교권에서 일반적으로 'ye dhamma formular'로 알려진 붓다 가르침의 핵심이자 정수를 간략하게 설명한 것이다. 굽타왕조 초기부터 인도 전역과 중앙아시아로 전파되고, 팔라왕조Pāla대 이후 인도 및 불교권에 가장 잘 알려졌다. 붓다의 법신dharmakāya을 상징하는 일종의 법사리dharmaśarīra와 같은 역할을 한 것으로 나타난다.

"원인에 의해 생성되는 현상들에 있어서 따타가따께서는 그들의 원인을 말씀하셨다. 그리고 그들의 소멸도 말씀하셨다. 이것이 바로 위대한 사문의 가르침이다."[97]라는 내용으로 일종의 주문이 되어 무병장수와 질병 치료 등의 염력을 발휘하는 것으로 둔갑하기도 한다. 이를 기록한 석판, 석주, 점토 인장, 소탑, 불·보살상, 대탑 주위의 봉헌탑 등을 인도 각지에서 찾아볼 수 있다. 이처럼 석존의 진신사리를 대신하여 법신사리 공양

---

94 諸行無常 是生滅法 生滅滅已 寂滅爲樂『대반열반경』권14, 성행품

95 諸法從緣起 如來說是因 彼法因緣盡 是大沙門說.

96 강희정, 「보원사지 오층석탑 사리함의 연기법송(緣起法頌)과 해상실크로드」『미술사와 시각문화』13, 2014, p.38.

97 황순일, 「연기법송, 아리야 운율, 그리고 빨리 율장대품」『인도철학』제42집, 2014.12. pp.302~304.

이 경전 필사 등과 함께 동등한 신앙 형태로 나타났다.

『대당서역기』권3, 가습미라국迦濕彌羅國조에는 "가니색가 카니슈카왕은 적동으로 판을 만들어서 논장의 글을 베껴 새기고 석함에 넣어서 봉하고 스투파를 세워 그 속에 봉안하였다."[98] 『대당남해기귀내법전大唐南海寄歸內法傳』에 의하면 "진흙으로 탑이나 상을 만들고 이것이 쌓이면 불탑을 이룬다. 이를 만들 때 안에 2종의 사리를 안치하는데 하나는 대사의 신골이고 다른 하나는 연기법송이다."[99]라며 탑에 안치하는 것이 '연기법송'임과 봉헌탑이 아님을 명확히 하고 있다.

『대당서역기』권9 마게타국摩伽陀國조에도 "인도의 풍속에는 … 작은 솔도파를 만들어서 경전의 문구를 써서 그 속에 넣어 두는데, 이것을 법사리法舍利라고 불렀다. 그도 이런 법사리를 만들었는데, 그 수가 차츰 쌓여 커다란 솔도파를 세우게 되었으며, 경문을 쓴 것을 그 속에 모두 거두어 넣고 언제나 공양을 올렸다."[100]고 구체적으로 언급되었다.

이러한 경전 구절에 대해 강희정은 문자 그대로 해석할 것이 아니라 경전을 소형 탑에 직접 새기는 행위를 의미하는 것으로 보고 있다.[101] 그러나 여러 경전에서 언급하는 '베껴 새기거나, 또는 사리를 안치하거나, 경문을 쓴 것을 그 속에 거둔다.'라는 행위는 소형 탑에 직접 새기는 것과는

---

98 카슈미르 지방을 나타냄. 카니시카왕은 쿠샨왕조 전성기의 왕으로 재위기간이 130~155년경으로 추정하고 있다. 『대당서역기』권9, 동국대학교 역경원.

99 『대당남해기귀내법전(大唐南海寄歸內法傳)』 "造形像及以制底。金銀銅鐵泥漆甎石。或聚沙雪。當作之時中安二種舍利。一謂大師身骨。二謂緣起法頌。其頌曰諸法從緣起 如來說是因 彼法因緣盡 是大沙門說要安此二。福乃弘多." 해석은 강희정, 위 논문, p.45.

100 『대당서역기』권9,; 『大正新脩大藏經』권54. 『大唐南海寄歸內法傳』 "印度之法香末爲泥。作小窣堵波高五六寸。書寫經文以置其中。謂之法舍利也。數漸盈積建大窣堵波。總聚於內常修供養。故勝軍之爲業也."

101 강희정, 위 논문, 2014, p.45.

분명히 다른 표현이다. 다만 A.D. 2세기경 법신사리가 불탑 속에 봉안된 것으로 보아 2세기경에는 법신사리 개념이 인도에 나타났음을 짐작할 수 있다. 봉헌물에 경전이 새겨지는 경우는 4~6세기 굽타왕조 무렵에 대량 제작되었다.[102]

앞의 경전 기록은 당대唐代에 해당하여 중국에 법사리 개념이 알려지기 시작한 것은 7세기 후반으로 보인다. 흥미로운 것은 중국 불탑에 법사리가 봉안되는 예는 10세기경까지 거의 찾아볼 수 없다[103]는 점이다.

우리나라에는 법사리 신앙이 백제, 고구려 때 등장한 것[104]으로 알려졌으나 전하지 않는다. 경주 석장사지에서 출토된 연기법송이 새겨진 7세기경 탑상문전, 황룡사지 9층 목탑지의 은판(872년), 서산 보원사지 오층석탑 사리외함 등에서 법신사리의 예가 확인되었다.

인도의 경우 석굴사원에 새겨진 '명문'의 상당수는 석굴 조성을 위해 시주하는 내용이 대부분을 차지하였다. 그러나 후기불교 석굴인 엘로라석굴군의 유일한 차이티야굴인 제10굴 스투파에는 연기법송이 새겨진 협시를 동반한 불좌상이 조각되었다.[105]

가장 이른 시기에 불탑에 봉안된 예는 A.D. 2세기경 칸헤리 제3굴 정면통로 외측 우측 벽에 부조된 소형 부조탑의 방형 기단 면석에는 'ye darmmā hetuprabhavā teṣā …' '모든 것은諸法 인연에 따라 일어난다. 이

102   강희정, 위 논문. 2014, p. 48.

103   주경미, 앞 논문, 2002, p. 8.

104   주경미, 「백제의 사리신앙과 미륵사지 출토 사리장엄구」『대발견 사리장엄! 彌勒寺의 再照明』마한백제문화연구소, 2009. 2, p. 170.

105   塚本啓祥,『インド仏教碑銘の硏究I』Kyoto, 平樂寺書店, 1996. p. 396. (명문 미확인 상태)

러한 [원인에 대해 석존이 설하셨다.]'는 내용의 산스크리트 연기법송 일부를 들 수 있다. [106](그림 3-19)

그림 3-19. 칸헤리 제3굴 부조 스투파 연기법송 명문

연기법송이 새겨진 굽타왕조 대 봉헌판은 주로 공덕을 쌓고 불교의 핵심교리를 되새기는 역할을 하는 것과 달리 경전에서 언급되는 법신사리 개념 때문에 석굴사원 불탑에 새겨 공양된 예로는 현재 확인되는 유일한 예라 할 수 있다.

그런데 칸헤리 제3굴 우측 문기둥에 '일체중생에게 무상지의 획득이 있기를'이라는 연기법송과 다른 발원문이 확인된다. 아잔타 제10굴, 제26굴, 쿠다 제6굴, 쉬브네리 제43굴 등 다른 석굴에서는 '일체중생에게 이익을', '일체 세간의 이익과 안락을' 이외에도 대승에 속하는 발원문이 다수 확인된다. 이러한 발원문은 시주 또는 보시라는 선행에서 얻어지는 공덕을 타인에게 돌리는 대승교도의 마음을 나타내는 것이다.

이처럼 대승발원문이 다수 확인되는 것은 당시 대승발원문이 연기법송과 함께 사용된 것을 보여주는 것이라 할 수 있다. 다른 석굴사원 불탑의

106　塚本啓祥, 앞의 책, 1996, p.420.

경우 어떠한 공양 방법을 사용했는지 현재로선 알 수 없지만 석존의 진신사리를 대신하여 경전의 정수인 연기법송 이외의 게송을 석존의 법신으로서 탑에 새겨 봉안했다는 사실을 확인할 수 있다.

결론적으로 상징 스투파에 해당하는 서인도 석굴사원의 불탑은 내부의 사리 유무와 관계없이 자신들의 해탈을 위해 끊임없이 노력해야 한다는 열반의 궁극적인 상징으로 세웠다. 그렇다고 사리의 무의미함을 주장하는 것은 아니다. 7세기경 현장이 인도에서 불탑에 법신사리 공양을 올리는 장면을 목격한 것과 달리 2~3세기 칸헤리석굴 등에서 나타나는 명문을 불탑에 직접 새기는 방법은 지금으로서는 시원적인 형태라고 할 수 있다. 이것은 법신사리 사상에 의해 조성되고 확인된 첫 번째 예라 할 수 있으며 곧 법신사리 사상의 태동으로 볼 수 있다.

5. 불교 차이티야굴의 유형

석존의 유골, 즉 불사리가 봉안되는 곳부터 불교 조형으로 불탑 역사가 시작되었다. 처음에는 단순한 흙으로 쌓은 봉분이었지만 외부 또는 내부를 벽돌이나 석재를 쌓아 영구적인 것으로 조성하였다. 그 후 석존에 대한 숭배가 고조되면서 불탑도 다양하게 조성되었다. 초기 불탑의 형태는 산치대탑을 통해서만 알 수 있을 뿐이며, 그마저도 19세기에 보수가 된 상태이다. 이와 달리 불교 석굴사원에는 조성 당시의 원형을 그대로 유지하는 불탑이 다수 전한다. 석굴 불탑은 원통형 기단 위에 반구형 복발을 올린 모습으로 차이티야굴Caitya caves이라는 장소의 내부에 조각되어 봉안되었다.

B.C.3세기경 불교 석굴사원이 남인도 군투팔리에서 처음으로 나타나는데 당연히 그곳은 불탑을 봉안한 곳과 스님이 거주하는 공간으로 이루어진 곳이었다. 이후 A.D.2~3세기경까지 불탑을 봉안하는 석굴사원이 많이 개착되었다. 차이티야굴은 다양한 양식의 변화를 이룬 끝에 몇 가지의 형식으로 확립되었으며, 당시 평지가람 건축 양식을 충실히 모방한 것으로 초기 불교사원의 모습을 파악할 수 있는 매우 귀중한 자료라고 할 수 있다.

석굴 조영과 관련하여 현장의 『대당서역기』권8에는 스님들의 안거 수행에 따른 내용이 전한다.

"인도의 승려들은 … 모두 다 샤라아바나Shraavana/실라벌나월室羅伐拏月 전반 초하루에 우안거雨安居에 들어가는데, … 그리고 9월 후기~10월 전기 아쉬비나Aashvina/알습박유사頞濕縛庾闍 후반 15일에 우안거를 해제하는데…"[107]

고온의 여름이 지나가면 3개월의 우기가 시작된다. 그동안 비구들은 한 자리에 모여 외출을 금하고 수행하는 안거를 마치고 나서 사원이나 석굴을 떠나 각자의 수행 생활로 돌아갔다는 것을 알 수 있다. 안거는 인도와 같은 아열대 기후에서 접할 수 있는 특이한 수행 문화이다. 특히 갠지스강 주위는 평야 지대로 주거지와 농경지가 넓게 침수된다. 이때 저지대에 있던 인도인들은 높은 지대로 3개월간 이동하여 거주한다. 그런데 평지 가람과 달리 석굴사원은 높은 지대, 산속에 위치하여 굳이 피난 갈 필요가 없는 상황에서 물을 보관하는 저수조가 대량으로 조성된 것이 확인되었다. 저수조가 필요하다는 것은 스님들이 건기 즉 비거非居 때도 석굴사원에 머문다는 것을 의미한다.

탁발하는 등 의식주를 재가 신자의 시주로 해결하는 스님들이 석굴사원에 머물게 되면서 재가 신자들이 와서 공양과 시주를 하게 되고, 사원 측에서는 재가 신자들의 방문이 많아지자 대규모 석굴의 개착 필요성이 대두된 것을 짐작할 수 있다. 이러한 양측의 공감대가 석굴사원의 대량 조성에 일조한 것으로 보인다. 서데칸의 많은 불교 석굴이 주요 교역로 부근에 열린 것도 당시 이곳을 다니던 상인들에게 휴식공간을 제공하고 재가 신자들과의 접촉을 원활하게 하기 위한 것으로 이해된다.

석굴의 평면이 말발굽형에 둥근 형태의 궁륭천장과 내부에 다수의 기둥이 있는 열주식列柱式(이하 말발굽형 열주식)의 석굴 안쪽에 불탑이 봉안되

---

107 인도의 여름은 1월~4월까지 3달로 아샤아다하Aashaadha, 샤라아바나Shraavana, 바하드라파다Bhaadrapadha, 가을 3달은 아쉬비나Aashvina, 카아르티카Kaartika, 마아르가쉬르샤Maargashiirsha, 겨울 3달은 파우샤Pausha, 마아가하Maagha, 파하 알군Pahaalgun으로 구분한다. (대당서역기, 권2).

는 차이티야굴로 부르는 석굴이 서데칸의 바자Bhaja에 처음으로 개착된 이후 많은 차이티야굴이 서데칸에 열렸다. 대부분 같은 구조의 형식을 답습했다는 견해[108]가 주류를 이루고 있다. 그러나 실제 서데칸의 차이티야굴을 살펴보면 방형 평천장, 기둥이 없는 무주식 차이티야굴 등 다른 형식의 차이티야굴이 많이 확인되고 있음에도 이에 대한 언급은 찾아보기 힘들다.

즉 말발굽형을 포함하여 100여 개에 달하는 각기 다른 형식의 차이티야굴이 존재하는 것이 확인되었다. 엄밀히 분류하면 똑같은 외형과 평면을 가진 차이티야굴은 하나도 없다. 100여 개 중 15개에 불과한 '말발굽형 열주식' 차이티야굴 중에서도 서인도 지역에 있는 14개 차이티야굴의 변천 과정에 관한 연구가 집중적으로 이루어졌다. 많은 학자의 연구를 살펴봐도 이것이 인도 석굴사원 차이티야굴의 대부분인 듯한 표현을 하고 있다. 물론 이들 '말발굽형 열주식' 차이티야굴은 해당 석굴군에서 가장 큰 규모이며 중심적인 주 차이티야굴에 해당하는 특징을 갖고 있다. 우리나라에도 대한불교조계종의 경우 25개 교구본사를 중심으로 그 안에 수많은 말사末寺를 관리하는 경우와 같다고 본다.

'말발굽형 열주식' 외에도 석굴 내부에 열주가 없고 규모가 작은 '말발굽형 평면 궁륭천장에 기둥이 없는 무주식無柱式'(이하 말발굽형 무주식), '방형 평면의 중정을 중심으로 정면을 제외한 1~3면의 벽에 스님을 위한 승방, 즉 비하라굴Vihara caves로 부르는 석굴에 스님 1인이 거처로 사용하는 거주처와 수행을 위한 개인 독방 또는 여러 실을 개착하는 형식'(이하 방형 평면)의 차이티야굴에 대해 지역적·개별적으로 연구가 이루어지고 있다. 이

---

108 佐藤宗太郎, 『印度石窟寺院』1985, pp. 37~41.

들 차이티야굴의 특징은 소규모인 관계로 해당 석굴군에서 예외적인 면을 보이는 예도 있지만, 다수를 차지하는 소규모 석굴군에서는 주 차이티야굴로 이용되고 있다. 차이티야굴에 대한 전반적인 형식 변화에 관한 연구는 아직 이루어지지 않았다.

1개의 석굴군에는 1기의 불탑이 봉안되는 하나의 차이티야굴과 스님이 거주하는 여러 개의 비하라굴이 함께 개착되는 것이 일반적이다. 그런데 일부 석굴군에는 대규모의 차이티야굴 1개소와 소규모의 차이티야굴이 1개 또는 여러 개가 추가로 개착되는 예가 확인된다. 이런 경우는 규모가 큰 '말발굽형 열주식' 차이티야굴, 즉 주 차이티야굴은 석굴사원을 방문하는 모든 사람이 큰 의식을 행할 수 있는 공간의 특성이 있다. 이로 인해 석굴 내부의 공간 확보 및 탑돌이 행위, 의례를 행할 때 결계지結界地의 구분 등을 위한 열주列柱의 필요성과 규모의 확대 및 관습 등으로 인해 결과적으로 '말발굽형 열주식'의 차이티야굴을 조영하게 되는 당위성이 확인되었다.

소규모의 차이티야굴 경우는 스님들이 수행하는데 장애가 될 만한 요소를 들이지 않게 하는 일종의 결계 구역을 나타내는 것으로 볼 수 있다. 즉 수행하는 스님과 해당 석굴의 시주자 이외는 출입을 제한하는 경우가 해당하는 것으로 여겨진다. 이러한 경우가 '말발굽형 무주식'의 소규모 차이티야굴을 개착하게 된 것으로 보인다.

이처럼 석굴군에 차이티야굴이 1개만 개착되는 경우와 여러 개의 차이티야굴이 개착되는 배경에는 의식의 변화라든지 부파불교·대승불교사상의 차이, 시주 규모의 차이 등으로 인해 나타나는 것으로 볼 수 있다. 왜냐하면 소규모 차이티야굴의 경우는 명문을 통해 승가에 귀의하는 스님, 해탈을 구하는 보살, 자신 또는 가족들의 안녕과 기복을 발원하는 예가 다수 확인되었고 대규모 차이티야굴 또는 규모가 큰 곳에는 일체중생의 무상지無上智의 과보 등을 언급하는 대승사상의 예가 다수 확인되기 때문이다.

'말발굽형'이 아닌 다른 평면 예는 부분적으로 언급되다가 데헤지아[109]에 의해 수다마Sudama석굴에서 카를라Karla석굴에 이르는 평면을 비교하면서 방형 평면이 일부 거론되었고, 나가라주[110]에 의해 본격적으로 구분되었다. 나가라주는 차이티야 형식을 Ⓐ차이티야 형식 Ⓑ방 형식 Ⓒ방+홀 및 베란다 형식 Ⓓ이형 형식으로 구분하여 연구에 새로운 지평을 열었다.

우리나라에서는 이희봉[111]이 처음으로 거론하였으며 말발굽형 차이티야 형식의 발전 단계에 대해 새로운 해석을 하고 있다. 그는 기존의 빈 원형 비하라에서 차이티야로 발전한 것이 아니라 원형 단독 굴에서 스투파 앞 공간의 확장, 또는 단독 굴에서 전실의 확장, 벽체 제거를 통해 완성되었다는 견해를 나타냈다.

그런데 기존의 '말발굽형 열주식' 차이티야굴과 다르게 상대적으로 연구가 매우 적은 콘칸, 서말와, 구자라트 지역의 석굴군에서는 다양한 평면의 차이티야굴이 확인되었다. 그중에는 훼손 및 미완성된 석굴도 있지만, 기존 학설과 형식 분류에 언급되지 않는 석굴이 다수 존재하는 것이 확인되었다. 규모로 보면 기존의 '말발굽형 열주식' 차이티야굴에 비하면 소규모이지만 그 지역에서는 주된 불교 석굴사원의 역할을 담당하였다.

---

109   V. Dehejia, Early Buddhist Rock Temples, Cornell Univ. 1972,

110   ·Nagaraju, Buddhist Architecture of Western India, Delhi, 1981, pp. 61~69.

111   이희봉, 「인도불교석굴사원의 시원과 전개」『건축역사연구』 17권 4호, 2008.8, p. 137.

이들 차이티야굴은 몇 개의 형식이 복합적으로 조합·형성되거나, 단순하고 소규모이지만 석굴 조영은 석굴 공백기라는 기간(A.D.3~4세기경)에도 꾸준히 조영이 되고 있던 것이다. 이를 통해 석굴 조영이 없는 '공백기'라는 용어보다는 숫자는 적지만 꾸준히 석굴 조영이 이루어지는 '침체기 또는 정체기' 등의 용어를 사용해야 할 것이다.

차이티야굴을 형식별로 분류한 결과 원형, 말발굽형, 방형, 환조 건축형 등 4가지 형식으로 크게 구분되지만, 천장, 열주 등 세분화하면 10여 개로 분류할 수 있다. 아잔타 제9굴, 아우랑가바드 제4굴은 방형 평면이지만, 말발굽형과 평면형태를 제외하고는 모든 것이 같다. 기존연구와의 관계를 고려하여 말발굽형에 포함하였다.(표2) 석굴군의 누계는 동일 석굴군에 다수의 석굴이 있어 실제 석굴군보다 많게 표기되었다.

평면 유형	석굴군	차이티야굴	열주식
원형 형식	6	7	1
말발굽형 형식	22	30	15
방형 형식	26	48	5
환조 건축형(노천포함) 형식	11	17	-
계	65	102	21

표2. 인도 석굴사원의 차이티야굴 형식과 분류 현황 (단위: 개소)

1) 원형 차이티야굴 형식

기존 차이티야굴 발전 단계에서 많은 학자의 지지를 받는 것은 아소카왕 대에 아지비카교도邪命外道에게 시주된 로마스리시LomasRisi, 수다마Sudama석굴을 모방하여 평면적으로 유사한 뭄바이의 콘디브테Kondivte석굴을 불교 차이티야굴의 시원형으로 보고 있다.(그림 3-20)

그림 3-20. 로마스리시석굴과 콘디브테석굴 평면비교

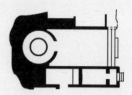

a.수다마석굴 평면과 입면   b.로마스리시석굴 평면,입면,정면   c.콘디브테석굴 평면도

이후 군투팔리→툴자레나→바자석굴로 발전해나가는 변천 과정을 제시하고 있다.(그림 3-21) 그런데 최초의 불교 석굴로 군투팔리Guntupalli석굴을 언급하면서 군투팔리석굴보다 늦게 조영된 콘디브테석굴의 영향을 받았다고 하는 점이다. 이것은 단순히 석굴 평면만 참고하여 '로마스리시→콘디브테'로 주장하는 것이라 할 수 있다.

그림 3-21. 기존 차이티야굴 평면의 변천 과정 예시

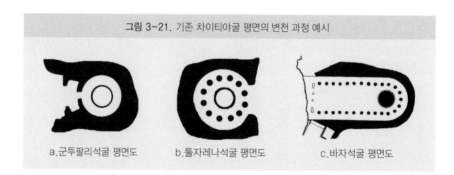

a.군투팔리석굴 평면도   b.툴자레나석굴 평면도   c.바자석굴 평면도

로마스리시석굴의 경우 명상과 육체적 고행을 통한 수행을 하는 아지비카교 특징을 담고 있다. 이와 달리 군투팔리석굴은 붓다(불탑)를 봉안하고 해탈을 얻기 위해 정진하는 불교의 특징을 지니고 있다. 이러한 두 종교의 차이가 각각 나타난 차이티야굴의 특징을 고려하지 않아 발생한 문제점으로 보인다.

한편 아소카왕 12년에 시주 되었다는 로마스리시석굴 입구의 첨두아치형 출입구 장식에 있는 하르미카가 없는 스투파에 대해 사카르Sarkar는 '바라문의 스투파'로 부르며 초기 불탑 형태로 보고 있다.[112] 그러나 아지비카 교도에게 스투파 숭배 사상이 있었는지 아니면 후대에 새겨졌는지 알 수 없다.

기존 견해처럼 콘디브테석굴을 시원으로 보면 먼저 개착되거나, 비슷한 시기에 개착된 다른 불교 석굴과의 비교가 우선되어야 한다. 이 경우 군투팔리석굴과 콘디브테석굴은 양식 비교 대상이 아닌 것을 알 수 있다. 왜냐하면, 먼저 건립된 군투팔리석굴이 후대에 건립된 콘디브테석굴의 영향을 받았다는 것은 있을 수 없기 때문이다. 따라서 불교 석굴의 시원은 군투팔리석굴로 보아야 변천 과정을 밝혀낼 수 있다. B.C.3세기 후반경 개착되는 군투팔리석굴의 원형 공간에 전실이 부가되는 형식을 시원始原 형태라고 할 수 있다.

차이티야굴은 기본적으로 지상의 건축물을 모방하고 종교적 중심장소로 조영되어 왔다. 원형은 인류 역사에서 건축물을 짓는 방법 중에서 가장 단순하면서도 흔한 형태이다. B.C.5,000~4,000년경의 유적지로 알려진 우리나라 암사동 선사유적지의 주거지 형태가 원형 또는 원형에 가까운 모서리의 각을 없앤 말각抹角형으로 구성된 점이 그것을 보여준다.

고대인도의 주거지에 대해 현재 전하는 유구가 없어 원형 확인은 어렵다. 다만 산치 제1탑 동문에 있는 석존이 화신당火神堂 안에서 독룡의 조복을 받는 불전도에 묘사된 수행자 거처 모습이 원형 벽면에 반구형 초가

---

112   H.Sarkar, Studies in Early Buddhist Architecture of India, Delhi 1966. p.12.

그림 3-22.
산치1탑 동문 수행자 거처 부조

지붕인 소규모 오두막의 모습 등을 예로 들 수 있다. (그림 3-22)

이와 함께 장기간에 걸쳐 진행되는 석굴 개착 때 발생하는 소음으로부터 수행 및 거주공간의 분리가 필요했을 것이다. 이러한 문제 해결은 수행자 거처와 유사한 형태의 오두막을 활용했을 것으로 볼 때 차이티야굴에도 채용되었을 가능성을 보여준다.

시원 형태와 관련하여 최근 발견된 말굽형에서 가장 이른 시기에 개착된 것으로 알려진 '원형평면, 궁륭천장'의 바제포레스트Bhaje forest석굴이 바자 석굴 인근에서 발견되어 주목된다. 바제포레스트석굴(그림 3-23)은 인접한 비하라굴과 차이티야굴 형태를 보아 자연 동굴을 이용하여 개착했음을 알 수 있다. 석굴은 차이티야굴 전면의 거칠게 다듬질한 모습, 목조건축 양식의 전무, 초기 형태의 스투파, 평천장의 중앙 부분, 즉 스투파가 봉안된 평천장 부분만 일부 파낸 궁륭천장의 초기 형태를 나타내고 있어 차이티야굴 변천 과정에 중요한 발전 단계를 보여주는 예라 할 수 있다.

이것은 바제포레스트석굴의 조성시기가 인근에 있는 바자석굴보다 더 이른 시기에 개착되었을 가능성이 크다. 규모 및 완성도 측면에서 높게 평가되는 바자

그림 3-23.
바제포레스트석굴 스투파, 천장

석굴과 같은 유형이 갑자기 출현했다는 것은 석굴의 발전 측면에서 바라보면 역행되는 비합리적 면이 크기 때문이다. 그러나 바제포레스트석굴과 같이 자연 동굴을 처음에 활용하고 이후 인공석굴로의 변화 과정을 나타내는 것이 오히려 합리적이라 할 수 있다.

첫 번째로 바제포레스트석굴의 특징은 개착 초기부터 인공적으로 파내는 형식이 아닌 자연 동굴을 이용하여 인공적인 석굴로 확장되는 시원적인 모습을 보여주고 있다.

두 번째는 목조건축 양식이 없다는 점이다. 가장 이른 시기에 개착된 것으로 알려진 바자석굴의 경우 암반에 조각하는 석조건축 양식 이전의 목조건축 양식을 나타내는 것과 달리 바제포레스트석굴에서는 목조건축 양식을 전혀 찾아볼 수 없다. 특히 석굴 정면의 외관은 로마스리시석굴 또는 군투팔리석굴 전면의 목조건축 양식과 비교할 때 더욱 두드러진다.

세 번째로는 불탑 형태가 전형적인 초기 불탑의 단순, 무장식으로 조성되었다. 현재 하르미카를 포함한 탑두부는 결실되었으나 방형 별석 부재가 삽입될 수 있는 방형 구멍이 파여 있는 것으로 보아 바자석굴의 별석 하르미카와 같은 방식으로 하르미카를 포함한 탑두부가 구성된 것으로 보인다. 군투팔리석굴 불탑의 마우리아 광택으로 알려진 매끄럽게 연마된 표면과 달리 매우 거칠게 다듬질 된 모습을 보인다.

마지막으로 평천장의 중심, 즉 불탑이 봉안된 위쪽 부분을 둥글고 얕게 파내어 원형평면 궁륭천장 형태를 표현하고 있다. 이것은 원형 전체가 궁륭천장으로 조성되는 것에 이르는 과도기적 발전 단계의 시원적 형태를 보여주는 중요한 예라 할 수 있다. 여러 가지 특징을 고려하면 바제포레스트석굴은 바자석굴보다 더 이른 시기에 조성된 것으로 판단된다. 특히 군투팔리석굴의 궁륭천장에 석조를 가공해서 만든 우산살 형태의 서까래

보다 이른 시기에 조성된 것으로 보인다.

바제포레스트석굴의 조성 의의는 첫 번째로 마우리아왕조 아소카왕 후원에 의한 로마스리시석굴 및 군투팔리석굴과 달리 규모가 소규모인 점과 미숙련된 가공법을 고려할 때 지역 주민들에 의해 개착된 것으로 볼 수 있다.

두 번째는 폭포 하단의 안쪽에 있는 자연 동굴을 활용하게 된 것은 먼저 개착의 용이성으로, 기존의 자연 동굴에 일부 손질을 하면 석굴로 활용할 수 있기 때문이다.

세 번째는 비용의 절감을 들 수 있다. 가공된 석재를 이동시킬 필요도 없이 파낸 석재를 주변에 버리면 되기 때문이다.

네 번째는 석굴의 위치가 산속의 적당한 높이에 위치하며 해안가와 내륙 도시와의 교역로 인근에 자리하고 있는 점이다.

이처럼 자연 동굴을 활용하면 일부 개보수를 통해 주거 및 수행에 적당한 공간을 조성할 수 있기 때문이다. 그러나 자연 동굴을 이용한 석굴이 더 개착되지 않은 점은 석굴사원으로 활용할 수 있는 적당한 장소에 있는 자연 동굴의 숫자가 한정된 것이 가장 큰 요인으로 보인다. 다만 현재까지 조성연대를 파악할 수 있는 고고학적인 유구가 확인되지 않아 정확한 개착 시기는 확정할 수 없다.

흥미로운 것은 중인도 산치 부근에 있는 사루마루Suru Maru 불교 사원터에서 아소카왕이 총독으로 있을 때 자연 동굴을 활용하여 불교 출가자의 수행공간으로 이용한 것이 확인되었다. (그림 3-24) 그것을 통해 아소카왕이 인도를 통일하기 전에 이미 자연 동굴을 수행공간으로 활용한 것을 알 수 있다.

즉 석굴 개착시 처음부터 인공적으로 조성한 것이 아니라 자연 동굴을 먼저 이용했다는 것을 의미한다. 여러 사항을 고려할 때 차이티야굴의 시원은 군투팔리석굴보다 앞서는 바제포레스트석굴이 최초의 차이티야굴로 보아도 큰 무리가 없다.

그림 3-24.
중인도 사루마루 동굴 전경

가) 개방성

석굴사원 중 가장 오래된 것으로 알려진 로마스리시석굴의 폐쇄성과 비교하여 원형 차이티야굴의 가장 큰 특징이자 차이점은 차이티야굴의 개방성을 들 수 있다. 출입구는 작으나 석굴 전면이 개방되는 군투팔리석굴, 석굴 전면이 전부 개방되는 입구에 내부 공간 격벽의 출입구와 창문 2개를 통해 접할 수 있는 콘디브테석굴, 석굴 전면이 북동향을 하고 있어 내부로 햇빛이 직접 들지 않지만, 전면이 넓게 개방되어 내부 불탑으로의 채광이 원활하게 이루어지는 툴자레나석굴을 예로 들 수 있다.

즉 석굴의 조성시기와 맞물려 바제포레스트→군투팔리→콘디브테→툴자레나 순으로 채광성과 개방성이 좋아지는 구조로 변화되는 점을 확인할 수 있다. 이러한 개방적인 공간구조는 사람이 차이티야굴 앞에 서는 순간 정면으로 불탑을 볼 수 있게 하여 감동을 불러일으킨다. '석존＝불탑'이 눈앞에 바로 보인다는 것은 종교적 상징의 형상과 존재감이 사람에게 주는 감동 그 자체를 준다고 해도 과언이 아닐 것이다. 마치 우리나라 석굴암 입구 상부의 채광창을 통해 본존불을 비추는 햇빛처럼 빛을 의식한 적극적인 조형 디자인이라고 할 수 있다. 이러한 조형 디자인을 당시 신라인들도 석굴암에 도입한 것은 아닐까.

나) 탑돌이 행위Pradaksina

차이티야굴 내부의 불탑을 본 사람은 자연스럽게 불탑으로 접근하여 접촉할 수 있다. 실제로도 입구에서 불탑까지 벽이나 구획으로 여길 수 있는 것이 없다. 바닥 면에도 구획선이 그어져 있지 않으며 약간의 높낮이도 없기 때문이다. 또한 불탑 주위를 돌 수 있도록 공간이 확보되어 그곳을 통해 탑돌이 행위가 이루어지는 것이다.

탑돌이 행위는 불탑을 우측으로 도는 우요Pradakṣiṇa 행위로 배후에는 오래된 거석문화의 태양 숭배에서 온 것으로 추정하고 있다. 이것은 천체의 생명 창조력을 강하게 함으로써 그들 자신의 공동체를 하나로 묶는 태양 운행의 주기적인 반복을 의미한다는 견해가 있다.[113]

『잡보장경雜寶藏經』권6에는 우요 행위에 대해 다음과 같이 언급하고 있다.

"옛날 사위성에 큰 장자가 있었다. … 어떤 사람이 보리를 베어 쌓아 둔 보리 무더기를 만났다. 그때 그 고장 풍속에는 그 무더기를 오른쪽으로 돌면 음식을 차려 놓고 풍년을 기원하지만 만일 왼쪽으로 돌면 불길하다고 되어 있었다."[114]

이를 통해 당시 인도 사회에 널리 통용되던 우요, 좌요 행위의 의미를 보여준다. 우요 행위와 관련하여 수많은 브라흐마나 문헌 중 가장 대표적이며 바라문 제사의식에 대해 중요한 내용을 전하는 『Śatapatha Brāhmaṇa』Part V,XIII. 8.1.17~20에는 혼령과 관계되는 의식은 태양의

---

113   H.G.Franz, Buddhistische Kunst Indiens. Leipzig, 1966. pp.17~19.
114   『잡보장경』권6. 78.장자가 사리불과 마하라를 청한 인연, 동국대학교 한글대장경

운행과 다른 왼쪽으로 도는 좌요apasalavi 행위로 이루어지고 있다.

Part XIII, 8.4에는 장례식 이후 마을 외곽에 흙덩이를 가지고 와서 무덤과 마을 중간에 쌓아두면서 '이것을 우리는 살아 있는 자를 위한 방책으로 두어 다른 사람이 거기로 향하는 것을 막아서 100세까지 살고, 풍년 대작하며 산에 의해 죽음을 차단한다.'라고 언급되었다.

이처럼 무덤이 마을에서 보이지 않는 떨어진 곳에 만들거나, 무덤 즉 망자에 대한 일정 기간 기피를 나타내는 상징적 행위인 왼쪽으로 도는 좌요 행위를 전하고 있다. 현재 우리도 상갓집을 다녀오면 대문 밖에서 소금을 뿌리는 풍습이 아직도 남아 있고, 인도에서도 문상을 다녀오면 문에 성수聖水를 뿌려 부정함을 씻는 풍습이 전해지는 등 망자에 대한 기피 행위는 어느 사회에서나 존재한다고 할 수 있다. 인도에서도 가장 기본적인 가치관이라 해도 좋을 것이다.

탑돌이 행위는 무한의 운동으로 이끌려 성취하는 종교적 행위라고 할 수 있듯이 탑돌이는 육체적인 행위이며, 불탑과의 접촉을 통해서 석존과의 만남이 이루어진다. 이러한 특징 때문에 차이티야굴의 시원 형태가 원형을 택하게 된 것은 불교라는 종교적 측면에서 본다면 당연하다.

다른 종교적 측면에서 살펴보면 말발굽형 차이티야굴과 유사한 것으로 알려진 로마교회의 바실리카 양식이 있다. 바실리카 양식은 탑이 봉안된 차이티야굴에 예수 그리스도라는 절대자에 대한 일종의 성역 공간을 만들었다. 즉 사제단이 미사를 집전하는 원형 공간으로 진입은 계단을 통해 올라가도록 경계가 설정되는 특징을 나타내고 있다. 이처럼 바실리카 양식의 교회 평면은 성직자를 제외한 일반 제가 신자들의 접근을 통제하는 특징을 갖고 있다. 즉 재가 신자들의 우요 행위를 위한 통로의 개설이 금지된 것이다.

원형 차이티야굴의 예는 같거나 유사한 예도 없는 유일무이한 것으로 석굴 개착 초기에 나타나는 실험적·과도기적 성격이 크다고 할 수 있다. 다만 바제포레스트석굴의 경우 아직 조성시기를 입증할 고고학 증거가 확인되지 않아 정확한 조성시기 추정이 어렵다. 그러나 자연 동굴을 이용한 조성기법, 석굴 평면, 초기형 불탑 등을 고려할때 현재로서는 서인도에서 툴자레나 석굴보다도 빠른 시기에 조성되었을 가능성이 높다. 특히 멀리 떨어진 관계로 서로의 연관성을 확인할 수 없지만 군투팔리석굴과 같은 평면과 조성기법, 초기 불탑의 예를 비교한 결과 이 책에서는 바제포레스트석굴이 군투팔리석굴을 앞서 개착된 시원의 성격을 지닌 석굴로 추정하였다. 표3)은 '원형' 차이티야굴의 예 및 기존 편년에 관한 연구 중 대표적인 학자의 편년 분석과 명문의 확인, 차이티야굴 및 불탑의 변천 과정의 비교를 통해 새롭게 편년에 대해 해석하여 개착 순서로 정리한 것이다. 그림 3-25)는 '원형' 차이티야굴의 평면도이다.

연번	석굴사원명	No	Nagaraju	佐藤宗太郎	Dehejia, 이희봉	비고
1	Bhaje Forest	-	-	-	-	B.C. 3C
2	Guntupalli	-	-	B.C. 2C	B.C. 200	B.C. 3C
3	Kondivte	9	B.C. 3C	B.C. 2~1C	B.C. 110	B.C. 3~2C
4	Tuljalena		B.C. 2C	-	B.C. 70	B.C. 2C
5	Kanheri	4	A.D. 180~230	-	-	A.D. 1~2
6	Kanheri	36	A.D. 180~230	-	A.D. 160	A.D. 3~4

표3. 원형 차이티야굴 예 및 추정 조성시기

2) 말발굽형 차이티야굴 형식

'말발굽형'이라는 용어가 우리나라에서 사용되기 시작한 것은 1928년

그림 3-25. 원형 차이티야굴 평면도

① 바제포레스트석굴 ② 군투팔리석굴 ③ 콘디브테 9굴

④ 툴자레나석굴 ⑤ 칸헤리 4굴 ⑥ 칸헤리 36굴

하야미 우매사까逸見梅榮의 『印度佛敎美術考』[115]에서 '馬蹄形(마제형)'으로 표기된 이후 계속 사용되었다. 이희봉은 말굽 형태가 U자 형태이므로 속이 채워진 '통말굽형'으로 표기해야 한다[116]는 견해를 제시하였다. '말발굽형'은 일반적으로 가장 많이 알려진 차이티야굴 형식으로 소규모 인원의 의례를 위한 '원형+작은 공간'이라는 '원형'과 달리 많은 인원의 의례를 위한 공간이라 할 수 있다. 말발굽형은 기둥 유무를 통해 무주식無柱式과 열주식列柱式으로 구분된다.

기존에는 바자 제12굴과 같은 열주식이 처음부터 채용되었다는 견해를 나타내고 있다. 하지만 한 번도 시도해보지 않은 기둥이 동반되는 대규모의 '말발굽형 열주식' 차이티야굴을 처음부터 개착했다는 것은 합리적이지 않다. 소규모이지만 기둥이 없는 '말발굽형 무주식'의 개착을 해본 후

---

115   逸見梅榮 『印度佛敎美術考』建築篇, 甲子社書房, 昭和3年(1928), p.112

116   이희봉, 「인도 불교 석굴사원의 시원과 전개」 『건축역사연구』17권4호, 2008.8, p.137.

대규모 석굴 개착이 시작된 것으로 본다. 특히 바자석굴 인접한 곳에 있는 바제포레스트석굴의 영향을 받았을 경우가 높다고 할 수 있다. 이와 함께 고대인도 분묘의 환상열석과 같은 상징성이 부가되면서 무주식과 열주식이 거의 비슷한 시기에 같이 조영되는 것으로 판단된다.

'말발굽형'은 전방후원前方後圓 또는 역U자형 평면으로도 불리며 아잔타 석굴군을 비롯해 바자, 카를라 등 불교 석굴군을 지칭할 정도로 널리 알려진 형식이다. 예외적으로 아잔타 제9굴과 아우랑가바드 제4굴 경우처럼 '장방형'을 취하는 예도 있지만, 말발굽형의 열주 배치 및 궁륭천장은 같다. 군투팔리석굴이 '원형+좁은 전실'로 구성된 것도 불탑 봉안과 경배를 위한 성스러운 장소이기에 자연스럽게 원형 공간으로 조성된 것처럼 말발굽형도 불탑 봉안 장소는 원형으로 조영되었다.

차이티야굴이 지상 건축물을 모방하여 조영된 것처럼 말발굽형도 예외가 아니며, 2가지 측면에서 검토가 이루어져야 할 것이다. 먼저 '역U자형'의 형태를 들 수 있다. 이러한 형태를 갖춘 건축물 유구는 일반사원의 불탑이 봉안된 장소 또는 불교 석굴사원에서 널리 사용되는 것이 확인되었다.

사리훈담(그림 3-26), 사르나트, 산치, 군투팔리, 아마라바티, 라마티르담, 칸헤리 등 열거할 수 없을 정도로 많은 불교 사원터에서 '차이티야 그리하Chaitya griha'라는 벽돌로 조성된 열주와 지붕이 없는 불탑을 봉안하는

그림 3-26.
사리훈담(Salihundam)
차이티야 그리하

'역U자형' 평면의 건축 양식이 확인된다. 이들 차이티야 그리하의 평면을 그대로 석굴사원에 표현하면 '말발굽형'이 된다. 일반 불교사원의 차이티야 그리하와 석굴사원 차이티야굴의 선후 관계는 아직 확인되지 않았지만, 연관성이 있는 것은 확실하다. 1961년 칸헤리석굴군의 주 차이티야굴인 제3굴 입구 발굴과정에서 벽돌로 쌓은 차이티야 그리하가 확인되었는데, 내부의 석판에 5~6세기경 'Pritigrihita'라는 명문을 통해 계속해서 이어진 것을 알 수 있다.

그림 3-27. 치트라두르가 출토, 석관묘와 환상열석 모습, ASI

고대인도 분묘에서도 유사한 예가 확인된다. 인도 서남부의 치트라두르가Chitradurga 거석군의 B.C.3세기경 안드라문화층(아소카왕 마애법칙 발견)에서 석관묘와 원형 돌무덤 형태가 혼합된 분묘[117]가 발굴되었다. (그림 3-27)

분묘에서 많은 수의 부장품 출토는 망자의 권력이 대단함을 의미하고 거석묘를 조성한 부족은 망자의 명복을 바라는 기본적이며 본질적인 신앙 형태를 지니고 있음을 보여준다. 석관묘에 나타난 돌을 원형으로 배치한 환상열석Stone circle과 유골의 매장 납입 등 차이티야 그리하와 유사한 연관성이 보인다.

용어와 관련하여 불교에서는 스투파 본체를 '가르바(Garbha, 태胎)', 힌두

---

117 1947년 R.E.M. Wheeler는 브라흐마기리(Brahmagiri) 구릉의 10기 거석묘를 발굴, 유구는 안드라문화층(B.C.3세기~A.D.1세기 중엽)에 속하는 거석묘의 연대와 성격을 밝힘, 구릉에는 아소카왕 소법칙 명문이 현존하고 있다. R.E.M. Wheeler, Brahmagiri and Chandravalli 1947; Megalithic and Other Cultures in Mysore State, Ancient India, 4, pp.180~310.

교에서는 사원의 본존을 모시는 지성소를 '가르바 그리하(Garbha griha, 자궁)'로 부른다. 이를 통해 각 종교 건축의 가장 신성한 영역을 생명이 잉태되는 원점인 모태의 관점에서 바라보고 있다는 것을 알 수 있다. 이는 불탑이 봉안되는 '차이티야 그리하'를 '석존'을 의미하는 불탑 형태에 따라 조영한 것이다. 거기에 더하여 인도에서는 산은 신이 머무는 장소이기에 산의 깊숙한 곳에 만들어진 석굴은 산의 모태, 즉 자궁이며 신의 본질이 뚜렷하게 나타나는 장소로 개착된 것을 의미한다고 할 수 있다.[118]

한역 경전에는 제다당制多堂, 지제당支堤堂 등으로 표시되는데 차이티야 支堤는 성수聖樹, 사원의 제단, 성스러운 기둥聖柱, 화장터, 사리, 스투파, 사당 등 여러 곳에서 사용되는 '성스러운 것'을 가리키는 용어로 사용되었다.[119] 그중 성수와 관련하여 『대반열반경』에는 석존께서 열반 장소인 쿠시나가르로 가는 도중 비야리에서 휴식을 취하면서 여러 가지의 지제支堤를 언급하며 칭송했다.

"아난다야, 비야리毗耶離의 우다연優延지제, 구담瞿曇지제, 암라菴羅지제, 다자多子지제, 바라波羅지제, 차바라遮波羅지제 등 이들 지제는 매우 좋아할 만하구나."[120]

백법조白法祖한역 『불반니원경佛般泥洹經』에는 '신지神地', 불타야사佛陀耶舍

118   平岡 三保子, 앞의 책, p.11.
119   杉本卓洲, 앞의 책. pp.84~107. 불탑의 漢譯어의는 우인보, 『탑과 신앙』해조음, 2013 참고.
120   『대반열반경』K.652 상권, 동진(東晋) 평양(平陽) 사문 석법현(釋法顯) 한역, 최민자 역 1쪽, 동국대학교 전자불전문화콘텐츠연구소

와 축불념竺佛念이 공역한『불설장아함경』「유행경」에선 '탑'으로 번역되어 성수聖樹 외에도 신지神地나 불탑佛塔의 의미로도 사용된 것을 알 수 있다.[121]

두 번째는 궁륭천장도 지상 건축물의 예를 모방하였다는 점에서 예외가 아니라고 본다. 마치 책을 펼쳐서 엎어 놓은 듯한 박공지붕이나 시신을 넣는 항아리 관이 집 모양을 하는 것은 전 세계적으로 나타나는 현상이라 할 수 있다. 베다의 주해서인 「샤타파타 브라흐마나」에는 '망자를 위해서 집 혹은 표식으로 무덤을 만든다.'[122]는 스투파 기원설 중 반구형지붕설과 연관성을 보인다. 집의 꼭대기, 첨탑, 지붕 등의 의미가 있는 것을 고려하면, 스투파가 집이나 반원통형 지붕을 모델로 조영되었다고 보아도 별 무리가 없다.[123]

반원통형 지붕을 갖는 예는 현재 인도 소수민족의 주거형태에서 확인된다. 타밀나두TamilNadu주 닐기리Nilgiri산에 거주하는 원주민들이 주거지로 사용하는 초목으로 만든 반구형지붕 가옥의 예를 들 수 있다. (그림 3-28)

이 가옥은 아치 형태를 만들기 위해 양쪽 밑을 고정하고 위에서 묶어 지붕을 덮는 초가지

그림 3-28.
타밀나두 Toda족 반구형지붕 거주지

121 宮治 昭,『インド仏教美術史論』中央公論美術出版, 2010. p.163.

122 Julius Eggeling, The Śatapatha Brāhmaṇa, Part V, XIII,8,1. pp.425~440.

123 杉本卓洲, 앞의 책, p.193.

붕 형태를 보인다. 특히 정면 입구 위의 장식은 로마스리시석굴 전면 장식과 유사한 것으로 보여 스투파를 석굴에 조영하게 되면서 '말발굽형' 차이티야굴에 채용했을 가능성이 있다.

'말발굽형'을 언급할 때 빼놓을 수 없는 예가 앞에서 언급한 로마스리시·수다마석굴이다. 석존 출현 당시 슈라마나śuramaṇa 즉 '사문沙門'이라 부르는 출가수행자인 육사외도六師外道, 즉 여섯 명의 종교수행자가 당시 사상계를 대표하였다고 한다.[124] 이들은 기존 바라문교의 권위에 대해 동의를 하지 않는 일종의 자유 사상가들로서 괴로움(生老病死)의 해결에 관심을 두고 있었다. 따라서 이들의 수행 방법론으로 등장한 것은 명상 수행을 하거나 혹독한 육체적 고행을 통해 미혹을 끊으려는 고행주의였다[125]. 당시 출가수행자들은 인도인들에게 많은 지지를 받고 있어 아소카왕 대에 석굴을 시주받기에 이른 것으로 보고 있다.

이처럼 고행을 통한 수행방법의 측면을 고려할 때 개방적인 면보다 폐쇄적인 면을 강조하고, 아지비카교 신자들이 모여 의례 또는 수행하기 위해 로마스리시석굴처럼 원형 홀과 장방형 홀을 벽으로 차단하고 출입문도 측면에 조성한 것이다. 고행이나 수행을 할 때 주변 환경이 밝은 측면보다는 일정 부분 어둡고 주변 환경과의 차단이 필요하기에 자연발생적으로 나타난 것이다.

로마스리시석굴과의 비교 대상인 콘디브테석굴의 경우 석존을 존경하고 그 유물(사리) 또한 신성시하고 숭배의 대상으로 여겼기 때문에 내부에 석존을 상징하는 '스투파' 형상이 조각되고 그것이 조형 상징이 된 것으로

124　早島鏡正외 3인, 정호영譯, 『印度思想의 歷史』 민족사, 1989. p. 39.
125　현행스님, 「석존 당시의 외도사상연구」 『승가』 13호, 1996, pp. 380~381.

볼 수 있다. 초기에 로마스리시석굴의 예를 도입하여 시험적인 개착을 한 것으로 볼 수 있으나 개방성 문제 등으로 인해 콘디브테석굴만 개착하고, 다시는 개착되지 않는 것으로 여겨진다. 이 책에서는 '말발굽형'의 예를 차이티야굴 내부에 일정한 간격으로 세워진 다수의 기둥인 열주列柱 유무에 따라 무주식無柱式과 열주식列柱式으로 분류 고찰하였다.

(1) 무주식無柱式 차이티야굴

무주식 차이티야굴의 특징은 차이티야굴 내부에 일정한 간격으로 세워진 다수의 기둥인 열주가 없는 '말발굽형 궁륭천장'이다. 앞서 언급했듯이 석굴 개착 과정에서 '원형' 석굴 이후 '말발굽형 궁륭천장' 차이티야굴이 주축이 되는 대규모 바자석굴이 처음부터 조성됐다는 것은 어딘가 합리적이지 않았다. 자연 동굴이 아닌 인공석굴을 처음 개착하면서 필연적으로 발생하는 시행착오를 해소하기 위해 처음에는 소규모의 '말발굽형' 차이티야굴을 개착하고, 어느 정도의 기술력을 확보한 이후에 바자석굴과 같은 대규모의 '말발굽형 열주식列柱式' 석굴을 개착하는 과정이 타당한 접근방법이라 할 수 있다.

그 예로 기둥이 없는 소규모 차이티야굴로 옐골Yelghol, 피탈코라 제10굴, 제12굴, 타날레, 와이 판다브가드석굴에는 낮고 지름이 큰 기단, 구球형태의 복발로 이루어진 고식古式 스투파가 봉안되어 있다. 이것은 B.C. 2세기 말로 추정되는 바자석굴의 예처럼 전형적인 '말발굽형 열주식' 차이티야굴이 조영되기 이전에 이미 '말발굽형 무주식' 차이티야굴이 개착되었을 가능성이 농후하다.

고대인도 분묘 주위의 환상열석과 같은 상징성을 차이티야굴에 표현하는 과정에서 무주식과 열주식이 거의 비슷한 시기이거나 무주식이 조금 이른 시기에 조영된 것으로 보인다. 이러한 변천 과정을 겪은 다음 바자석굴과 같은 최종적이며 전형적인 '말발굽형 열주식' 차이티야굴로 발전해 간 것이다.

최근 발견된 마하라슈트라주의 옐골석굴(그림 3-29)은 절벽의 면을 따라 형성된 자연 동굴을 이용하여 조성한 예이다. 앞서 언급한 '원형'의 바제포레스트석굴과 함께 고식의 스투파와 차이티야굴과 비하라굴의 변천을 고려할 때 피탈코라 제10굴 보다 이른 시기에 조성된 '말발굽형 무주식' 차이티야굴의 시원형으로 판단된다.

그림 3-29.
옐골석굴과 스투파 전경

가. 평면구성

표4)는 '궁륭천장 무주식' 차이티야굴로 현재까지 16개소가 확인되었으며 이들 석굴을 개별로 추정 조성시기별로 정리한 것이다.

연번	석굴사원명	No	Nagaraju	佐藤宗太郎	Dehejia, 이희봉	비고
1	Yelghol		-	-	-	B.C. 2C
2	Pitalkhora	10	B.C. 150	-	B.C. 100	B.C. 2C
3	Thanale	8	-	-	-	B.C. 2C
4	WaiPandavgad		-	-	-	B.C. 2C
5	ShanaDungar		-	-	-	B.C. 1C
6	Pitalkhora	12	B.C. 1C	-	-	B.C. 1C

7	Amba Ambika	26	A. D. 100~180	-	-	A. D. 1~2C
8	Ganesh Leni	6	-	-	-	A. D. 1~2C
9	Agashiv	6	-	A. D. 1C	-	A. D. 1~2C
10	Yerphale	3	-	-	-	A. D. 1~2C
11	Patan	1	-	-	-	A. D. 2C
12	Pohale Leni	2	A. D. 3~4C	-	-	A. D. 3~4C
13	Dhamnar	4	-	A. D. 7~8C	A. D. 300~600	A. D. 5~7C
14	Dhamnar	12	-	A. D. 7~8C	A. D. 300~600	A. D. 5~7C
15	Dhamnar	13	-	A. D. 7~8C	A. D. 300~600	A. D. 5~7C
16	Kolvi	7	-	A. D. 7~8C	-	A. D. 6~7C

표4. 말발굽형 궁륭천장 무주식 차이티야굴 예 및 추정 조성시기

그림3-30)은 '말발굽형 무주식' 차이티야굴의 개략적인 평면도이다.

그림 3-30. 말발굽형 궁륭천장 무주식 차이티야굴 평면도

① 옐골(Yelghol)석굴　　②피탈코라(Pitalkhora) 10굴　　③ 타날레(Thanale) 8굴

④ 판다브가드(Pandavgad)　　⑤ 사나둔가르(Shana)석굴　　⑥피탈코라(Pitalkhora) 12굴

⑦ 가네쉬레니 6굴　　⑧ 아가쉬브(Agashiv) 6굴　　⑨ 예르팔(Yerphale) 3굴

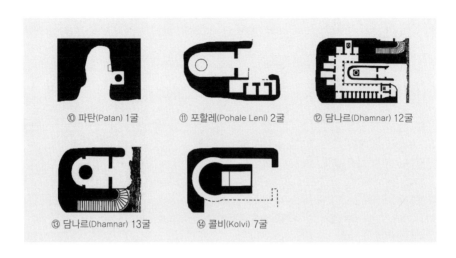

⑩ 파탄(Patan) 1굴   ⑪ 포할레(Pohale Leni) 2굴   ⑫ 담나르(Dhamnar) 12굴

⑬ 담나르(Dhamnar) 13굴   ⑭ 콜비(Kolvi) 7굴

바자석굴의 조성시기를 B.C. 2세기 중반 이후로 볼 때 무주식의 시원형
으로 추정되는 피탈코라 제10굴 조성시기는 바자석굴보다 빠른 시기로
추정하고 있다. 한편 바제포레스트석굴에 비해 옐골석굴의 조성시기는
불탑의 다듬질 상태와 궁륭천장의 변화된 모습으로 미뤄볼 때 B.C. 2세기
경으로 보인다. 파탄Patan석굴의 경우 자연 동굴을 활용하여 내부 공간을
궁륭천장으로 파내고 우측에 방형 공간을 두고 내부에 불탑을 봉안하는
새로운 평면을 나타내 주목된다.

나. 정면외관

열주식의 차이티야창을 표현한 가네쉬레니, 암바암비카(미완성), 옐골석
굴을 제외하고 장식성이 없는 단순한 외관을 나타낸다. 개방방식에 따라
㉮ 출입구 상부 채광창 개방형, ㉯ 전면 개방형, ㉰ 출입구 개방형으로 구
분된다.

① 출입구 상부 채광창 개방

출입구 위쪽에 별도의 채광창이 열리는 형식으로 피탈코라 제10굴, 암바암비카 제26굴, 가네쉬레니 제6굴, 아가쉬브 제6굴에서 확인된다. 무주식에서 가장 이른 시기에 개착된 것으로 알려진 피탈코라 제10굴[②]의 경우처럼 장방형 출입구 위쪽에 반구 형태의 홈을 파내고 작은 채광창

을 뚫어놓아 내부로 채광이 이루어지게 되었다. 개방적 측면에서 보면 불완전한 상태이며 어떤 장식도 부가되지 않았다. (그림 3-31)

가네쉬레니 제6굴[⑦]은 열주식 차이티야굴의 정면외관과 유사한 아치형 차이티야창이 열려있고,

그림 3-31.
상부 채광창 개방형 예, 피탈코라 10굴, B.C.2C

암바암비카 제26굴은 석굴 전면에 열주가 있는 전실을 배치하였다. 아가쉬브 제6굴[⑧]은 아치형이 아닌 방형과 가공되지 않은 암벽에 차이티야창을 개착한 유일한 예라 할 수 있으며 출입구 좌우에는 법륜과 사자가 벽기둥의 주두에 부조되어 있을 뿐 다른 장식은 없다.

이 형식은 B.C.2세기경부터 A.D.2세기 사이에 서데칸 지방에서 개착되며 단순 무장식의 방형부터 복잡한 장식을 갖춘 아치형과 단순한 아치형의 차이티야창에 이르는 다양한 형태로 조성되는 특징을 나타낸다.

② 전면 개방

차이티야굴 전면이 개방되는 형식으로 옐골, 타날레, 피탈코라 제12굴, 담나르 제4굴(그림 3-32), 예르팔, 콜비 제7굴 등에서 확인된다. 가장 이른 시기에 조성된 것으로 보이는 옐골석굴[①]의 경우 자연 동굴을 이용하여

내부를 확장하는 방법으로 조성되었다. 석굴 입구에 암반을 높이 1m 내외의 축대식으로 조성한 위에 차이티야굴이 조성되는 특이한 예를 보인다. 그 외는 궁륭형 천장의 아치형 차이티야굴 전면이 개방되는 형식으로 구성되었다.

그림 3-32,
출입구 개방형(좌측), 전면 개방형(우측),
담나르석굴, A.D.5~7C

타날레석굴[③]은 현재는 전면이 붕괴하여 원모습은 알 수 없지만 입구 아래쪽 좌·우측에 방형 홈이 파여 있어 개착 초기에는 목재 문이 설치되었던 것을 알 수 있다. 피탈코라 제12굴[⑥] 역시 전면이 모두 훼손되어 정확하게 확인되지 않으나 바닥 양쪽이 평탄하게 다듬어진 것으로 보아 출입문을 포함한 목조 부재가 설치되었던 것으로 추정된다.

예르팔석굴[⑨] 또한 전면이 훼손 결실되어 원형을 알 수 없는 상태이다. 담나르 제4굴은 입구 우측에 스님의 거주처인 독방으로 연결되는 출입문이 뚫려있으며 아치형 윗부분에는 처마를 달았던 흔적이 있고 바닥면은 평탄하나 별도의 문을 달았던 명확한 흔적이 확인되지 않는다. 특이한 예를 보이는 파탄석굴[⑩]은 말발굽형, 궁륭천장의 석굴 내부에 별도의 방형 탑당을 설치하고 불탑을 봉안하였는데 석굴 입구는 출입문이 없는 전면이 개방된 형식이다. 서말와 지방의 콜비 제7굴[⑭]은 현재 천장과 입구가 무너져 원모습은 확인할 수 없으나 전면이 개방된 예라 할 수 있다.

차이티야굴 전면이 개방되는 형식의 특징은 B.C.2세기경~A.D.2세기에 서데칸에 집중되는데 특히 B.C.2~1세기경에 궁륭형 천장에서 많이 나타나고 있어 조성 초기에는 개방성을 많이 고려한 것을 짐작할 수 있다.

③ 출입구 개방

석굴 전면의 장방형 출입구를 통해서만 채광이 이루어지는 형식으로, 사나둔가르, 포할레레니, 담나르 제12굴, 담나르 제13굴에서 확인된다. B.C.1세기경에 조성된 것으로 추정되는 말발굽형 평천장의 사나둔가르 석굴[⑤]은 궁륭천장 형식과 달리 석굴 내부에 차이티야굴을 조성하여 출입구를 통한 출입이 이루어지는 형식이며, 포할레레니 제2굴[⑪] 역시 전면의 출입구를 통해 진입이 가능한 상태이다.

이들 석굴을 제외하면 서말와 지방의 담나르 제4굴(그림 3-32), 제12굴[⑫], 제13굴[⑬]에서 집중적으로 확인된다. 담나르 제12굴[⑫]은 석굴 입구에 암반을 절개하여 통로 겸 앞마당을 만들었는데 개착 초기에는 천장이 있었던 것으로 추정된다. 전실 공간으로 보이는 앞에 난간 벽이 있으며 입구 정면과 좌우 옆벽에는 커다란 부조탑을 여러 곳에 장식을 한 특징을 보인다.

이와 달리 담나르 제13굴[⑬]은 제12굴과는 반대로 전면 벽에 장식이 하나도 없는 무장식의 단순한 형태를 나타내고 있다. 출입구를 개설하는 이들 형식은 전면 개방식과 비교하면 채광이 일부나마 직접 되는 예도 있으나 불탑이 봉안된 앞쪽에 전실 등을 마련하여 간접 조명에 의한 채광이 이루어져 개방성 측면에서 변화가 확인된다. 이러한 예는 많은 석굴의 경우 서데칸 지방이 아닌 구자라트, 서말와 지방에서 볼 수 있는 차이티야굴 예와 유사하거나 같아 지역적인 특색으로 보인다. 다수의 방형 차이티야굴의 경우 출입구를 통한 채광이 이루어져 발전과정에서 나타난 과도기적 표현으로 볼 수 있다.

다. 말발굽형 무주식 차이티야굴의 평면 특징

첫째, 열주가 없는 말발굽형 궁륭천장이다.

출입구를 통해 석굴 내부로 진입하면 폭이 좁고 깊이가 깊으며 높은 궁륭천장의 소규모 차이티야굴이다. 안쪽 원형 공간에는 불탑이 봉안되고 늘어선 열주는 없지만, 주위로 탑돌이 행위를 할 수 있는 공간이 마련되었다.

둘째. 석굴내 채광이 출입구, 채광창과 출입구, 전면 개방 형식으로 구분된다.

차이티야굴 내부로 채광이 이루어지는 방식은 3가지로 구분된다. ㉮ 장방형 출입구 위에 방형 채광창을 뚫어놓아 내부로 채광이 이루어지는 방식이다. 피탈코라 제10굴, 가네쉬레니 제6굴, 아가쉬브 제6굴, 암바암비카 제26굴에서 예를 확인할 수 있다. ㉯ 현재는 없으나 석굴 개착 시에는 목재 문이 부착된 것으로 추정되는 전면이 개방된 방식이다. 타날레, 와이 판다브가드레니, 피탈코라 제12굴, 담나르 제4굴에서 예를 확인할 수 있다. ㉰ 장방형의 출입구를 통해서만 채광이 이루어지는 방식으로 담나르 제12굴, 제14굴에서만 확인된다. 다만 옐골석굴의 경우 전면이 전부 결실되어 원형 확인이 안 된다. 파탄석굴은 자연 동굴을 활용하여 말발굽형으로 조성한 예로 석굴 내부에 별도의 방형 탑당을 개착하였다. 입구는 자연 동굴 모습 그대로 남아 있으며 목재 문을 달았던 흔적은 확인되지 않는다.

셋째, 석굴 규모가 작고 같은 평면의 예가 없다는 점이다.

이것은 석굴 조성 초기에 석굴 개착 경험이 없거나 적은 상태에서 다양한 형태의 차이티야굴을 조성하는 과도기적 상황을 나타내는 것으로 보인다. 유사한 예는 확인되지만 같은 평면과 형태를 갖춘 석굴 예는 찾아볼 수가 없다. 이러한 점은 석굴을 개착하는 스님, 장인, 시주자의 발원이 모두 같을 수 없다는 점이 나타낸 특징이라 할 수 있다.

특이한 예로 B.C. 2세기경으로 추정되는 타날레석굴은 차이티야굴을 중심으로 좌우에 스님의 거주처인 독방을 갖춘 비하라굴이 같이 조성되는 예를 보인다. 우측의 비하라굴은 중정을 가운데에 두고 좌측에 1실, 안쪽에 4실, 우측에 2실의 독방을 배치하여 전형적인 후기 비하라굴의 시원적 모습을 나타내고 있다. 각 승방 입구의 위쪽에는 첨두형 출입구 상부 장식을 부조하고 각 독방 사이에는 감실을 마련하여 불상으로 추정되는 공양 대상을 봉안했던 것으로 보인다. 불상을 봉안했을 경우를 고려하면 이 비하라굴의 조성시기는 A.D. 3~4세기 이후로 볼 수 있다. 후기불교 석굴인 서말와 지방의 담나르, 콜비석굴의 예는 '말발굽형'을 나타낼 뿐 전기불교 석굴과는 전혀 다른 평면을 보인다.

'말발굽형'에서 특이한 예를 보이는 파탄석굴은 자연 동굴을 확장한 예이다. '말발굽형 궁륭천장'의 석굴 입구 쪽 우측 벽에 소규모 '방형 평천장' 차이티야굴을 개착하고 차이티야굴에서 가장 독특한 예를 보이는 석굴 중 하나이다. 탑돌이 행위를 할 수 없을 정도로 좁은 통로가 있고 석굴 내부 차이티야굴 좌측 입구 쪽에 1인이 좌선할 수 있는 벤치가 조각되었다.

우리나라의 경우 유일한 차이티야굴로 알려진 경주 골굴骨窟석굴[126]의 경우 불탑이 아닌 불상을 봉안한 예배굴이다. 현재는 하나의 공간으로 변형된 상태이나 원래 방형의 전실과 말발굽형의 본실로 구성된 것으로 알

---

126 골굴석굴은 1967년 문명대 동국대 교수에 의해 조사가 이루어진 후 (사)한국미술사연구소에서 인도 석굴과의 최근까지 비교연구가 활발하게 이루어졌다. 『골굴석굴과 인도석굴』(사)한국미술사연구소, 2017,

려졌다. 최근 골굴 석굴의 원류를 인도 아잔타 제19굴 등과 같은 후기불교 석굴의 차이티야굴에서 변모하여 나타난 것으로 해석[127]하고 있다. 다만 필자는 골굴 석굴의 원류를 인도의 '말발굽형 열주식' 차이티야굴보다는 '말발굽형 무주식' 차이티야굴에서 찾아야 한다고 본다. 왜냐하면 열주식과 비교할 때 석굴의 규모, 열주의 유무, 구조 등에서 차이점이 확인되지만 '말발굽형 무주식'과 비교를 할 경우는 차이점을 둘 필요가 없을 정도로 형식이 같기 때문이다.

다만 차이티야굴이 우리나라로 전래하면서 불탑 대신 불상을 봉안한 부분과 자연적인 환경 요인으로 자연 동굴을 이용한 석굴사원을 형성한 부분에서 차이가 나타날 뿐이다. 하지만 이 경우도 인도에서 원형 및 말발굽형 차이티야굴도 초기에는 자연 동굴을 이용하여 개착한 사례가 발견되었기에 석굴 조성초기에 자연 동굴을 이용하는 것은 자연스러운 결과라 할 수 있다.

(2) 열주식列柱式 차이티야굴

열주식은 '말발굽형 궁륭천장' 차이티야굴 내부에 봉안된 불탑을 중심으로 하여 일정한 간격으로 세워진 다수의 기둥, 즉 열주列柱가 세워져 석굴 내부를 중앙통로와 측면통로가 형성되는 평면형식으로 인도 석굴사원에서 최종적으로 완성되며 해당 석굴군에서 규모가 가장 큰 중심적인 주 차이티야굴이다.

전방후원 또는 역U자형 등으로 부르는 '말발굽형 열주식' 차이티야굴은

127　문명대, 「골굴석굴의 구조형식과 아잔타19굴」 『강좌미술사』 51호, (사)한국미술사연구소, 2018. p. 29.

열주에 의해 측면과 중앙통로로 구획되고, 중앙
통로의 높이는 불탑과 같이 비례해서 높으며 측
면통로는 열주 높이에 비례해 낮게 조영된다. 열
주 안팎으로 이중 탑돌이 통로 형성, 중앙통로 안
쪽의 불탑으로 구성되는 예배공간은 긴장감과 풍
요로움, 신비성이 풍기는 정점에 도달한 형식이
다. (그림 3-33) 열주식에서 가장 이른 B.C.2세기 중

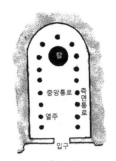

그림 3-33.
말발굽형 열주식 평면도

반 이후 개착으로 알려진 바자 제12굴의 경우 열주식 구조의 특징이 모두
나타나고 있다.

그림 3-34.
바자 제12굴 전면

앞서 언급한 준나르 툴자레나Tuljalena석굴
의 원형 공간 열주 앞부분 공간은 방형, 뒤쪽
은 원형인 전방후원형이다. 열주로 인해 중
앙의 공간과 벽 쪽의 긴 공간으로 구분되며
툴자레나굴이 확장된 형태이기에 천장은 당
연히 반 원통형 궁륭천장 형태가 된다. 중앙
통로의 궁륭천장에는 조성초기의 것으로 추
정되는 목조 서까래 등의 부재가 부착된 채
현재까지 전해지고 있다. 열주도 안쪽으로
약간 기울어진 목조건축 특유의 '안쏠림 기법'으로 이루어져 시각적인 안
정감을 준다. (그림 3-34)

석굴 정면을 장식하는 아치 첨두의 박공博栱형태[128]가 하나의 유행이 된

---

128 박공博栱은 맞배지붕과 합각지붕의 측면에 생기는 삼각형부분에 '八'자 모양으로 두터
운 목재를 맞붙인 것을 의미하나 인도 건축물에서는 '∩'모양의 아치 형태로 표현된다.

것처럼 여러 곳에서 예를 볼 수 있다. 목조 서까래 등의 부재와 안쏠림 기법은 석굴에서는 전혀 필요치 않은 것으로 이것을 굳이 표현했다는 것은 독특한 성격이 있었던 것을 의미한다.

이것은 석굴사원 이전에 모방의 대상이 되었던 목조건축물이 이미 존재했었다는 직접적인 증거라고 할 수 있다. 어쨌든, 바자 제12굴은 종교 공간으로 양식상 하나의 완성점에 도달하여 많은 차이티야굴이 이 형식을 답습하였다[129].

이 같은 양식은 차이티야굴이 불탑을 봉안하는 곳에서 출발하여 예배 공간으로 연결되고 마침내 일체화되는 것에는 불탑의 형상에 있다. 무주식 차이티야굴과 달리 규모가 크고 높아 내부로 한걸음 내딛는 순간 정면에 훨씬 크고 당당한 불탑이 나타난다. 그것은 뛰어난 종교적 상징의 형상과 존재감을 온몸으로 느끼게 하는 종교적 감동이라 할 수 있다.

카를라Karla, Karli, Karle제8굴(그림 3-35)은 열주식 차이티야굴에서 가장 완성된 모습을 보여주는 예로 웅장하고 장엄한 종교 공간이 표현되는 그야말로 정점에 도달한 차이티야굴이다. 평면이나 공간 구조가 목조건축을 기준으로 하며 천장에 목조 서까래가 부착되었으나 역학적인 구조와는 관계가 없다. 열주의 주두 위에는 코끼리를 타고 있는 두 쌍의 남녀 상이 환조로 장식되었다.

이러한 예는 카를라 제8굴을 모방하여 조영된 칸헤리 제3굴을 제외하고는 이전에 장식된 예가 없을 정도로 다른 차이티야굴에서는 보이지 않는다. 차이티야창과 입구 사이의 난간 벽은 제거되며 장식성은 추가되고

---

129   佐藤宗太郎, 앞의 책, 1985, p.26.

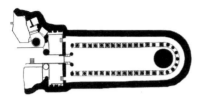

그림 3-35. 카를라 제8굴 평면도

열주의 주초와 주두에는 장식성이
두드러지게 나타나 바자 석굴보다
발전된 모습을 보인다.

바자석굴 이후 아잔타 제9굴, 나
식 제18굴, 베드사 제7굴 등이 조
성되는데 모두 목조건축의 특징이 감소하고 그 모양을 암반에 새겨넣어
목조건축 사원의 형식적 모방을 표현하고 있다.

여기서 주목되는 것은 목조건축 형태를 디자인하고 있지만, 카를라 제
8굴처럼 깊이 43m, 높이, 폭 14m의 대규모 건축물을 일반사원 건축에서
가능했을까 하는 의문이 든다. 인도 어디에서도 이와 같은 규모의 유적이
나 유구는 발견된 적이 없기 때문이다. 그러나 석굴사원은 암반층의 강도
를 믿고 파내는 방법이기에 실현된 것이다. 이는 석굴사원의 독자적인 조
형을 나타내는 것이며 목조건축으로는 불가능할 정도로 별개의 조형으로
발전한 것이다.

'말발굽형 열주식' 차이티야굴은 '말발굽형 무주식'을 포함한 다른 형식
에 비해 규모가 크다. 규모가 크다는 것은 석굴사원에 거주하거나 수행하
는 다수의 스님을 위한 공동 공간의 의미를 지니고 있다. 이것은 이곳을
방문하는 스님과 재가 신자들이 모여 큰 의식을 행하는 주된 공간 특성이
있는 것을 의미한다.

B.C. 1세기~A.D. 2세기에 서데칸 지방의 패권을 장악한 사타바하나왕
조와 대항세력인 크샤트라파왕조에 의한 시주 명문이 10여 곳에서 발견
되었다. 이처럼 왕조 세력과 부호 상인들의 시주행위와 후원이 겹치면서
열주를 부가해야 할 정도로 규모가 큰 '말발굽형 열주식' 형태의 차이티
야굴이 이 지역에 집중적으로 개착하게 되는 가장 큰 요인으로 자리 잡게

되는 것이다.

　흥미로운 것은 인도불교 석굴군 가운데 '말발굽형 열주식' 차이티야굴은 45개 석굴군 중 13개 석굴군에 16개소에 불과하다는 점이다. 아잔타 제9굴, 아우랑가바드 제4굴의 '장방형 평면'을 포함해도 18개이다. 표5)는 '말발굽형 궁륭천장 열주식' 차이티야굴의 조영 예이다.

연번	석굴사원명	No	Nagaraju	佐藤宗太郎	Dehejia, 이희봉	비고
1	Bhaja	12	B.C. 250~175	B.C. 2~1C	B.C. 90	
2	Ajanta	9	B.C. 3C 후	-	B.C. 70	
3	Ajanta	10	B.C. 3C 후	-	B.C. 70	
4	Pitalkhora	3	B.C. 200~100	B.C. 1~A.D. 1C	-	
5	Pitalkhora	13	B.C. 1C	-	-	
6	Kondane	1	B.C. 250~175	B.C. 1C	B.C. 80	
7	Bedsa	7	B.C. 1C	B.C. 1C	B.C. 40	
8	Bhutalinga	40	B.C. 125~60	-	-	
9	Aurangabad	4	A.D. 1C, 平	B.C. 1~A.D. 7C	B.C. 60	
10	Rudreshwar		-	-	-	A.D. 1C
11	Nashik	18	B.C. 125~60	B.C. 1~A.D. 7C	B.C. 50	
12	Karla	8	A.D. 100~180	A.D. 1C	A.D. 50	
13	Lenyadri	6	A.D. 100~180	-	A.D. 50	
14	Kanheri	3	A.D. 2C	-	A.D. 160	
15	Ajanta	19	-	-	A.D. 450	
16	Ajanta	26	-	-	A.D. 450	
17	Ellora	10	-	A.D. 6~8C	A.D. 600	
18	Poladungar		-	-	-	

표5. 말발굽형 궁륭천장 열주식 차이티야굴 예 및 추정 조성시기

루드레쉬와르Rudreshwar석굴은 자연 동굴을 활용한 석굴로 무장식 열주와 무장식 차이티야창을 통해 무주식과 열주식을 연결하는 중요한 예라 할 수 있다. 다만 아직 조성시기를 판별할 수 있는 고고학 유물의 발견이 없어 향후 발굴조사가 기대된다.

'말발굽형 열주식' 차이티야굴의 비교가 가능한 공통분모를 확인할 수 있는 예는 ① 석굴 평면구성, ② 석굴의 정면 외관, ③ 내부 장식의 여부, ④ 불탑이라고 할 수 있다. 이들에 대한 비교분석을 통해 어느 정도 실체에 접근할 수 있다고 본다. 그림 3-36)은 '말발굽형 열주식' 차이티야굴의 개략적인 평면도이다.

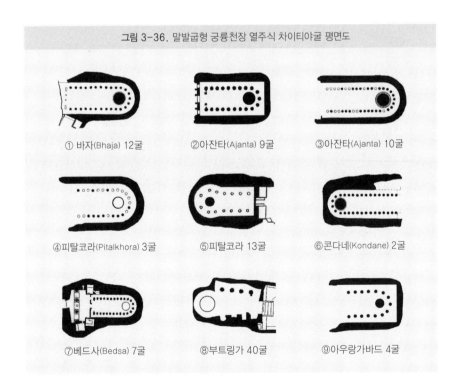

그림 3-36. 말발굽형 궁륭천장 열주식 차이티야굴 평면도

① 바자(Bhaja) 12굴

②아잔타(Ajanta) 9굴

③아잔타(Ajanta) 10굴

④피탈코라(Pitalkhora) 3굴

⑤피탈코라 13굴

⑥콘다네(Kondane) 2굴

⑦베드사(Bedsa) 7굴

⑧부트링가 40굴

⑨아우랑가바드 4굴

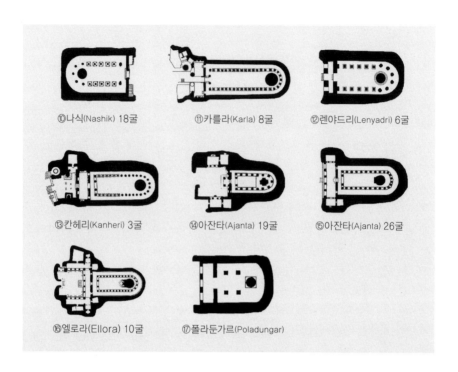

⑩나식(Nashik) 18굴 ⑪카를라(Karla) 8굴 ⑫렌야드리(Lenyadri) 6굴

⑬칸헤리(Kanheri) 3굴 ⑭아잔타(Ajanta) 19굴 ⑮아잔타(Ajanta) 26굴

⑯엘로라(Ellora) 10굴 ⑰폴라둔가르(Poladungar)

가) 석굴 정면 외관

석굴사원의 특징 중 하나는 석굴 정면 외관의 조형적 처리라고 할 수 있
다. 석굴사원은 정면만 외부 공간에 대응하고 있다. 즉 외관으로는 정면
밖에 없기 때문이다. 일반적인 건축물의 경우 사방의 면과 지붕을 가지는
1개의 개체로서 외부 공간에 대응하는 것과는 매우 다른 외관을 가지고
있다. 석굴사원 앞에 서서 석굴사원을 바라보면, 정확히는 석굴사원의 정
면 외관을 보는 것이다. 정면 외관 자체는 건축사원의 양식과 거의 다르
지 않다. 그러나 우리의 눈에는 건축적 양식을 둘러싼 거친 표면의 암반
이 함께 다가온다.

석굴사원은 방형의 테두리를 둘러 입구를 만드는 것이 일반적이며 테

두리 안쪽은 매우 정연하게 조각되어 있지만, 바깥쪽은 원래의 암반 표면이 그대로 남아 있다. 이러한 특징은 불교, 자이나교, 힌두교 등 시대나 종교와도 관계없이 같다. 즉 인도 석굴사원 전체에 공통된 것처럼 보인다. 그러한 조형 의식은 어디서 비롯된 것일까?

일반사원은 자유로운 공간에 목재나 석재를 사용해서 사원을 만들지만, 석굴사원은 암반을 개착하여 사원을 만든다. 즉 암반이라는 공간에 사원을 건립하는 것과 같은 생각으로 바위를 깎아낸 것이다. 게다가 그 사원의 양식은 지상 건축으로부터 확립된 것이기 때문에 목조건축이나 석조건축의 구조나 양식, 세부의 여러 형태를 포함하고 불교라는 이념까지도 고스란히 반영한 것이다. 석굴이기 때문에 가능한 일이었고 사원 조영의 이념에 가장 잘 맞는 것이라고 할 수 있다. 왜냐하면, 석굴은 건축이 아니라 조각이기 때문이다.

'말발굽형'의 정면 외관은 종교적 측면에서 보면 스님의 거주공간인 비하라굴보다 중심적 상징이며 불교사원의 핵심적 존재인 차이티야굴의 비중이 훨씬 크다. 더욱이 중앙통로와 측면통로, 열주, 불탑으로 구성되는 요소는 석굴 내부로 들어가야 보이나 외부에서 직접 볼 수 있는 것은 정면 외관뿐이다.

정면에는 커다란 차이티야창이라 부르는 거대한 출입구가 마련된다. 석굴 안으로 빛을 비추기 위해 햇빛을 의식한 적극적인 조형 디자인이라고 할 수 있다. 장소에 따라 북향의 차이티야굴도 있지만, 보통은 차이티야창을 통해 햇빛이 들어오고 때로는 불탑을 직접 비추는 경우마저 있다. 즉 개방성의 정점이라 할 수 있다. 후기불교 석굴과 비교하면 전기불교 석굴의 경우가 대체로 훨씬 더 밝게 설계되어 있다.

이처럼 차이티야창을 크게 하고 석굴 내부를 밝게 한 것은 '석존=불탑'

과 사람과의 시각적 접촉을 할 수 있게 의도한 것이라고 볼 수 있다. 차이
티야굴의 시원적인 형태로 추정되는 바제포레스트석굴의 경우도 출입구
쪽의 외곽을 방형 형태로 거칠게 다듬은 모습을 보이지만 방형 외곽은 다
듬지 않은 자연 그대로의 거친 모습이다.

한편 석굴 정면에는 열주를 마련하고 주두柱頭에 동물을 탄 남녀상, 약
샤를 올려놓은 벽기둥이 좌우에 배치되거나, 입구에 수문신, 나가와 나기
니, 난쟁이, 계단 입구에 약샤, 정면에 풍요와 길상의 의미가 있는 남녀 한
쌍의 미투나mituna풍 공양자상, 붓다의 전생 이야기인 자타카jātaka 등 다
양한 모티브가 장식하고 있다. 이처럼 차이티야굴 내·외부 공간에 명확한
조형적 특징을 나타내고 있다. 정면을 장식하는 다양한 장식은 불교, 힌
두교, 자이나교석굴에서도 공통으로 나타나는 등 종교 간 차이점은 확인
되지 않는다. 즉 그것들은 인도적인 조형 감각으로 만들어져 발전하고 양
식화된 것을 의미한다.

가장 이른 시기에 개착된 바자석굴을 비롯하여 엘로라석굴 예까지 모
두 로마스리시석굴에서 볼 수 있는 아치형의 차이티야창이 개착된 것이
확인된다. 개방성 측면에서 보면 ①출입구 전체가 개방되는 경우, ②출입
구와 상부에 채광창이 함께 개창되는 예로 구분할 수 있다.

① 출입구 전체가 개방되는 형

바자 제12굴(그림 3-37), 아잔타 제
10굴, 피탈코라 제3굴, 피탈코라
제13굴, 콘다네 제2굴, 붓트링가
제40굴, 아우랑가바드 제4굴에서
확인되며, 대체로 조성시기가 이르

그림 3-37.
출입구 전체가 개방되는 예, 바자 제12굴

다는 점이다. 정면 외관이 무너져 원형을 알 수 없는 바자, 피탈코라석굴 등의 경우처럼 전면이 개방되는 경우는 목재 문이 달려 있던 것으로 추정된다. 문이 장착된다는 것은 필요할 때 개방되는 구조로 스님이나 재가 신자들이 의례 행위 또는 탑돌이 행위를 할 때 개방되는 구조로 보인다.

② 출입구와 채광창으로 개방되는 형

상부의 채광창 또는 출입구를 통해 들어오는 빛을 이용하여 중앙통로 가장 안쪽에 봉안된 스투파를 직접 비추도록 하고 측면은 중앙에 비해 어둡게 하여 신비성이 풍기는 그야말로 정점에 도달한 차이티야굴 형식이다.

주로 전기불교 석굴 말기와 후기불교 석굴에 해당되며, 아잔타 제9굴, 베드사 제7굴, 나식 제18굴, 카를라 제8굴, 렌야드리 제6굴, 칸헤리 제3굴, 아잔타 제19굴, 아잔타 제26굴(그림 3-38), 엘로라 제10굴, 폴라둔가르석굴에서 확인된다.

그림 3-38.
출입구와 상부채광창으로 개방되는 예,
아잔타 제26굴

그림 3-39.
출입구와 측면채광창으로 개방되는 예,
폴라둔가르석굴

불교 석굴 중 가장 늦게 개착되는 폴라둔가르석굴(그림 3-39)은 아치형의 차이티야창과는 다른 건축물의 형태를 나타내고 있는 점이 주목된다. 이러한 예는 서말와 지역에서 볼 수 있는 차이티야굴의 예와 유사하거나 같아 지역적인 특색으로 보인다.

말발굽형 차이티야굴의 차이티야창 개방 정도의 차이는 있지만, 개방
성 측면에서는 전면이 개방되거나 출입구를 통해 채광이 이루어지거나
커다란 차이는 나타나지 않는다. 오히려 차이티야창을 통해 들어오는 광
선을 통해 불탑의 신비성이 커지는 측면이 있다고 할 수 있다.

나) 열주列柱

'말발굽형' 차이티야굴 내부로 진입하면 다수의 기둥, 열주가 불탑 주위
를 에워싸는 모습으로 배치되는 형식이다. 열주 안팎으로 불탑 주위를 돌
면서 탑돌이 행위가 이루어지게 된다. 일반사원의 차이티야 그리하에서
도 탑돌이 행위가 이루어졌으나 그곳에는 열주가 없었다. 그런데도 석굴
사원에 다수의 기둥, 열주가 왜 나타난 것일까?

기둥은 기본적으로 건축물의 주춧돌 위에 세워 건물의 앞뒤 기둥을 연결
하는 보, 서까래 바로 밑에 가로로 기둥과 기둥을 연결하는 부재인 도리를
받치는 나무, 돌, 쇠, 벽돌 등으로 곧추 높이 세워 지붕을 받치는 기능을 하
는 것으로 건축에서 가장 중요한 부재이다. 지붕을 어떤 방식으로 받쳐야
하느냐가 건축구조의 핵심으로 그곳에서 각종 건축기법이 나타났다.

궁륭천장의 구조를 갖는 불교 석굴사원의 구조는 기둥, 주두를 좌우로
연결하는 창방의 기능을 갖는 부재가 돌려 있고 위로 서까래가 좌·우측
열주와 직접 연결되는 구조가 가장 많이 확인되고 있다. 그런데 석굴사원
은 암반을 개착하는 것이기에 실질적으로 벽체구조의 공간이다. 즉 양식
상의 의미가 있는 것에 지나지 않는다. 구조의 기능을 갖지 않지만, 건축
의 기둥에는 없던 조형적 존재로서 독특한 성격을 갖게 된다. 이처럼 석
굴사원에서의 기둥은 실질적으로 필요치 않다고 할 수 있다. 그런데도 당
시 인도인에게 열주가 필요했던 이유는 다음과 예를 들 수 있다.

첫 번째는 석굴의 규모를 언급할 수 있다. 열주식 차이티야굴은 무주식 차이티야굴에 비해 규모가 상당히 크고 높다. 규모가 작은 소형 차이티야굴만 개착하다가 대형 차이티야굴을 개착한 경험이 없던 상태에서 붕괴를 우려한 지지용 열주를 생각하여 추가한 것은 당연하다. 또한, 그곳을 방문하는 스님을 포함한 모든 재가 신자들이 와서 큰 의식을 행하는 주된 공간이자 공동 공간의 의미가 있으므로 규모가 상대적으로 커질 수밖에 없다.

두 번째는 단순히 많은 신자의 의례 및 공양 행위를 위한 규모의 확대 이외에도 지상 건축물이나 종교적 행위를 위한 시설물에서 열주가 있었던 것을 모방하여 석굴사원에 표현한 것으로 추정할 수 있다. 그런데 아직 고대인도의 건축 유구에서는 열주가 있는 예가 확인된 바 없으나 고대인도 분묘에서는 유사한 예가 확인된다. 앞에서 언급된 환상열석Stone circles이라는 매장 분묘 주위를 크기가 다른 석재를 이용하여 둥그렇게 에워싸는 것을 들 수 있는데 예를 들어 중인도 나그푸르Nagpur의 B.C. 5,000년 ~ B.C. 1,500년경 선사시대의 거석 문화를 알려주는 주나파니Junapani 환상열석을 들 수 있다. (그림 3-40)[130]

환상열석은 수십 개부터 100여 개에 달하는 돌을 둥그렇게 배치한 형태로 인도 여러 지역에서 1,000여 개에 달하는 환상열석이 있는

그림 3-40.
Junapani 환상열석(Stone circles) 전경

130 1897년 J. H. Rivett-Carnac에 의해 처음으로 발굴되었다. Archaeo Astronomy in Indian Context, Report for review 2010. Tata Institute of Fundamental Research. Retrieved 10 February 2013. pp. 4~5.

분묘가 대량으로 발견되었다. 이러한 배치 형태와 성격에 대해 천문학과의 연관성이 제시되고 있으며, 매장을 위주로 하는 적석총이나 거석 무덤과는 분명히 다른 장묘문화를 나타낸다.

더군다나 환상열석이 배치된 분묘에서 수습된 유물을 통해 확인되는 장묘문화는 '화장→항아리에 유골 수습→항아리 매장→원형 무덤의 조성→공양'으로 이어지는 화장 후의 매장 무덤이라는 점에서 불교의 불탑 조성 장묘법과 같다. 석존의 경우도 열반 이후 사리 항아리 역시 화장터에서 별도의 장소로 옮겨지고 불탑에 봉안되기 때문이다.

고대인도『리그베다』의『아슈바라야나 그리하수트라』에서는 화장한 후 무덤에서 3번 좌요左繞 행위를 하고 10개의 지주를 세워 망자를 위해 주문하는 장묘문화를 확인할 수 있다.[131] 여기서 10개의 지주가 갖는 의미는 무덤 중앙에 세우는 희생제의용 기둥과는 다른 것을 의미한다. 그것은 망자가 있는 무덤 주위를 에워싸는 형태를 나타내는 것으로 보여 망자와 살아 있는 자와의 경계를 뜻하기도 하는 일종의 울타리 개념으로 볼 수도 있고, 좌요 행위를 행하는 구역을 표시한 것으로 볼 수 있다. 이러한 장묘문화가 불교로 유입되면서 울타리 개념과 우요 행위를 위한 통로 확보의 의미를 지니게 된 것이다.

차이티야굴 열주는 조성시기에 따라 다양하게 나타나며 일정한 양식이 지속하는 것이 확인된다. 이것은 열주가 일정 기간 지나면서 형식화가 되는 것으로 일관된 연대 측정 지표의 방법으로 사용할 수 있다. 왜냐하면, 차이티야굴의 조성시기에 따라 비슷한 형식으로 조성되다가 조성시기의

---

131   Aśvalāyana-gṛhyasūtra, The Gṛihyasūtras. SBE. XXIX. pp. 236~246. Śrauta-Kośa. Vol. I. English Section. Part II. pp. 1071~1074 ; 1093 ; 1112~1114.

변화에 따라 새로운 형식의 열주가 나타나는 것이 확인되었기 때문이다. 이러한 열주 형식은 ㉮ 무장식 열주형, ㉯ 주초·주두장식 열주형, ㉰ 첨차 부가 열주형으로 구분된다.

그림 3-41.
무장식과 주두장식 열주가 섞인 예,
칸헤리 제3굴

① 무장식無裝飾 열주형

'무장식 열주형'은 주초 및 주두가 없는 가장 단순한 양식으로 B.C. 2세기~A.D. 2세기에 걸쳐 석굴군에서 처음 조성되는 고졸한 형식으로 분류된다.

칸헤리 제3굴(그림 3-41)은 특이하게 무장식과 주두 장식이 동시에 나타나

학자들 간에 견해의 차이가 크게 나고 있다. 즉 불탑 주위에 있는 열주는 B.C. 2~1세기에 나타나는 주초와 주두가 없는 무장식 열주가 있는 것과 달리 바깥쪽으로 나오면서 열주 모습에 변화가 나타난다. 주초와 주두에는 항아리형 물병 장식과 층단받침이 자리하고 주두의 상면에는 코끼리 등의 동물을 타고 있는 인물상이 있다. 입구 쪽으로는 층단 위의 항아리형 물병 장식 주초와 주두는 항아리 물병 장식 주초와 주두는 항아리형 물병 장식 위에 층단받침과 맨 위에 코끼리를 타고 있는 인물상, 스투파에 공양하는 코끼리 등 A.D. 2세기경의 표현이 함께 나타난다. 명문에 의한 것처럼 A.D. 2세기경 개착되었다면 장식성을 겸비하기 위해 함께 표현한 것으로 판단된다.

툴자레나석굴(그림 3-42), 바자 제12굴,

그림 3-42.
무장식 열주 예①, 준나르 툴자레나 석굴

그림 3-43.
무장식 열주 예②,
베드사 제7굴

그림 3-44.
주두장식 예,
베드사 제7굴 외부

아잔타 제9굴, 아잔타 제10굴, 피탈코라 제3굴, 베드사 제7굴, 콘다네 제1굴, 칸헤리 제3굴, 아우랑가바드 제4굴에서 확인된다.

베드사 제7굴은 내부는 무장식 열주(그림 3-43), 석굴 외부의 열주(그림 3-44)는 주초의 항아리 형태, 주두의 연꽃 아말라카 장식, 코끼리를 타는 인물상 환조가 조성된 형식으로 보아 조성시기가 서로 다른 것을 알 수 있다.

② 주초·주두장식 열주 형식

열주의 주초 또는 주두에 장식이 표현되는 형식으로 주초가 처음으로 장식되는 변화가 나타나는 예는 A.D.1세기에 개착되는 나식 제18굴 열주에서 확인된다. 이외에도 렌야드리 제6굴, 카를라 제8굴, 칸헤리 제3굴을 들 수 있다.

나식 제18굴(그림 3-45)은 불탑 주위의 열주가 단순 무장식의 열주가 배치되었는데 기원전의 무장식 열주 형식과 다르게 주초는 위쪽으로 올라가면서 좁아지는 굵기의 변화가 나타나고, 주두는 거칠게 다듬은 방형 주두가 처음으로 나타나고 이어 주초부에는 층단괴임 위에 항아리형의 물병 장식

그림 3-45.
주초·주두 장식 예, 나식 제18굴

을 올린 모습이 등장한다. 주두는 폭이 열주보다 약간 넓게 표현되는 주두 장식이 처음으로 나타나는데 아직 방형 형태를 유지하고 있는 것이 특징이다. 나식 제18굴의 열주도 베드사 제7굴, 칸헤리 제3굴의 경우처럼 무장식과 항아리형 물병 장식의 주초가 같이 조영되는 특징을 보이며 조성시기는 A.D. 1세기 중반 이후로 보인다.

흥미로운 것은 주초부에 물병 또는 항아리[132]형의 모티브가 표현된다는 점이다. 단순한 의장 이상의 의미로 조형된 것으로 보인다. 고대인도에서 물병이 가지는 의미에 대해 대표적인 표현은 산스크리트로 '가득 찬 물병'을 뜻하는 '푸르나 가타Pūrṇa-graṭa'로 불리는 것으로 정확한 것은 알 수 없지만, 물로 보이는 것이 흘러넘치는 항아리 형태로 묘사된다. 또는 항아리에서 식물 특히 연꽃이 무성하게 뻗어 나오는 경우를 볼 수 있다. 그것은 강의 여신과 물의 정령인 나가Naga, 혹은 물의 동물인 코끼리에 의해 휴대된다. 푸르나가타는 길상吉祥을 상징하는 상징 가운데 가장 일반적인 것으로 풍요, 생산의 힘을 나타낸다.

아마라바티대탑 부조에서는 불탑의 양쪽 문기둥 앞에 놓거나 부조탑에서 하르미카 위로 일산이 마치 연꽃잎이 겹겹이 나오는 모습을 연상케 한다. 후대에 가서는 힌두교사원의 높은 시카라Sikhara로 불리는 원추형의 첨탑 위에 칼라샤Kalasha 또는 쿰바Kumbha로 불리는 물병이 놓인다. 그것은 주술적 또는 상징적인 기능이나 의미를 가지며 불탑 또는 석굴, 혹은 힌두교사원 등으로 다양한 형태를 취하면서 활용되고 계승된다고 할 수 있다. 이와 관련하여『본생경』권5 「이미왕尼彌王의 전생이야기」에는 스투파stupa와 관련된 용어가 언급되고 있어 주목된다.

---

132   일본인은 '만병(滿甁)'으로, 이희봉은 '가득 찬 항아리'로 해석하고 있다.

"왕이 신의 세계에 가서 제일 먼저 본 것은 12 유순이나 되는데 마니주와 황금으로 된 둥근 지붕이 있어 일체 장식으로 꾸며졌고, 동산과 연못이 구비되어 있으며, 겹수에 둘러싸여 있는 … 등이었다. 그리고 마타리가 하는 게송에선 '둥근 지붕 다섯 있는 천궁(Stūpika 또는 Thūpa) 보이고….' 그곳에는 다섯 개의 「투피카」(Thūika=Stūpika) 혹은 「투파」(Thūpa=Stūpa)로 불리는 것이 천궁을 장식하고 있다. "

이곳에는 '투피카Tūpika=Stūpika' 혹은 '투파Thūpa=Stūpa'로 불리는 황금으로 된 둥근 지붕이 천궁을 장식하고, 스투피카Stūpika는 황금으로 된 둥근 지붕 건물의 꼭대기를 장식하는 '물병 모양의 장식'을 가리킨다[133]. 예를 들면 로마스리시석굴 입구의 출입구 상부 장식(그림 3-46)은 분명히 대좌 위에 올려 있는 물병을 표현하고 있다. 『본생경』에서 '스투피카'가 황금으로 만들어진 것을 묘사하는 것은 불멸성이나 부활의 관념과 결합하고 스투파와 밀접한 연관성이 있음을 보여준다.

그림 3-46.
로마스리시 석굴 전면의 물병

물병과 관련하여 미야지 아키라宮治昭는 푸르나가타Pūrṇa-graṭa로 불리는 '만병滿瓶'에 고대인도 미술에서 선호한 항아리로 표현되는 만물의 근원인 '물'로부터의 탄생을 뜻하는 연화화생蓮花化生의 모습을 나타내는 장식적 요소로의 의미를 부여하고 있다. [134]

---

133   杉本卓洲, 앞의 책, p.71.
134   宮治 昭, 앞의 책, 2010, p.175.

대표적인 예로 바르후트탑 울타리의 원형 부조에는 물병에 활짝 핀 연꽃 위에 락슈미가 서 있고 머리 위로 물을 뿌리는 코끼리가 좌우에 표현되는 가자 락슈미Gaja Lakṣmī상이다. (그림 3-47) 대지모의 화신으로 알려진 락슈미는 풍요와 행운을 의미하는 길상吉祥의 여신으로 불교에선 길상천吉祥天으로 불린다. 물을 뿌리는 코끼리는 빗물을 담고 있는

그림 3-47.
바르후트스투파
가자락슈미상 부조,
콜카타 인도박물관

구름과 동일시되어 물의 우주 창조론에 있어 상징적인 동물이다. 자이나교 우다야기리 석굴 등에서도 확인되는 것으로 보아 불교 고유의 것이 아닌 것을 보여주고 있다.

이처럼 열주의 주초에 물병, 항아리 같은 장식은 단지 장식적인 것에 지나지 않는다고 할 수 없다. 항아리 형태의 장식을 생명 창조의 씨앗을 속에 담은 자궁 자체로 간주하는 등 불탑은 생명의 원천이자 풍요·생산의 상징적인 표현인 것처럼 어떠한 주술적이나 상징적인 기능과 의미가 작용한다고 보아야 한다.

한편 차이티야굴은 반드시 지상 건축물과의 연관성이 있다는 점은 앞서 확인되었다. 열주도 초기에는 무장식이었으나 시대가 내려가면서 항아리형 물병 주초가 나타나고 있다. 그 이유는 무엇일까? 앞에서 언급한 것처럼 생명의 매체로서의 물, 그것은 생물의 생명처럼 받아들이기 때문에 물을 채우는 물병은 종교적 의미를 지니는 단순한 의장 이상의 의미가 있다 할 수 있다.

물병과 관련된 것은 인도에선 3개월 이상 우기가 발생하여 홍수, 범람, 습기 등 자연재해의 가능성이 남아 있다. 집을 지을 때 주춧돌을 놓고 기

둥을 세워도 홍수로 하천이 범람할 때 기둥이 휩쓸려버리거나 빗물에 목재 기둥밑동이 쉽게 썩는다. 그래서 아예 항아리를 땅에 묻거나 주춧돌 위에 놓은 다음 그 속에 기둥을 세우고 흙을 채워놓는 방식을 사용하면 범람 경우에도 보수가 쉽고, 썩는 것을 방지하기 쉽다는 이점이 있다. 항아리를 기둥 고정용으로 사용하다가 언제인지는 알 수 없지만, 석굴사원 열주의 주초에까지 사용되지 않았을까? 이러한 항아리형 물병 주초는 동북아시아에서는 확인된 예가 없는 것과 달리 동남아시아에서만 나타나는 특징으로 미루어 볼 때 우기와 관련된 것으로 보인다.

그림 3-48.
주초·주두장식이 함께 조성되는 예,
카를라 제8굴

2세기 들어서면서 본격적으로 주초와 함께 주두가 같이 장식되는 예가 렌야드리 제6굴, 카를라 제8굴(그림 3-48), 칸헤리 제3굴에서 확인된다. 주두 장식은 동물로 이루어진 예, 인물과 동물이 같이 등장하는 예, 스투파에 사람과 동물이 함께 공양을 올리는 예로 크게 구분된다.

동물로만 주두를 장식하는 예로는 렌야드리 제6굴의 주두 장식(그림 3-49)을 보면 사자 또는 코끼리를 쌍으로 번갈아 배치하는 등 주두에 동물상만 표현되었다. 주두는 뒤집힌 물항아리와 역층단받침 밑부분에는 높이가 낮은 연꽃 장식인 아말라카 문양이 부조되었다. 주초는 층단받침과 물항아리 형태, 8각형의 몸체로 이루어졌다.

카를라 제8굴(그림 3-50)의 주두는 코끼리 2마리에 각각 남녀 한 쌍의 인물이 올라타 있는 환조상, 칸헤리 제3굴(그림 3-51)은 불탑을 중앙에 두고 좌우에 코끼리, 꽃을 공양하는 인물상과 함께 불탑 또는 발자국에 공양을 올리는 코끼리와 인물상 등을 배치하여 동물과 인물이 같이 등장하는 특

그림 3-49.
동물상 주두장식 예,
렌야드리 제6굴

그림 3-50.
인물, 동물상 주두장식 예,
카를라 제8굴

그림 3-51.
인물, 코끼리 공양 주두장식 예,
칸헤리 제3굴

그림 3-52.
칸헤리 제3굴 입구
열주의 불상 장식 예

그림 3-53.
아말라카 주두장식 예,
카를라 제8굴

징을 보인다. 이때까지 석존 불표현 전통이 유지되는 것을 확인할 수 있다.

특히 칸헤리 제3굴의 입구 향우 측 기둥(그림 3-52)에는 불좌상과 불입상이 작게 표현되어 이 시기까지 불상의 표현이 활성화되지 않은 것을 보여준다.

카를라 제8굴의 열주 주두에는 홈이 파인 연꽃 장식인 아말라카 Amalaka(그림 3-53)가 처음으로 나타난다. 앞에서 언급한 B.C.1세기에 조성된 것으로 추정되는 베드사 제7굴의 경우 차이티야굴 내부의 열주와 달리 베란다의 기둥 주두에 연꽃 장식인 아말라카가 표현되어 있는데, 이것은 베드사석굴의 전실은 카를라석굴의 예를 통해 A.D.2세기경에 조성된 것으로 볼 수 있다.

③ 첨차부가 열주 형식

주두에 첨차가 좌우로 부착되는 형식으로 전기불교 석굴에서는 나타나지 않고 후기불교 석굴인 아잔타, 엘로라, 폴라둔가르석굴에서만 확인된다. 주두 외에 기둥 몸체에 빈 곳이 없이 빽빽하게 부조로 장엄하는 특징을 보인다. 특히 주두 옆에 첨차가 부가된다.

아잔타 제19굴 열주(그림 3-54) 주초는 사각기둥이나 위로 올라가면서 모따기를 해서 다각기둥으로 구성된다. 즉 4각 기둥 상단은 8각, 24각, 16각 등에 달하며 홈이 패인 연꽃 장식인 아말라카를 음각하였고 주두에는 첨차와 유사한 형태의 장식이 부가되었

그림 3-54.
첨차부가 주두장식 예①, 아잔타 제19굴

다. 주두에는 방형 감실을 음각하고 내부에는 불좌상, 좌우 첨차부에는 코끼리를 포함한 성수聖獸를 타고 있는 인물상 또는 주악을 연주하는 천인상이 부조되었다. 주두위 횡대는 방형 감실과 장식을 부조하였고 감실 내에는 불좌상 1구가 부조되었다.

아잔타 제26굴 열주(그림 3-55)는 아잔타 제19굴과 달리 주초부에는 16각과 32각의 몰딩(또는 16각과 32각이 아닌 원통으로 구성), 주두에는 홈이 패인 연

그림3-55.
첨차부가 주두장식 예② 아잔타 제26굴

꽃 장식인 아말라카를 음각하였고 위로 올라갈수록 지름이 약간 작아지고 있다. 주두에는 목조 공포 구성 부재인 첨차와 유사한 형태의 장식이 부가되었으며 아치형의 감실을 음각하고 내부에 다양한 수인을 결하며 결가부

좌를 하는 불좌상을, 좌우 첨차부에는 천인상이 부조되었다.

엘로라 제10굴 열주(그림 3-56)는 규모가 커진 대신에 불감이나 불탑의 장엄 등은 아잔타와 비교하면 조잡한 느낌을 면할 수 없으며 8각 열주도 아잔타보다 극단적으로 단순화되었다. 기둥 몸체의 상단에는 활짝 핀 작은 꽃이 빙 둘러 있고 각 면에 원형으로 파낸 문양과 16각의 오목하게 파인 면과 대칭으로 문양이 음각되었다. 이와 달리 엘로라에서 확인되는 기둥 형태 즉 안마당을 둘러싼 베란다의 열주, 내부의 열주 등이 다양하게 구성되어 같은 모습을 한 기둥의 예를 찾기 어렵다는 점이 흥미롭다. 폴라둔가르석굴 등 서말와 지역의 후기 불교 석굴에서는 석굴 입구에 방형 석주와 무장식 첨차가 부가되는 등 단순화된다.

이처럼 열주가 각기 다른 형태를 나타내는 것은 석굴사원의 오랜 역사 속에서 열주가 건축 양식인 동시에 거기

그림 3-56.
첨차부가 주두장식 예③, 엘로라 제10굴

서 벗어나 마치 불상과 신상의 조각처럼 또는 동등하고 때로는 그 이상의 조형적 존재로 표현되어 석굴사원 공간 속에서 피어난 것이다. '무주식'과의 가장 큰 차이점 가운데 하나는 개방성의 경우 시대에 따른 변화가 나타나고 있지만, 열주를 추가할 정도로 규모가 대형화되었다.

석굴 규모가 커진다는 것은 개착 비용이 비례하여 증가하는 것을 의미한다. 사타바하나왕조와 함께 크샤하라타 가문이 데칸고원으로 세력을 확장하면서 석굴을 시주하고 이와 함께 대 지중해 무역으로 막대한 부를 취득한 상인들의 후원과 시주에 의한 결과로 나타난 것으로 해석된다. 이와 반대로 무주식 차이티야굴은 열주식 차이티야굴과 달리 소규모인 점

이 특징이다. 이는 사타바하나왕조 붕괴 과정에서 경제활동을 포함하여 지방에 대한 통제가 약해지고 지방 세력에 의한 후원행위가 이루어지면서 나타난 예라 할 수 있다.

차이티야굴의 열주는 무장식, 주초·주두 장식, 주두에 첨차 부가의 방식으로 변하는 모습이 보인다. 이를 통해 전기불교 석굴 열주가 단순한 것에서 점차 복잡한 것으로 변하는 것을 확인할 수 있으며 차이티야굴 조성시기의 순위 판별에도 새로운 근거를 제시할 수 있다.

다) 말발굽형 열주식 차이티야굴의 특징

'말발굽형 열주식' 차이티야굴의 가장 큰 특징은 첫 번째로 대공간의 구현을 들 수 있다. 카를라 제8굴은 불교 석굴 가운데 깊이 약 43m, 높이·폭 약 14m의 최대크기 석굴사원이며 최고의 완성점을 보여주는 석굴이다. 평면이나 공간 구조가 목조건축을 기준으로 하는 것은 중앙통로 천장의 목조 궁륭형 골조와 서까래 부재가 지금도 부착되어 있어 목조건축 궁륭천장의 형태를 충실하게 표현한 것이 확인된다.

다른 차이티야굴의 경우도 목조 궁륭형 골조 또는 흔적을 볼 수 있거나 그 모양을 암반 면에 새겨넣는 것이 확인된다. 아마도 당시 인도 건축기술로는 불가능했던 규모였으나 석굴사원이기에 가능했다. 즉 암반을 파내어 조각하는 방법이었기에 실현될 수 있던 것이다. 석굴사원은 한번 파면 기본적으로 다시 고쳐지지 않는다. 암반층이 나쁘면 그것은 바로 실패이며 실제로 개착 도중에 중단된 예가 여럿 확인된다.

암반층은 구조 역학 등을 전혀 고려할 필요가 없을 만큼 충분한 강도를 갖고 있다. 피탈코라 제13굴 경우는 소규모 석굴이지만 열주가 모두 없어진 상태이나 석굴 자체는 꿈쩍도 안 한다. 이것은 반대로 열주들이 실질적인 구조체가 아님을 증명하는 것이며 또 암반층이 그만큼의 강도를 갖고 있음을 나타내는 것이다. 공간 조형에서 지상 건축물과 같은 구조 역학적인 제약이 없다는 것은 설계상에서 대단한 장점이다. 당연히 자유롭게 설계된 예가 증가하고 단순한 변형이 아니라 조형적 비약이 가능해진다.

단적인 예로 '알'을 상징하는 산치 제1탑의 복발은 석재를 이용하여 쌓아 올리는 축조방식 때문에 반구형의 형태를 나타낼 수밖에 없으나 석굴사원의 불탑은 조각이기 때문에 본래의 의미를 나타내는 '둥근 알' 형태의 모습으로 표현이 가능해진 것이다.

두 번째는 불탑에 대한 접촉 또는 접근성을 들 수 있다. 석굴 내부로 들어서면 불탑 크기는 다양하지만 대체로 사람보다 훨씬 더 크고 당당하다. 그러한 불탑을 바로 눈앞에서 볼 수 있다는 것은 사람들에게 커다란 감동을 가져온다. 사람은 우선 시각적으로 대상을 인식하기 때문에 차이티야 창을 크게 하여 내부를 밝게 하는 것은 '석존=불탑'과 사람과의 시각적 접촉을 가장 먼저 또 직접 행할 수 있도록 의도한 것으로 보인다. 불탑을 본 사람은 아주 자연스럽게 불탑으로 접근하여 접촉할 수 있다. 실제로도 로마 바실리카 성당과 달리 입구에서 불탑까지 가로막는 것이 하나도 없다.

세 번째는 불탑을 둘러싼 원형 공간을 들 수 있다. 불탑 주위를 돌면서 접촉하는 우요右繞행위, 즉 탑돌이 행위가 이루어진 것이다. 개착 당시 불탑에 대한 예배 또는 예법은 알 수 없지만 적어도 차이티야굴 공간 양식은 불탑 주위를 돌며 예배하는 성스러운 장소로 산치대탑을 봐도 확실하다. 이곳에도 탑돌이 행위를 위한 통로가 마련되어 있기에 탑돌이 행위는 무한의 원운동에 의해 성취되는 종교적 행위라고 할 수 있다.

주목되는 것은 성수聖樹 숭배와 불탑신앙과의 연관성이다. 불탑도 성수신과 마찬가지로 모든 재해로부터의 구제, 병의 치유, 재산의 증식 등을 비롯한 인간의 무한한 기복祈福을 위한 향후 가능성을 기대하게 하는 요소가 깃든 것이라 할 수 있다.[135] 성수신이 머무는 나무 주위에 울타리를 하거나(그림 3-57), 오른쪽으로 도는 우요 행위는 불탑에도 그대로 재현된다.

그림 3-57.
인도의 성수(聖樹) 신앙흔적, 가토트가차석굴 인근

불탑에 예배하는 행위는 합장하거나 불탑 앞에 무릎을 꿇는 것이 보통이지만 '우요(프라닥시나)' 라는 탑돌이 행위로 불탑을 시계 방향으로 도는 것이다. 일반적으로 알려진 것은 태양의 운행에 따르는 것과 관련되어 있다. (그림 3-58)

고대인도에서는 앞에서 언급했듯이 오른쪽은 성스럽게 보는 시각, 왼쪽은 부정으로 보는 시각과도 관련이 있다. 많은 브라흐마나 문헌에는 바라문 제사의식과 관련된 중요한 내용을 전하고 있다. 특히 무덤의 형태와

그림 3-58.
인도의 탑돌이 행위, 툴사레나식굴

조성법과 관련하여 『샤타파타 브라흐마나』 XIII. 8. 1. 1~4. 12에는 「아수라에 속하는 사람들」, 「동방의 사람들」은 원형 무덤을 만들고 시신을 용기에 넣어 매장하고, 무덤이 마을에서 보이지 않는 떨어진 곳에 만들거나 무덤에 대한 께름칙함의 상징적 행위로 알려진 왼쪽으로 도는 좌요 행위에 대해 언급되었다.

이렇듯 부정의 뜻을 포함하는 좌요 행위와 성스러운 행위를 표현하는 '우요' 행위, 즉 탑돌이 행위를 위한 공간 확보로 나타난 것이 차이티야굴 안쪽에 봉안된 불탑 주위를 통행할 수 있는 공간으로 숭배 목적에 따라 자연스럽게 생긴 것이라 할 수 있다.

라) 로마교회 바실리카 양식과의 연관성

'말발굽형 열주식 궁륭천장' 차이티야굴과 로마교회 건축형식의 기조를 이루는 바실리카Basilica 양식[136](그림 3-59)은 유사한 점이 매우 많다는 연구 결과가 있듯이 그 유사성은 상당하다.

---

136 『두산백과』등 바실리카 참조, 바실리카 건축과의 유사점에 대해서는 Percy. Brown, Indian Architecture (Buddhist and Hindu), Mumbai, 1956, p. 20. 참조

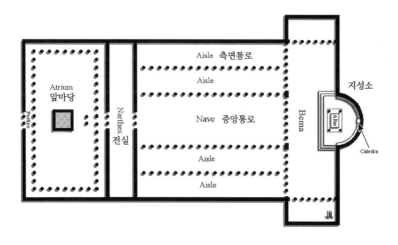

그림 3-59. 바실리카 양식 성당 평면도

  바실리카는 고대 로마 공화정 시대에 재판소나 집회장, 시장, 관공서,
지붕이 있는 야외극장 등 상업적인 용도보다는 공공의 목적으로 사용된
대규모 건물을 지칭하며 점차 장방형의 회당이라는 특정 형태를 취한 건
축을 지칭하게 된다. 기본적인 형식은 정면에 회랑 풍의 앞마당Atrium을
갖추고 당 안에는 정면 입구로부터 차례로 전실Narthex, 열주로 구분된 정
면통로nave와 측면통로aisle로 된 회당부, 좌우로 내민 익랑Transept를 거쳐
내당內堂의 제단 뒤에 튀어나온 원형과 반원형 천장으로 된 지성소apse로
이뤄진다.

  고대 로마 공화정 시대의 건축물과 313년 로마제국의 기독교 공인 이후
바실리카 양식 성당과의 연관성은 열주를 제외하고 평면을 포함하여 많
다고는 할 수 없고 지역적으로 떨어져 있는 등 우연히 이와 같은 평면이
자연적으로 발생한 것이라는 견해가 주류를 이루고 있다. 그런데 흥미로
운 점은 터키의 데린쿠유Derinkuyu에 있는 석굴교회에서 인도 차이티야굴
과의 연관성을 볼 수 있는 하나의 단서를 확인할 수 있다. 데린쿠유석굴

은 로마제국이 기독교를 국교로 공인하기 전인 A.D. 3~4세기경 개착된 것으로 추정되는 석굴교회이다. (그림 3-60)

당시 박해받던 기독교인들이 외진 산속의 암벽을 이용하여 석굴을 파거나 지하 깊숙한 곳에 굴을 파서 예배를 올릴 수 있도록 만든 공간의 형태가 '열주식' 차이티야굴의 형태와 동일하다. 열주도 안쏠림 기법으로 조성되었고, 불교 석굴에서는 불탑이 봉안되는 곳에서 탑돌이 행위를 할 수 있는 통로가 개설되는 것과 달리 데린쿠유 석굴교회는 가장 안쪽의 장방형 지성소 부근에 열주가 없다. 이 점이 성직자를 제외한 재가 신자들은 접근하기 어려운 공간으로 조성된 것이 가장 큰 차이라고 할 수 있다. (그림 3-61)

그림 3-60.
터키 데린쿠유석굴 입구

그림 3-61.
데린쿠유석굴 내부 열주,
지성소

시기적으로 데린쿠유석굴이 조성되기 전 A.D. 1~2세기는 인도·로마 사이의 대 지중해 교역이 매우 활발하던 시기였다. 1세기에 조성된 로마 초대황제 아우구스투스 영묘Mausoleum of Augustus(그림 3-62)의 방사상 구조 형태가 남인도와 서북인도에서 확인되는 스투파의 바큇살구조와 연관성이 있다는 견해[137]가 제시되는 등 문화적 교류도 활발하게 있었음을 짐작할 수 있다.

137　桑山正進,「アウグストゥス靈廟と大ストゥーパ」『東方学報』70冊, 京都, 1998. pp. 566~506.

이 점을 고려하면 데린쿠 유석굴은 서인도 차이티야굴의 직·간접 영향을 받아 조성된 '장방형 열주식' 석굴 교회였다.

그림 3-62.
아우구스투스 영묘(Mausoleum of Augustus), 로마,
Étienne Dupérac, 1575년, wikipedia

석굴교회는 로마제국의 기독교 공인 이전, 디오클레티아누스 황제(258~305) 재위시 로마 전역에서 종교 박해가 있을 때 이를 피하고 신앙생활을 영위하기 위해 조성된 것이다. 한편 313년 기독교 공인 이후에 대량으로 교회 건축물이 조성되자 많은 학자는 '바실리카'라는 로마의 건축물 형태와 연결했으나, 당시 대규모 인적, 물적 교류 등을 고려할 때 인도 차이티야굴을 직접 보고 온 사람 또는 전해들은 자에 의해 조성된 석굴교회를 참고하여 만들고, 공인 이후 지상에 조성하면서 평면형태가 유사한 로마의 바실리카 용어를 차용했을 개연성이 높다.

3) 방형 차이티야굴 형식

'방형' 형식[138]은 B.C. 3세기경, 로마스리시석굴과 함께 조성된 나가르주니 제3굴에서 시원적인 형태의 예가 확인되어 석굴 조영 초기부터 출현한 형식임을 알 수 있다. 나가르주니 제3굴은 입구에 작은 전실이 있고 출입구를 통해 안쪽 장방형의 공간으로 진입하게 되었으며 내부 공간에는 아무것도 없는 상태이다. 채광은 전면 출입구를 통해 이루어져 로마스리시

---

138 두 곳을 제외한 대부분은 평천장 형태를 나타내고 있으므로 이 책에서 언급하는 '방형 평면형식'은 평천장을 의미한다고 해도 과언이 아니다.

제7굴과는 다른 예를 나타내고 있다. 신자들이 모여 의례 및 예배를 할 공간으로 보기에는 너무 좁고 돌침대도 없는 점으로 보아 수행을 위한 공간으로 보인다. 로마스리시석굴의 경우처럼 육사외도 중의 하나인 아지비카교 신자들이 사용된 것으로 추정되는 승방 형식의 공간을 불교 석굴에서 도입하여 스투파를 봉안하는 차이티야굴로 변화된 것으로 볼 수 있다.

　다만 원형, 말발굽형 열주식에 비해 1~2세기가량 늦게 출현되고 석굴 규모가 소규모인 점은 당시 '말발굽형 무주식' 석굴과 '방형' 석굴의 위상을 짐작할 수 있다. 즉 소규모 석굴군에서 발견되는 명문에서 자신의 해탈을 구하는 보살로서의 자각을 가지고 수행을 하거나, 자신과 가족들의 안녕과 기복 등을 구하는 모습을 살필 수 있는 당시 시대 또는 지역의 불교 성격을 명확하게 들여다볼 수 있는 단서라고 할 수 있다. 방형 건축물 형태의 기원과 관련하여 앞 절에서 언급한 타밀나두의 반구형 가옥, 마투라 박물관의 집 형태 토기(그림 3-63) 등에서 장방형 건축물 예는 확인되나 평천장 지붕 형태는 전해지는 사례가 확인된 바가 없어 추정하기가 어렵다.

그림 3-63.
집 형태 토기, 마투라박물관, 기원전

　그러나 주위에서 가장 구하기 쉬운 재료를 사용하여 건축 행위가 이루어지는 것은 인류 역사의 건축 행위를 살펴볼 때 당연하다 할 수 있다. 인도 현지에서는 지금도 가장 구하기 쉬운 건축 재료인 벽돌을 장방형으로 쌓은 뒤 천장에는 서까래를 놓고 지붕을 덮는 단순한 구조의 장방형 평천장 건축물을 세운다. 이것은 인도의 경우만 아니라 인접한 파키스탄, 아프가니스탄, 중앙아시아 각 지역에서 지금도 확인되는 매우 보편적인 건축물이다. 석굴사원에 이러한 '방형'의 형태가 출현한다는 것도 다른 형식과 마찬가지로 이와 같은 지상 건축물의 예를 모방하여 나왔다고 본다.

특히 열주식 차이티야굴에 시주를 했던 부유한 상인들의 직접적인 시주행위를 기록된 명문은 발견되지 않는 것과 달리 지방 세력의 시주 명문은 다수가 확인된다. 이러한 점은 지역 주민들의 시주행위에 의한 경제적 차이가 소규모 차이티야굴을 조영하게 한 것으로 보인다. 서데칸의 대형 석굴사원처럼 주요 교통로에 조성하는 것이 아니라 촌락에 근접하여 주민들과 원활한 소통이 이루어지도록 소규모로 개착되었으며, 그 지역에서 주된 불교 석굴사원의 역할을 한 것으로 보인다.

서인도의 차이티야굴은 콘디브테석굴을 시원형으로 하는 '말발굽형'으로 이어졌다는 견해가 대세를 이루었다. 하지만 차이티야굴에 대한 확인 결과 '방형'의 차이티야굴이 의외로 많이 확인되었다. 물론 '말발굽형 열주식'과 비교하면 규모는 작고 장식이 거의 없는 매우 단순한 형식이지만 '방형' 차이티야굴은 인도 전 지역을 통틀어 실질적으로 가장 널리 분포되고 많이 개착되었다.

이것은 '방형' 차이티야굴이 당시 인도인들의 기층적인 삶과 연계된 석굴이었다는 것을 말해 준다. 조성시기는 서데칸 지역은 B.C. 2세기~A.D. 2세기경, 콘칸 지역은 A.D. 2~4세기경, 남인도·서말와 지역은 A.D. 5~9세기에 개착되는 특징을 보인다. 전기불교 석굴에서 후기불교 석굴에 걸쳐 오랫동안 조성되며 인도 전역에서 가장 활성화된 차이티야굴 형식이라 할 수 있다.

'방형' 차이티야굴은 크게 스님의 거처인 승방의 유무를 통해 2가지로 구분할 수 있다. 첫 번째는 불탑이 봉안된 차이티야굴에 승방이 없는 경우, 두 번째는 차이티야굴에 승방이 부설된 경우로 구분할 수 있다.

승방이 부설되는 경우에는 불탑이 봉안된 공간이 해당 석굴군에서 주요 위치를 담당하는 여부에 따라 다시 2가지로 나눌 수 있다.

첫째는 차이티야굴에 승방이 부설되는 차이티야굴과 둘째는 비하라굴 내부에 불탑이 봉안되는 탑당이 부설되는 비하라굴로 구분된다. 그러나 비하라굴이라도 탑당에 봉안된 불탑에 대한 의례 및 공양이 이루어져 차이티야굴의 성격을 포함하고 있다. 석굴이 대량으로 조성되는 시기는 사타바하나왕조와 크샤트라파왕조라는 양대 정치세력과 대지중해 교역으로 막대한 부를 취득한 상인들이 관련되면서 서데칸 지역에 대규모의 말발굽형 차이티야굴이 개착된다. 그런데 양쪽 왕조의 쇠퇴와 보조를 맞춘 지방 세력의 발흥으로 콘칸 지역을 중심으로 소규모 '방형' 차이티야굴이 집중적으로 나타난다.

즉 콘칸 지역 남부에 주로 분포되는 소규모 '방형' 차이티야굴을 시주하거나 후원한 정치세력은 분명히 통일 지배 왕조가 아닌 지방 세력이었다. 따라서 소규모 방형 차이티야굴은 지방권력자, 금속 세공사, 상인, 우바새 등 다양한 시주자에 의해 개착되었음을 명문을 통해 알 수 있다. 개착 시기도 A.D. 2세기 후반을 거슬러 올라가는 예가 거의 없는데 이들 '방형' 차이티야굴 구조가 단순하고 장식이 없는 형태로 조영되었다. '말발굽형' 차이티야굴의 불탑과는 다른 형식으로 표현되어 분명한 차이가 있다. 이러한 차이는 후원세력의 다양화와 함께 불교사상의 변화 때문에 나타난 것으로 볼 수 있다.

'말발굽형' 차이티야굴은 아라비아해 연안의 항구도시에서 서고츠산맥을 넘어 내륙의 여러 도시와 연결된다. 하지만 '방형' 차이티야굴은 콘칸 지역의 하천을 따라 서고츠산맥에 이르는 경로에 있는 촌락에 근접한 낮은 구릉에 있는 다수의 소규모 불교 석굴군으로 자리한다. 그뿐만 아니라 시주 명문 자체도 적은 편으로 아직 해당 지역의 사회경제나 불교사상의 전개에 대해 명확하게 밝혀진 것이 없다.

앞서 살펴본 명문에는 대승적인 사람들로 불리는 석종비구 또는 석종우바새·우바이라는 시주자가 등장하고 일체중생의 무상지 획득을 바라는 발원문이 확인되는 것으로 보아 재가 신자들이나 비구·비구니들이 대승교도인 것은 틀림없다. 그런데 명문에 언급된 caitya-vāda, 즉 제다산부制多山部에 속하는 부파불교도의 참여가 보여 대승 일색인 점도 아니다. 제다산부는 산스크리트 caitya의 음사어 제다制多를 의미하며 석존 입멸 후 200년 말에 대중부大衆部에서 갈라져 나온 파로 제다산에 거주하여 이름이 붙여졌다.

석존 입멸 후 100년~400년경 사이에 불교 교단은 계율이나 교리 해석에서 의견대립을 보여 보수적인 상좌부와 진보적인 대중부로 분열되는데 이를 '근본분열'이라 부른다. 이후 분파를 거듭하여 상좌부계 11부와 대중부계 9부파의 소승 20부가 성립된다. 대승불교는 대중부계 불교가 아니라 대중부계 불교 영향을 받아 새로이 나타난 것이다.

한편 전기와 후기불교 석굴의 가장 큰 차이가 불상의 유무이지만 전자를 소승 석굴, 후자를 대승 석굴로 마치 「대승계」, 「소승계」 구별이 있는 듯한 오해와 소승이라는 용어가 대승불교로부터 나온 불공평한 호칭이기에 이 책에서는 '부파불교'로 호칭하였다.

서인도 석굴사원에는 다른 부파불교 스님들이 함께 있는 것이 확인되어 부파 간에 갈등이 없다는 것을 보여준다. 이러한 점이 서인도에 '방형' 차이티야굴과 비하라굴이 활성화되는데 하나의 계기가 된 것으로 보인다.

여기서 주목되는 것은 아난다가 석존께서 열반에 들기 전에 여래의 존체에 대한 대처방안 질문에 대해 앞서 언급한 대로 장례는 재가 신자들에게 맡기고 출가 스님들은 관여하지 말고 수행에 전념하라고 한다. 이처럼 장례 방법은 기술되었지만, 불탑 관리 및 운영에 대해서는 언급되지 않았다. 그러나 불탑의 조성 위치가 불교사원이 아닌 마을 네거리에 조성되고 재가 신자에 의해 불탑 관리가 이루어지며 스님들은 관여하지 않는 등 재가자와 출가자가 완전히 분리된 것을 알 수 있다. 재가자들은 출가자들과 달리 엄격한 수행 생활을 하지 못하기 때문에 불탑에 공양 및 예배를 올리는 행위를 하면서 석존에 매달리며 깨달음과 구원 얻기를 바랐다.

그런데 2세기경 출가자들도 불탑 숭배에 동참하는 것이 명문을 통해 확인된다. 아소카왕 대 이후 불탑에 대한 숭배가 현실적으로 이루어지면서도 그때까지 불탑 숭배에 대한 불교 교단의 자세가 정립되지 않아 각각의 불교 교단에서 갈등이 발생했음을 짐작할 수 있다.

대표적인 예로 대중부 계통에서는 '탑 숭배는 과果가 적고', 설일체유부說一切有部 계통에서는 '탑원에 대한 시주는 공덕의 과가 적으며 석존에게 시주하는 것보다 스님에게 시주하는 편이 더욱 큰 과가 있다'라고 하며 자신들의 이익이 되지 않는 불탑 숭배를 적극적으로 하지 않았다.[139] 그런데 우바새와 우바이가 석굴사원의 불탑 시주에 적극적으로 참여를 한다는 것은 사상이나 수행환경 등 변화가 나타나는 것을 암시해주고 있다.

불탑 숭배는 재가자 및 출가자들과 교단 측에게 불교의 중요한 예배 의식으로 정착되어 갔다. 석굴사원에서도 초기에는 '말발굽형' 차이티야굴이 다수 개착되다가 2세기 이후 '방형' 차이티야굴이 일반적으로 개착된

---

139   나까무라 하지메(中村元) 외, 김지견 역『佛陀의世界』김영사, 1984. p.356.

다. 한편 차이티야굴 내부에 스님의 거주처인 독방이 개착되고 이후 다수의 독방이 개착된 비하라굴 내부에 예배용 불탑이 봉안되기에 이른 것이다.

한편 석굴 조영의 공백기로 알려진 3~4세기에 콘칸 지역을 포함하는 서데칸 지역에서 활발하지는 않지만 광범위하게 '방형' 석굴 조영이 지속해서 이루어졌다는 히라오카 미호코의 견해에 대해서는 필자도 동의하는 바이다. 왜냐하면, 지금까지 고찰해온 바와 같이 콘칸 지역에 산재해 있는 규모가 작고 건축 장식이 거의 없는 단순화된 석굴사원 가운데는 데칸고원의 전기불교 석굴과 밀접한 연관성을 나타내면서도 독자적인 양식발달을 이루는 석굴사원의 모습이 관찰되는 등 중요한 요소가 발견되기 때문이다.

다만 차이티야굴의 편년에 대해 나가라주, 데헤지아 등 많은 학자가 제시한 대부분 석굴의 편년 설정이 정설화되지 않았다. 명문 등을 통해 기준작으로 부를 수 있는 불탑의 예가 거의 없는 등 실증적인 뒷받침이 부족하지만, 상대적 연대론에서는 '방형 승방부설' 차이티야굴과 '방형 무주식' 차이티야굴의 비교를 통해 설명이 이루어진다. 즉 '말발굽형 열주식'의 유사형으로 파생되거나 비슷한 시기에 같이 나타나 비하라굴과 융합하는 관계로 오랫동안 존속하게 되는 전개로 이루어진 것이 명확해진다.

그리고 이러한 석굴형식의 다양화를 고찰하는데 당시 승단 본연의 자세, 시주자와 사원들과의 후원 관계 등에 대해서도 검토가 이루어져야 할 필요가 있다. 불탑 숭배시대의 방형 비하라굴과 비교 시 일종의 변형이라고도 할 수 없다. 방형 차이티야굴의 공간 복합성, 불탑과 승방의 공존은 후기불교 석굴 양식의 전개에 디딤돌을 놓는 듯한 위치에 놓여 있다. '승방부설'과 관련하여 『사분율비구계본四分律比丘戒本』에서 언급하기를,

"불탑 속에서 잠을 자지 말고, … 불탑 속에 재물을 갈무리하지 말고 … 가죽신을 신고 불탑 안에 들어가지 말고, … 손에 가죽신을 들고 불탑 안에 들어가지 말고, …"

당시 어떤 비구들이 불탑 속에서 거주했기 때문에 이러한 내용이 담긴 것일 것이다. 아무런 문제가 없었다면 언급이 없었겠지만 거주하면서 문제가 발생했기 때문에 이러한 조항이 생겼다고 보아야 한다. 그런데 탑 안에 거주하는 것은 이해하기 어렵다. 왜냐하면, 탑 구조상 들어가거나 사는 것이 불가능하기 때문이다. 그러나 서인도 차이티야굴 가운데 '승방 부설' 차이티야굴에 적용하면 매우 잘 어울린다.

즉 경전에서 언급하는 탑은 차이티야굴의 불탑을 지칭하는 것을 알 수 있다. '승방 부설' 차이티야굴 형식이 바로 이 규정과 일치를 보여 위와 같은 계율의 제정이 된 것은 아닐까 여겨진다.

가. 무주식無柱式 방형 차이티야굴

'무주식' 석굴은 입구에 벽기둥 2주와 열주 2주로 구성되는 기둥이 없다. '방형'에서 가장 이른 시기인 B.C.2세기경에 개착된 것으로 추정되는 칸헤리 제2e굴의 경우, 장방형으로 현재는 훼손되었지만 입구 계단을 올라 출입구를 통해 내부로 진입하며, 안쪽에 봉안된 불탑 뒤쪽 벽에는 이후에 조성된 것으로 보이는 불감을 파내고 내부에는 다양한 불입좌상이 부조되었다. 표6)은 방형 무주식 차이티야굴의 예이다.

연번	석굴사원명	No	Nagaraju	佐藤宗太郎	Dehejia, 이희봉	비고
1	Kanheri	2c	-	-	-	무주식
2	Kanheri	2e	-	-	A.D.160	무주식
3	Agashiv	12	-	-	-	무주식
4	Amba Ambika	25	A.D.3C	-	-	무주식
5	Chiplun	1	-	-	-	무주식
6	Shirwal		-	A.D.1C	-	무주식
7	Bojjanakonda	2	-	-	-	무주식
8	Dhamnar	3	-	-	-	무주식
9	Dhamnar	5a	-	-	-	무주식
10	Dhamnar	11	-	-	-	무주식

표6. 방형 무주식 차이티야굴 예 및 추정 조성시기

그림 3-64.
방형 무주식 차이티야굴 예①,
칸헤리 제2e굴

그림 3-65.
방형 무주식 차이티야굴 예②,
아가쉬브 제12굴

1~2세기경 암바 암비카 제25굴, 아 가쉬브 제12굴, 치 플런 제1굴, 시르왈 석굴의 경우 입구에 다소간의 크기 차이 가 있는 전실 공간이 있고 내부 안쪽에 불탑이 봉안되었다. 후기불교 석 굴은 남인도의 보짜나콘다, 서말와 지방의 담나르석굴군에서만 확인된 다. 특히 담나르석굴군의 경우는 전기불교 석굴에서 볼 수 있는 평면과 유사성이 적은 편이며 각각 석굴의 예가 전부 다르게 나타나고 있어 이 시기 이 지방의 특색으로 볼 수 있다. 무주식 석굴의 예는 칸헤리 제2c굴, 칸헤리 제2e굴(그림 3-64), 아가쉬브 제12굴(그림 3-65), 암바암비카 제25굴, 치플런석굴, 시르왈석굴, 보짜나콘다 제2굴, 담나르 제3굴, 제5a굴, 제11 굴, 제14a굴, 제14b굴을 들 수 있다.

그림 3-66)은 방형 평면 석굴의 개략적인 평면도이다. 주목되는 것은 서가츠산맥의 케드삼블석굴 인접한 곳에서 절벽과 지반이 만나는 갈라진 부분을 이용하여 개착된 깊이 4~5m, 높이 2m 정도의 낮고 폭이 좁은 방형 평면의 차이티야굴과 비하라굴이 여러 개가 남아 있는 것이 확인되었다.

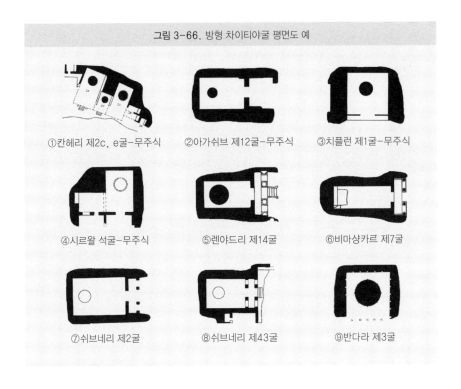

그림 3-66. 방형 차이티야굴 평면도 예

①칸헤리 제2c, e굴-무주식   ②아가쉬브 제12굴-무주식   ③치플런 제1굴-무주식

④시르왈 석굴-무주식   ⑤렌야드리 제14굴   ⑥비마샹카르 제7굴

⑦쉬브네리 제2굴   ⑧쉬브네리 제43굴   ⑨반다라 제3굴

그림 3-67.
캐드삼블석굴군 전경, 스투파

그러나 대부분 훼손되었으며, 많은 부분이 파손된 스투파 1기가 남아 있다. (그림 3-67) 승탑 여부는 알 수 없으며, ASI에서 분류하지 않고 있어 석굴 명칭에 대해서도 알 수 없다. 이 책에서는 캐드삼블석굴군으로 단순 분류하였다.

불탑의 원통형 기단부는 확인되지 않으며, 석굴의 벽면에 비해 매우 거칠게 다듬질 된 반구형 복발과 상단에 작은 방형 하르미카로 보이는 부분이 남아 있을 뿐이다. 석굴의 위치와 자연 동굴을 이용한 개착방법, 고식의 불탑 양식 등으로 미루어 보아 B.C. 2세기경 케드삼블석굴의 조성시기와 비교할 때 무주식 방형평면 차이티야굴의 시원적인 성격을 보여준다. 아직 이 석굴군에 대해 발굴조사가 이루어지지 않았지만, 말굽형, 원형, 방형 등 이제까지 알려지지 않은 초기에 해당하는 석굴의 예가 최근 발견되고 있어 향후 연구 결과가 주목된다.

나. 열주식列柱式 방형 차이티야굴

'열주식' 석굴은 입구에 벽기둥 2주와 열주 2주로 구성되는 기둥이 있는 형식이며, 표7)은 방형 '열주식' 차이티야굴 조성시기에 따른 예이다.

연번	석굴사원명	No	Nagaraju	佐藤宗太郎	Dehejia, 이희봉	비고
1	Lenyadri	14	A.D. 100-180	-	A.D. 50	열주식
2	Bhimashankar	7	A.D. 124, 平岡	-	-	열주식
3	Shivneri	2	A.D. 180-230	-	-	열주식
4	Shivneri	43	A.D. 230-300	-	-	열주식
5	Bhandara	3				노천식
6	Agashiv	17	-	-	-	열주식
7	Bojjanakonda	1	-	-	-	열주식
8	Dhamnar	8	-	-	-	열주식
9	Dhamnar	12a	-	-	-	열주식

표7. 방형 열주식 차이티야굴 예 및 추정 조성시기

열주식 석굴의 예는 렌야드리 제14굴(그림 3-68), 비마샹카르 제7굴, 쉬브네리 제2굴, 시브네리 제43굴, 아가쉬브 제17굴, 담나르 제8굴, 제12a굴을 예로 들 수 있다. 이외에도 동라이석굴을 예외로 들 수 있는데, 동라이석굴은 복도를 이용하여 차이티야굴과 승방이 연결되는 특이한 구조를 갖추고 있어 이 책에서는 '승방부설' 차이티야굴에서 취급하였다.

그림 3-68.
렌야드리 제14굴 전면, 열주

카라드의 아가쉬브 제17굴(그림 3-69), 동라이석굴(그림 3-73 참조)은 전면에 장식이 없는 단순한 사각형의 기둥으로 구성되었으며 동라이는 승방과 연결되는 평면을 갖고 있어 다음 승방 부설 형식에서 언급하였다. 후기불교 석굴인 담나르에서는

그림 3-69.
아가쉬브 제17굴 전면, 열주

주초는 벽기둥과 난간 벽으로 연결되며 주두는 첨차가 부가된 무장식의 사각기둥으로 구성되었다. 이 차이를 통해 각 지방의 특색이 나타내고 있는 것으로 확인된다.

그림 3-70.
준나르 쉬브네리 제43굴 전면

이중 렌야드리 제14굴(몸체 훼손), 비마샹카르 제7굴, 시브네리 제2굴, 쉬브네리 제43굴 등 준나르석굴군에서 가장 먼저 확인되는데 모두 주초는 층단괴임과 항아리형 물병 장식, 8각 기둥, 주두는 주초를 뒤집어 놓은 형태로 구성되었다. 준나르 쉬브네리 제43굴(그림 3-70)은 특이하게 석굴 내부에 열주가 세워지는 예이다. 담나르의 첨차 부가 형식은 '말발굽형 열주식'인 아잔타 제19, 26굴과 엘로라 제10굴 등 후기불교 석굴과의 연관성을 보인다. 준나르석굴군의

층단괴임과 항아리형 물병 장식 구성은 1세기경 나식 제18굴 이후에 나타나는 것과 궤를 같이한다.

다. 방형 차이티야굴의 특징

'방형' 차이티야굴의 특징은 살펴보면 첫 번째로 다수의 예에서 정방형보다 장방형의 형태를 지니고 있다. 불탑이 안쪽에 봉안되는 이유로 장방형을 나타내는 것으로 보이며 불탑 주위로 말발굽형과 같이 탑돌이 행위를 할 수 있는 공간이 작게나마 확보되었다.

두 번째는 석굴 내·외부에 장식이 거의 없는 무장식으로 간소하고 단순한 형태로 조영되었다. 예외적으로 콘디브테, 칸헤리석굴의 불상 부조는 후대에 추가된 것이며 특히 동라이석굴 내부 벽면에는 시주자로 추정되는 인물상 2인이 부조된 특이한 예라 할 수 있다.

세 번째는 개방성과도 연결되는 출입구 형태의 다양함을 형태를 들 수 있다. 다수의 '말발굽형'에 차이티야 아치형의 출입구를 만드는 것과 달리 '방형' 차이티야굴에서는 비마샹카르 제7굴을 제외하고 장방형의 출입구를 만들었다. 가장 이른 시기에 조영된 것으로 추정되는 칸헤리 제2e굴, 제2c굴, 암바암비카 제25굴 등 목재 문이 달린 것으로 확인되었다.

'말발굽형'과 같이 필요할 때 개방될 수 있는 구조로 이루어졌다. 평소에는 문을 닫았다가 의식이 있을 때만 문을 열었거나, 혹은 주위에 비하라굴이 있는 것으로 보아 매일 아침, 저녁으로 의례가 있을 때 문을 개방한 것으로 여겨진다. 그러나 문을 여는 행위 자체가 이미 의식적인 의미가 포함되었다고 판단된다. 현재 스리랑카 불치사에서 행해지는 부처님 치아 사리 친견과 같은 의례 행위를 예로 들 수 있다.

네 번째는 전기불교 석굴 초기의 차이티야굴을 제외한 기원후에는 차

이티야굴 앞에 전실이 마련되는 경우가 다수를 차지하며 전실이 부가되
는 경우 벽기둥을 포함한 열주가 같이 조영되었다. 예외적으로 동라이석
굴의 경우 차이티야굴과 좌·우측에 배치된 승방 앞에 복도식 전실을 조
영한 예도 있다.

4) 승방 부설 차이티야굴 형식

가. 평면구성

'승방 부설'은 앞에서 언급한 '승방'이 없는 '방형'과 유사한 것으로 보인
다. 칸헤리 제2c굴의 예처럼 초기에는 '방형' 차이티야굴 내부에 승방이
부설된 것이 아니라 차이티야굴 외부에 별도의 승방(칸헤리 제2b굴, 쉬브네리
제66굴 등)을 마련하고 측면의 출입구를 통해 출입이 이루어졌다. 이후 차
이티야굴 내부에 승방이 개설되는 형식으로의 변화가 나타났다. 표8)은
'승방부설' 차이티야굴 조성시기에 따른 예이며, 그림 3-71)은 개략적인
평면도이다.

연번	석굴사원명	No	Nagaraju	佐藤宗太郎	Dehejia,이희봉	비고
1	Kanheri	2c	-		-	
2	Shivneri	66	A.D.100~180	B.C.1~A.D.2C	A.D.130	
3	Kuda	9	A.D.100~180		A.D.90	
4	GandharPale	21	-	-	-	
5	Panhalekaji	5	데쉬판데,3~5C		-	
6	Kuda	1	A.D.230~300	A.D.1C	A.D.120	
7	Kuda	6	A.D.230~300	-	A.D.120	
8	Khed	1	-	-	-	
9	Agashiv	7				
10	Dongrai					
11	Kuda	15	A.D.180~230		A.D.120	
12	Shelarwadi	8	A.D.3C	A.D.1~2C	-	
13	Kanheri	31	-	-	A.D.160	

표8. 승방부설 차이티야굴 예 및 추정 조성시기

'승방 부설' 차이티야굴은 마하라슈트라주 마하드Mahad의 쿠다석굴, 케드석굴군(1굴, 6굴(그림 3-72), 15굴), 판하레카지석굴과 치플런Chiplun석굴, 카라드Karad의 아가쉬브석굴, 동라이석굴(그림 3-73) 등 콘칸과 인근 지역에서만 확인되는 특징을 가졌다. 특히 마하드 지역은 A.D. 1세기 이후 로마와의 지중해 교역 때 비약적인 발전을 이루면서 해양 교역로와 내륙 교통로의 정비가 이뤄지고 지리적 조건의 이점을 제공받았다.

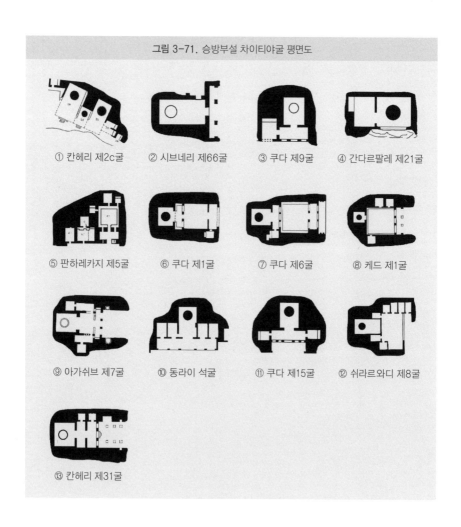

그림 3-71. 승방부설 차이티야굴 평면도

① 칸헤리 제2c굴　② 시브네리 제66굴　③ 쿠다 제9굴　④ 간다르팔레 제21굴

⑤ 판하레카지 제5굴　⑥ 쿠다 제1굴　⑦ 쿠다 제6굴　⑧ 케드 제1굴

⑨ 아가쉬브 제7굴　⑩ 동라이 석굴　⑪ 쿠다 제15굴　⑫ 쉬라르와디 제8굴

⑬ 칸헤리 제31굴

그림 3-72. 쿠다 제6굴 전면

그림 3-73. 카라드 동라이석굴 전면

마하드 지역은 만다고라(현 Bankot)로 언급되는 항구도시와 사비트리강을 통해 연결되어 서고츠산맥을 넘어 내륙으로 연결되는 교통 요충지로 교역로 인접한 곳에 다수의 석굴군이 개착되었다.

대승불교 교단의 거점으로 알려진 마하드에서 '방형 평천장' 형식의 사례를 모방하여 스투파를 모시는 성역화된 공간에 스님의 거주 장소인 승방을 배치하여 일체화한 것은 신앙 형태의 변화가 나타난 것으로 볼 수 있다. 즉 차이티야굴 가장 안쪽에 있는 탑당 앞에 작은 규모의 홀을 마련하고 소규모의 스님 또는 재가 신자가 모여 의례를 올리는 공간 주위에 스님의 거주처이자 수행공간인 승방을 부설한 것은 부파 교단에서 대승 교단으로의 변화가 나타난 것으로 해석된다.

교단과 관련된 문제는 방형 평면형식에서 간략하게 언급했듯이 재가자 외에 출가자가 석굴사원 불탑 조성에 적극적으로 참여하는 것이 확인되었고 이는 사상이나 수행환경 등에 변화가 나타난 것을 암시하고 있다. 이처럼 차이티야굴 중심 공간에 스님의 거주공간인 승방이 부설되는 새로운 양식의 도입과 전개는 기존의 조영 사례를 모방하면서 대승불교로의 변화를 나타낸 것이다.

나. 승방 부설 차이티야굴의 특징

'승방 부설' 차이티야굴의 특징을 살펴보면 첫 번째로 차이티야굴 내부에 스님의 거주공간인 독방이 개설된다. 초기에는 하나의 출입구를 통해 출입이 이루어지며 내부에 승방 1실이 추가로 개착된다. 이후에는 내부의 넓은 중정의 3면에 승방이 불특정하게 배치된다. 이 형식이 나타나기 전에는 차이티야굴에서 불탑을 봉안하는 공간은 성역 공간이었던 것과 달리 시대가 내려오면서 명백한 수행공간으로서의 승방이 추가로 부설되는 중요한 변화를 보인다. 즉 차이티야굴과 비하라굴이 같은 석굴 공간에 조성되는 모습을 나타낸다.

이후 승방의 숫자도 1실~7실로 조성시기가 올라갈수록 승방 숫자가 증가하는 예가 확인된다. 특히 쉬라르와디 제8굴, 간다르팔레 제9굴의 경우 불탑이 봉안된 탑당 주위 3면에 승방이 배치되어 후기불교 석굴의 불당이 배치되는 비하라굴로의 변천 과정에서 나타나는 과도기적 모습으로 보인다. '승방 부설' 평면을 포함하여 인도 석굴 전체를 살펴보아도 같은 평면을 가진 석굴 예를 발견할 수 없다. 쉬라르와디 제8굴 전면은 아치형의 출입문 형태로 새롭게 보수를 해놓은 상태로 원형을 알 수 없다.

두 번째는 차이티야굴 전실 공간에 벽기둥을 포함하는 열주가 조성된다. '말발굽형' 차이티야굴에서는 2세기 이후에 조영되는 카를라, 칸헤리 제3굴, 렌야드리 제6굴의 경우를 제외하고는 전실과 열주의 조영이 없다. 그런데 '방형' 차이티야굴에서는 전실과 열주가 조성된 예가 다수의 석굴에서 확인된다. 예외적으로 카라드의 동라이석굴은 차이티야굴과 승방 4실이 횡으로 같은 공간에 개착되고 이들은 복도를 통해 연결되는 유일한 구조를 가졌다. 복도 앞에는 열주 4주, 벽기둥 2주가 마련되고 기둥 사이에는 난간이 조영되었다. 차이티야굴 좌측의 승방과 연결되는 측면 출입구를 마련한 예도 확인된다.

세 번째는 준나르 시브네리석굴의 예를 제외하고는 대부분 콘칸 지역과 연관성이 나타나는 지역에 조성된다는 점이다. 아가쉬브석굴의 예도 콘칸 남부 지역과 내륙 도시인 Ter와의 교통로 초입에 있어 영향을 받았다는 것을 짐작할 수 있다. 조성시기도 사타바하나왕조가 멸망하여 서데칸 지역을 장악한 왕조가 없는 상태에서 지방 세력과 지역의 재가 신자들 후원으로 조영되었기 때문에 소규모의 석굴 형태로 개착되고 운영된 것으로 볼 수 있다.

5) 탑당 부설 차이티야굴 형식

'탑당 부설' 차이티야굴은 다수의 승방이 개설된 비하라굴 내부 안쪽에 별도의 탑당을 부설하여 불탑을 봉안하거나 내부의 벽을 이용하여 공양 및 의례 대상의 불탑을 부조하는 형식이다. 전형적인 후기 비하라굴의 일반적인 평면(그림 3-74)의 가장 기본적인 특징은 3가지로 구분된다.

① 넓은 중정의 가장 안쪽 벽에 불상이 봉안되는 불당이 별도로 마련된다.

② 불당 앞에는 중정이 있고 안쪽 벽과 좌우 벽에 스님 거주 장소이자 수행공간인 승방이 다수 개설되었다.

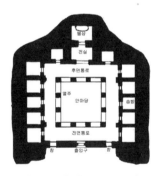

그림 3-74. 후기 비하라굴 평면도

③ 중정에는 열주가 '口' 형태로 배치되고 사이에 통로가 형성되며 불당이 개착된 후기 비하라굴 대다수가 이 형태를 유지하고 있다.

일반사원의 경우 파키스탄 간다라 지역의 탁트이바히사원(그림 3-75)처

그림 3-75.
파키스탄 탁트이바히 Takht-i-Bāhī 사원 전경

럼 승방을 'ㅁ'자형으로 4면을 에워싸거나 3면을 'ㄷ'자형으로 에워싼 중정을 만들고 승방을 조성하는 것과 달리 석굴은 'ㅁ'자형이 없고 1~3면에 승방을 배치한 것은 아마도 채광 문제로 보인다.

바그 제2, 4굴의 경우처럼 불상이 있는 위치에 불탑이 봉안되면 이 형식과 거의 겹치며, 불상이 봉안된 불당과 열주가 제외되면 전기불교 석굴 비하라굴의 평면도가 된다. 그러나 위의 3가지 조건을 충족하지 않는 변칙적인 비하라굴도 실제로는 상당히 많다. 이러한 것을 반영하듯 '탑당 부설'의 경우도 전기와 후기에 속하는 경우 비하라굴과 각각의 같은 평면을 나타내는 것이 확인된다. 차이티야굴이 거대화되어도 변함이 없는 것은 신앙의 대상인 불탑 또는 불상을 중심으로 이루어졌다는 점이다. 즉 종교적 핵심인 불탑이 차이티야굴로 완전히 독립하는 것이 일반적이지만 탑당만 독자적으로 독립하는 것이 아니라 비하라굴과 합쳐서 하나의 사원을 형성한 것이다.

후기불교 석굴은 5~6세기를 정점으로 이후 점차 쇠퇴하고 8세기경 개착이 끝나는 것과 달리 힌두교 석굴은 5세기 초에 개착되어 6~8세기에 번성하고 9세기경에 끝난다. 힌두교 석굴에는 다기둥 형식의 대형 석굴의 조영 특징이 나타난다.

예를 들어 바다미Badami, 엘레판타Elephanta, 엘로라Ellora 등 힌두교 석굴에서는 굵은 기둥으로 넓은 중정을 채우고 있다. 물론 구조 역학적으로 전혀 필요치 않은 의도를 갖고 설계된 석굴사원이다. 이런 힌두교석굴의 영향을 받아 바그석굴과 같은 다기둥 공간의 차이티야굴이 출현하는 것으로 보인다. 이러한 다기둥 형식은 차이티야굴의 탑돌이 통로가 후기불교 석굴의 비하라굴에 접목되면서 그 기능을 불당에 받아들인 형식으로 나타나고 이 형식은 힌두교 석굴사원에도 영향을 주었다.

'탑당 부설' 형식은 전·후기불교 석굴 시대의 차이티야굴 형식을 깨트리고 나왔다는 의미가 있다. 즉 전기불교 석굴에서는 불탑을 봉안하고 예배하는 공간인 차이티야굴이 다수를 차지하였다. 후기불교 석굴에서는 스님의 거주공간인 비하라굴 안에 불탑 또는 불상의 전용 공간이 공존하는 형식이 주류를 이룬다. 그런데 석굴 형태나 평면은 분명히 비하라굴이지만 비하라굴 비중은 결코 크다고 할 수 없다. 오히려 '석존=불탑'을 중심으로 하는 종교 공간을 승방이 둘러싸는 모습이라고 해도 과언이 아니다.

즉 석굴 공간 전체의 조형 지향점은 오히려 불탑 또는 불상을 향해 집중되어 예배공간으로의 확실한 종교적 기능을 담당하고 있다. 승방은 어디까지나 스님의 거주공간으로 그 공간은 석존의 공간 속에 완전히 흡수된 것이다. 또한, 스님 자신들의 비하라굴에서 독자적으로 불탑을 숭배하기를 원한 것으로 보인다.

이러한 예는 앞 절에서 살펴본 전기불교 말 석굴에서 나타나는 '승방 부설'의 평면형태가 석굴 규모가 커지면서 확대된 것이다. '탑당 부설' 차이티야굴은 '방형' 차이티야굴'의 정점을 나타낸 것으로 중정의 열주 유무를 통해 ① 무주식, ② 열주식으로 구분된다. 이들 각 형식의 예를 각각 고찰하였다.

(1) 무주식無柱式 탑당 부설 차이티야굴 형식

'무주식 탑당 부설'은 비하라굴 내부의 중정에 열주가 없는 형식으로 케드삼블, 시브네리 제42굴, 와이로하레 제2굴, 나식 제10굴, 나식 제3굴,

간다르팔레 제9굴 등 전기불교 비하라굴에서만 나타난다. 서데칸과 콘칸 지역에서 확인되며 후기불교 비하라굴로 전해지는 과도기적 형태로 보인다.

나식석굴군 가운데 '왕비의 석굴사원' 또는 '가우타미푸트라석굴'이라는 명칭을 가진 나식 제3굴은 사타바하나왕조 가우타미푸트라 샤타카르니왕의 이름을 기록한 명문의 존재와 장식으로 서인도 전기불교 석굴 중 가장 중요한 석굴의 하나로 꼽히는 비하라굴이다. 나식 제10굴과 함께 제작 시기가 근접한 명문과 건축양식도 공통된 부분이 많아 서로 비교가 이뤄진다. 표9)는 '무주식 탑당 부설'석굴 조성시기로 분류한 예이며, 그림 3-76)은 '무주식 탑당 부설' 석굴의 개략적인 평면도이다.

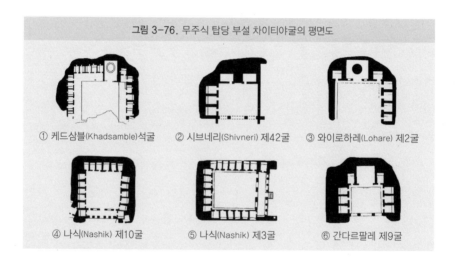

그림 3-76. 무주식 탑당 부설 차이티야굴의 평면도

① 케드삼블(Khadsamble)석굴   ② 시브네리(Shivneri) 제42굴   ③ 와이로하레(Lohare) 제2굴

④ 나식(Nashik) 제10굴   ⑤ 나식(Nashik) 제3굴   ⑥ 간다르팔레 제9굴

이들 석굴은 전기불교 비하라굴로써 가장 큰 규모와 중정 안쪽 벽에 천장에 닿을 정도로 높고 커다랗게 스투파가 부조되었는데, 이는 서데칸에서 찾아보기 드문 예이다. 승원굴 내에 부조탑이 표현된 예는 콘칸 지방의 판하레카지석굴, 준나르 시브네리 42굴에서도 확인된다.

연번	석굴사원명	No	Nagaraju	佐藤宗太郎	Dehejia, 이희봉	비고
1	Khadsamble	1				B.C. 2C
2	Shivneri	42				A.D. 1~2C
3	Wai Lohare	2		A.D. 1C		A.D. 1~2C
4	Nashik	10	A.D. 124			A.D. 2C
5	Nashik	3	A.D. 124~130			A.D. 2C
6	GandharPale	9	A.D. 230~300			A.D. 2~3C

표9. 무주식 탑당 부설 차이티야굴 예 및 추정 조성시기

　나식 제3굴(그림 3-04, 그림 3-76 ⑤)은 좌·우측 벽면의 벤치 조영과 달리 부
조탑 두께에 따라 중앙 부분 벽체가 약간 돌출되어 처음부터 불탑을 예배
대상으로 봉안하려는 구상이 있었음을 보여준다.

　나식 제10굴(그림 3-76 ④)은 부조탑이 대부분 훼손되었으나 제3굴의 돌
출 형식과 달리 중정의 안쪽 벽을 파고 들어가서 부조되었기에 제3굴을
모방하여 조성한 것으로 볼 수 있다.

　이에 대해 히라오카 미호코[140]는 전기불교 석굴에서 최초로 입구를 장
식한 예로 미완성 제17굴의 구상을 계승 발전한 것이 제3굴이라는 견해
를 제시하며 제10굴은 거의 완공된 석굴에 불탑을 중정 안쪽 벽에 삽입한
것으로 보고 있다. 즉 사타바하나왕조 전성기 때 불탑을 비하라굴 중앙에
봉안하는 구상이 나식 제17굴에서 처음으로 나타나고 2세기 후반~4세기
무렵 각지에 분포된 불교 석굴에 자주 조영되었다. 따라서 5세기 말 출현
하는 후기 비하라굴의 조형에 이러한 형식이 영향을 끼쳤다는 논의는 타
당성을 얻을 수 있다.

140　平岡 三保子, 앞의 책, 2009, pp. 144~146.

그런데 B.C. 2세기경에 개착되었다가 A.D. 5세기경에 폐쇄된 것으로 알려진 케드삼블석굴(그림 3-77)에서 고식古式의 불탑이 있는 '탑당 부설' 비하라굴 형식이 존재하고 있는 것이 확인되었다.

그림 3-77.
케드삼블 비하라굴내 차이티야굴과
스투파 전경,B.C.2C

케드삼블석굴은 나식 제3굴과 제10굴의 전기불교 비하라굴과 같은 방형 평면이다. 전면은 훼손되어 원형은 알 수 없으나 흔적으로 미루어 볼 때 전면 입구 좌·우측에 벽이 있었던 것을 알 수 있다. 석굴 내부는 중정의 3면에 각 6실의 수행공간인 승방이 있다. 안쪽 벽 우측에 '방형 궁륭천장' 차이티야굴이 개착되어 나식석굴보다 훨씬 이른 B.C. 2세기경 비하라굴 내에 예배 대상의 스투파가 봉안된 예를 보여준다. 이것은 중요한 예배 의례 대상인 스투파를 말발굽형 차이티야굴에 봉안하는 것과 다르게 비하라굴에 도입한 것으로 석굴 조성 초기에 도입된 것을 보여주는 중요한 예이다.

다만 비하라굴형 평면에서 차이티야굴과 비구들의 거주처인 승방이 혼재된 경우 대승불교의 영향을 받아 조영된 것으로 볼 수 있는데 케드삼블석굴에서 이러한 평면형식이 나왔다는 것은 대승불교 기원과의 연관성 여부를 재검토해야 할 필요성이 있다. 즉 대승불교의 등장과 비슷한 시기에 케드삼블석굴의 조영이 이루어졌다기보다는 석굴사원 조영 과정에서 실험적인 석굴 개착이 있었다는 것이 더 합리적이지 않을까 한다. 왜냐하면, 캐드삼블석굴의 조영이 있고 4~5세기의 공백을 뛰어넘어 '탑당 부설' 형식이 나타났기 때문에 상좌부와 대승불교와의 연관성 문제가 아닌 것으로 해석되기 때문이다.

(2) 열주식列柱式 탑당 부설 차이티야굴 형식

'열주식 탑당 부설' 형식은 다수의 승방이 개설된 비하라굴 내부의 중정에 다수의 기둥이 세워진 형식으로 후기불교 석굴인 가토트가챠, 바그 제2굴, 제4굴, 제7굴, 담나르 제6굴을 예로 들 수 있다.(표10) 서말와 지역과 인근 지역에서만 확인되고, 석굴 규모도 불교 석굴에서는 대형에 속한다. 넓은 홀의 3면에 승방을 배치하고 넓은 홀의 벽면과 평행하여 20주~28주의 열주를 정방형으로 배치하여 벽과 열주 사이에 통로가 형성되었고 가장 안쪽 중앙에는 별도의 탑당을 부설하여 스투파를 봉안하였다. 그림 3-78)은 '열주식 탑당 부설' 차이티야굴의 개략적인 평면도이다.

연번	석굴사원명	No	Nagaraju	佐藤宗太郎	Dehejia,이희봉	비고
1	Ghatotkach			A.D.5~6C		A.D.5~6C
2	Bagh	2	A.D.5C,초	A.D.5~6C	A.D.400-600	A.D.5~6C
3	Bagh	4			A.D.400-600	A.D.5~6C
4	Bagh	7				A.D.5~6C
5	Dhamnar	6		A.D.7~8C	A.D.300-600	A.D.5~7C
6	Dhamnar	12		A.D.7~8C	A.D.300-600	A.D.5~7C

표10. 열주식 탑당 부설 차이티야굴 예 및 추정 조성시기

'열주식 탑당 부설' 형식에서 가장 이른 시기에 조영된 것으로 보이는 가토트가챠석굴(그림 3-78 ①)은 넓은 홀의 크기가 사방 약 24m에 달하는 규모이다. 아잔타 최대의 크기를 자랑하는 제4굴(약 25.5m)에 비해 약간 밑돌지만 개착 초기의 시주 규모를 엿볼 수 있다. 석굴 전실 부분은 천장과 열주가 무너지고 좌·우측에 승방이 개설되었으며 입구는 3개, 좌우에 채

광창이 열려 있다.

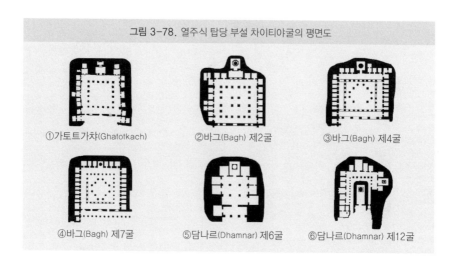

그림 3-78. 열주식 탑당 부설 차이티야굴의 평면도

①가토트가챠(Ghatotkach)　②바그(Bagh) 제2굴　③바그(Bagh) 제4굴
④바그(Bagh) 제7굴　⑤담나르(Dhamnar) 제6굴　⑥담나르(Dhamnar) 제12굴

　내부의 중정에는 20주의 열주가 사방으로 배치되었으며 안쪽 벽 중앙
에는 불당이 있다. 불당 좌·우측에는 전실을 동반한 승방이, 우측 벽면에
는 5실, 좌측 벽면은 7실의 승방이 개착되었다. 입구 우측의 탑당 한쪽 벽
면에는 천장에 달하는 거대한 불탑이 부조되어 있다. 불탑 주위에는 천장
에 양각된 일산, 하르미카, 복발, 원통형 상층기단, 이중 방형 하층 기단과
삼존三尊 형식의 불상이 배치된 불감, 약샤, 비천, 공양자상 등 다양한 형
태의 부조상이 있어 독립적인 예배 대상과 공간으로 기능했음을 보여주
고 있다.

　바그석굴은 제2굴(그림 3-78 ②) 역시 대형의 규모로 좌·우측 벽에는 각
9실의 승방, 중정 안쪽 벽에는 중앙에 1실의 탑당과 좌·우측에 각 3실의
승방이 배치되어 있다. 가토트가챠굴과 같이 중정 주위로 28주의 열주가
배치되고 중앙에는 12주의 열주가 '◇'형태로 배치된 특이한 모습을 보여

주고 있다. 바그 제4굴(그림 3-78 ③), 7굴(그림 3-78 ④)도 유사한 형태로 내부가 구성되었으며 28주의 열주, 중앙에 10주의 열주가 '◇'형태로 배치되었다. 담나르 제6굴(그림 3-78 ⑤)의 경우도 평면 규모가 작아졌을 뿐 유사한 형태로 이루어졌다. 내부의 중정에는 4주의 열주가 배치된 특징을 보인다.

이처럼 열주가 배치되는 것은 '말발굽형' 차이티야굴에서는 의례 및 탑돌이 행위를 위한 공간 용도로 사용된 것으로 보인다. 바그석굴의 경우 정방 형태의 열주 배치 외에도 중정의 중앙에 '□' 또는 '◇' 형태의 열주가 배치된 점이 특이하다. 어떠한 목적을 갖고 이런 형태로 조영되었는지는 현재로선 알 수 없다.

다만 유사한 평면인 아잔타 제1굴의 경우 승방의 숫자가 한 면에 5실이나 있고, 바그석굴은 각 면 9실 내외로 그 규모가 크다는 점이 하나의 단서라고 볼 수 있다. 즉 한 면이 24m에 달하는 대규모 석굴의 붕괴를 의식하여 하중 분산 차원에서 열주를 중앙에 추가로 배치한 것이거나, 힌두교의 다기둥 석굴사원의 영향을 받은 것이든 어떠한 특정한 의도를 갖고 조영된 것이다.

(3) 탑당 부설 차이티야굴의 특징

가. 의례 및 예배, 수행공간과 거주공간의 통합

초기에는 의례 및 예배공간인 차이티야굴과 거주공간인 비하라굴이 별도로 조영되었다. 이처럼 승방 또는 탑당이 부설되는 형식은 의례 및 예배, 수행공간과 거주공간이 합쳐지는 특징을 보인다. 이러한 변화의 배경에는 불교사상 또는 교단의 커다란 변화가 있었다는 것을 암시하고 있다. 그 변화는 마우리아 시대 이후에 기존의 교의敎義에 대한 문제 제기, 석존의 신격화와 보살 관념을 통한 구원 사상에 대한 재해석이 이루어지면서 나타난 큰 분열을 들 수 있다.

즉 보수적인 테라바다Theravada 상좌부와 진보적인 마하데바Mahadeva 대중부의 근본분열 이후, B.C.1세기경 본래 붓다의 사상으로 돌아가서 대중의 구제救濟를 기치로 삼은 불교개혁 운동인 마하야나Mahayana 대승불교가 발흥된다. A.D.2세기 초 카슈미르에서 열린 4차 결집 당시인 카니시카왕 재위기에도 18개 이상의 종파가 존재하고 있었다. 상좌부에는 석존의 초기 가르침을 보존하고 인격신 숭배에 대한 반대 견해를 명확히 하는 내용이 있다.

실제로도 산치, 바르후트, 석굴사원 등 불교 유적지에서는 대부분 석존의 생애에 관련된 설화가 새겨져 있지만 석존의 모습은 발견되지 않는다. 대신 '불상 불표현'의 무불상 시기로 알려진 보리수, 법륜, 연꽃, 불탑, 불족적 등 초기불교의 숭배물이 석존을 대신하여 표현되어 있다. 대승불교는 초기불교의 가르침이 발견되지 않지만, 후대의 많은 종파에서 중요성이 인정되는 석존의 신격화와 불상에 대한 신앙, 보살의 개념, 그리고 공덕 이전의 관념 등 새로운 교의를 받아들여 기원후에 급격하게 발전한 것으로 알려졌다.[141]

대승불교 교단의 거점으로 알려진 마하드 인근에서 불탑을 봉안하는 성역화 된 공간에 승방을 추가하여 일체화한 것이 집중적으로 나타난다. 이것은 상좌부와 대승불교와의 차이를 고려하여 조성 이유를 생각해야 할 것으로 보인다. 즉 대승불교의 영향력이 미치면서 통합 운영되는 것으로 볼 수 있다. 그러나 이 시기까지도 불탑을 대신하여 불상을 모시는 예

---

141   유성옥, 『인도의 역사』종교와 이성, 2008. pp.102~105.

는 나타나지 않는다.

나. 폐쇄 지향성의 개방

전기불교 석굴에서 볼 수 있는 개방 지향성과 달리 폐쇄 지향성을 나타
내는 개방성의 문제를 들 수 있다. 즉 탑당 내부가 매우 어둡다. 전기불교
석굴의 나식 석굴과 달리 후기불교 석굴에 속하는 바그(그림 3-79), 담나르
석굴의 경우는 불탑이 위치하는 중정 안쪽의 탑당은 좁은 입구를 닫으면
완전히 폐쇄된 공간이 된다.

그림 3-79. 바그 제2굴 내부 탑당과 열주

탑당은 석존과 동일시되는 불
탑을 위한 전용 공간이다. 좁은
입구를 통해서는 햇빛이 이곳까
지 도달하지 않기 때문에 등불을
밝히지 않으면 불탑을 친견할 수
가 없다. 이는 의도적으로 만들어
진 구조이며, 매우 폐쇄적으로 이
러한 공간구성은 종교적 기능에 의해 양식화된 것이다.

즉 비하라굴 중정의 가장 안쪽에 탑당이 있어 석굴 안으로 들어가도 불
탑 모습을 직접 친견할 수 없다. 말발굽형 차이티야굴에서 바로 불탑을
바라볼 수 있던 것과 큰 차이가 있다. 탑당과 마찬가지로 불당이 만들어
지는 시기의 석굴사원에서도 탑당 및 불당 내부는 빛이 거의 들지 않는
암흑 상태라고 보아도 좋다. 탑당 내부가 매우 어두우므로 의례나 예배할
때에는 불을 밝힘으로 내부의 불탑을 친견할 수 있게 되어 있다. 지금도
조명을 이용하지 않으면 볼 수 없다. 이러한 구조는 한마디로 햇빛을 거
부하고 있다고 판단해도 좋다.

전용성과 폐쇄성으로 보아 내부는 사람이 마음대로 출입하는 공간이 아닌 것은 확실하다. 즉, 이 공간은 특정인만 들어가는 것이 허용되는 공간으로 재가 신자들은 중정에서 불탑을 친견거나 평소에는 문을 닫았다가 매일 특정 시간대에 의례나 예배가 행해질 때 개방되는 것으로 추정된다. 이것은 '불탑과 사람을 격리'하는 것이 제도화된 것을 의미하며 직접 접촉하는 것과 거리를 두고 예배를 올리는 것은 매우 본질적 차이가 있다.

'불탑=석존'을 직접 접촉하는 것을 꺼리고 거리를 두고 예배하게 함으로써 '불탑=석존'과의 접촉을 비신체적·정신적으로 하게 하여 영적인 '석존'과의 결합 의식을 표현한 것은 아니었을까. 그러한 행위 자체가 이미 의식적인 의미가 있다고 보아야 하며, 비하라굴 내부로 불탑을 끌어들인 이유로 여겨진다.

입구의 우측면 베란다 벽에 불탑을 부조한 가토트가차석굴(그림 3-80)의 예도 있고 중정 안쪽 벽에 부조한 경우(나식)도 있으며, 안쪽 공간에 불탑을 봉안한 탑당(바그)을 개착한 경우 등 다양하게 확인된다. 이것은 스님들의 불탑 공양

그림 3-80.
가토트가차 석굴 내부 탑당과 스투파

에 대한 열정을 말해 주는 것 같다. 특히 나식석굴군의 제18굴이 주 차이티야굴 임에도 불구하고 스님들은 그곳에 공양을 올리는 것보다 자신들의 수행공간인 비하라굴에서 독자적으로 불탑을 숭배하기를 원했던 것이다.

한편 초기에 개착되던 '말발굽형 궁륭천장'의 차이티야굴에서 '방형' 차

이티야굴로의 변화가 나타난 후 그곳에는 대승적인 사람이라고 부르는 「석종우바새, 우바이」라는 시주자가 등장하고 '일체중생의 무상지 최고의 깨달음 획득을 위하여'라는 발원문이 확인된다. 이들 스님의 시주행위와 관련하여 『화엄경』 「정행품」에는 재가 보살들의 서원과 출가 보살들의 서원, 승원에서의 생활이나 수행의 모습이 담겨 있다. 보살이 외출할 때는 높은 산, 우거진 숲, 강, 연못, 샘물 등을 보았다는 내용과 출가 보살들의 불상, 불탑에 대한 예배, 즉 불상과 불탑을 바라보거나 예를 올리거나 불탑에 우요 행위를 하는 모습이 설명되어 있다. 그것은 불탑 숭배가 깊어졌음을 의미하고 불상과 불탑, 숲속 풍경 등이 갖추어진 곳은 석굴사원의 차이티야굴에 대응한다고 할 수 있다.

6) 환조 건물 형식(탑사, 塔寺)

불탑을 석굴 내부에 두는 형식을 차이티야굴로 정의한다면 '환조 건물형'은 석굴이 아니다. 암반을 파들어가는 것이 아니라 위에서부터 아래로 파내려가 건물 형태로 외부로 노출되는 형식이기 때문이다. 소규모의 환조탑이 있는가 하면 해당 석굴군의 중심 차이티야굴이라고 할 정도로 커다란 규모의 건물 형태 불탑으로 조성되는 예도 있다. 소규모의 환조탑은 서데칸, 콘칸 지방에서 확인되는데 이 경우는 해당 석굴군에 불탑이 봉안된 주 차이티야굴이 있기에 봉헌탑으로 보인다. 그런데 봉헌탑 형태가 아닌 건물 형태의 불탑 경우는 서말와 지방의 석굴군뿐이다.

이들 '환조 건물형' 불탑의 특징은 암반을 개착하여 불탑을 '건물' 형태의 독립적인 모습으로 조각하였다. 건물 형태와 동일하게 방형 하층 기단에 해당하는 부분의 한쪽에 출입구를 만들고 지붕이 있는 돌출된 현관 porch을 만든다. 안쪽으로 사람의 출입이 가능한 크기의 감실을 조성하고 내부에 불상을 봉안하였다. 상층기단에 해당하는 부분은 원통형으로 사방에 방형의 돌출부위가 있고 이곳을 감실과 부조탑으로 장식하여 마치 남인도 불탑의 아야카ayaka 설치를 위한 형태를 보인다. 상층기단 위의 반구형 복발은 빈나야가석굴에는 남아 있으나 콜비석굴에서는 결실되었고 양측 탑두부는 모두 결실된 상태이다.

이들 환조 건물형(탑사)의 불탑 가운데 콜비석굴 제2탑, 빈나야가석굴군, 담나르석굴군 등 불탑 주위를 도는 탑돌이 행위를 할 수 있는 공간이 마련되지 않은 경우가 있다. 노천형 불탑의 일부도 불탑 주위로 매우 좁은 통로가 마련되어 탑돌이 행위가 힘들다. 이 같은 예는 서말와 지역에서만 확인되며 오랜 세월 동안 전해지던 우요 행위가 중지 또는 약화된 것을 보여준다.

왜 이러한 현상이 발생했는지는 아직 밝혀진 것이 없다. 다만 시기적으로 스투파 내부의 불상 봉안과 함께 불교가 쇠퇴해지며 힌두교가 흥기하는 시기와 맞물린 것과 연관성이 있다. 그 예로 '환조 건물형' 불탑과 관련하여 연상되는 것이 힌두교의 사원 건축물이라고 할 수 있다. 힌두사원은 복잡한 구조에 지역적으로 다양하게 나타낸다.

그림 3-81.
담나르 달마나타 힌두사원, Nagara식

그림 3-82.
남인도 마말라푸람 힌두사원, Dravida식

힌두신전은 북방형 나가라Nagara식(그림 3-81)과 남방형 드라비다Dravida
식(그림 3-82), 이를 혼합한 베사라Vesara식(그림 3-83) 등으로 분류된다.

그림 3-83.
남인도 브리하디스바라 힌두사원, Vesara식

북방형은 층단을 위로 올라갈
수록 체감되게 반복적으로 전개
하는 형식으로 동남아 힌두사원
에서도 많이 볼 수 있다. 남방형
은 꼭대기에만 탑을 올리는 특징
을 나타낸다.

힌두 신전 구조는 시바신의 상
징인 링가 또는 다른 신상이 봉안되는 비마나Vimana와 신자들이 예배 또
는 의식을 치르는 공간인 만다파Mandapa로 구성된다. 북방형 신전의 높은
부분 전체를 시카라Sikhara로 불리지만 그 위에 올려 있는 원추형 부분을
스투피stupi 혹은 스투피카stupika로도 부르고 있다. 그리고 맨 꼭대기에는
칼라샤Kalasha 혹은 쿰바Kumbha로 부르는 물병 장식finial이 놓인다. 이러
한 힌두교 신전의 구조와 명칭과 관련하여 「니미왕尼彌王의 전생이야기」
에 언급되고 있다.

"신의 세계에 가서 … 마니주와 황금으로 된 둥근 지붕(투피카)이 있으
며 …여신 비라니Birani의 천상에 있는 궁전Vimana과 그 여신이 높은
건물 안에 있는 침대에 걸쳐 앉았는데 … 마타리는 둥근 지붕 다섯 있
는 천궁이 보이고 침대는 화환으로 꾸며졌는데 큰 힘을 가진 여신이
그곳에 앉아 크고 작은 힘을 나타내고 있다."

스투파는 투피카, 즉 스투피카로 불리고 마타리가 게송으로 대답하는

부분에서는 둥근 지붕 다섯이 있는 천궁, 투파가 언급되며 불교의 스투파와 힌두교 신전의 스투피 등 유사한 명칭이 사용되고 있는 것을 볼 때 기능적으로 스투파와 연관성이 있는 것은 부정할 수 없다.

특히 힌두교 신전에서는 물병 장식이 꼭대기로 이동하고 있다. 오히려 고대인도의 오두막 또는 로마스리시석굴이나 차이티야굴의 전통을 힌두교 신전이 계승한다고 해야 할지도 모른다. 그것은 적지 않게 주술적이나 상징적인 기능과 의미가 있고 다양한 형태를 나타내면서 계승되었다.

이처럼 후기불교 석굴이 개착되는 5세기 이후에 힌두교 석굴사원도 급속한 변화가 나타난다. 불교사원이 이러한 힌두교사원을 모방한 것인지 반대로 힌두교사원이 불교사원을 모방한 것인지 아닌지는 알 수 없으나 석굴 형태가 아닌 독립적인 '환조 건물형' 불탑이 조성된 것은 불교사원과 힌두교사원이 융합되는 과정으로 볼 수 있다.

서말와 지역의 '환조 건물형' 불탑은 힌두교사원의 고탑 시카라Sikhara를 정상에 올린 신전처럼 현관에 차이티야 아치 장식으로 구성된 형식을 나타내고 있다. 담나르석굴에는 북방형 고탑인 시카라가 우뚝 솟은 달마나타Dharmanatha 힌두교사원이 개착되어 '환조 건물형' 불탑과의 연관성을 부정하기 어렵다. 물론 달마나타사원의 경우 불교 사원건축형보다 늦게 조성되었지만, 이들 환조 건축물이 조성되는 시기는 불교와 힌두교 석굴사원이 공존하는 시기로 서로 간의 영향을 끼쳤다고 할 수 있다. 이러한 결과로 나타난 것이 서말와 지역의 환조 건물형 불탑이라고 해석된다.

(1) 환조 건물형 조성 예

가. 빈나야가 Binnayaga 스투파

빈나야가석굴군은 서말와 다그Dag에 위치한 구릉 남면에 개착된 석굴군으로 석굴 수는 확인된 범위 내에서 20개 정도이다. 석굴 편년을 알 수 있는 자료는 발견되지 않았으나 인접한 콜비석굴 등과 조성시기는 비슷한 것으로 추정된다. 석굴군 내에 불탑이 봉안된 주 차이티야굴은 없고 '환조 건물형' 불탑이 차이티야굴 역할을 수행한다. (그림 3-84)

그림 3-84. 빈나야가석굴 스투파 전경

불탑은 커다란 암석을 건물크기의 환조 형태로 조각하였고 주위로는 탑돌이 행위를 할 수 있는 통로를 조성하였다. 담나르석굴에서 보이듯이 전체적으로 방형의 형태를 나타낸다. 하층 방형 기단부는 하단부의 지대석에 몰딩을 각출하고 면석은 사면 돌출 형태로 되어 있으며 차이티야창을 저부조로 표현하였다. 동면은 내부의 감실 입구 전면에 기둥 2주를 세운 현관porch을 돌출시켜 내부 감실의 현관을 장식하였다. 하층 기단 상부에는 원형 상층 기단부가 놓여 있고 이곳에도 사방으로 방형의 돌출부를 각출하고 표면에 차이티야창 등 장식을 부조하였다. 기단 위는 복발과 하르미카를 포함하여 부재가 모두 결실되어 현재로서는 부재 유무를 포함하여 원형을 확인할 수 없는 상태이다.

빈나야가와 같은 '환조 건물형' 불탑의 공간구성이나 세부 양식이 석굴사원 불탑과 다르게 나타난 것은 개착 당시 사상의 변화와도 맞물려 있는 것으로 보인다. 즉, 초기의 불교사원은 불탑을 종교적 핵심으로 다양한 부조상을 장식하는 것과 달리 후기의 환조 건물형 불교 사원은 불상을 내부에 봉안하고 외부는 힌두교사원의 고탑 또는 시카라Sikhara와 유사한 탑사 형식으로 조성된다.

나. 콜비Kolvi 제2굴 스투파

담나르석굴군에서 동남쪽으로 35㎞정도 떨어진 콜비 석굴은 인근의 케즈디야보프, 빈나야가석굴군과 같이 주 차이티야굴이 없다고 해도 과언이 아닌 특이한 석굴군이다. 담나르석굴군과 같이 다량의 스투파가 조영되었는데 이 가운데 제2굴, 5굴, 9굴은 탑당을 개착한 스투파형 사당, 즉 탑사라고 할 수 있다. 북면 석굴군은 암반을 방형으로 개착하여 노천에 조성한 불탑이다.

제2굴은 구릉 아래에서 정상의 석굴군으로 오르는 계단이 끝나는 곳 초입 좌측에 있는 환조 건물형 불탑으로 이 석굴군에서 가장 중요한 역할을 맡은 상징물이자 최초 조성기에 만든 것으로 보인다.(그림 3-85) 반구형 복발 위의 탑두부는 없어졌지만, 기본적으로 이 지역의 불탑에서 흔히 볼 수 있는 방형 하층 기단과 원통형 상층기단 또는 간다라의 원통형 탑신과 유사한 형태로 올렸다. 동면에는 내부 감실로 통하는 2개의 기둥을 갖춘 현관이 부설되었다. 반구형 복발의 사방에는 돌출부를 조성하고 내부에 차이티야창과 불탑을 고부조로 표현하였다. 내부의 감실은 궁륭 천장에, 안쪽 벽에는 불좌상이 부조되었다.

제2굴의 공간구성은 '불탑'보다는 힌두교사원의 기본 스타일과

그림 3-85. 콜비 제2굴 스투파 전경

더 유사하다. 고탑 시카라의 정상부를 갖춘 사당과 출입구 바깥쪽으로 돌출된 현관, 커다란 차이티야형 장식으로 구성되어 있다.

빈나야가탑과 같이 임페이[142]는 주 차이티야굴이 없고 담나르 제12굴과 같은 비하라굴이 없다는 점을 들어 담나르석굴보다 선행한다고 파악하고 조성시기를 3~4세기로 보고 있다. 미트라[143]는 드럼에 불상이나 불상의 부조상을 포함하는 감실을 가진 이 지역의 불탑은 조성시기가 6세기보다는 빠르지 않다고 주장하며 대승불교와 관련이 있기보다는 전통적인 부파불교와 관련된 것이라는 견해를 밝히고 있다. 담나르석굴군의 5세기경이라는 조영 시기와 힌두교 석굴사원의 조영 특징을 고려하여 조영 시기는 6세기 이후로 보인다.

(2) 환조 건물형 차이티야굴의 특징

'환조 건물형' 차이티야굴의 특징은 첫 번째로 불탑을 봉안한 차이티야굴이 없다는 점이다. 서데칸의 석굴 경우는 차이티야굴 공간을 배경으로 불탑이 조성되는 것과 달리 서말와 지역의 석굴은 불탑 자체는 있지만, 그것을 포함하는 공간 요소가 없다. 그것은 암반을 파서 석굴을 조영하는 것이 아니라 힌두교 석굴사원처럼 암반을 위에서부터 통째로 개착함으로써 노천에 '환조 건물형' 불탑을 조영하였기 때문이다.

두 번째는 적극적인 공간의 표현이다. 아잔타, 엘로라 후기불교 석굴의 경우처럼 불탑 전면에 돌출된 감실과 불상의 조영을 하는 것이 아니다.

---

142   E. Impey., 'Description of the Caves of Koolvee, in Malwa'(1853) The Journal of Bombay Branch of the Royal Asiatic Society Vol. 5. 1857, pp. 336~349.

143   D. Mitra, Buddhist Monuments, Calcutta, 1971, p. 136.

규모는 작지만, 보드가야의 마하보디대탑처럼 사람의 출입이 가능할 정도의 규모로 불탑 내부를 파내고 감실을 조성하여 그 안에 불상을 봉안하는 것으로 불상이 중심이 되는 불탑형 불당이라고 해도 어색하지 않다.

세 번째로는 해당 석굴군의 주 불당 및 주 불탑 역할을 하고 있다. 콜비 제2굴과 빈나야가석굴이 대표적 예라 할 수 있다. 얼핏 보면 건축물과 같은 형태를 나타내며 내부 감실에 불상이 봉안되어 불사리를 대체하는 것으로 불상이 자리 잡았을 가능성이 크다. 즉 불상이 봉안된 불당 외형을 불탑으로 채용하는 새로운 변화가 나타났다.

콜비 제2굴의 경우 불탑 전면 입구에 지붕이 있는 현관을 돌출시키고 차이티야창을 부조하는 등 불상을 봉안하는 불당의 외관을 표현하여 마치 힌두교사원 건축물과 유사한 형태를 나타냈다. 힌두교 고유의 조형이 체계적으로 진행되는 것은 4~5세기이다. 석굴사원이 개착되는 것은 5세기 이후로 힌두교 조형의 발달 시기와 겹치는데 힌두교 석굴사원의 양식에는 독자성을 나타내는 부분과 불교 석굴의 영향이 짙게 담겨 있는 부분이 있다. 특히 엘로라의 카일라사나타사원처럼 대규모로 암반을 개착하여 조성된 사원의 출현 등 인도 조각사를 장식하는 역작이 힌두교 석굴에서 나타났다.

힌두교 석굴의 형식은 앞서 언급했듯이 후기불교 석굴과 크게 다르지 않으며 각 부분의 기본적 형태는 거의 같다. 결정적으로 차이가 나는 것은 승방이 없다는 점으로 신을 모시고 그것을 예배하기 위한 공간 형태가 신들의 주거지로서 한정되는 특징이 있다. 6세기 중엽 이후 북쪽의 아리아문화와 남쪽의 드라비다Dravida문화의 대립 및 융합이 진행되면서 서데칸 불교 석굴의 기본 형식은 북방계인 굽타왕조 대의 사원 양식에서 발전한 것이지만 세부적인 면에서 남인도 챠루키야Chalukya왕조 등의 영향을 받은 것으로 알려졌다.

대표적인 예로는 뭄바이 남쪽 칸치푸람에 팔라바왕조때 건립된 카일라사나타사원 양식이 함피에 차루키아왕조때 건립된 남방형 사원 중 하나인 비루팍샤Virupaksha사원(750년)에게 영향을 주는 것을 들 수 있다. 비루팍샤사원의 공간 형식을 거의 그대로 답습하는 것이 엘로라 석굴군의 제16굴인 카일라사나타kailasanatha사원이다. 이처럼 남인도와 서인도에서 동일 명칭의 카일라사나타사원이 직간접적으로 연결되는 등 영향 관계가 깊은 것이 확인된다. 이처럼 서말와 지역에서만 나타나는 불상의 유무 또는 '환조 건물형' 불탑도 그 의미에는 커다란 차이는 없고, 시대적인 차이 혹은 부파, 대승 등 종파의 차이에서 나타난 것으로 생각된다.

'환조 건물형' 불탑은 전통적인 형식의 틀을 깨트리고 나온 것으로 이후 인도 석굴사원은 급속도로 쇠퇴해간다. 마치 통일신라 시대에 다보탑이라는 최고의 석조 건축물을 완성한 이후 석조문화가 퇴보된 것처럼 그 출현의 의미는 또 다른 역사적인 의미를 내포하고 있다.

다른 예로는 '환조 건물형' 불탑은 아니지만, 노천에 암벽을 통째로 개착하여 환조 형태의 불탑을 조영하는 경우를 들 수 있다. 명문이 확인되지 않아 승탑 여부는 알 수 없지만, 주위에 승방이 다수 개설되어 스님의 수행공간이자 예배 대상으로 보인다. 이러한 예는 대부분 석굴군의 서쪽, 북쪽 또는 외곽에 배치되는 경우가 대부분이며 규모도 작은 편이 아니며 이동 가능한 형태도 아니다.

흥미로운 점은 푸네 인근에 있는 반다라Bhandara석굴 불탑의 경우는 해당 석굴군의 주 불탑이면서도 암반을 깎아내고 목재를 이용하여 천장을 조성한 노천에 조성된 전형적인 불탑으로 석굴사원에서는 유일한 예이다. 조성시기가 A.D.2~3세기로 추정되는 전기불교 석굴의 환조 건물형 불탑으로 가장 이른 시기에 조성한 것으로 보인다.

　힌두교의 영향을 받은 후기불교 석굴 시기의 '환조 건물형'과 달리 초기에는 전형적인 불탑의 형태로 조성된 중요한 예이다. 이와 달리 판하레카지의 환조탑, 나네가트탑, 서말와 지방의 석굴군에서 확인되는 독립된 '환조 탑'의 경우는 이동이 가능한 소규모의 탑으로 이들은 차이티야굴에 해당하지 않아 불탑 편에서 다시 언급하고자 한다.

6. 불교 차이티야굴의 변천

차이티야굴의 기존연구는 대부분 '말발굽형' 차이티야굴에 대해 이루어졌고 이것이 인도 석굴사원 차이티야굴의 대부분을 차지하는 것처럼 보였다. 다른 형식의 차이티야굴에 대해서는 일부 학자에 의해 간헐적으로 이루어졌을 뿐 종합적으로 연구가 진행된 적이 없는 실정이다. 도면(그림 3-86)은 데헤지아의 차이티야굴 평면 분류를 바탕으로 사토소타로佐藤宗太郎가 그동안 많은 학자의 지지를 받는 차이티야굴의 변천 과정을 평·단면도로 나타낸 것이다.[144]

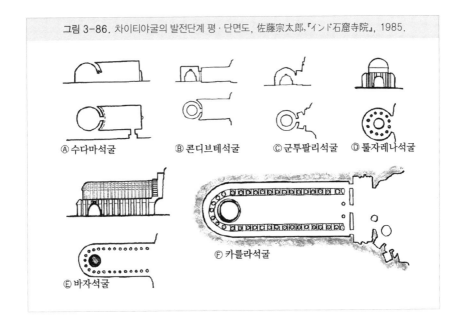

그림 3-86. 차이티야굴의 발전단계 평·단면도, 佐藤宗太郎, 『インド石窟寺院』, 1985.

Ⓐ 수다마석굴　Ⓑ 콘디브테석굴　Ⓒ 군투팔리석굴　Ⓓ 툴자레나석굴

Ⓔ 바자석굴　Ⓕ 카를라석굴

144　Vidya Dehejia, Early Buddhist Rock Temples, London, 1972. p.72.; 佐藤宗太郎, 앞의 책, 1985. p.22.

차이티야굴의 변천 과정은 불교 석굴이 아닌 로마스리시 석굴을 모방하여 콘디브테 → 군투팔리 → 툴자레나석굴로 이어지고 이후 '말발굽형'의 시원으로 바자 석굴, 최종적으로 카를라석굴로 변화되는 것이 주된 내용이다.

Ⓐ는 바라바르의 로마스리시, 수다마석굴의 공간 형식으로 불교 석굴은 아니지만, 지성소로 추정되는 원형 돔 공간은 불교 차이티야굴 공간 형식을 파악하는 데 시원적인 모델로 알려지는 중요한 자료를 제공하고 있다.

Ⓑ는 서데칸의 콘디브테석굴로 로마스리시석굴과 매우 비슷한 형태로서 Ⓐ의 안쪽 방에 불탑을 봉안한 형식으로는 변천 과정에서 가장 빠른 석굴로 알려졌다. 불탑을 봉안한 공간은 불탑 형태에 따라 원형이며 천장은 Ⓐ의 돔 천장이고 앞쪽의 전실 공간은 굴곡진 벽으로 분리가 되어 있다. Ⓐ와 가장 큰 차이는 입구가 측면이 아닌 전면으로 되어 개방성의 측면에서 로마스리시석굴에 비해 매우 개방적이라는 차이가 있다.

Ⓒ는 남인도의 군투팔리석굴로 B.C. 3세기 조성으로 알려졌으며 불탑을 봉안한 공간은 콘디브테석굴과 같은 원형 모습이나 앞쪽 전실 공간이 작아 예배공간의 기능이 부족하다. 천장은 Ⓐ와 같은 원형 돔 모습이다.

Ⓓ는 준나르석굴군의 툴자레나석굴로 군투팔리석굴에서 발전한 원형 평면으로 규모가 커졌다. 불탑 주위를 열주로 에워싸고 있으며 열주 안쪽, 불탑이 봉안된 공간 상부는 돔형으로 높게 처리되었다.

Ⓔ는 서데칸의 바자석굴로 Ⓓ의 툴자레나석굴 입구 부분을 개방하고 Ⓑ의 장방형 공간을 합친 말발굽 형태로 공간을 확장한 형태이다. '말발굽형 궁륭천장 열주'로 구성되는 형식으로로는 가장 오래된 예로 알려져 있다.

ⒻⒻ는 서데칸의 카를라 석굴로 '말발굽형' 차이티야굴로서는 가장 완성된 평면으로 전방 후원형에 중앙통로와 측면통로를 열주로 구분하고 중앙통로 깊숙한 안쪽에 불탑을 봉안하고 중앙통로의 천장은 높은 궁륭천장, 석굴 전면에 커다란 차이티야창을 개설하는 형식이다.

이와 같은 인도 석굴 차이티야굴의 예를 분석한 결과 기존의 학설과 형식 분류에는 적용할 수 없는 양식을 가진 석굴의 예가 다수 존재하는 것이 확인되었다. 즉 전기·후기불교 석굴군 가운데 차이티야굴이 있는 45개 석굴군에서 100여 개의 예배 대상인 불탑이 봉안된 '말발굽형'을 포함하여 다양한 형식의 차이티야굴 예가 확인된다. 석굴 규모로 보면 기존의 '말발굽형 열주식 궁륭천장' 차이티야굴에는 훨씬 미치지 못하는 소규모이지만 해당 지역 석굴군에서는 주 차이티야굴로 활용되고 있다.

이들 평면 유형의 석굴은 갑자기 형성된 것이 아니라 몇 개의 형식이 복합적으로 조합, 형성되었고 장식성은 적고 단순하지만, 꾸준히 곳곳에서 석굴 조영이 계속되고 있던 것을 보여준다. 이들 차이티야굴은 4개의 평면형식으로 구분되며 큰 관점에서 바라보면 '말발굽형', '방형'으로 양분되고 이 책에서는 이들 2가지 형식을 통해 변천 과정을 유추하였다.

1) '말발굽형' 석굴의 변천

'말발굽형'은 기존의 콘디브테석굴이 아닌 불교 석굴 중 가장 오래된 것으로 알려진 군투팔리석굴을 시원형으로 본다. 군투팔리석굴은 인도 석굴 가운데서 가장 이른 시기인 B.C.3세기에 조성된 것으로 알려진 아지비카교 신자들의 고행을 위한 수행 공간개념의 로마스리시석굴과는 전혀 다른 공간 형식이다. 이러한 형식은 석존의 사리를 모신 불탑에 대한 의례와 공양을 올리기 위한 공간으로 나타난 형식이라 할 수 있다.

흥미로운 것은 군투팔리석굴과 유사한 예로 더 이른 시기에 조성된 것으로 볼 수 있는 석굴 예가 최근 확인되었다. 서데칸 지역 '말발굽형'에서 가장 빠른 시기로 알려진 바자석굴에 인접한 바제포레스트석굴이 그것이다. 이 석굴은 폭포 밑의 자연 동굴을 활용하여 만든 '원형' 차이티야굴로 군투팔리석굴과 비교하면 인위적인 가공행위가 적은 초기형태의 석굴이다. 내부는 무장식 초기형태 스투파, 초기형태의 궁륭천장 등을 고려할 때 고고학적 증거는 아직 발견되지 않았지만 군투팔리석굴에 비해 외형적으로는 더 이른 시기에 조성된 모습을 나타내고 있다. 향후 조성연대 파악이 가능한 고고학적 증거의 추가 발견이 주목된다. 사실 처음부터 완벽한 형태의 석굴을 개착하는 것보다 자연 동굴을 이용하여 점차 발전되어 가는 모습이 합리적으로 보이기 때문이다.

다음은 로마스리시석굴 평면과 유사한 콘디브테석굴의 원형·장방형을 거쳐 피탈코라 제10굴·타날레·와이석굴의 '말발굽형 무주식'과 '열주식'으로 이어지며 후기불교 석굴까지 끊임없이 계속 조영된다. 특히 무주식의 경우는 모두 소규모의 '차이티야 그리하'라는 형태로 인도 각지의 일반 불교사원과 연관성을 보이는 등 많은 예가 조성되었다. 구자라트 지역에서는 궁륭천장이 평천장으로 변화되는 예가 확인된다. 이들 말발굽형의 형태 변화는 원형→말발굽형→방형 평면으로 나타나며, 천장 형태는 원형 궁륭천장→반원통형 궁륭천장→평천장으로의 변화가 이루어진다.

흥미로운 것은 말발굽형 무주식 차이티야굴의 경우도 자연 동굴을 이용하여 조성한 것이 확인되었다는 점이다. 옐골석굴의 경우 높다란 수직의 절벽 아랫부분의 안쪽에 형성된 자연 동굴에 추가하여 인공으로 개착한 무주식 차이티야굴로 바제포레스트석굴의 경우처럼 고고학적 증거는 아직 확인되지 않았다. 다만 석굴주위 환경, 초기형태 불탑, 석굴의 발전 측면 등을 고려할 때 가장 빠른 것으로 추정되는 피탈코라 제10굴보다 더 이른 시기에 조성된 것으로 추정된다.

한편 무주식 차이티야굴의 영향을 받거나 아니면 거의 같은 시기의 열주식인 바자, 카를라석굴 등을 포함하는 전형적인 '말발굽형 궁륭천장'으로 완성된다. 열주식은 모두 대규모 공간으로 석굴사원을 방문하는 자들이 모두 와서 큰 의례를 행하는 주된 공간이자 공동 공간이다. 일부 예에서는 '말발굽형'이 아닌 '방형'으로 조영되고, 규모도 무주식과 비교하면 월등하게 크다 보니 개착 당시 구조 역학적인 기술상의 한계에서 벗어나려는 조치로 보인다.

즉 구조 역학을 무시하는 건축 조형은 이루어지지 않기 때문에 견고한 암반층을 개착하여 석굴사원을 조성하는 과정에서 발생할 수 있는 석굴의 붕괴 등을 막기 위해 열주를 세운 것도 하나의 방법이었다. 또 다른 요인으로는 고대인도 분묘 주위에 석재를 둥그렇게 둘러싸는 환상열석 장묘문화의 영향을 받은 것을 들 수 있다.

우리나라의 경우 이희봉[145]은 1단계: 단순 원형 스투파굴(칸헤리 제4굴), 2단계: 원형 스투파굴+베란다 전실(군투팔리 석굴), 3단계: '원형 스투파굴+장방형 홀(콘디브테석굴)'로 해석하고 있다. '원형' 평면이 시원형이라는 부분은 동의하지만, 불탑과 평면에 대한 비교 분석없이 단순히 석굴 평면만을 고찰하여 A.D.1~2세기 조영으로 추정되는 칸헤리 제4굴을 시원형으로 언급한 것은 아쉽다.

---

145 이희봉, 「인도 불교 석굴사원의 시원과 전개」『건축역사연구』17권4호 통권59호, 2008.8, pp.135~137.

왜냐하면, 불탑 형식과 부가된 장식이 초기의 단순형이 아니고 후기불
교 석굴로 이어지는 요소와 앞에서 언급한 석굴의 개방성과 관련하여 형
식변화가 뚜렷하기 때문이다. 그러나 전체적인 면에서 보면 인도 불교 석
굴이 원형 평면에서 출발했다는 점은 중요한 발상의 전환이라 할 수 있다.

다음 그림 3-87)은 '말발굽형' 차이티야굴의 개착 시기 순서로의 변천
과정을 평면도로 나타낸 것이다.

그림 3-87. 말발굽형 차이티야굴의 변천 과정

A.바제포레스트　　B.군투팔리석굴　　C.콘디브테석굴　　D.툴자레나석굴

E.피탈코라10굴　　F.바자석굴　　　　G.카를라석굴

Ⓐ는 기원전 개착된 것으로 보이는 바제포레스트석굴로 자연 동굴을
이용하여 조성한 차이티야굴 시원형식으로 볼 수 있는 예이다. 평면도면
에서는 가장 이른 것으로 추정하였으나 군투팔리석굴보다 이른 시기에
조성되었다는 고고학 증거는 아직 확인되지 않았다. 군투팔리석굴과는
지역적으로 멀리 떨어졌으나 서인도에서는 가장 고식의 예를 보여 향후
추가발굴이 기대되는 중요한 석굴이다.

Ⓑ는 B.C.3세기경 마우리아왕조 대에 개착된 남인도의 군투팔리석굴로
인도 불교 석굴에서 가장 오래된 차이티야굴이다. 시원형식으로 원형 평

면과 작은 전실, 출입구로 이루어진 평면을 나타낸다.

ⓒ는 B.C.2세기경 개착된 콘디브테석굴로 서데칸 지역에서 가장 오래된 것으로 추정되는 석굴이다. 마우리아왕조 대에 개착된 로마스리시·수다마석굴과 외형상 가장 유사한 모습을 나타내고 있어 당시 내륙과 서인도 무역항과의 교역이 원활했던 모습을 보인다.

ⓓ는 B.C.2세기경에 조성된 것으로 보는 준나르 툴자레니석굴로 군투팔리석굴과 비교하면 규모가 커지면서 열주를 표현한 첫 번째 차이티야굴이다.

ⓔ는 B.C.2세기경에 개착된 것으로 보는 피탈코라 제10굴로 말발굽형 차이티야굴로서는 바자석굴보다 빠른 가장 이른 시기에 조영된 것으로 볼 수 있다. 소규모에 열주가 없는 무주식의 시원 형태를 나타내고 있다.

ⓕ는 B.C.2세기경에 개착된 것으로 보는 서데칸 바자석굴로 피탈코라 제10굴에 비해 규모가 커지면서 열주가 동반되는 최초의 '말발굽형 열주식 궁륭천장' 차이티야굴이다. 다만 아잔타 제9굴의 경우 바자석굴과 같은 말발굽형이 아닌 방형으로서는 개착 과정에서 다양한 시도가 있었음을 보여주는 중요한 예라 할 수 있다. 앞에서 언급한 콘칸 지역 남부와 서데칸과 연관성이 있는 루드레쉬와르Rudreshwar석굴의 경우 자연 동굴을 활용하여 조성된 열주식 차이티야굴로서 열주의 무장식과 입구 전면 차이티야창의 무장식을 통해 무주식과 열주식을 연결하는 하나의 연결고리가 되는 중요한 예이다. 외형으로만 보면 최초의 말발굽형 열주 석굴로 알려진 바자석굴보다 시원적인 형태를 나타낸다. 아직 조성시기를 판별할 수 있는 유물의 발견이 없어 향후 발굴조사가 기대된다.

ⓖ는 A.D.2세기경 카를라석굴로 말발굽형 차이티야굴로서는 가장 완성도가 높은 평면이다. 중앙통로와 측면통로를 열주로 구분하고 중앙통

로의 천장은 높은 궁륭천장, 열주로 구분된 측면통로의 천장은 낮게 개설되는 형식이다.

이처럼 말발굽형 평면과 열주를 가진 대규모 차이티야굴은 서데칸 지방의 패권을 장악한 사타바하나왕조와 그 대항 세력인 크샤트라파왕조의 후원과 대지중해 무역을 바탕으로 부를 축적한 부호 상인들의 시주행위가 겹치면서 나타났다. 이와 달리 무주식 차이티야굴은 지방 세력과 재가신자들의 시주행위로 이루어지면서 소규모 형태로 자리잡는다.

흥미로운 것은 서데칸 남쪽의 콘칸 지방과 관련성이 높은 카라드Karad 서쪽 20㎞ 지점 샤이야드리산맥의 남단에 있는 현재 힌두교석굴로 사용되는 루드레쉬와르Rudreshwar석굴을 예로 들 수 있다. 이 석굴은 자연 동굴을 활용하여 내부에 열주를 조성한 말굽형 평면, 궁륭천장의 불교 석굴로 안쪽의 불탑은 모두 없어진 상태이다. 조성시기를 알 수 있는 고고학적 유물은 확인되지 않았으나 무주식 차이티야굴에서 열주식 차이티야굴로 전환되는 과정을 보여주는 중요한 예이다. 이처럼 초기에는 자연 동굴을 활용하여 석굴사원으로의 변천 과정에 중요한 과도기적 발전단계를 보여주는 예를 바제포레스트, 옐골, 루드레쉬와르석굴을 통해 확인할 수 있다.

결론적으로 말발굽형 차이티야굴의 평면 변천 과정은 초기에는 자연 동굴을 활용하면서 인공석굴로의 전환이 이루어지고 원형 평면에서 말발굽형 평면으로 변천되는 과정을 보여주고 있다. 또한, 자연에서 인공으로, 단순한 것에서 복잡한 것으로, 폐쇄성에서 개방성으로의 변천 과정이 뚜렷하게 나타난다.

2) '방형' 석굴의 변천

인도 석굴 가운데 가장 먼저 조성된 B.C. 3세기경 아지비카교 신자들이 사용한 것으로 알려진 로마스리시석굴과 같은 곳에 있는 나가르주니 제 3굴의 경우 방형으로 조성된 석굴이 확인되었다. 이 석굴은 계단, 입구를 거쳐 내부의 장방형·평천장 공간으로 이루어진 평면이다. 용도는 석굴 규모와 아지비카교의 특징으로 미루어 볼 때 소규모의 인원이 수행 또는 거주 등의 용도로 활용된 것으로 보인다. 그러나 불교 석굴의 경우는 탑이 봉안되는 탑당인 차이티야굴과 스님이 거주하는 승방인 비하라굴이 처음부터 분리 조성되었다.

예배 및 공양의 대상인 석존釋尊의 분리 필요성에 의해 탑당은 원형, 말발굽형을 거쳐 방형으로, 승방은 초기부터 대부분 방형 공간으로 조성되고 적은 숫자이지만 말발굽형과 함께 탑당과 승방이 같은 공간에 조성되는 과정을 겪는다. 특히 탑당과 승방이 결합하는 과정은 다음과 같이 4가지의 유형으로 변화된다.

첫 번째로 처음부터 마지막까지 같은 석굴 또는 해당 석굴군에 탑당과 승방이 별개로 개설된다. 두 번째는 탑당과 승방이 합쳐지는 과정을 나타내는데 먼저 탑당과 승방이 바로 옆에 붙어 배치되고 내부의 측면 출입구를 통해 출입이 이루어진다. 세 번째로는 탑당 내부에 승방이 부설되고, 마지막으로는 다수의 승방이 개설된 비하라굴 내부에 탑당이 부설되는 유형의 변화 과정을 나타낸다.

방형 평면 석굴의 변화 과정을 탑당과 결부하여 살펴보면 ①불탑만 봉안되는 '방형' 평면, ②차이티야굴에 승방이 부설되는 '승방 부설' 방형 평면, ③비하라굴에 불탑이 봉안되는 '탑당 부설' 방형 평면의 3가지 형태로 구분된다. 본 항목에서는 차이티야굴 위주의 ①, ②형식과 비하라굴 위주의 ③형식으로 구분하여 변천 과정을 고찰하였다. 불교 석굴 중에서 '방형' 평면 석굴로 가장 먼저 개착된 것으로 추정되는 뭄바이에 있는 칸헤리 제2e굴의 경우 나가르주니 제3굴과 비교했을 때 내부에 불탑이 봉안된 점이 다를 뿐 같은 형식이다. 여기에 석굴에 봉안된 불탑 역시 장식이 전혀 없는 고식인 점을 고려하여 칸헤리 제2e굴을 '방형' 평면 차이티야굴의 시원 형태로 볼 수 있다.

여기서 주목되는 것은 말굽형 평면 차이티야굴의 시원형으로 자연 동굴을 활용하여 조성된 것으로 보이는 바제포레스트석굴의 경우와 같이 방형 평면 차이티야굴에서도 자연 동굴을 활용한 예가 알려졌다. 서고츠산맥에 있는 기원전 2세기경 캐드삼블석굴군에서 고식의 방형 평면 차이티야굴과 불탑으로 아직 ASI에서도 언급되지 않아 명칭도 정해지지 않았다. 향후 고고학적 조사가 이루어져야 할 것으로 보인다. 석굴군의 조성시기와 차이티야굴과 비하라굴의 형태가 초기인 점, 고식의 불탑 형태로 미루어 볼 때 칸헤리 제2e굴보다 선행하는 방형 석굴의 시원형으로 추정된다.

다음 그림3-88)은 앞에서 고찰해 온 방형 차이티야굴에서 승방 부설 차이티야굴로의 변천 과정을 평면도로 요약하여 나타낸 것이다.

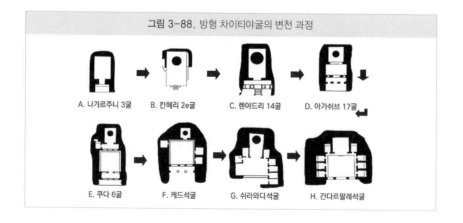

그림 3-88. 방형 차이티야굴의 변천 과정

A. 나가르주니 3굴   B. 칸헤리 2e굴   C. 렌야드리 14굴   D. 아가쉬브 17굴

E. 쿠다 6굴   F. 케드석굴   G. 쉬라와디석굴   H. 간다르팔레석굴

ⓐ는 B.C.3세기경 개착된 바라바르 언덕의 나가르주니 제3굴로 비하라굴 형식으로 출입구 안쪽에 장방형의 공간이 조영되었다. 내부에는 아지비카교도의 고행을 위한 공간이었기 때문인지 장식이 없으며, 이후에 나타나는 불교 석굴 비하라굴에 영향을 끼친 것으로 보인다.

ⓑ는 B.C.2세기경 개착된 칸헤리 제2e굴의 평면으로 현재는 앞쪽이 훼손되어 원형을 알 수 없으나 장방형의 공간 안쪽에 고식의 불탑이 봉안된 방형 평면 차이티야굴로는 시원형의 모습으로 추정된다.

ⓒ는 A.D.1~2세기경 개착된 렌야드리 제14굴 평면으로 열주가 있는 작은 전실을 지나면 ⓑ형의 장방형 평면 안쪽에 불탑이 봉안되었다.

ⓓ는 A.D.1~2세기경 개착된 아가쉬브 제17굴 평면으로 열주가 있는 전실 안쪽에 중정이 조성되고 안쪽에 정방형의 차이티야굴이 있으며 내부 중앙에 스투파가 봉안되어 있다. ⓒ에 비해 중정이 추가되고 탑당이 작아지는 특징을 보인다.

ⓔ는 A.D.2~4세기경 개착된 것으로 추정되는 쿠다 제6굴의 평면으로 열주가 있는 전실을 지나면 장방형의 중정과 정면 안쪽에 전실 공간, 안쪽에 탑당이 개설되었다. 이 형식에서 가장 흥미로운 것은 안쪽 탑당 전실 좌측 옆에 승방 1실이 조영되었다는 점이다. 처음으로 의례 및 예배공간과 스님의 거주공간이 합쳐지는 과정을 보인다.

ⓕ는 A.D.2~4세기경 개착된 케드석굴의 평면으로 쿠다 제6굴에 비해 중정을 가지고 있다. 좌우측에 승방이 1실 또는 2실이 있는데 불특정하게 개착된다.

ⓖ는 A.D.2~4세기경 개착된 쉬라와디석굴의 평면도로 중정 정면 안쪽 벽 중앙의 탑당과 3면에 승방이 불규칙하게 개착된다.

ⓗ는 A.D.2~4세기경 개착된 간다르팔레석굴 평면도로 ⓖ형에 비해 승

방 조성수가 좌우측이 대칭으로 되어 일종의 형식화가 이루어지고 있다.

'방형' 차이티야굴에서 '승방 부설' 차이티야굴로의 변천 과정을 살펴보면 처음에는 '방형' 차이티야굴로만 구성된다. 다음 단계로는 차이티야굴 전면에 전실의 추가 형식과 차이티야굴과 승방이 연결되는 초기형태의 '승방 부설' 형식이 나타나 이른 시기부터 2개의 형식으로 구분 변천되는 것이 확인되었다. 이후 차이티야굴로의 변화는 탑당+전실+중정 추가, '승방 부설' 형태는 탑원 내부에 불특정 수량의 승방이 부설된다.

이러한 변화를 한마디로 표현한다면, '단순한 것에서 복잡한 것'으로의 과정과 '차이티야굴과 비하라굴의 융합'이라 할 수 있다.

(1) 승방僧房 부설 평면

'승방 부설'의 경우 칸헤리 제2e굴 우측에 있는 제2c굴은 우측에 개설된 승방인 제2a, b굴과는 벽으로 분리되었지만 차이티야굴 내부의 출입구를 통해 연결이 되어 '승방 부설'의 시원 형태로 판단된다. 로마스리시석굴의 '원형+장방형 평면'과 매우 유사한 평면의 석굴이 멀리 떨어진 아라비아해 연안의 콘디브테석굴까지 전래하였다는 것을 고려하면 '방형' 형식도 콘디브테석굴에 인접한 칸헤리 제2e굴에 전해졌을 개연성이 농후하기 때문이다.

이후 아가쉬브 제12굴 등 A.D. 2~4세기경 콘칸 지방과 준나르 지역, 후기불교 석굴인 5~7세기경 서말와 지방에서 주로 조영되는 형식이다. 이 형식의 가장 큰 특징은 첫 번째로 소규모 '방형' 차이티야굴로 불탑이 봉안되는 차이티야굴과 스님의 수행 및 거주공간이 분리되는 초기형이다.

두 번째는 분리된 차이티야굴과 스님의 수행 및 거주공간이 연결되거나 차이티야굴 공간에 승방이 부설된다는 점이다. 초기에는 칸헤리 제2e굴처럼 분리되었으나 시간이 지나면서 칸헤리 제2c굴처럼 차이티야굴과 분리된 승방 공간이 출입구를 통해 연결되고 최종적으로 차이티야굴 공간 내에 승방이 부설되는 것으로 변천된다. 승방 부설은 불교 승단의 변화와 연관되는 것으로 차이티야굴 내부에 스님 수행공간이 부설된 것은 비하라굴에 거주하던 스님이 개인적인 의례 및 수행에 활용하기 위한 것으로 보인다.

방형 평면의 형식은 아래와 같이 크게 6가지로 세분할 수 있다. ①차이티야굴로 조성된 형-Ⓑ, ②차이티야굴에 전실이 추가된 형-Ⓒ, ③차이티야굴에 전실과 중정이 추가된 형-Ⓓ, ④차이티야굴과 승방이 측면 출입구를 통해 연결되는 형-Ⓔ, ⑤차이티야굴 내부 1~3면에 승방이 부설되는 형-Ⓕ, ⑥비하라굴 내부에 탑당이나 감실이 부설되는 형-Ⓗ이다.

(2) 탑당塔堂 부설 평면

앞서 살펴본 '승방 부설' 차이티야굴과는 반대로 비하라굴이 중심이 되는 차이티야굴로 '방형' 평면의 정점을 나타내는 형식이다. 전기불교 석굴에서 하나의 차이티야굴과 여러 개의 비하라굴이 반드시 짝을 이루어 석굴군을 구성하는 구성 방식에 커다란 변화가 나타난 것이다. 즉 차이티야굴과 비하라굴이 합쳐져 의례·수행·거주공간이 같은 장소에 조성된 것이다.

지금까지는 가장 이른 시기의 예로 나식 제17굴(미완성)에서 처음으로 나타나고 나식 제3굴, 10굴의 예를 들었다. 이들 석굴은 전기불교 석굴 비하라굴로서 가장 큰 규모와 정방형 평면을 나타내며 3면에 승방 여러 실이 부설되고 중정 안쪽 벽에 불탑이 천장에 닿을 정도로 높게 부조되었다. 이와 같은 형식이 2~4세기 전기불교 말 석굴에 자주 조영되고 5세기 말 출현하는 후기불교 석굴의 비하라굴 조형이 된다는 것이다.

그러나 기존에 알려진 바와 달리 비하라굴에 차이티야굴이 합쳐진 예는 이미 B.C. 2세기에 조영된 케드삼블석굴에서 처음으로 확인되었다. 케드삼블석굴 앞쪽이 붕괴하여 원모습을 확인하기 어렵다. 3면에는 5~6실의 승방이 개설되고 중정의 안쪽 벽면 향 우측에 불탑이 봉안된 넓은 '정방형 궁륭천장'의 공간으로 구성되었다. 앞서 언급한 옐골석굴의 경우 절벽 밑부분에 형성된 자연 동굴을 활용하여 우측 끝에 '말발굽형' 차이티야굴을 조성했는데 차이티야굴을 기준으로 좌측에는 별도의 승방이 없이 폭 60cm 정도의 벤치를 조각하여 승방의 역할을 한다는 점이다. 이러한 형태는 비하라굴의 초기 모습을 나타내고 있는 것으로 향후 고고학 발굴 결과가 기다려진다.

이들 석굴의 예를 통해 확인된 것은 '말발굽형', '방형', '탑당 부설'의 조성 예가 A.D. 2세기보다 훨씬 이른의 시기인 B.C. 2세기경 초기부터 조영된 것을 알 수 있다. 다만 '탑당 부설' 예는 B.C. 2세기에 시작된 후 4세기 내외의 공백을 뛰어넘어 A.D. 2~3세기경 서데칸 지역에서 별도의 탑당이 없는 부조탑으로 조성되는 예로 나타난다.

옐골, 바제포레스트석굴의 경우처럼 자연 동굴을 활용하여 석굴로 조성한 예는 매우 적은 편이다. 자연 동굴을 활용한 예가 적어진 것은 무역항과 내륙 도시를 연결하는 교역로 부근에 적당한 자연 동굴이 없어 필연적으로 석굴 개착으로 나타난 것으로 볼 수 있다. 인도의 무더운 환경에서 석굴같이 쾌적하고 시원하여 수행에 적당한 공간은 석굴 이외는 찾기 어려워 다른 지역, 다른 나라들보다 석굴 조영이 활성화된 것이다. 이후 5~6세기경 서말와 지역에서 별도의 탑당을 조성하는 형태로 나타나는 것을 볼 때 지역별 환경과 불교사상의 변화에 따른 평면의 변화 과정을 겪은 것으로 이해된다.

한편 A.D.1~2세기경 개착된 것으로 추정되는 시브네리 제42굴과 와이로하레 제2굴의 경우처럼 3면 중 왼쪽 벽은 옆에 있는 비하라굴 또는 불규칙하게 개착된 승방으로 인해 비대칭 형태이지만 중앙에 2개의 승방과 탑당, 좌·우측에 3~4개의 승방이 개착되어 전형적인 비하라굴 형식은 갖추지 않았다. 그러나 중앙 안쪽에 정방형 탑당이 개착되어 후기불교 비하라굴에 대한 연결고리로의 중요성이 보인다.

전기불교 석굴에서 볼 수 있는 변화, 즉 종래 '말발굽형' 석굴이 대규모로 개설되었다가 소규모의 석굴 구조 및 단순한 장식 구성을 가지는 형식으로 변화하는 것을 사타바하나왕조 쇠퇴기에 대규모 시주행위 없이 개착되는 말기적 양상으로 여겨지나 이러한 현상을 경제적인 제약에 따른 현상만으로 볼 수는 없다. 즉 이들 형식의 지역적 확장과 부분적으로 볼 수 있는 형식적 완성은 국지적인 현상을 넘어 새로운 지방 양식의 확립이라고 볼 수 있다. 또한, 그 양식의 출현을 가우타미푸트라 이후로 규정할 수 있다면 이것은 후기 포스트 사타바하나의 시대 양식으로 파악할 수 있기 때문이다.

후기불교 석굴에서는 불상을 모시는 불당 자체가 독립되는 것이 아니라 다수의 승방이 개설된 비하라굴 공간에 1개의 불당·예배공간·승원이 통합되는 형식으로 조영되었다. 그 예로 바그와 가토트가챠석굴을 들 수 있다. 가토트가챠석굴의 경우 아잔타 최대 크기의 제4굴(홀 크기 사방 약 25.5m)보다 약간 작은 규모(약24m)이다. 중정에는 열주 20주가 방형 형태로 배열되었고 3면에는 불규칙하게 승방이 있으며 안쪽 벽 중앙에는 불감이 있다. 그리고 입구 우측에 돌출된 벽면 한쪽에 거대한 불탑이 부조되었다. 불탑은 인도에서 유일한 삼층 기단으로 삼존 형식의 불상, 주위 벽면에 비천, 공양자상이 부조되는 등 가토트가챠석굴은 독립적인 예배공간의 규모와 평면, 정연한 모습을 나타내고 있다. 이러한 평면은 인접한 아잔타 제16굴의 예와 매우 흡사하며 동일 시주자의 명문을 통해 독립적이라기보다는 서로 연관되어 있다.

'탑당 부설' 차이티야굴은 후기불교 석굴인 바그석굴에서 정점에 달한다. 바그 제2굴의 경우 내부의 중정을 중심으로 4주의 열주가 방형으로 배치되고 외곽으로 20주의 열주가 정방형 모습으로 에워쌌다. 좌·우측면에는 각 7실의 승방, 정면 안쪽에는 4실의 승방과 중앙에 불탑을 봉안한 탑당과 전실 공간이 배치되는 평면형식을 가진다. 이는 나식 제3굴과 유사한데, 나식 제3굴의 안쪽 벽 부조탑이 있는 공간에 별도의 탑당을 부설하고 내부에 불탑을 봉안하는 형식에서 발전된 것으로 보인다.

바그 제4굴 경우 가장 안쪽의 탑당 형식과 유사한 예는 아잔타 제17, 2굴, 엘로라 제3, 5굴에서 볼 수 있는데 불탑이 봉안된 장소에 불상을 봉안하면 이 형식과 똑같다. 다만 중정 중앙에 열주를 마름모형으로 배치하는 것이 다르다. 어떠한 이유에서 마름모형 열주 배치를 했는지 알 수 없지만 가장 안쪽에 별도의 탑당 공간과 불탑을 봉안함으로써 개방성 측면에서 현격한 차이가 나타나고 있다.

즉 불탑을 숭배하고 예배하는 공간 성격을 고려할 때 인도 불교사원 그 자체와 깊이 연관되는 공간 형식에 변화가 생긴 것으로 불교사상의 변화 측면에서 살펴볼 필요가 있다. 또한, 후기불교 석굴에서 가장 늦게 조영되는 담나르 제12굴은 전기·후기불교 석굴을 통틀어 차이티야굴과 비하라굴을 하나의 새로운 개념으로 조영한 예라 할 수 있다.

그림 3-89. 탑당 부설 차이티야굴의 변천 과정

A.케드삼블석굴　B.나식 3굴　C.가토트가챠석굴　D.바그 2굴　E.담나르 12굴

그림3-89)는 '탑당 부설' 차이티야굴의 변천 과정을 조성연대 순으로 배열하여 평면도로 요약하여 나타낸 것이다.

Ⓐ는 B.C.2세기경에 개착된 케드삼블석굴의 평면도로 중정의 3면에 각 6실의 승방이 있고 안쪽 벽 향우 측에 차이티야굴이 조성되어 탑당 부설 차이티야굴의 시원형이라 할 수 있다.

Ⓑ는 A.D.2세기 초에 개착된 나식 제3굴의 평면도로 전기불교 비하라굴로서 가장 규모가 큰 규모를 나타낸다. 중정 주위로 3면에 6~7실의 승방이 개설되고 안쪽 중앙에는 불탑이 커다랗게 부조되었으며 이 석굴에서는 별도의 탑당은 조성되지 않았다.

Ⓒ는 A.D.5~6세기경 개착된 가토트가챠석굴의 평면도로 전형적인 후기불교 비하라굴의 평면을 나타내고 있는데 중정 주위로 열주가 조성되었고 향우측 입구 벽쪽 공간에 불탑이 부조되었다.

Ⓓ는 A.D.5~6세기경 개착된 바그 제2굴의 평면도로 내부의 중정은 둘레에 26주의 열주가 세워지고 중정 중앙에는 4주의 굵은 열주가 'ㅁ' 형태로 이중 배치된 특이한 구조이다. 좌·우측 벽에는 각 9실씩, 안쪽 정면 벽 중앙에는 탑당과 좌우에 각 3실씩의 승방이 배치된 전형적인 비하라굴에 차이티야굴이 추가되는 '탑당 부설' 차이티야굴로 분류된다.

Ⓔ는 A.D. 5~7세기에 개착된 담
나르 제12굴의 평면도로 인도 불
교 석굴 가운데 가장 특이한 평면
구성을 나타내고 있다. (그림 3-90)
'말발굽형' 차이티야굴 주위로 좌
측에 10실, 안쪽에 4실, 우측에 2
실의 승방과 탑당, 통로에는 열주

그림 3-90. 담나르 제12굴 전경

가 빙 둘러 있어 전형적인 후기불교 비하라굴의 중정 가운데에 차이티야
굴을 배치한 것과 같은 모습이다. 그런데 실제로는 차이티야굴 외벽과 승
방, 열주가 있는 통로 사이는 외부 공간이다. 지상에서 바닥까지 개착되
어 양쪽은 평면구조상으로 완전히 분리된 것이기 때문에 차이티야굴이
먼저 개착되고 이후에 비하라굴이 개착된 것이다.

이와 같은 비하라굴 중심의 '탑당 부설' 차이티야굴의 변천 과정은 초기
에는 비하라굴 한쪽에 탑당을 부설하거나, 안쪽 벽에 불탑을 부조한 다음
에는 중정 내부에 별도의 공간인 탑당을 개착하고 내부에 불탑을 봉안하
며 최종적으로는 '말발굽형' 차이티야굴과 비하라굴을 완전히 분리하는
것으로 변화가 나타난다.

3) 차이티야굴의 변천 의의

석존의 사리가 봉안된 불탑은 초기 일반사원에서는 산치 제1탑의 경우
처럼 야외에 조성된다. 또 다른 예로는 군투팔리 불교사원의 주 불탑이
봉안되는 말발굽형의 차이티야 그리하Caitya griha라는 장소에 봉안되어 불
교사원에서 종교적 중심의 역할을 하였다.

B.C. 3세기경 불교 석굴사원이 처음으로 나타나는데 당연히 그곳은 불

탑이 봉안되는 장소였고 차이티야굴Caitya caves로 불렸다. 이러한 차이티야굴 형태는 기본적으로는 지상의 건축물을 모방하고 종교적 중심 장소로 조영되어 왔다. 또한 원형, 말발굽형, 방형의 형태로 구분되며 똑같은 예를 찾아볼 수 없을 정도로 다양한 모습으로 각각의 차이티야굴이 조영되었고 일부이지만 초기에는 자연 동굴을 활용하면서 석굴사원으로의 발전이 나타난다.

석굴사원을 방문하는 모든 사람은 석존=불탑에 대한 의례 및 공양, 탑돌이 행위를 할 수 있는 불탑 봉안 장소가 필요했을 것이다. 처음에는 군투팔리석굴의 차이티야굴처럼 불탑 1기만 봉안되는 단순한 원형으로 조영되었다. 원형 공간은 가장 단순하고 자연스러운 공간의 창출을 표현하였지만, 불교의 발전으로 많은 인원이 모이면서 의례를 위한 대규모 집회 공간의 필요성과 고대 인도인들의 거주 형태, 고대인도 분묘의 환상열석과 같은 상징적인 의미를 포함할 수 있는 새로운 형태의 차이티야 공간 필요성에 의해 자연스럽게 '말발굽형' 차이티야 공간이 조영된 것이다.

'말발굽형' 공간은 고대인도 분묘에서 전래되어온 원형 울타리와 열주의 조영 및 당시 인도인들의 주거 공간에서 이어온 주거 형태를 표현할 수 있는 평면이었다. 처음에는 한 번도 시행해보지 않은 말발굽형을 개착하면서 붕괴 위험 등을 고려한 것인지 알 수 없으나 자연 동굴을 이용하고 기둥이 동반되지 않는 무주식의 평면을 개착하였다. 이후 경험이 축적되고 대지중해 교역으로 막대한 부를 취득한 상인 자신들의 이익과 안위에 대한 염원을 담은 시주행위가 맞물리면서 대규모 공간의 '말발굽형 열주식' 차이티야굴로의 변화가 이루어진 것이 확인되었다.

이와 달리 '방형' 차이티야굴이 다수 조영된 것이 확인되었다. '말발굽형'과 같이 '방형' 역시 고대인도뿐만 아니라 현재도 사용되는 장방형 건축물의 형태를 차이티야굴에 적용한 것이다. 더구나 '방형'이 규모 면에서는 대다수가 소규모이며 단순한 형태를 나타내지만, 인도 전 지역을 통틀어 가장 널리 분포되고 조성되었다는 것은 당시 인도인들의 기층적인 삶과 연관성이 높다.

'방형' 차이티야굴에 스님의 거주공간인 '승방이 부설'된 것은 불교사상의 변화에 따라 나타난 것이다. 이처럼 거주공간으로 사용된 승방이 차이티야굴 내부에 부설되는 경우와 달리 명백한 수행공간이자 거주공간으로 사용되던 승원굴 내부에 '탑당이 부설'되어 하나의 사원을 형성하는 경우가 확인된다. 이것은 스님들이 자신들의 승원굴 내부에서 독자적으로 불탑을 숭배하길 원했던 것으로 여겨진다.

후기불교 석굴에서는 이러한 석굴 내부 공간에 불탑을 봉안하는 것과 다르게 암반을 위에서 아래로 파내려가 '환조 건물형' 불탑 겸 차이티야굴을 조영하였다. 마치 힌두교 석굴사원처럼 '환조 건물형'으로 조영하여 내부에 감실을 파내고 불상을 봉안하는 탑사와 같은 형태가 나타난다. 이후 불교가 소멸해가면서 불교 석굴사원의 개착은 이루어지지 않았다.

이들 원형, 말발굽형, 방형, 승방 부설형, 탑당 부설형, 환조 건물형이라는 평면의 변천 과정을 살펴보면 처음에는 '석존=불탑'이라는 종교적으로 명확한 조형물을 봉안하고 의례 및 공양을 올리는 종교적 특징과 성스러운 행위를 나타내는 우요 행위라는 의식 때문에 원형이라는 공간이 자연스럽게 조성된다.

그러나 공간의 협소 및 고대인도의 분묘 제도에 내포된 의미의 표현을 위해 '말발굽형'이라는 평면을 새롭게 고안해낸 것이라 할 수 있다. 이후 말발굽형, 방형, 승방 부설, 탑당 부설로 이어지는 평면의 변화는 초기에는 말발굽형과 방형, 탑당 부설 형식이 거의 비슷한 시기에 나타나며 이들 형식은 각각의 특징을 보이며 발전을 이어왔다.

일부에서 예외도 확인되지만, 불교사상의 변화와 함께 대체로 위에 언급한 순서로 변천이 이루어진다. 동시에 특정 지역에서 특정 시기에 특정 양식이 나타나는 것은 지역적인 특징이 반영된 결과이다.

결론적으로 석굴 평면의 변천 과정을 한마디로 나타낸다면 '자연 동굴에서 인공석굴로', '단순한 것에서 복잡한 것으로', '폐쇄성에서 개방성으로 다시 폐쇄성으로' 가는 과정이라고 할 수 있다. 이처럼 고대 인도인들은 자연환경, 자신들의 주거환경, 장묘문화, 신앙 형태를 고려한 평면을 이용하여 '석존=불탑'의 봉안 및 의례, 수행의 장소로 석굴을 개착·활용한 것이었다.

7. 불교 석굴사원의 편년

인도는 역사를 기록한 자료가 없는 나라로 알려졌다. 전해지는 고전 대부분은 과장과 상상적 표현이 가득 찬 신화나 설화로 이루어진 종교적 문헌이다. 즉 객관적으로 인용할 만한 것을 찾아볼 수 없을 정도라 해도 과언이 아니다. 그동안 많은 학자의 연구를 살펴보면 일부 석굴의 경우를 단편적으로 거론하였지만, 처음으로 전기불교 석굴 전체를 아우르는 편년 연구가 이루어진 것은 1972년 데헤지아[146]를 거론하지 않을 수 없다.

데헤지아는 푸라나 문헌, 명문 서체 분석[147]을 하여 상대적 편년을 5개 군으로 분류하고 있다. 그는 로마스리시, 콘디브테, 군투팔리, 바자, 카를라 등 일부 석굴군의 평면도, 정면 외관, 천장, 열주, 목재 사용 여부 등의 건축요소와 스투파 형태, 장식요소를 기준 척도로 보는 견해를 제시하였다. 그리고 석굴 전체의 종합적인 연대 확정 방법을 채택하여 B.C.200년~A.D.200년이라는 편년을 밝히고 있다. 한편 로마 바실리카 양식 교회와의 유사점을 언급하면서 원인에 대해 우연일 뿐이라는 견해를 제시하고 있다.

발굴과정에서 출토된 동전에 부조된 인물의 초상과 명문 해석을 통해 당시 데칸고원을 지배하던 사타바하나왕조의 연대를 검증하고, 바유 푸라나에 근거하여 초대 사타바하나왕 시무카Simuka를 B.C.120년으로 추정하였다. 또 준나르 제26굴에 나타나는 나하빠나 46년 명문[148]을 샤카 기원이 아닌 재위 연도로 추정하고 이론을 전개하였다. 그리고 야즈나스리 사

---

146 V. Dehejia, *EARLY BUDDHIST ROCK TEMPLES*, New York, 1972.

147 예를 들어 바자, 피탈코라, 콘다네, 아잔타 등에서 확인된 각형의 ga와 ta, 아주 초기의 da, 항상 곧은 ra 등의 형태를 보고 편년 판단하고 있다. V. Dehejia, op.cit, p.46.

148 塚本啓祥, 앞의 책, p.401. 명문은 Bühler에 따르면 Nahapāna 왕이 후기 Kṣatrapa와 같은 시대에 있었다면 46년은 Śaka 기원을 사용한 것으로 추정하여 A.D.124년으로 본다.

타카르니의 재위를 A.D. 150~180년으로 비정하고 그 후 왕조가 쇠퇴하였기에 이 왕의 시기에 개착된 칸헤리 제3굴을 마지막으로 전기불교 석굴의 조영이 끝난 것이라는 견해를 제시했다.[149] 그러나 나하빠나의 재위 기간은 A.D. 50~100년에 놓고 왕조는 B.C. 120년~A.D. 180년으로 비정하여 시대 설정에서 많은 이론이 존재하는 설정 방법을 사용하였다. 석굴에 대한 분석과 고찰을 통해 처음으로 편년을 언급하고 있어 주목된다. 다만 편년에서 제외되는 다수의 석굴과 불탑을 누락시킨 점은 아쉽다.

두 번째는 70년대 이후 불교 석굴에 대한 보고서가 증가하면서 1981년 나가라주[150]에 의해 처음으로 전기불교 석굴에 대한 총 정리가 이루어졌다. 그의 저서는 오늘날 전기불교 석굴을 고찰하는데 기본적인 문헌이라고 할 수 있다. 그는 석굴 전체로서의 연대를 보는 게 아니라 유적 내 건축의 발전과 편년을 각각 실시하는 것에 중점을 두고 있다. 일부 석굴군에서 특정 예를 고찰하는 데헤지아의 편년 연구의 미흡했던 부분을 고려하였다. 그는 19개의 차이티야굴과 600여 개의 석굴(비하라 포함)을 거론하여 전기불교 석굴의 기초 자료집 역할을 충분히 하고 있다. 아쉬운 점은 각 유적을 알파벳 순서로 열거하여 지역이나 시기 순으로 정리하지 않고 일부 차이티야굴에 대해 고찰을 하였다는 점이다.

편년 연구에서는 가우타미 사타카르니의 재위 연도를 나하빠나 46년= 샤카 기원을 채용하고, 푸라나, 역사 자료, 명문 내용에서 사타바하나왕조의 시작을 B.C. 228년, 종말을 A.D. 224년에 두고 있다. 그래서 전기불교 석굴의 연대 폭을 크게 넓혀 전기불교 석굴의 조성연대가 B.C. 250년

---

149 V. Dehejia, op. cit, pp. 19~28.
150 S. Nagaraju, *Buddhist Architecture of Western India*, Delhi, 1981.

부터 A.D.300년대 전반까지 된다. 이것은 데헤지아설의 2배 이상 되는 조영 기간이다. 특히 B.C.250년은 아소카왕이 B.C.261년 군투팔리석굴이 위치한 칼링가 왕국과의 전쟁으로 수많은 인원이 살상당하는 참극을 통해 아소카왕이 불교에 귀의하게 되는 시대적 상황을 고려할 때 군투팔리 석굴의 개착시기를 B.C.250년경으로 보는 것으로 추정하고 있다.

5세기 후반 후기불교 석굴 조영이 재개될 때까지 중단기 또는 공백기를 100년 내외로 보며, 분류 방법론은 명문의 서체를 기준으로 하는 것은 데헤지아와 같으나 7기의 발전 단계를 주장하고 있다. 거기에 건축요소인 평면, 기둥, 스투파 형식, 벽기둥 장식 디자인, 창틀, 저수조 모습까지 분류하는 점이 두드러진다. 편년과 관계가 없는 것이 많고 일부 열주나 불탑 형식에서 건축 형태를 고찰하고 있으나 양식 분석에서는 배제하고 있다. 그리고 방형·평천장 형식의 차이티야굴과 승방 부설 형식에 대해서도 일부 언급은 하고 있으나 말발굽형 차이티야굴과의 연관성은 고찰하지 않았다.

다봐리칼[151]은 전기불교 석굴이 중단된 것을 2세기경으로 보고 2~300년의 중단기를 보낸 뒤 5세기 말 후기에 다시 개착되었다는 일반적인 의견에 의문을 제기하고 있다. 그는 중단기는 없었고 적게나마 3~4세기에도 석굴 조영이 계속되고 있었으며 그 시기를 후기 소승기로 보고 있다. 그도 나가라주와 같이 나하빠나 46년을 샤카 기원으로 보고 124년 설에 따르고 있으나 데헤지아, 나가라주와 달리 건축 양식적으로 차이티야굴

---

151 M. K. Dhavalikar, *Late Hinayana Caves of Western India*, Poona, 1984. 이 저서는 35년전 인도 푸네의 데칸대학에서 출간한 것으로 원문을 확보하기 어려워 부득이 平岡三保子의 내용을 간략하게 소개했다. 앞의 책, 東京, 2009.

에 대해 고찰하였다. 고찰의 핵심은 후기 소승기에 방형·평천장 무주식의 차이티야굴이 먼저 성립하고 거기에 탑당 부설 비하라굴 형식이 도입된 것으로 보고 있다. 그리고 방형 평천장 무주식 차이티야굴의 성립도 방형·평천장·무주식 등 여러 요소가 융합된 것으로 보고 있다.

2세기 전반으로 추정되는 준나르 암바암비카 제26굴(미완성)은 궁륭천장 전체가 무주식 차이티야굴로 변화되는 초기 예로 보고 있다. 2세기 중반의 가네쉬레니 제14굴은 평천장 차이티야굴 일산 부분이 천장에 부조로 표현되어 기단부터 일산에 이르는 불탑 전체를 하나의 암석으로 조각하는 형식이 출현했고, 150년경 시브네리 동군 제2굴은 내부 폭이 베란다보다 넓어 처음 구상 시부터 무주식이 채택된 것, 시브네리 제66굴의 경우 방형 차이티야굴 측면에 승방이 부설된 것으로 보고 있다[152]. 이러한 예를 들어 2세기 3분기에는 방형·평천장 무주식 차이티야굴 형식이 정착된 것으로 결론짓고 후기 소승기 차이티야굴 특징이라는 견해를 제시하였다.

히라오카 미호코平岡三保子는 다봐리칼의 고찰은 경청할 만하지만 대부분 석굴의 연대가 정설화되지 않고 기준작으로 볼 수 있는 예가 거의 없으며, '탑당 겸 승방' 형식이 나타난 이래 순수한 차이티야굴은 중시되지 않았다고 설명하는 것은 명백히 잘못된 것이라는 결론을 내리고 있다. 다만 '탑당 겸 승방'이라고 하는 건축 개념과 발전 단계의 방향성이 들어 있는 점과 그때부터 전기불교 석굴의 후반부에 들어간다는 가능성, 그리고 이제까지 '중단기'라고 여겨지던 기간은 매우 짧으며, 전기불교 석굴의 말

---

152 시브네리 제66굴 우측에는 승방이 개착되었으며 차이티야굴에서 승방으로 들어가는 출입구를 통해 출입이 가능한 형태로 칸헤리 제2c굴과 같은 형태이다.

기 양식에 후기불교 석굴을 예견할 가능성이 보인다는 점은 커다란 진보라 할 수 있다.

기존의 견해를 살펴보면 사타바하나왕조 후기의 석굴 형식 변화 시기를 나하빠나·가우타미푸트라 스리 사타카르니 시대 이후로 보는 점은 매우 시사적이다.

왜냐하면, 가우타미푸트라는 데칸 지방에서 마지막으로 번영한 사타바하나왕조 왕으로 안드라 지방으로의 세력 확장뿐만 아니라 북인도 샤카족의 크샤하라타 가문과 항쟁을 통해 광범위한 지역의 문화를 접하고 있었기 때문이다. 명문에 기록된 것처럼 샤카족 세력을 몰아낸 반면, 문화면에서는 매우 유연한 자세를 취한 것 같다.

가우타미푸트라 사타카르니는 나하빠나왕의 은화를 계속 사용했고 그 이후 크샤하라타를 본뜬 초상이 부조된 은화가 가우타미푸트라를 계승한 풀루마비Pulumavi 또는 야즈나스리Yajnasri에 의해 주조되었다.[153] 칸헤리 제5굴 저수조 명문에는 루드라다만Rudradaman왕의 딸과 가우타미푸트라의 아들 풀루마비가 혼인 관계에 있던 것으로 보이는[154] 등 다른 문화와의 교류가 촉진되는 계기가 된 것으로 보인다.

나식 제3, 10굴의 조성시기에 대해서는 히라오카 미호코는 나식 제3굴의 가우타미푸트라 사타카르니 18년 명문과 나하빠나 46년이 근접한 것으로 해석하여 A.D.124년으로 추정하고 토지를 시주한 24년 명문은 같은 왕 130년으로 판단하고 있다.[155]

---

153   V. Dehejia, *op. cit*, p.28.

154   塚本啓祥, 앞의 책, p.421.

155   平岡 三保子, 앞의 책, p.135.

나가라주는 A.D.100~180년으로 연대를 추정[156]하고 있어 조성시기는 2세기 초중반경으로 판단된다. 한편 사타바하나왕조 이후에는 석굴의 개착이 없었다는 견해에도 확실한 근거는 존재하지 않는다. 왕조의 쇠퇴가 전기불교 석굴 중단과 직접적인 관계가 있었다고는 생각하기 어렵다. 그러므로 데헤지아의 주장은 설득력이 약하다 할 수 있다. 쿠다석굴에서 'Mahabhoja'라는 지방 제후의 이름이 여러 번 등장하지만, 사타바하나왕조 왕의 재위 연도는 확인되지 않는다. 이것은 사타바하나왕조에 대한 종속 관계가 사라진 것을 의미한다. 강력한 왕조의 쇠퇴에 따른 교역도 미약해지기는 했겠지만, 완전히 중단되었다고는 생각할 수 없기 때문이다.

유력한 시주를 할 수 있는 집단이 콘칸 지역에 존재한다는 점은 콘칸 지역이 데칸 지역과 연결될 뿐 아니라 해상 무역로를 통해 여러 곳으로 접할 수 있는 지리적 환경이 마련되면서 '방형 평면의 탑당 겸 승방'이라는 새로운 형식을 시도할 수 있게 했다. 교역로를 통해 빠른 전파와 정착을 할 수 있게 한 요인이라 본다.

콘칸 지역에는 지금까지 알려지지 않았던 방형 석굴의 예가 많이 나타나는데 이들 석굴의 지역적 확장과 부분적으로 볼 수 있는 양식은 새로운 지역 양식의 확립이라고 볼 수 있다.

또한 그 양식의 출현 시기를 출현 시기를 가우타미푸트라 이후로 규정할 수 있다면 이것은 사타바하나 이후의 시대 양식으로 파악할 수 있기 때문이다. 후기불교 석굴에 대한 가교로서의 중요성이 한층 명확해진다고 할 수 있다. 대표적인 예로 칸헤리 제31굴의 경우 방형 차이티야굴에 원형 하층 기단의 추가, 상층기단 횡대 난간형식의 불탑은 후기불교 석굴

---

156   Nagaraju, *op. cit.* p.249.

인 서말와 지역의 불탑에 직접적인 영향을 끼치는 선행적인 모델로 판단된다.

콘칸 지역의 판하레카지, 케드, 쿠다석굴 등과 서고츠산맥을 넘어 인접한 내륙의 요충지인 카라드의 여러 석굴에서 2세기 후반에서 4세기에 걸쳐 나타나는 불탑을 봉안한 차이티야굴의 예가 확인된다. 즉 바자, 카를라석굴과 같은 말발굽형이 아닌 방형으로 변하고 승방을 주변에 배치하는 차이티야굴 겸 비하라굴이 출현한다. 중정 주위 벽의 아랫부분에 벤치를 조성하는 디자인도 2세기 후반부터 4세기에 걸치는 전기불교 말 석굴의 특징인 점을 고려하면 이제까지 알려진 2~4세기의 공백기라고 불리는 시기에 콘칸 지역을 포함한 곳에서 소규모 개착이 지속해서 이루어진 것을 확인할 수 있다.

여기에는 사타바하나왕조 패망 이후 데칸고원의 패권 다툼 혼란 속에서 지역적으로 멀리 떨어져 있었던 콘칸 남부라는 지역적 특성도 잊어서는 안될 것이다. 단순히 '중단기, 공백기'라고 여겨온 이 시기에 콘칸 남부 지역에서는 꾸준히 석굴 조영이 계속되었다. 기존의 주요 말발굽형 열주식 석굴에는 미치지 못하지만, 전기불교 석굴에서 후기불교 석굴에 이르는 과도기에 나타날 법한 석굴이 등장했다. 이것들은 여러 형식이 복합적으로 조합되어 형성되거나, 장식성이 적거나 단순한 유형으로 나타났다.

후기불교 석굴의 대표적인 것으로 알려진 아잔타석굴의 경우 제16, 17 비하라굴 명문에 의하면 5세기 말~6세기 초 바카타카왕조의 하리세나 Harishena왕 대에 이루어진 시주[157]에 의한 것임이 알려졌을 뿐 결정적인

---

157 塚本啓祥, 앞의 책, p.374. 379.

역사적 증거는 확인되지 않았다[158]. 따라서 아잔타 석굴 편년에 관한 연구가 많음에도 불구하고 제작 시기, 제작 과정에 대해서도 아직도 다양한 학설이 존재한다[159].

엘로라 불교 석굴의 조성연대에 관해서도 시주자 관련 기록이 전혀 없으므로 인접한 힌두교 석굴과의 관계 때문에 많은 학자의 고찰이 진행됐는데 여기서는 여러 학자들의 주장을 간략하게 살펴보았다.

첫 번째는 퍼거슨과 버제스의 450~700년[160], 브라운의 450~650년[161], 카일의 450~650년[162] 등 불교 석굴이 힌두교 석굴보다 조기에 조영되었다는 설이다. 엘로라 남단의 제1굴~제5굴이 바카타카왕조[163]의 아잔타 비하라굴 형식과 유사하나 제6굴부터 북단의 석굴이 그 형식에서 벗어나기 때문이라는 주장을 하였다. 다만 이들이 생각한 편년이나 아잔타의 바카타카왕조 대 석굴보다 일찍 조영되었다는 시대 설정은 받아들이기 어렵다.

두 번째는 최근 유력시되는 학설로 스핀크[164]와 마란드라가 주장하는 엘

---

158 V. V. Mirashi, *Inscriptions of the Vakatakas* (Corpus Inscriptionum Indicarum vol. V), Ootacamund. 1963, pp. 103~129.

159 아잔타 석굴사원 연구에 대해 방대한 저작이 있지만, 근년에 후기석굴의 편년 연구를 행한 주된 것은 다음과 같다. W. E. Begley, *The Chronology of the Mahayana Buddhist Architecture and Painting at Ajanta*, Ph. D. dissertation, University of Pennsylvania, 1966.; Philippe Stern, Colonnes Indiennes *D'Ajanta et D'Ellora*, Paris, 1972.; Sheila L. Weiner, *Ajanta:Its Place in Buddhist Art*, University of California Presss, 1977.

160 J. Fergusson and J. Burgess, *The Cave Temples of India*, London, 1880, p. 185.

161 P. Brown, *Indian Architecture (Buddhist and Hindu Periods)*, Bombay, 1959.

162 O. C. Kail, *Buddhist Cave Temples of India*, Bombay, 1975, p. 118.

163 3세기 후반~6세기 중엽 데칸고원을 지배한 왕조로 아잔타 제16, 17굴이 이때 만들어졌다.

164 W. Spink, 'Ellora's Earlist Phase' *Bulletin of the American Academy of Banares*, Vol. 1, 1967, pp. 11~22.

로라에서는 제21, 29굴을 중심으로 힌두교 석굴이 성립하고 그 후에 후기불교 석굴이 개착되었다는 설이다. 제21굴과 제29굴에 가까운 건축적 특징을 나타내는 제5굴, 제6굴을 불교 석굴 최초의 편년으로 보고 있다. 특히 마란드라는 조각상 표현의 비교, 만다라 도상 발전에 주목하여 초·중·후기로 구분하며 제10굴은 중기인 650년으로 보고 있다[165].

서말와 지역 석굴군의 연대 설정과 관련된 기존의 연구 결과를 살펴보면 커닝엄은 500~700년[166], 퍼거슨은 600~700년[167], 버제스는 8세기[168]라는 고고학 물증이 없는 주장을 하였다. 조사 당시 인도 건축 전체에서도 편년 연구가 진전되지 않은 상태로 인해 지금은 활용되지 않는다. 다만 쿠센스는 9세기에 담나르석굴과 같은 구릉에 하나의 암석으로 된 달마나타 힌두사원보다 앞선 8세기 중반[169]으로 보고 있다.

1971년 미트라는 담나르 불탑에 대해 일반적인 불탑형으로 언급하고 뚜렷한 몰딩이 장식된 기단과 마찬가지로 몰딩이 표현된 높은 원통형 드럼처럼 발달한 형태는 굽타왕조에 속하는 것[170]으로 보았다. 1977년 스핑크는 불상이 부조된 환조탑의 존재, 본존불의 협시로 표현되는 불상, 무릎을 세워 앉는 불상의 존재를 근거로 담나르 및 콜비석굴을 바그석굴의 전성기(460~480년)와 비슷한 시기로 보고 있다. 이처럼 불탑 형태로 판단하거

---

165 Geri H. Malandra, Unfolding a Mandala : *The Buddhist Cave Temples at Ellora*, New York, 1993, pp. 23~25 & pp. 123~126.

166 A. Cunningham, *Archaeological Survey of India*, vol. II, 1864-'65, p. 287.

167 J. Fergusson, *History of Indian and Eastern Architecture*, Delhi, 1880, p. 166.

168 J. Fergusson and J. Burgess, op. cit. 1880. p. 392.

169 H. Cousens, 'The Dhamnar Caves and Monolithic Temple of Dharmanatha' *Archaeological Survey of India, Annual Reports, 1905-06*, p. 115.

170 D. Mitra, *Buddhist Monuments*, Calcutta, 1971, p. 104.

나 도상학적 관점에서 판단하는 등 2개 연도에 대해 해석을 하고 있다.

인도 고고국에서는 담나르석굴군 인근에서 발견된 'Chandanagiri-mahavihara' 명문의 고문서학 입장에서 해석한 결과 사용된 문자가 5~6세기경으로 판단하고 있다.[171] 이를 토대로 담나르석굴군이 5~6세기 조성으로 추정하는 것, 확정되지 않은 명문을 가지고 조성연대를 확정하는 것은 적절치 않다. 그런데 마이트라카왕조(475년경)의 창시자인 바타르카 Bhatarka의 코인이 앞서 언급한 구자라트의 데브니모리탑에서 발견되었다. 코인에는 서말와 석굴군에서만 볼 수 있는 유형의 불탑이 부조되어 담나르석굴의 조성시기가 5~6세기였음을 알 수 있다.

담나르석굴에서 서쪽으로 70㎞쯤 떨어진 만다소르Mandasor에서 발견된 석조 명문에서 Dattabhata라는 인물이 467~468년에 Lōkōttara-Vihāra에 부모를 기리면서 스투파, 우물 등을 시주했다는 내용이 확인되었다.[172] Lōkōttara라는 승원 명칭은 Lōkōttaravādin sect(說出世部), 즉 부파불교의 설출세부 학파에서 딴 것으로 알려졌다.[173] 이를 통해 볼 때 5세기 중, 후반 서말와 지방에 부파불교 승원과 불탑이 조성되었을 가능성이 명문과 발굴 유적을 통해 확인되었다. 임페이는 콜비 석굴이 담나르석굴보다 선행하며 3세기 혹은 4세기[174]로, 1917년 케자디아보프석굴에 대해 가드는

---

171 *Indian Archaeology: A Review, 1960~'61*, p.60. 38항.

172 Garde,M.B., "Mandasor Inscription of Malava Samvat 524" *Epigraphia Indica*, Vol. XXVII, 1947-48.1956, pp.12~18. 이 지역에서는 스투파를 포함한 석굴군이 발견되었다는 보고서 또는 실제 유구는 확인되지 않았다.

173 Chakraborti, Haripada, *India as Reflected in the Inscriptions of the Gupta Period*, New Delhi, 1978. p.167.

174 Impey, E., 'Description of the Caves of Koolvee, in Malwa' *Journal of Bombay Branch Royal Asiatic Society* Vol.5 pp.336~349.

담나르와 비슷한 7세기[175], 1990년 타드젤[176]은 콜비 또는 빈나야가석굴의 환조탑을 언급하고 있다. 이상과 같이 조성연대에 대해 크게 2개의 설로 나뉘었는데 최근은 5~6세기로 보는 주장이 설득력을 얻고 있다.

이것을 뒷받침하듯 앞에서 언급한 데브니모리탑 발굴과정에서 수습한 마이트라카왕조의 바타르카 코인에 부조된 서말와 지방의 석굴군에서 확인된 불탑의 모습을 통해 5세기 후반경이라는 구체적인 조성연대를 확인할 수 있었다. 다만 이들 서말와 지방의 불교 석굴이 어느 양식 배경을 가졌는지, 역사적으로 고찰한 것은 거의 없다. 데브니모리탑에서 발굴된 코인에 부조된 방형 기단과 원형 기단, 복발로 구성된 불탑의 형태와 불탑 좌우의 보살상을 통해 서말와 지역 불탑의 양식 배경에 관한 추가 연구가 이루어질 것을 기대한다.

한편 새로운 역사적 사실이 발굴될 필요성이 제기되는 등 재고할 여지는 크게 남아 있다고 볼 수 있다. 바그석굴은 담나르석굴과 같이 불상 중심이 아닌 불탑이 중심적인 숭배물로 자리하고 있다. 서데칸과 서말 지역의 중간에 있는 유구이기에 조성시기와 불교 성격에 관한 판단을 어렵게 하고 있다. 아잔타 후기석굴과 같은 시기인 5세기 후반(스핀크)[177]이라는 의견, 명문을 바탕으로 4세기 후반[178]이라는 견해가 주류를 이룬다.

이 책에서는 기존의 여러 학자에 의해 이루어진 연구 성과와 고고학 발

---

175 Garde, M.B., *Archaeological Survey of India, Annual Reports 1916-17*, Part 1, pp.13-14.

176 Tadgell,C., *The History of Architecture in India, From the Dawn of Civilization to the End of the Raj*, New Delhi, 1990, p.50.

177 Spink, Walter M, "Bagh:A Study" *Archives of Asian Art*, 30, 1976~77, p.62.

178 Mirashi, V.V, 'The Age of the Bagh Caves' *The Indian Historical Quarterly* vol.21, 1945, pp.79~85.

굴결과를 중심으로 간략하게 살펴보았다. 인도 전역에 분포된 차이티야굴과 관련된 시주 관련 명문과 건축요소인 차이티야굴의 평면도, 정면 외관, 내부 열주, 불탑의 변천 과정을 비교를 통해 정확한 편년을 제시하지는 못하더라도 석굴 간의 선후 관계는 어느 정도 확인할 수 있었다고 본다.

다음 표11)은 인도 전역에 분포된 차이티야굴의 현황, 각 연구자의 추정 편년과 필자의 추정 편년이다.

표11. 인도 차이티야굴 현황과 추정 조성시기(平=平岡 三保子)

형식	석굴명칭	No	Nagaraju	佐藤宗太郎	Dehejia	시기(세기)
원형	Bhaje forest		-	-	-	B.C. 3
원형	Guntupalli		-	B.C. 2	B.C. 200	B.C. 3
원형	Kondivte	9	B.C. 3	B.C. 2~1	B.C. 110	B.C. 3~2
원형	Tuljalena		B.C. 2	-	B.C. 70	B.C. 2
말굽형	Pitalkhora	10	B.C. 150	-	B.C. 100	B.C. 2
말굽형	Thanale	8				B.C. 2
말굽형	WaiPandavgad		-	-	-	B.C. 2
방형	Kanheri	2e	-	-	-	B.C. 2
말굽형	Bhaja	12	B.C. 250~175	B.C. 2~1	B.C. 90	B.C. 2중
말굽형	Ajanta	9	B.C. 3 후	-	B.C. 70	B.C. 2중
말굽형	Ajanta	10	B.C. 3 후	-	B.C. 70	B.C. 2말
탑당형	Khadsamble	1	-	-	-	B.C. 2
말굽형	Yelghol		-	-	-	B.C. 2
말굽형	Pitalkhora	3	B.C. 200~100	B.C. 1~A.D. 1	-	B.C. 2~1
말굽형	Pitalkhora	13	B.C. 1			B.C. 1
말굽형	Kondane	1	B.C. 250~175	B.C. 1	B.C. 80	B.C. 1
말굽형	Bedsa	7	B.C. 1	B.C. 1	B.C. 40	B.C. 1
말굽형	Bhutalinga	40	B.C. 125~60	-	-	B.C. 1
말굽형	ShanaDungar		-	-		B.C. 1

형식	석굴명칭	No	Nagaraju	佐藤宗太郎	Dehejia	시기(세기)
말굽형	Pitalkhora	12	B.C.1	-	-	B.C.1
말굽형	Rudreshwar		-	-	-	B.C.1~A.D.1
말굽형	Aurangabad	4	A.D.1, 平	B.C.1~A.D.7	B.C.60	A.D.1
말굽형	Nashik	18	B.C.125~60	B.C.1~A.D.7	B.C.50	A.D.1
원형	Kanheri	4	A.D.180~230	-	-	A.D.1~2
말굽형	Amba Ambika	26	A.D.100~180	-	-	A.D.1~2
말굽형	Ganesh Leni	6	-	-	-	A.D.1~2
말굽형	Agashiv	6	-	A.D.1	-	A.D.1~2
말굽형	Yerphale	3	-	-	-	A.D.1~2
방형	Kanheri	2c	-	-	A.D.160	A.D.1~2
방형	Agashiv	12	-	-	-	A.D.1~2
방형	Amba Ambika	25	A.D.3	-	-	A.D.1~2
방형	Chiplun	1	-	-	-	A.D.1~2
방형	Shirwal		-	A.D.1	-	A.D.1~2
방형	Lenyadri	14	A.D.100~180	-	A.D.50	A.D.1~2
방형	Bhimashankar	7	A.D.124, 平	-	-	A.D.1~2
탑당형	Shivneri	42	-	-	-	A.D.1~2
탑당형	Wai Lohare	2	-	A.D.1	-	A.D.1~2
방형	Shivneri	2	A.D.180~230	-	-	A.D.1~2
방형	Shivneri	43	A.D.230~300	-	-	A.D.1~2
방형	Agashiv	17	-	-	-	A.D.1~2
방형	Dongrai		-	-	-	A.D.1~2
탑당형	Nashik	10	A.D.124	-	-	A.D.2
탑당형	Nashik	3	A.D.124~130	-	-	A.D.2
승방형	Shivneri	66	A.D.100~180	B.C.1~A.D.2	A.D.130	A.D.2
말굽형	Karla	8	A.D.100~180	A.D.1	A.D.50	A.D.2
말굽형	Patan		-	-	-	A.D.2
말굽형	Lenyadri	6	A.D.100~180	-	A.D.50	A.D.2초
말굽형	Kanheri	3	A.D.2	-	A.D.160	A.D.2말
탑당형	GandharPale	9	A.D.230~300	-	-	A.D.2~3
승방형	Kuda	9	A.D.100~180	-	A.D.90	A.D.2~4
승방형	GandharPale	21	-	-	-	A.D.2~4
승방형	Panhalekaji	5	데쉬판데, 3~5	-	-	A.D.2~4

형식	석굴명칭	No	Nagaraju	佐藤宗太郎	Dehejia	시기(세기)
방형	Bojjanakonda	2	-	-	-	A.D. 4~5
승방형	Kuda	1	A.D. 230~300	A.D. 1	A.D. 120	A.D. 2~4
승방형	Kuda	6	A.D. 230~300	-	A.D. 120	A.D. 2~4
승방형	Khed	1	-	-	-	A.D. 2~4
승방형	Agashiv	7	-	-	-	A.D. 2~4
승방형	Kuda	15	A.D. 180~230	-	A.D. 120	A.D. 2~4
승방형	Shelarwadi	8	A.D. 3	A.D. 1~2	-	A.D. 2~4
말굽형	Pohale Leni	2	A.D. 3~4	-	-	A.D. 3~4
승방형	Kanheri	31	-	-	A.D. 160	A.D. 4~5
원형	Kanheri	36	A.D. 180~230	-	A.D. 160	A.D. 4~5
방형	Bojjanakonda	1	-	-	-	A.D. 4~5
말굽형	Ajanta	19	-	-	A.D. 450	A.D. 5~6
말굽형	Ajanta	26	-	-	A.D. 450	A.D. 5~6
탑당형	Ghatotkach		-	A.D. 5~6	-	A.D. 5~6
탑당형	Bagh	2	A.D. 5세기, 초	A.D. 5~6	A.D. 5~7	A.D. 5~6
탑당형	Bagh	4	-	-	A.D. 5~7	A.D. 5~6
탑당형	Bagh	7	-	-	-	A.D. 5~6
말굽형	Dhamnar	4	-	A.D. 7~8	A.D. 4~6	A.D. 5~7
탑당형	Dhamnar	6		A.D. 7~8	A.D. 4~6	A.D. 5~7
말굽형	Kolvi	7	-	A.D. 7~8	-	A.D. 5~7
말굽형	Ellora	10	-	A.D. 6~8	A.D. 7	A.D. 6~8
말굽형	Poladungar		-	-	-	A.D. 6~9
승방형	WaghjaiDevi		-	-	-	A.D.
방형	Khadsamble①		-	-	-	B.C.

4장

차이티야굴의
불탑

4장
차이티야굴의
불탑

　인도 불교 석굴사원에는 현재 훼손된 것을 포함하여 100여 기 이상의 불탑이 남아 있다. 그중 대다수는 차이티야굴 내에서 예배 및 의례의 대상으로 봉안되었으나 일부는 벽면에 부조탑, 환조 건물탑, 노천탑 형태로 조영되었다. 석굴의 불탑은 돌을 조각하여 만들어졌으며 기단, 복발, 하르미카, 일산의 네 부분으로 구성되었고 하나의 유형을 형성하는 것처럼 보인다. 그러나 네 부분의 상대적인 비율이 표준화된 공식에는 도달하지 않아 일정한 형식이나 틀 속에 넣기는 어렵다.

　난간의 유무 및 형태 변화, 하르미카의 변화, 일산의 유무 등과 같은 연관 요소에 기초하여 논리적 근거를 만들기도 쉽지 않다. 이러한 점은 불탑을 구성하는 다양한 요소들이 표준화가 되지 않은 것을 보여준다.

　대형 불탑은 지름이 넓고 높지만, 상대적으로 규모가 작은 불탑은 지름이 좁고 낮은 모습을 보인다. 특정 형식의 불탑은 특정 시기, 지역에 분포되는 특징을 지니고 있다. 이를 이용하면 B.C. 3세기경부터 A.D. 9세기에 걸쳐 조영되는 석굴사원 불탑의 시기별, 지역별 분류가 부분적으로 가능해진다. 이렇게 확인된 불탑과 앞서 고찰한 차이티야굴의 특징을 비교하는 과정을 통해 어느 정도 실체에 가까운 결과를 도출할 수 있을 것으로 보인다.

특히 석굴사원 불탑은 건축 구성요소의 하나로 석굴 구조와 연관성이 있다. 특정 유형의 불탑에서 시간적인 연속성, 즉 배열이 이루어진다면 그것은 건축적인 공식보다 건축적인 연대기에 기초할 것이다.

산치 제1탑과 같이 그나마 양호하게 보존된 초기 불탑의 경우 기단과 복발이 벽돌, 돌로 이루어져 매우 견고하게 조성되었고 하르미카와 일산은 나중에 석재로 추가되었음을 보여준다. 그런데 이것들은 목조건축물의 형태를 하고 있어 원래는 목조로 구성되었음을 짐작케 한다. 석굴사원에 불탑이 조성될 때 기단과 복발은 암반을 깎아내고 나머지는 목재로 조성될 것으로 예상하는 것은 어렵지 않다. 카를라 제8굴 불탑의 탑두부를 장식하는 목재 일산과 베드사 제7굴의 불탑 탑두부에 남아 있는 목재 산간과 연꽃 봉오리 부재를 통해 이를 확인할 수 있다.

당시 조각가들은 석재에 목재 장식물을 추가하는 것이 현실적으로 석재를 깎아내는 것보다 쉬운 방법임을 깨달았을 가능성이 크다. 이것들은 불탑 분류 및 조성시기에 대한 근거를 제공하고 있다. 왜냐하면 바자 제12굴, 아잔타 제10굴, 아우랑가바드 제4굴 등 하르미카와 층단받침 등 탑두부를 석재로 조성한 예가 확인되었기 때문이다.

불탑을 구성하는 장식이 단순화한 형태에서 복잡해지는 과정을 통해서도 알아낼 수 있다. 이것은 석재라는 물질에 잘 적응하고 있다는 연속성을 나타내기 때문이다. 이런 기준으로 인도 석굴 불탑의 분류가 가능할 것이다. 완전한 형태로 전해지는 인도의 불탑 예는 없으나 기본적으로는 복발 위에 산간과 일산이 추가되는 것으로 추정되기에 이 책에서는 현재는 결실되었지만 있었던 것으로 보고 연구를 진행하였다. 다만 하르미카 경우는 유무 여부를 확실히 알 수 없기에 분류 대상에 포함하였다. 또한, 훼손되어 원모습을 알 수 없는 경우에는 형식 분류에서 제외하였다.

석굴사원 불탑에 대한 분류를 처음 시도한 나가라주는 암반을 깎아 만든 불탑에 대해 4가지의 분류와 변화에 대해 언급하고 있으며 표12)와 같이 분류하고 있다.[179]

표12. 스투파 형식 분류: 나가라주(S. Nagaraju)

형식	비고	특징	
A	드럼과 돔으로 구성	i. 무장식 (바자 26굴, 칸헤리 2e굴, 툴자레나 3굴) ii. 드럼에 난간 장식 표현형 (콘디브테) iii. 난간 장식과 좁아지는 드럼형 (베드사 3굴)	
B	드럼, 돔, 하르미카로 구성	i. 하르미카 별도의 부재 삽입형 (바자 12굴) ii. 하르미카와 돔과 드럼 일체형 (칸헤리 3굴)	
C	드럼, 돔, 하르미카, 층단받침으로 구성	i. 3~4단 층단받침	a. 난간 무장식 (아잔타 10굴) b. 드럼 가장자리 난간띠 (아우랑가바드 4굴) c. 난간 장식 (콘다네 1굴)
		ii. 5단 이상 층단받침	a. 난간 무장식 (아잔타 9굴) b. 난간 장식 (나식18굴, 베드사7굴, 카를라, 가네쉬6굴)
D	드럼, 돔, 하르미카, 층단받침, 일산으로 구성	드럼, 돔, 하르미카, 층단받침, 일산 일체형 (가네쉬파하르14굴, 시브네리43굴, 칸헤리2c굴, 4굴, 36굴)	

나가라주의 이 같은 형식 구분은 목재를 대체하는 석재의 점진적인 사용으로 파악하고 A i, A ii, B는 이른 시기에 조성되는 단순한 형태, D는 완성된 예로 구분하고 있다. 그러나 A iii의 경사진 드럼 모습은 D와 연관이 많고 조성시기는 더 늦는 것으로 보며, C i, C ii는 여러 가지 가벼운 변동사항이 있으나 연대 파악은 어렵다는 견해를 보인다.

아쉬운 것은 20여 기 불탑에 대한 분류를 통해 전체 석굴군에 대입하는

---

179 S. NAGARAJU, *Buddhist Architecture of Western India*, Delhi, 1981. p.72.

부분이다. 이 책에서는 이러한 점을 감안하여 확인 가능한 불탑의 예를 최대한 확보하여 오류를 줄이고자 하였다. 차이티야굴의 불탑 분류 과정에서 여러 요소를 감안하여 구분한 결과 7개의 형식으로 분류할 수 있었고, 분류된 7개의 형식에 대해 비교 고찰을 시도하였다.

분류된 7개의 불탑 형식은 다음과 같다.

① 기본형

  ㉮ 난간 무장식형 ㉯ 난간 장식형

② 층단받침형

③ 일산형

  ㉮ 말발굽형 궁륭천장 ㉯ 방형 평천장 ㉰ 탑당 부설 차이티야굴

④ 기단추가형

⑤ 불상·감실추가형

⑥ 환조 건물형

⑦ 노천형

1. 차이티야굴 불탑의 형식

1) 기본형

불탑의 대표적 예인 산치 제1탑과 같이 기단, 복발, 하르미카, 일산 네 부분으로 구성된 형식이다. 표13)은 기본형 불탑 현황이다.

표13. 기본형 스투파 현황 및 추정 조성시기

연번	석굴사원명	석굴 No.	하층기단	상층기단		난간			복발		하르미카		층단받침	일산	추정 조성시기(세기)
				유무	경사	관석	횡대	문양	유무	감실	유무	관석			
1	Guntupalli			○					○						B.C.3
2	Bhaje Forest			○					○		○				B.C.3
3	Kondivte			○		○			○		○				B.C.3~2
4	TuljaLena			○					○						B.C.2
5	Kanheri	2e		○					○		○				B.C.2
6	Pitalkhora	10		○	○	○			○		○				B.C.2
7	Thanale	8		○					○						B.C.2
8	Khadsamble	1		○					○						B.C.2
9	WaiPandavgad			○					○						B.C.2
10	Yelghol			○					○						B.C.1
11	Bhaja	12		○	○				○		○				B.C.2중
12	ShanaDungar			○					○						B.C.1
13	Bhutlinga	40		○					○						B.C.1
14	Pitalkhora	12		○	○	○			○						B.C.1
15	Shivneri	66		○				○	○		○				A.D.1~2
16	Agashiv	7		○		×			○		○		×	○	A.D.1~2
17	Agashiv	12		○		△			○		○		×	○	A.D.1~2
18	Agashiv	17		○		×			○		○	×	×	○	A.D.1~2
19	Dongrai			○		○	○		○		○	○	×	○	A.D.1~2
20	AmbaAmbika	25		○		○	○	○	○		○	×		○	A.D.1~2
21	Kanheri	3		○				○	○		△		△		A.D.2
22	Yerphal			○				○	○						A.D.2~4
23	PanhaleKazi	5		○				○	○		○		×	○	A.D.2~4
24	Naneghat			○					○		○				A.D.2~3

(1) 난간 무장식형

난간의 유무에 '난간형'과 '난간 무장식형'으로 구분되며, '난간 무장식형'의 경우 가장 단순한 형태를 나타낸다. 불탑의 시원형인 군투팔리 석굴(그림 4-01), 바자 제12굴(그림 4-02)처럼 하르미카를 별석으로 올려놓거나, 일산을 천장에 조각해놓는 예를 들 수 있다.

그림 4-01.
군투팔리석굴 스투파

그림 4-02.
바자 제12굴 스투파

별석의 하르미카를 올려놓는 예는 칸헤리 제2e굴처럼 복발 상부에 방형 홈을 얕거나 옐골석굴처럼 방형 받침을 조성하는 예가 확인된다. 하르미카가 미설치로 판단되는 경우는 복발 상부 표면이 원형으로 마감 처리 되는 특징을 나타낸다. B.C.2세기경 조성된 콘디브테, 피탈코라 제10굴, B.C.1세기경 피탈코라 제12굴, A.D.1~2세기에 조영된 아가쉬브 제17굴을 제외하고는 모두 기원전에 조영되는 특징을 보인다.

(2) 난간 장식형

'난간 장식형'은 관석 매립형(피탈코라 제10굴, 그림 4-03), 돌출형, 연꽃형, 울타리형, 장식 추가형, 횡대 돌출형(칸헤리 제3굴, 그림 4-04) 등 다양하게 조영되어 같은 모습을 나타내는 예가 없다.

또 다른 특징은 콘칸 지역과 데칸고원에 집중적으로 세워진 '방형' 차이

그림 4-03.
피탈코라 제10굴 스투파

티야굴에 조영되는 불탑에서 주로 볼 수 있는 소규모이며 일산이 천장에 부조되는 일체형으로 조영되는 예이다. 판하레카지 제5굴 부조탑(그림 4-05)의 경우 난간은 선각, 일산은 활짝 핀 꽃 문양으로 부조되는 예도 있다.

지역적으로는 군투팔리석굴을 제외하곤 모두 서인도에 있으며 B.C.2세기경 콘디브테석굴(그림 4-06)을 포함하여 A.D.2세기경에 걸쳐 광범위한 조성시기를 보여주고 있다.

그림 4-04.
칸헤리 제3굴 스투파

그림 4-05.
판하레카지 제5굴 부조 스투파

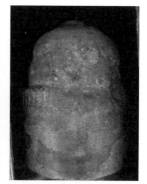

그림 4-06.
콘디브테석굴 스투파

2) 층단받침형

하르미카 위에 산간과 일산이 없이 층단받침이 석굴 천장에 직접 연결되어 기단부터 층단받침까지 단일조각으로 조성되는, 즉 천장에서 바닥까지 직접 연결되는 일체형 조각 형태이다. 표14)는 층단받침형 불탑 현황이다.

표14. 층단받침형 스투파 현황 및 추정 조성시기

연번	석굴사원명	석굴 No.	하층 기단	상층기단		난간			복발		하르미카		층단 받침	일산	추정 조성시기 (세기)
				유무	경사	관석	횡대	문양	유무	감실	유무	관석			
1	Shirwal		×	○					○	×	○	○	4	×	A.D.1~2
2	Ghoradeshwar		×	-					-	×	-		4	×	A.D.2~4
3	Kuda	1	×	○				○	○	×	○	○	5	×	A.D.2~4
4	Kuda	9	×	○				○	○	×	○	○	3	×	A.D.2~4
5	Kuda	15	×	○				○	○	×	○	○	4	×	A.D.2~4
6	GandharPale	21	×	○		○			○	×		○	5	×	A.D.2~4
7	GandharPale	15	×	○		○		○	○	×		○	5	×	A.D.2~4
8	Khed	1	×	○			○		○	×	○		4	×	A.D.2~4

그림 4-07.
쿠다 제1굴 스투파

그림 4-08. 케드 제1굴 스투파

소규모 '방형' 차이티야굴에만 봉안되는 특징을 나타낸다. 대부분 2~4세기경 콘칸 지역의 소규모 '방형' 차이티야굴에 조영되며, 시르왈과 고라데쉬와르석

굴은 서고츠산맥을 넘어 콘칸 지역과 연결되는 지역적 특징을 보인다. 쿠다 제1굴(그림 4-07), 9굴, 15굴과 케드 제1굴(그림 4-08) 등 콘칸 남부 지역에서 많이 나타난다.

고라데쉬와르는 천장에 층단받침만 남아 있다. 시르왈은 현재 힌두교 사원으로 사용되고 있어 원형 확인이 곤란하나 층단받침이 천장과 직접 연결된 것이 확인된다. 기단 하부에는 1~3단의 몰딩이 각출되고 상부에는 난간이 장식되었는데 난간 형태가 모두 다르다. 복발은 반구 형태가 아닌 구毬 형태가 확연히 표현되며 기단과 복발, 하르미카, 층단받침으로 구성된다. 층단받침은 3~5단으로 구성되고 서로 간의 공통되는 비례를 찾아볼 수 없을 정도로 다양하게 조영되었다.

3) 일산日傘형

기단, 복발, 하르미카, 일산으로 구성된 기본형에 층단받침이 부가되는 형식이며, '층단받침형'에서 누락되던 일산이 포함되는 형이다. 전기·후기 불교 석굴 개착 시기에 걸쳐 14개 석굴군, 20개의 예가 확인되어 기본형과 함께 가장 많이 조영되는 불탑이다. 일산형은 3가지 형태의 차이티야굴에 조영되는데 ①말발굽형 궁륭천장, ②방형 평천장, ③탑당 부설 차이티야굴이다. 표15)는 일산형 불탑의 현황이며 ■의 경우 방형 차이티야굴에 봉안된 불탑이다.

표15. 일산형 스투파 현황 및 추정 조성시기

| 연번 | 석굴사원명 | 석굴 No. | 하층 기단 | 상층기단 | | | 난간 | | 복발 | | 하르미카 | | 층단 받침 | 일산 | 추정 조성시기 (세기) |
				유무	경사	관석	횡대	문양	유무	감실	유무	관석			
1	Ajanta	9		○	○	×			○		○	○	5	×	B.C. 2중
2	Ajanta	10	△	○				○	○		○	○	3	×	B.C. 2말
3	Kondane			○		○			○		○	○		×	B.C. 1
4	Nashik	18		○	○	○			○		○	○	6	×	A.D. 1
5	Aurangabad	4		○	○		○		○		○	○	4	×	A.D. 1
6	Lenyadri	14		○	○			○	○		○	○	5	○	A.D. 1~2
7	Ganesh Leni	6		○	○				○		○	○	4	×	A.D. 1~2
8	Kanheri	2c		○	○				○		○	○	4	○	A.D. 1~2
9	Agashiv	6		○	○	×			○			○	5	○	A.D. 1~2
10	Shivneri	42		○		×			○		○	○	4	○	A.D. 1~2
11	Shivneri	43		○		○			○		○	○	4	○	A.D. 1~2

연번	석굴사원명	석굴 No.	하층기단	상층기단		난간			복발		하르미카		층단받침	일산	추정 조성시기 (세기)
				유무	경사	관석	횡대	문양	유무	감실	유무	관석			
12	Karla	8	△	○		○			○		○	○	6	○	A.D.2
13	Nashik	10		○							○	○	4	○	A.D.2
14	Nashik	3		○	○			○	○		○	○	5	○	A.D.2
15	Lenyadri	6		○		○			○		○	○	6		A.D.2초
16	Kuda	6		○			○	○	○		○	○	5	○	A.D.2~4
17	GandharPale	27		○				○	○			○	5		A.D.2~4
18	Bojjanakonda	2							○		○		2		A.D.4~5
19	Kanheri	36		○		○			○			○	5	○	A.D.4~5
20	Dhamnar	13		○	○		○		○		○	○	3	○	A.D.5~7

① 말발굽형 궁륭천장

아잔타 제9굴(그림 4-09), 10굴, 콘다네, 나식 제18굴, 아우랑가바드, 가네쉬레니 제6굴, 카를라 제8굴(그림 4-10), 렌야드리 제6굴 등 해당 석굴군의 주 차이티야굴로 규모가 크고 천장이 높아 불탑이 천장에 직접 연결되지 않는다. 층단받침 위의 산간과 일산은 카를라 제8굴만 제외하곤 모두 결실되어 원형을 알 수 없으나 산간, 일산은 목재가 부가되는 방식으로 보인다.

그림 4-09.
아잔타 제9굴 스투파

그림 4-10.
카를라 제8굴 스투파

② 방형 평천장

그림 4-11.
렌야드리 제14굴 스투파

렌야드리 제14굴(그림 4-11), 칸헤리 제2c굴(그림 4-12), 아가쉬브 제17굴(그림 4-13)등 일산을 천장에 직접 조각하여 바닥에서 천장까지 연결되는 형태이며, 탑돌이 통로 공간이 형성되었다. 규모는 작은 편이나 석굴군 자체가 소규모인 점으로 인근 지역민들의 시주와 후원으로 이루어지는 특징을 보인다. 보짜나콘다 제2굴(그림 4-14)의 경우는 불탑 규모가 석굴보다 작게 표현되었다. 전·후기 석굴사원에서 확인되는 오랜 시간에 걸쳐 조성된 유형이다.

그림 4-12.
칸헤리 제2c굴 스투파

그림 4-13.
아가쉬브 제17굴 스투파

그림 4-14.
보짜나콘다 제2굴 스투파

③ 탑당 부설 차이티야굴

스님의 거주 및 수행공간인 비하라굴 내부에 별도로 조성되는 탑당에 봉안되는 불탑으로 전기불교 석굴인 나식 제3굴(그림 4-15), 제10굴, 준나

르 쉬브네리 제43굴(그림 4-16), 판하레카지석
굴, 후기불교 석굴인 가토트가챠석굴의 경우
는 환조가 아닌 부조탑으로 조영되는 특징을
보인다. 간다르팔레 제27굴은 비하라굴 입
구 우측 벽의 감실을 조성하고 부조탑이 부
조되이 간다르팔레 석굴의 견실된 불탑 원형
을 짐작케 하는 단서를 제공하고 있다.

그림 4-15.
나식 제3굴 부조 스투파

4) 기단추가형

상층기단 밑에 원통형, 방형, 팔각형, 다각
형 등의 하층 기단이 추가되는 형식이다. 남
인도의 보짜나콘다석굴, 서인도 지역의 칸헤
리석굴 2개소를 제외하고는 대부분 후기불
교 석굴인 서말와 지방의 담나르, 콜비 석굴
등에 나타난다.

'기단추가형'의 특징은 첫 번째로 말발굽
형, 방형, 탑당 부설형, 노천형 등 다양한 차

그림 4-16.
쉬브네리 제43굴 스투파

이티야굴에 조성되는 특징을 보인다. 두 번째로는 원형, 방형, 팔각형, 다
각형, 사면 돌출형 등 다양한 형태의 기단으로 표현되었다. 가토트가챠석
굴 불탑의 경우 방형 기단이 이 층으로 표현되어 인도에서는 유일한 삼층
기단의 예를 나타내고, 칸헤리 제31굴은 원형의 상·하층 기단으로 구성
된 예를 보인다. 표16)은 기단추가형 불탑 현황이다.

표16. 기단추가형 스투파 현황 및 추정 조성시기

연번	석굴사원명	석굴 No.	하층기단	상층기단		난간			복발		하르미카		층단받침	일산	추정 조성시기 (세기)
				유무	경사	관석	횡대	문양	유무	감실	유무	관석			
1	Bedsa	7	△	○	○	○	○		○		○	○	5	×	B.C.1
2	Kanheri	31	○	○				○	○			○		4	○	A.D.4~5
3	Bojjanakonda	1	○	○				○	○	○						A.D.4~5
4	Bagh	2	○	○				○	○			○	○	3	○	A.D.5~6
5	Bagh	4	○	○				○	○			○	○	5	○	A.D.5~6
6	Bagh	7	○	○				○	○			○	○	4	×	A.D.5~6
7	Dhamnar	3	○	○				○	○			○		3	○	A.D.5~7
8	Dhamnar	4	○	○				○	○			○		3	○	A.D.5~7
9	Dhamnar	5a	○	○				○	○			○		3	○	A.D.5~7
10	Dhamnar	6	○	○				○	○			○		3	○	A.D.5~7
11	Dhamnar	8	○	○				○	○			○		3	○	A.D.5~7
12	Dhamnar	11	○	○				○	○			×	×	-		A.D.5~7
13	Dhamnar	12	○	○				○	○			○		3	○	A.D.5~7
14	Dhamnar	14	○	○				○	○			△		△	×	A.D.5~7
15	Dhamnar	14b	○	○				○	○			○	○	3	○	A.D.5~7
16	PolaDungar		○	○				○	○							A.D.7~9

그림 4-17.
베드사 제7굴 스투파

기단추가형에서 베드사 제7굴(그림 4-17)의 불탑은 원통형 기단이 직경을 달리하는 이중으로 되어 학자들의 다양한 견해가 제시되고 있지만, 이 책에서는 이중 기단으로 분류하였다. 칸헤리 제31굴(그림 4-18)은 원통형 하층기단이 추가되는 예이며, 보짜나콘다 제1굴은 하층은 방형, 상층은 원통형으로 구성되었으며 상층기단에는 우리나라 석탑의 탱주, 우주에 해당하는 기둥이 부조되어 흥미롭다. 다만 보짜나콘다를 제외한 하층 기단의 경우 우주와 탱주의 모각이 없는 특징이 있다.

그림 4-18.	그림 4-19.	그림 4-20.
칸헤리 제31굴 스투파	바그 제4굴 스투파	담나르 제6굴 스투파

바그 제2굴, 제4굴(그림 4-19)은 하층 기단이 팔각, 상층기단은 원통형으로 이루어진 유형으로 인도에서는 유일한 예이다. 한편 바그 제7굴 불탑은 보존 상태가 무척 양호하고 하층 방형 기단에 입구 쪽의 기단 면이 돌출된 육각형으로 조성시기를 알 수 없다. 담나르석굴군에 있는 불탑(그림 4-20)은 대부분 하층은 방형 기단, 상층은 원통형 기단으로 이루어져 우리나라 석탑, 승탑, 조선초 사리탑과의 연관성이 주목된다. 폴라둔가르석굴 불탑은 현재 힌두교사원으로 사용되고 있어 원형이 많이 변형된 상태이나 원통형 기단부 밑 부분에 방형의 기단이 추가된 것이 확인된다. 이들 서말와 지역의 기단추가 불탑은 2~4세기경 쿠샨왕조때 간다라 지역에 출현한 후 구자라트주의 데브니모리탑의 영향을 받아 서말와 지역의 담나르석굴군에서 집중적으로 나타났다.

5) 불상 · 불감佛龕추가형

불탑의 상·하층 기단, 복발의 전면, 측면에 감실과 불상이 조성되는 형식이다. 표17)은 불상·불감추가형 불탑 현황으로 조성시기별로 분류하였다.

표17. 불상·불감추가형 스투파 현황 및 추정 조성시기

연번	석굴사원명	석굴 No.	하층 기단	상층기단			난간		복발		하르미카		층단 받침	일산	추정 조성시기 (세기)
				유무	경사	관석	횡대	문양	유무	감실	유무	관석			
1	Kanheri	4		○	○	○			○	○	○	○	4	○	A.D. 4~5
2	Ghatotkacha		○	○	○	○			○	○	○	○	3	○	A.D. 5~6
3	Ajanta	19	○	○				○	○	○	○	○		3	○	A.D. 5~6
4	Ajanta	26	○	○			○		○	○	○	○	9	○	A.D. 5~6
5	Dhamnar	12a	○	○				○	○	○	○		3	○	A.D. 5~7
6	Dhamnar	14a	○	○				○	○	○	○		2	○	A.D. 5~7
7	Kolvi	7	○	○				○	○	○	○		2	○	A.D. 5~7
8	Ellora	10	○	○				○	○	○	○		5		A.D. 6~8

이러한 형식은 그동안 아잔타 제19굴, 제 26굴(그림 4-21), 엘로라 제10굴(그림 4-22)에만 있는 것으로 알려질 정도로 매우 적다.

아잔타 후기석굴군에 인접하고 비슷한 시기에 개착된 가토트가챠석굴(그림 4-23)과 서말와 지역의 후기불교 석굴인 담나르, 콜비석굴군 등에서 다량으로 개착되었다. 모두

그림 4-21.
아잔타 제26굴 스투파

그림 4-22.
엘로라 제10굴 스투파

그림 4-23.
가토트가챠석굴 스투파

그림 4-24.
칸헤리 제4굴 스투파

후기불교 석굴이라는 공통점을 갖고 있으며
불상의 발달과 함께 나타나는 특징이라 할
수 있다. 예외적으로 콘칸 지역의 칸헤리 제
4굴(그림 4-24)의 경우 A.D.1~2세기경에 조영
되었다가 밀교가 전래한 후 사방불이 부가된
것으로 보인다.

그림 4-25.
콜비 제7굴 스투파

 석굴 평면의 예도 아잔타, 엘로라와 같은
말발굽형 궁륭천장의 예도 있지만 가토트가
챠석굴의 탑당 부설형에도 나타나고 있다.
콜비 제7굴(그림 4-25)의 경우는 석굴을 전방
후원형으로 내부를 파내고 안쪽에 원형 기단
불탑을 조성한 후 전면에 장방형의 감실을
외부로 돌출하는 방식으로 조성하였다. 그
후 내부로 1m 정도 파들어간 후 감실을 만들
고 내부에 불상이 부조되는 평면(그림 4-26)으
로 되어 마치 불탑보다 불상 위주로 조성되
는 느낌을 준다.

그림 4-26.
콜비 제7굴 스투파 감실과 불상

 담나르 제12a굴⑤는 방형 기단 전면에 설법인을 결하는 불좌상을 두껍
게 양각하였으며, 가토트가챠석굴②의 경우는 탑당 공간의 칸막이 형태
의 벽에 이중 방형 기단의 하층 기단에 약샤상, 상층기단에 설법인을 결
하는 불좌상을 부조한 삼층기단 형태를 나타내었다. 아잔타 제19굴③은
사면돌출형의 상·하층 기단, 복발에 걸치는 감실을 조영하였고, 내부에
불입상을 부조하여 불탑과 불상이 같은 주체가 되고 있다. 제26굴④는 불
감에 불좌상을 배치하여 입체 만다라 형태를 나타내고 복발에 비천상을

부조하는 예를 보인다.

6) 환조 건물형 및 노천형

암벽에 굴을 파내는 것이 아니라 암벽을 위부터 아래로 파내려가며 굴착한 '환조 건물형' 불탑이다. 표18)은 환조 건물 및 노천 불탑 현황이다.

표18. 환조 건물형 및 노천형 스투파 현황 및 추정 조성시기

연번	석굴사원명	석굴 No.	하층 기단	상층기단			난간		복발		하르미카		층단 받침	일산	추정 조성시기 (세기)
				유무	경사	관석	횡대	문양	유무	감실	유무	관석			
1	Bedsa	3		○	○	○			○		△				A.D.1~2
2	Bhandara			○		○			○						A.D.2~4
3	Dhamnar	서1	○	○				○	○		○	○	3	×	A.D.5~7
4	Dhamnar	서2	○	○				○	○		○	○	3	×	A.D.5~7
5	Dhamnar	14	○	○				○	○						A.D.5~7
6	Kolvi	2	○	○						○					A.D.5~7
7	Kolvi	4	○	○					○	○	×		×		A.D.5~7
8	Kolvi	5	○	○					○	○	×		×		A.D.5~7
9	Kolvi	9	○	○					○						A.D.5~7
10	Kolvi	32		○					○		○			○	A.D.5~7
11	Kolvi	33	○	○					○	○					A.D.5~7
12	Binnayaga		○	○					○	○					A.D.5~7
13	Khejdiyabhop			○		×			○						A.D.5~7
14	Panhalekaji			○				○	○		○				A.D.2~4
15	Naneghat			○					○		○				A.D.1~2

대표적인 예로 콜비 제2굴(그림 4-27), 빈나야가석굴 불탑을 들 수 있다. 소규모 불탑도 있지만, 해당 석굴군의 중심 불탑으로 큰 규모도 있다. 환조 건물형 불탑은 힌두교사원의 사원 건축물을 모방하여 석굴이 아닌 독립적인 건축물 형태로 조영되어 연관성을 나타낸다.

그림 4-27. 콜비 제2굴 스투파　　그림 4-28. 콜비 제4굴 스투파

환조 건물형 불탑의 경우는 앞의 제3장에서 언급되어 이곳에서는 간략하게 다루었다. 환조 건물형은 외부는 건물 형태의 불탑과 내부에는 불상을 봉안하는 탑사의 형태로 조성된 점이 가장 큰 특징이다.

서말와 지역의 후기불교 석굴군에서만 확인되며 해당 석굴군에는 주불탑의 역할을 하고 있다.

환조 건물형과 달리 노천형탑은 소규모이거나, 이동이 가능하게 별석으로 조성된 경우이다. 암반 위에 직접 조각한 콜비 제4굴의 노천탑(그림 4-28)을 대표적인 예로 들 수 있다. 이동이 가능하게 별석으로 조성된 예도 나네가트 등에서 확인된다. 이러한 유형은 불탑 또는 승탑 여부는 확인되지 않으나 봉헌탑으로 보인다.

이외에도 감실, 불상 등이 조성되는 예도 확인되지만, 불상·감실 추가형 불탑과는 포함하지 않고 구분하였다.

다음 표19)는 앞에서 거론한 차이티야굴에 봉안된 불탑을 추정 조성시기 순서로 배열한 도표이다.

표19. 스투파 유형 및 추정 조성시기

연번	석굴사원명	석굴 No.	하층기단	상층기단 유무	상층기단 경사	난간 관석	난간 횡대	난간 문양	복발 유무	하르미카 감실	하르미카 유무	하르미카 관석	층단받침	일산	추정 조성시기(세기)
1	Guntupalli			○					○						B.C.3
2	Kondivte			○		○			○		○				B.C.3~2
3	Bhaje Forest	1		○	○				○						B.C.3
4	TuljaLena			○					○						B.C.2
5	Pitalkhora	10		○	○	○			○		○				B.C.2초
6	Kanheri	2e		○					○						B.C.2중
7	Thanale	8		○					○						B.C.2
8	Khadsamble	1		○					○						B.C.2
9	WaiPandavgad			○					○						B.C.2
10	Bhaja	12		○	○				○		○				B.C.2중
11	Ajanta	9		○	○	×			○		○	○	5	×	B.C.2중
12	Ajanta	10	△	○				○	○		○	○	3	×	B.C.2말
13	Yelghol			○					○						B.C.1
14	Bedsa	7	△	○	○	○			○		○	○	5	×	B.C.1
15	ShanaDungar			○					○						B.C.1
16	Kondane			○		○			○		○	○		×	B.C.1
17	Pitalkhora	12		○		○			○						B.C.1
18	Pitalkhora	13		○											B.C.1
19	Bhutlinga	40		○					○						B.C.1
20	Nashik	18		○	○	○			○		○	○	6	일산	A.D.1
21	Aurangabad	4		○	○		○		○		○	○	4	×	A.D.1
22	Bedsa	3		○	○	○			○	△					A.D.1~2
23	Bhimashankar														A.D.1~2
24	Lenyadri	14		○	○	○		○	○		○	○	5	○	A.D.1~2
25	Ganesh Leni	6		○	○	○			○		○	○	4	×	A.D.1~2
26	Shivneri	66		○			○		○		○				A.D.1~2
27	Chiplun	1		○										○	A.D.1~2
28	AmbaAmbika	26									○				A.D.1~2
29	Kanheri	2c		○	○	○			○		○		4	○	A.D.1~2
30	Agashiv	6		○	○	×			○		○		5	○	A.D.1~2
31	Agashiv	7		○		×			○		○		×	○	A.D.1~2
32	Agashiv	12		○		△			○		○		×	○	A.D.1~2
33	Agashiv	17		○		×			○		○	×	×	○	A.D.1~2
34	Shivneri	2		○	○										A.D.1~2
35	Shivneri	42		○		×			○		○	○	4	○	A.D.1~2

연번	석굴사원명	석굴 No.	하층기단	상층기단			난간		복발		하르미카		층단받침	일산	추정조성시기 (세기)
				유무	경사	관석	횡대	문양	유무	감실	유무	관석			
36	Shivneri	43		○		○		○	○		○	○	4	○	A.D.1~2
37	AmbaAmbika	25		○	○	○		○	○		○	×		○	A.D.1~2
38	Shirwal			○					○		○	○	4		A.D.1~2
39	Wai Lohare	2		○		△			○		-	-		△	A.D.1~2
40	Dongrai			○	○	○			○		○	×			A.D.1~2
41	Kanheri	4		○	○	○			○	○	○		4	○	A.D.1~2
42	Lenyadri	6		○		○	○	○	○		○	○	6		A.D.2초
43	Nashik	10		○					○		○	○	4	○	A.D.2
44	Nashik	3		○	○	○		○	○		○	○	5	○	A.D.2
45	Karla	8	△	○		○			○		○	○	6	○	A.D.2
46	Kanheri	3		○			○	○	○		△		△		A.D.2
47	GandharPale	9		○										○	A.D.2~4
48	GandharPale	15		○		○		○	○			○	5		A.D.2~4
49	GandharPale	21		○		○			○			○	5		A.D.2~4
50	GandharPale	27		○		○		○	○			○	5	○	A.D.2~4
51	Kanheri	36		○		○			○			○	5	○	A.D.2~4
52	Kuda	1		○				○	○		○	○	5		A.D.2~4
53	Kuda	6		○			○	○	○		○	○	5	○	A.D.2~4
54	Kuda	9		○				○	○		○	○	3		A.D.2~4
55	Kuda	15		○				○	○		○	○	4		A.D.2~4
56	Yerphal			○			○		○						A.D.2~4
57	Khed	1		○			○		○		○	○	4		A.D.2~4
58	PanhaleKazi	5		○				○	○		○	×		○	A.D.2~4
59	Ghoradeshwar			-					-		-		4		A.D.2~4
60	Pohale Leni	2		○		△			○		△		△	○	A.D.2~4
61	Bhandara			○			○		○						A.D.2~4
62	Kanheri	31	○	○				○	○			○	4	○	A.D.4~5
63	Bojjanakonda	1	○	○				○	○		○				A.D.4~5
64	Bojjanakonda	2		○					○		○		2		A.D.4~5
65	Ghatotkacha		○	○	○			○	○	○	○	○	3	○	A.D.5~6
66	Ajanta	19	○	○				○	○	○	○		3		A.D.5~6
67	Ajanta	26	○	○			○	○	○	○	○		9		A.D.5~6
68	Bagh	2	○	○				○	○		○	○	3	○	A.D.5~6
69	Bagh	4	○	○				○	○		○	○	5	○	A.D.5~6
70	Bagh	7	○	○				○	○		○	○	4	×	A.D.5~6

연번	석굴사원명	석굴No.	하층기단	상층기단 유무	상층기단 경사	난간 관석	난간 횡대	난간 문양	복발 유무	복발 감실	하르미카 유무	하르미카 관석	층단받침	일산	추정조성시기(세기)
71	Dhamnar	3	○	○			○		○		○	○	3	○	A.D.5~7
72	Dhamnar	4	○	○			○		○			○	3	○	A.D.5~7
73	Dhamnar	5a	○	○			○		○			○	3	○	A.D.5~7
74	Dhamnar	6	○	○			○		○			○	3	○	A.D.5~7
75	Dhamnar	8	○	○			○		○			○	3	○	A.D.5~7
76	Dhamnar	11	○	○			○		○		×	×	-	○	A.D.5~7
77	Dhamnar	12	○	○			○		○		○	○	3	○	A.D.5~7
78	Dhamnar	12a	○	○			○		○	○	○	○	3	○	A.D.5~7
79	Dhamnar	13		○	○		○		○		○	○	3	○	A.D.5~7
80	Dhamnar	14	○	○			○		○		△		△	×	A.D.5~7
81	Dhamnar	14a	○	○			○		○	○	○	○	2	○	A.D.5~7
82	Dhamnar	14b	○	○			○		○		○	○	3	○	A.D.5~7
83	Dhamnar	서1	○	○			○		○		○	○	3	×	A.D.5~7
84	Dhamnar	서2	○	○			○		○		○	○	3	×	A.D.5~7
85	Binnayaga		○	○					○	○					A.D.5~7
86	Khejdiyabhop		○	○	×				○						A.D.5~7
87	Kolvi	2	○	○							○				A.D.5~7
88	Kolvi	4	○	○			○		○	○	×		×		A.D.5~7
89	Kolvi	5	○	○			○		○	○	×		×		A.D.5~7
90	Kolvi	7	○	○			○		○	○		○	2	○	A.D.5~7
91	Kolvi	9	○	○			○		○	○					A.D.5~7
92	Kolvi	32	○	○			○		○		○		1		A.D.5~7
93	Kolvi	33	○	○			○		○	○					A.D.5~7
94	Ellora	10	○	○			○		○	○		○	5		A.D.6~8
95	PolaDungar		○	○			○		○						A.D.7~9
96	Naneghat			○					○		○				A.D.2~3

2. 차이티야굴 불탑의 양식 변천

불탑의 대표적 예인 산치 제1탑과 같은 전형적인 원형 기단, 반구형의 복발로 구성되었다. 이들은 불탑이 지니는 상징적 의미를 포함하고, 인도에서 최초로 종교 및 불교미술을 표현하고 있다. 복발 표면은 대부분 무장식이나 탑문, 난간 등에 석존의 삶과 붓다의 전생 이야기인 본생담에 관한 표현 등 다양한 주제로 부조, 장식되었다. 이처럼 종교적 교리와 상징주의가 점점 더 복잡해짐에 따라 장식 체계에 변화를 가져오게 된다. 다양한 단계를 거치거나 초기 밀교의 만다라 형태로 깨달음을 얻기 위해 끊임없는 종교적 탐구의 이상을 실현한 것이다. 이러한 일반사원의 불탑의 요소는 외곽의 탑문과 울타리, 기단, 복발, 하르미카로 구성되었다.

첫 번째는 4개의 방위에 탑문torana과 연결된 울타리vedika이다. 이것은 지면에서 불탑을 에워싸고 탑돌이 행위를 할 수 있는 통로를 형성하며 한편으론 속세와 성역의 구분을 나타낸다. 즉 영적 세계와의 상징적 분리를 나타내며 불탑 내부의 석존 사리에 대한 탑돌이 행위를 이끄는 것을 상징한다. 불탑 주위를 오른쪽으로 세 번 도는 행위는 『대반열반경』에 언급되었듯이 차이티야에 대한 공경을 표현하는 고대인도의 전통이다. 고대인도 분묘 가운데 원형 돌무덤의 주위를 둥그렇게 둘러싼 환상열석은 울타리와 우요 행위를 위한 탑돌이 통로를 표현한 것이다.

두 번째는 기단medhi이며 일반적으로 원통형이다. 그것은 상부의 거대한 복발anda에서 가해지는 엄청난 하중을 견딜 수 있도록 돌, 벽돌 등 견고한 재료로 구성되었다.

세 번째는 우리에게 복발覆鉢로 알려진 반구 형태의 안다anda로 인도 불탑의 상징성을 나타내는 전형적인 모습이다.

마지막으로는 하르미카平頭, 산간傘竿, 일산日傘으로 구성된 부분이다[180]. 하르미카harmika는 반구형 복발의 꼭대기에 있는 정방형의 난간이다. 그 형태는 지표면의 울타리, 기단의 난간을 대부분 모방하였고 중심에는 산간과 하나 또는 몇 개의 일산chattra이 부착되었다. 탑두부를 제외한 이러한 반구형의 모습은 현재 스리랑카, 동남아시아 지역 등에서도 확인되는 일반적인 모습이다.

그런데 석굴사원의 불탑은 일반사원 불탑으로 대표되는 산치 제1탑의 모습과는 달라 흥미롭다. 즉 반구형의 복발, 하르미카와 삼중 일산으로 이루어진 일반사원 불탑과 달리 알卵 또는 구球 형태의 복발, 하르미카, 층단받침, 산간과 일산으로 이루어진 석굴사원 불탑은 비슷하면서도 다른 모습을 하고 있다. 석굴사원 불탑과 부조탑에서만 볼 수 있는 유일한 모습이다. 한편 이러한 예는 우리나라의 경우 승탑과 조선 초기 사리탑에서 나타나고 있어 주목된다.

왜 석굴사원의 불탑에서만 차이가 나타나고 있을까? 불탑을 구성하는 요인 중 가장 큰 차이가 나타나는 복발과 하르미카를 포함하는 탑두부에 대해 차이티야굴의 조성시기에 따른 비교를 통해 변화 과정을 살펴본다.

1) 복발 (Anda, 覆鉢)

현존하는 초기인도 일반사원 불탑의 대부분은 기단과 복발의 현존하는 부위가 산치 제1탑을 제외하고는 대부분 무너져 원래 모습은 파악하기 어렵다. 그러나 산치, 바르후트의 부조탑이나 석굴사원의 불탑에서 보이듯

---

180   이 부분을 지칭하는 용어가 없어 이 책에서는 탑두부(塔頭部)라는 용어를 사용하였다.

이 일부를 제외하고는 현존하는
가장 오래된 예부터 둥근 구 형태
혹은 알 형태를 분명히 나타내고
있다. 둥근 형태야말로 불탑의 원
형이라 할 수 있다.

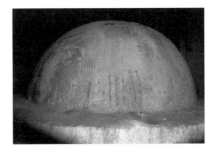

그림 4-29.
군투팔리석굴 스투파 안다(복발), B.C.3C

석굴사원 불탑의 복발 형태를
조성시기에 따른 변화를 토대로
살펴보았을 때, 마우리아왕조 대의 군투팔리탑(그림 4-29)은 산치탑과 같은
낮은 반구형이다. 이러한 형태는 불교도 관점에서 처음으로 석굴사원굴
에 불탑을 조영하면서 일반사원의 반구 형태를 유지하려는 곳에서 나온
결과라고 할 수 있다.

그러나 B.C.2세기경에 조영되는 불탑의 복발 형태는 바자 제12굴 불탑
(그림 4-30)처럼 군투팔리석굴 불탑에 비해 높아지며 하부가 좁아지는 모습
이 나타나면서도 반구형 형태를 유지하고 있는 것이 확인된다.

그림 4-30.
바자 제12굴 스투파 안다(복발), B.C.2C

그림 4-31.
아잔타 제9굴 스투파 안다(복발), B.C.2C

아잔타 제9굴의 불탑(그림 4-31)은 완벽한 구 형태를 나타내고 있다.
A.D.1~2세기 이후에 조영되는 다수의 불탑, 예를 들어 아가쉬브 제17

그림 4-32.
아가쉬브 제17굴 스투파 안다(복발), A.D.1~2C

굴(그림 4-32) 불탑의 경우는 약간 눌린 듯한 알 형태로 인해 높이가 낮아지기도 하는 등 다양하게 표현되고 있다. 후기불교 석굴에 조영되는 아잔타 제19굴 불탑(그림 4-33), 담나르석굴군의 다수의 불탑, 예를 들어 제5a굴 불탑(그림 4-34) 경우처럼 복발은 완전한 구 형태의 모습으로 나타난다.

그림 4-33.
아잔타 제19굴 스투파 안다(복발), A.D.5~6C

그림 4-34.
담나르 제5a굴 스투파 안다(복발), A.D.5~7C

불탑 복발의 전체적인 변화 과정을 살펴보면 반구半球형태 → 눌린 알卵형태 → 구球형태로의 변천 과정이 나타나고 있다. 전기~후기불교 석굴에 이르는 오랫동안 변함없이 둥근 형태로 존속된다는 것은 고대인도의 우주생성론과 결합한 상징성을 지닌 이미지를 반영하고 있는 것이라 할 수 있다.

이렇듯 일반사원에서 안다를 복발이라고 할 정도의 반구형을 나타내는 것과 달리 석굴사원 불탑, 부조탑에서는 복발 형태가 단순한 반구형도 있지만, 분명히 알 모습의 구 형태로 표현되는 것이 대다수이다. 복발 아래쪽이 오므라지는 모습을 나타내는 예도 있지만, 더 뚜렷하게 알 형태로 표현하고 있다. 알 형태의 조형이 우연한 것으로는 생각되지 않는다.

그렇다면 일반사원의 불탑은 왜 알 형태가 아닌 반구형의 모습을 띠게 되었을까? 우주 창조 신화와의 연관성도 있지만 다른 측면은 축조과정에서 나타난 결과라고 할 수 있다. 일반사원 불탑의 발굴조사 결과 석굴사원 불탑과는 비교가 안 될 정도로 일반사원 불탑의 규모가 크다. 지름이 수십 미터에 달한다. 일반사원 불탑에 사용된 부재는 주로 흙과 벽돌을 쌓은 소규모 언덕 형태로 조성되었다. 아래에서 위로 올라갈수록 지름이 넓어졌다 다시 좁아지는 구 형태를 조적組積 방법으로 표현하기에는 기술이 부족했다. 즉 당시 인도인들의 축조방법으로는 우주 창조의 상징적인 의미를 구현하는 것이 불가능했다.

그러나 석굴사원의 불탑은 조각이다. 즉 돌을 깎아내고 다듬어 내는 방법이므로 둥근 형태로의 조영이 가능했기에 이러한 둥근 형태인 알 또는 구 형태로 나타난 것이라 할 수 있다. 즉 불탑이 지니는 상징성을 인도인들은 조각으로 구현해 낸 것이다.

2) 난간 (Vedika)

석굴사원 불탑 기단의 변화는 원통형, 상촉하관형, 스커트형으로 구분되며 대부분 상촉하관형으로 조성되는 것과 다르게 기단 위쪽을 장식하는 난간의 변화를 살펴보면 10개의 유형으로 구분할 수 있다. 가장 이른 시기인 B.C.3세기경 군투팔리탑은 무장식이나 B.C.2세기 바르후트탑, A.D.1세기 산치 제1탑의 부조탑에서 관석형 난간이 묘사되는 것을 확인할 수 있어 이른 시기부터 난간이 조영된 것을 알 수 있다.

난간의 예를 분류하면 (1)무장식형, (2)관석형, (3)요철(凹凸)형, (4)이중 난간형, (5)구획 난간형, (6)관석 하부장식형, (7)연꽃 난간형, (8)횡대형, (9)하부장식형, (10)울타리형으로 구분된다. 다양한 형태의 난간이 조영되는 이유로는 명문에서 확인되듯이 다양한 시주자의 발원 내용과 지역 분포로 볼 때 특정 지역에 특정 양식이 집중된 것으로 보아 석공과 시주자의 다양성 때문으로 보인다.

(1) 무장식형 (그림4-35)

그림 4-35. 무장식형 - Bhaja 제12굴

'무장식형'은 원통부에 장식이 없는 형식이다. 대부분 석굴 조영 초기에 해당하는 B.C.3세기 ~B.C.1세기에 집중된다. 형식에서도 A.D.1~2세기의 아가쉬브 6굴(방형평면)을 제외하고는 모두 '말발굽형' 차이티야굴에 조영되는 특징을 보인다. '말발굽형' 차이티야굴의 열주 역시 무장식의 팔각기둥인 점을 고려하면 석굴 조영 초기에는 단순 무장식의 예가 주류를 이루고 있음이 확인된다. 군투팔리석굴 불탑 등 일부 예에서만 마우리아 광택이 확인된다.

군투팔리, 툴자레나, 바제포레스트, 옐골, 칸헤리 제2e굴, 타날레, 케드삼블, 판다브가드, 바자 제12굴, 아잔타 제9굴, 사나둔가르, 부트링가 제40굴, 아가쉬브 제6굴, 아가쉬브 제12굴 등 14개소에서 확인된다.

(2) 관석형 (그림 4-36)

그림 4-36. 관석형 - Pitalkhora 제10굴

'관석형'은 산치대탑 및 바르후트탑 부조에서 볼 수 있는 관석과 기둥으로 구성된 난간 형

식이다. 콘디브테, 피탈코라 제10굴, 피탈코라 제12굴, 가네쉬레니, 칸헤리 제2c굴, 칸헤리 제4굴, 칸헤리 제36굴, 동라이, 간다르팔레 제21굴 등 9개소에서 확인된다. 조성시기는 무장식 난간과 동일하게 대부분 전기불교 석굴에 해당하는 B.C.3세기~A.D.3세기에 널리 분포되는 특징을 나타내고 있다. 차이티야굴 평면은 원형, 말발굽형, 방형 등 고루 분포되며 지역적으로는 서데칸, 콘칸에 조영되는 가장 기본적인 예라 할 수 있다. 이외에도 산치를 포함하는 대부분의 일반사원 불탑에 해당된다. 관석형의 난간은 우리나라 목조건축의 풍혈風穴을 거쳐 석탑에 표현되는 안상眼象의 기원으로 여겨진다.

그림 4-37. 요철형 – Ajanta 제10굴

(3) 요철(凹凸)형 (그림 4-37)

‘요철凹凸형’은 아잔타 제10굴에서만 확인되는 예로 하층 원통형 기단 위에 지름이 작고 높은 원통형 상층기단을 조영한 후 상부에 성벽의 모습을 나타내는 ‘凹凸’형의 난간과 무장식 이중 원통 기단을 조영하여 도성의 성벽 이미지를 형상화한 유일한 예이다. 마치 전륜성왕 도성의 모습을 연상시킨다. 이와 관련하여『장아함경』권3,「유행경」에 의하면 ‘아난이 왜 보잘것없이 작은 성, 거칠고 허물어진 땅에서 멸도를 취하려는 것에 관해 묻자 석존께서 이 땅은 대선견이라는 전륜성왕을 도성에서 만났던 것’이라며 훌륭함을 말하고 있다. 석존의 열반 장소와 전륜성왕의 도성이 같다는 점에서 이러한 난간형식은 우연이라고는 생각되지 않는다. 즉 경전에서 언급하듯 석존의 열반 장소가 과거 전륜성왕의 도성이었기에 그곳에 불탑을 세운 것과 연결된다고 볼 수 있다.

그림 4-38. 이중 난간형 - B.C.1C, Bedsa 7굴

(4) 이중 난간형 (그림 4-38)

'이중 난간형'은 난간이 이중으로 구현된 형식이다. 예는 베드사 제7굴, 카를라 제8굴 2개소에서만 확인된다. 특히 베드사 제7굴의 경우 기단 하부에 관석 표현의 울타리, 상부에는 관석 표현의 이중 난간으로 구성되어 모두 3개의 난간이 장식된 세장고준형의 특징을 보인다. 말발굽형 차이티야굴의 최정점으로 알려진 카를라 제8굴에도 나타난다. 흥미로운 것은 이중 난간의 예가 산치대탑의 부조탑에서 확인된다. 산치대탑의 부조탑 예를 모방하여 카를라 제8굴에서 재현되었던 것으로도 추정할 수 있다.

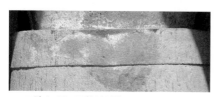

그림 4-39. 구획 난간형 - Aurangabad

(5) 구획 난간형 (그림 4-39)

'구획 난간형'은 원통형 기단 윗부분에 관석 난간이 아닌 장식이 없는 횡대를 돌출시켜 돌린 형식이다. 이러한 예는 아우랑가바드 제4굴, 케드, 예르팔, 판하레카지 제5굴 등 4개소에서 확인된다. 아우랑가바드의 기단 상부에는 폭 30㎝, 두께 2~3㎝ 정도 돌출된 구획 장식의 예를 볼 수 있다. 예르팔의 경우 난간 부위가 두드러지게 돌출되었고, 판하레카지의 부조탑은 선각으로 이루어졌다. 이후에 나타나는 연꽃 형태 난간의 시원적인 모습으로 보인다.

그림 4-40. 관석 하부장식형 – Nashik 18굴

(6) 관석 하부장식형 (그림 4-40)

'관석 하부장식형'은 명칭 그 대로 관석 난간 아랫부분 또는 윗부분에 일정한 간격으로 음 각 방형 홈을 파서 돌리거나 방 형 돌출장식을 조성한 형식이다. 난간형식 예는 나식 제18굴, 렌야드리 제14굴, 시브네리 제43굴, 암바암비카, 렌야드리 제6굴, 나식 제3굴, 간다 르팔레 제27굴 등 7개소에서 확인된다. 간다르팔레의 부조탑을 제외하면 전부 서데칸 지역에 조영되는 특징이 있다. 돌출된 장식이나 홈의 용도에 대해서는 아직 알려진 바 없는 상태이다.

그림 4-41. 연꽃 난간형 – Shivneri 66굴

(7) 연꽃 난간형 (그림 4-41)

'연꽃 난간형'은 기단 상부 표 면에 표현되는 관석 난간과 달 리 기단 상부 위쪽에 위는 넓고 아래는 좁게 체감되는 마치 연 꽃이 피어나는 모습의 횡대가 돌려진 형식이다. 대표적 예는 칸헤리 제3 굴, 쿠다 제9굴, 쿠다 제15굴 등 3개소에서만 확인된다. 아우랑가바드에 서 처음으로 나타나는 구획 난간 장식이 변화되어 나타난 것으로 보인다. 관석 형식이 아닌 연꽃을 형상화한 것으로 보이는 유일한 예이다. 조성시 기도 A.C. 2세기 이후에 나타난다.

그림 4-42. 횡대형 - Kanheri 3굴

(8) 횡대형 (그림 4-42)

'횡대형'은 원통형 기단 상부 아랫부분에 구획 난간형과 유사한 횡대가 기단 상부에서 약간 내려온 곳에 조각되는 형식이다. 예는 쉬브네리 제66굴, 칸헤리 제3, 31굴, 보짜나콘다 제1굴, 가토트가챠, 아잔타 제19, 26굴 등 23개소에서 확인된다.

칸헤리 제3굴에서 처음 확인되며 대다수가 후기불교 석굴 시기에 조영되어 불탑 조성시기 판별에 도움을 준다. 지역은 동남인도, 서데칸, 콘칸, 서말와 지역 등 인도 중남부에 광범위하게 분포된다. 칸헤리 제3굴의 경우 폭이 넓은 단순한 띠 형태를 나타내고 있어 시원형이라 할 수 있으며 그 외에는 횡대 중간에 몰딩과 유사한 층단 형태로 표현된다. 몰딩의 형태는 경사진 것, 평박한 것, 볼록한 것 등 다양한 형태로 변화를 나타내고 있다.

(9) 하부장식형 (그림 4-43)

'하부장식형'은 '관석형'과 달리 기단 위쪽에 돌출된 띠 두 선을 빙 둘러 장식하고 돌출된 띠 중간에는 관석을 표현하지 않

그림 4-43. 하부장식형 - kuda 1굴

은 무장식 형식이다. 특이한 점은 난간 하부에 빙 돌려 돌출된 띠 아랫부분에 작은 방형 돌출장식이 일정 간격으로 장식이 부가된 점이다. 이렇게 관석을 표현하지 않고 무장식인 하부장식 난간형은 쿠다 제1굴, 제6굴에서만 확인된다. 콘칸 지역의 쿠다석굴군에서만 확인되며 조성시기도

A.C. 2~4세기에 나타난다.

(10) 울타리형 (그림 4-44)

'울타리형'은 '관석형'과 외형
은 같으나 원통형 기단 윗면, 난

그림 4-44. 울타리형 - Dongrai 굴

간 위쪽에 홈이 파여 있어 마치 통로와 울타리를 표현한 듯 실제 난간처
럼 조성된 형식이다. 울타리 난간형의 예는 카라드에 위치한 동라이석굴
에서만 확인되는 형식이다.

3) 탑두부 (하르미카와 층단받침, 산간, 일산)

석굴사원 불탑에서 가장 많은 변화가 있는 부분이 하르미카, 층단받침,
산간, 일산으로 구성되는 탑두부이다. 하르미카는 산치 제1탑에서 확인
되듯이 산간과 일산을 보호하기 위한 울타리 용도이다.

그림 4-45. 바자 제12굴 하르미카-상세

그림 4-46. 칸헤리 제2e굴 복발 상부 상세

울타리를 나타내는 대표적 예는
바자 제12굴(그림 4-45)을 들 수 있다.
울타리를 이중으로 올린 부재와 중
간에 구멍이 있어 산간이 세워졌던
것을 알 수 있다. 칸헤리 제2e굴(그
림 4-46)은 복발 상면에 하르미카를
올려놓은 듯한 방형 구멍이 얕게 파
여 있고 중앙에는 산간이 세워진 방
형 구멍이 뚫려있어 별석으로 된 하
르미카와 산간을 사용하여 탑두부
를 구성했음을 알 수 있다.

그림 4-47.
베드사 제7굴 하르미카와 층단받침, 목재산간

일반사원의 불탑과 달리 석굴사원의 불탑과 부조탑에서만 볼 수 있는 두꺼운 판석을 겹쳐 쌓은 듯한 층단받침이 표현되었다. (그림 4-47)

층단받침을 표현한 이유는 무엇이며, 또 그것은 무엇을 의미하는가? 인도인들은 천상세계가 층단을 이룬다고 생각했고, 그 생각을 하르미카에 표현해 놓은 것이라고 앞서 고찰한 바 있다.

당시 인도인들의 기술로 수미산을 의미하는 역층단받침을 흙, 벽돌이나 돌을 이용하여 쌓아 올리는 방법으로 조성한다는 것은 불가능했다. 파키스탄의 간다라 지역에서는 건축으로 불가능한 것을 석재를 이용하여 조각하거나 목재, 금속을 사용하여 문제점을 해결하였다. 우리나라 전탑과 석탑에서 확인되듯이 벽돌을 역으로 층단받침으로 쌓아 올리다가 최대 돌출 지점부터는 다시 정방향의 층단 괴임으로 쌓아 올리는 이유도 하중의 분산을 고려한 최선의 방법이었다.

산치대탑의 부조탑에서 확인되는 형식 가운데 층단받침으로 마감되는 부조탑의 예가 2~4세기경 콘칸 지역 불탑에서 다수가 확인된다. 베드사 제7굴 불탑의 이중 난간의 예처럼 산치대탑 부조탑에서 다양하게 확인되는 같은 형태를 지닌 불탑이 석굴사원에 그대로 조영되는 것을 볼 수 있다. 이를 통해 순례자 또는 장인들이 산치대탑의 부조탑을 보고 와서 똑같은 형태로 모방하여 조영했을 것으로 추정할 수 있다.

일산日傘은 앞에서 언급한 것처럼 인도에서는 귀한 분을 나타내는 인도 고유의 의미로 알려졌다. 최초의 불교 석굴로 알려진 B.C.3세기경 군투팔리석굴 불탑은 반구형으로, 하르미카를 포함하여 무장식이나 궁륭천장에 목조건축을 모방한 우산살 방사형의 골조가 부조된 것을 언급했듯이 궁륭천장 자체를 커다란 일산으로 묘사한 것으로 보인다. 이와는 다르게 콘디브테석굴 불탑의 경우 하르미카의 각출, 궁륭천장에는 궁륭형 골조는 확인되지 않는다. 툴자레나석굴 불탑은 복발 상부가 훼손되어 하르미카 여부는 알 수 없으나 천장은 궁륭천장으로 이루어져 군투팔리석굴 불탑과 유사성이 보인다. 천장 내부에는 콘디브테석굴 불탑처럼 궁륭형 골조는 조영되지 않았으나 표면이 다듬질된 상태이다. 가장 고식에 속하는 불탑 세 곳에서 모두 원형 궁륭천장의 구조를 나타내고 있어 일산을 묘사한 것으로 보인다. 불탑의 탑두부 형태는 (1)기본형, (2)하르미카 누락형, (3)층단받침 누락형, (4)일산 누락형 으로 구분된다.

(1) 기본형

기본형은 부조탑이나 석굴사원 불탑에서 가장 많이 확인되는 하르미카, 층단받침, 산간, 일산으로 구성되는 탑두부가 모두 표현된 형식이다. (그림 4-48)

그림 4-48.
탑두부 기본형 – Ajanta 제9굴

가장 이른 시기에 조영된 바자 제12굴은 2단 하르미카의 예를 나타낸다. 아잔타 제10굴은 차이티야창이 표현된 건축물의 형태, 베드사 제7굴, 나식 제18굴, 카를라 제8굴은 상부 하르미카에 목재 부재가 결구되는 것처럼 '井'자 형의 돌출 부위, 서까래가 표현되는 등 다양한 양식으로의 변화가 나타난다. 엘로라 제10굴은 사면 돌출형의 층단받침으로 구성된다. 담나르 서쪽 석굴군의 불탑에서는 우리나라 석탑의 노반과 매우 유사한 상태로 표현되어 우리나라 석탑과의 연관성이 엿보인다.

말발굽형 궁륭천장 차이티야굴의 불탑은 천장이 높은 관계로 아잔타 제19굴의 예처럼 산간과 일산이 남아 있는 경우가 드문 반면, 예외적으로 보짜나콘다 제2굴을 제외한 대다수는 방형 차이티야굴에 조영되는 특징이 있다. 층단받침은 2, 3, 4, 5, 6, 9단으로 이루어지며 3, 4단이 가장 많이 조영된다. 일부 예에서는 맨 위 층단받침에 △형 또는 凸형의 장식이 빙 둘러 부조되어 마치 전륜성왕의 성도를 의미하듯 성벽의 난간을 표현한 느낌을 주고 있다.

다중화된 일산은 담나르석굴군에서만 나타나는데, 부조탑에서 확인되는 2~3개의 일산이 표현되는 예가 나타나고 있다. 하르미카는 아잔타 제19, 26굴의 감실과 불상, 칸혜리 제31굴, 제2c굴, 아가쉬브, 바그, 담나르 등 일부에는 관석을 포함한 장식 표현이 없는 무장식으로 표현되는 등 다양한 형태로 변화하는 것이 확인된다.

(2) 하르미카 누락형

'하르미카 누락형'은 복발 상부와 천장 사이에 하르미카, 층단받침이 제외되고 산간으로 직접 연결되는 일체형이다. 산간 경우도 보통 지름이 작

그림 4-49.
하르미카 누락형-Dhamnar 제11굴

은 도넛 형태의 부재가 천장과 연결되는 것과 다르게 누락이 된 점이다. 군투팔리석굴, 툴자레나석굴, 담나르 제11굴 등 3곳에서만 확인되며 그중 남아 있는 것으로 대표적인 예는 산간과 일산으로 구성된 담나

르 제11굴(그림 4-49)의 경우가 유일한 예이다.

산간도 위로 좁아지는 높은 원추 형태이며 일산은 평천장에 부조된 것으로 보이는 원형 흔적만 남아 있다. 군투팔리석굴, 툴자레나석굴의 경우 복발 상부구조에 하르미카가 올려 있던 흔적이 발견되지 않아 이 형식에 포함했으나 더 확실한 것은 알 수 없다. 또한, 찰주공의 유무, 원형 궁륭천장을 일산으로 이용했는지 또는 목재 부재로 조영되었는지 현재로선 알 수 없다.

(3) 층단받침 누락형

'층단받침 누락형'은 탑두부 구성 요소 가운데서 층단받침이 누락된 형이다. 예로는 콘디브테, 칸헤리 제2e굴, 아가쉬브 제7굴, 아가쉬브 제12굴, 아가쉬브 제17굴(그림 4-50), 암바암비카, 동라이, 판하레카지 제 5굴, 보짜나콘다 제1굴 등에서 확인

그림 4-50.
층단받침 누락형– Agashiv 제17굴

된다. 이중 아가쉬브석굴군 또는 동라이석굴의 불탑은 층단받침이 조성 당시부터 제외된 것을 알 수 있다. 두 석굴군은 모두 방형 차이티야굴이며 일산이 모두 천장에 부조가 되었다. 모두 카라드에 있어 지역적인 특징으로 볼 수 있다. 콘디브테, 피탈코라 제10굴, 칸헤리 제2e굴, 보짜나콘다 제1굴의 경우는 하르미카의 존재만 알 수 있어 층단받침 유무는 불확실한 상태이다.

그림 4-51.
일산 누락형 – kuda 제15굴

(4) 일산 누락형

'일산 누락형'은 명칭 그대로 탑두부의 구성요소 중 산간과 일산이 제외되고 층단받침이 평천장에 직접 연결되는 일체형이다. 간다르팔레 제15굴, 21굴, 쿠다 제1굴, 9굴, 15굴(그림 4-51), 케드, 바그 제7굴 등에서 확인된다. 후기 바그석굴을 제외하고는 모두 전기불교 후반 콘칸 남부 지역에 조영되어 지역적인 특징을 보인다.

탑두부 구성의 특징 중 초기에 조영된 군투팔리, 콘디브테, 툴자레나 석굴의 경우 모두 탑두부 구조물이 없어진 상태로 원형 확인이 불가능하여 이 책에서는 하르미카 누락형에 포함했다. 복발의 경우처럼 바르후트탑 및 산치대탑에서 볼 수 있는 층단받침이 묘사된 부조탑 경우와 같은 형태로 석굴사원 불탑에 조영된 것으로 볼 때 당시 인도인들에게 기본형이 가장 상징적인 의미를 지닌 형식이라고 볼 수 있다.

불탑은 아니지만, 아라한의 스투파로 조영되어 있는 바자 제20굴의 승탑 중 제9번 스투파(그림 4-52)는 많은 학자가 언급하는 특이한 예의 탑두부로 5단의 층단받침, 아래위에 차이티야 아치가 한 면에 1~2개씩 부조된 건축물의 형태를 나타내고 있다.

그림 4-52.
바자 제20굴 스투파 탑두부

이러한 예는 바르후트탑의 부조탑(그림 4-53)에서도 확인된다. 건축물 형

태의 탑두부와 관련하여 미야지 아
키라宮治昭[181]는 기원적으로 하르미
카 자체가 사리 공양의 사당祠堂적
성격을 상징적으로 나타낸 것이라
는 견해를 보이고 있는데 층단받침
이 신들이 강림하는 수미산을 뜻하
는 것이라면 사당祠堂보다는 신전神殿
의 성격을 더 강하게 나타낸 것이다.

그림 4-53.
바르후트 부조 스투파 탑두부

홍미로운 것은 바르후트탑, 산치대탑의 부조에 나타난 탑두부의 형식
이 석굴사원 불탑에서 동일하게 재현된다는 점이다.

이처럼 당시 인도인은 석재에 새기거나 깎아내는 조각 방법을 고안함
으로써 쌓아올리는 방법으로는 구현하지 못했던 불탑이 지닌 상징성을
표현하기 시작하였다. 이러한 조각 방법을 이용하여 당시 인도인들이 석
굴사원 불탑에 그대로 표현한 것이다.

181   宮治昭,『涅槃と彌勒の圖像學』吉川弘文館, 1992, p. 48.

5장

인도의
불탑

5장
인도의
불탑

그림 5-01.
인도 구분 지도

　인도는 북쪽으로 히말라야산맥, 힌두쿠시산맥, 카라코람산맥, 남쪽으로 인도양, 서쪽으로 아라비아해, 동쪽으로 벵골만으로 둘러싸인 역삼각형의 작은 대륙이며 인종이나 언어적으로 매우 다양한 특징을 보인다. 지리 및 문화적으로 북·중·동·서·남·북동인도로 크게 구분된다. (그림5-01) 서북인도는 1947년 파키스탄이 독립하면서 분리되었고, 1971년 동인도의 동파키스탄은 방글라데시로 분리 독립하면서 인도의 영향력에서 벗어났다.

　중·동인도는 서쪽에서 동쪽을 관통하여 벵골만으로 흐르는 갠지스강 유역으로 바라문교, 불교, 자이나교 등의 인도 고유의 종교 문화가 성행한 곳이다. 우리에게 익숙한 아소카왕의 마우리아왕조, 굽타왕조도 이 지역에서 세력이 왕성해지고 고대인도 미술에서 주도적인 역할을 한 지역이다.

　서인도는 인도 중서부에 해당하며 데칸고원의 경우 중인도에 걸쳐 있지만, 이 책에서는 서인도에 포함시켜 분류하였다. 데칸고원의 경우 건조한 자연환경 외에도 강이 동서로 인도를 횡단하고 해안을 따라 항구가 발달하여 활발한 교역에 의해 번영한 지역이다. 데칸고원 서북쪽에서 사타바하나왕조가 흥기하고 바카타카왕조가 융성해진 것도 북인도와 남인도

358 · 인도 불탑 *India Stupa*

를 연결하는 매개체 역할을 하면서 이들 왕조의 정치적, 경제적 번영을 이루었기 때문이다.

남인도는 데칸고원을 중심으로 하는 서, 중인도와 데칸고원 동쪽을 흐르는 크리슈나강Krishna 유역을 포함하는 남쪽 지역으로 북쪽의 아리안계 문화와 다른 드라비다계 문화가 주류를 이루고 있다. 특히 크리슈나강 유역의 안드라 지역은 고대 불교사원이 다수 조성되어 남인도 특유의 불교미술이 개화된 곳이다. 그것은 사타바하나왕조가 안드라 지역에서 세력을 떨친 익크슈바크왕조에 수용된 것과 관련이 있다. 이처럼 인도는 지리, 문화적으로 6개 지역으로 크게 구분되고 지역별로 다르게 나타나는 것이 확인된다.

현재 인도는 29개 주, 7개 연방 직할지의 행정구역으로 이루어졌으며, 과거 서북인도에 속했던 파키스탄은 4개 주, 2개의 자치지역, 1개의 연방구역으로 구분된다. (그림 5-02) 이들 가운데 불교사원과 불탑은 북인도의 펀잡, 잠무 카슈미르, 라자스탄, 중인도의 마디아프라데시, 우타르프라데시, 동인도의 비하르, 오디샤, 서인도 구자라트, 남인도는 카르나타카, 안드라프라데시주에 대부분 집중되었으며, 서인도의 마하라슈트라주는 석굴사원이 주를 이루고 있다.

서북인도는 인더스강 유역을 중심으로 현재 파키스탄으로 독립 분리된 지역이다. 이곳은 고대인도의 간다라 지역으로 중앙아시아, 그리스를 배경으로 하는 외래문화와 인도문화가 융합된 특징을 보인다.

이 책에서는 간다라 지역을 포함하여 불교가 인도에서 중국으로 전해지면서 나타난 불탑의 변천 과정을 파악하고자 하였다. 이를 위해 간다라 지역과 아프가니스탄, 우즈베키스탄, 타지기스탄, 신장웨이우얼 자치구 등에서 전해지는 불탑의 예를 일부 포함하였다.

그림 5-02. 인도, 파키스탄 행정구역 지도

　이 지역에는 수많은 나라가 나타났다 사라졌는데, 그중 불교 전파에 커다란 영향을 끼친 왕조는 기원 전후에 등장한 쿠샨왕조를 들 수 있다. 쿠샨왕조는 인도 북부와 중앙아시아 지역에서 실크로드를 통한 중계무역을 활용하여 번성하였다. 특히 카니슈카왕 대에는 남쪽으로 인도 마투라, 북쪽으로 파키스탄의 간다라 지역, 아프가니스탄, 우즈베키스탄 남부, 타지기스탄, 신장웨이우얼 일부에 이르는 광범위한 지역을 불교를 숭배하면서 수많은 불교사원과 불탑을 건립하였다.

1. 중인도 불탑

중인도(비하르주 포함)는 갠지스강 유역으로 석존께서 태어나고 출가하여 45년간의 긴 세월에 걸쳐 설법과 교화 활동을 지속하고 80세에 열반에 든 지역으로 불탑 조영과 함께 의미가 깊은 지역이다. 이 지역에서는 석굴사원을 제외하고 현재 40여 개소에 달하는 불교사원과 불탑이 확인되었으며, 미확인 봉분이 다수 있어 향후 추가발굴 작업이 기대된다. 중인도와 서인도에 걸쳐 있는 데칸고원 지역은 별도의 항목으로 다루었다.

현재 인도 행정구역으로 마디아 프라데시주, 우타르 프라데시주를 포함하며, 동인도에 속하는 비하르주와 석존께서 태어난 네팔의 룸비니 지역은 석존의 활동 지역과의 연관성을 고려하여 함께 취급하였다. 대부분 불탑이지만 기념비적인 스투파, 제자들의 스투파, 재가 신자의 스투파, 개체 스투파, 경전에 언급되는 스투파 등 다양한 유형의 스투파가 존재한다.

이 지역에는 인도에서 가장 오래된 불탑으로 바이샬리의 붓다레릭Relic 탑, 우타르 프라데시주의 피프라흐와Piprahwa탑, 마디아 프라데시주의 B.C.2세기에 조성된 것으로 추정되는 산치Sanchi 제1탑, 바르후트탑 등이 전한다. 앞의 세 탑은 훼손 상태가 심해 원래의 모습을 확인할 수는 없지만, 산치 제1탑(산치대탑으로도 부름)은 초기 불탑 형식을 유일하게 유지하는 것으로 연구자 사이에서는 대체로 의견의 일치를 보고 있다.

바르후트탑과 산치대탑, 사르나트의 마하보디대탑 등을 대표적인 예로 들 수 있다. 바르후트탑도 마우리아왕조 대에 건립된 것이지만 많이 파손되어 원형을 알 수 없다. 하지만 울타리에 부조된 스투파 예배 도상을 통해 산치대탑처럼 원통형 기단 위에 반구형 복발, 복발 위에는 하르미카, 중앙에는 찰주가 세워졌으며 크기가 비슷한 일산으로 구성된 것을 알 수 있다. 또한 실제 스투파 유구에서는 확인할 수 없는 탑두부의 외형을 추정할 수 있다.

1) 마디아 프라데시주Madhya Pradesh

인도 중앙부에 있는 데칸고원의 북부에 해당하며 고대부터 교통로가 발달하여 상업, 군사의 요지가 되었다. 이곳은 석존의 일생과 큰 관련이 없음에도 B.C.3세기 아소카왕과 관련 있는 인도 대표 불교 유적지 산치대탑과 콜카타 인도박물관에 전시 중인 바르후트탑의 탑문과 울타리가 발굴되었다.

현재 이 지역의 불탑 유구는 산치대탑을 포함하여 10개소이며 대부분 B.C.3~2세기에 조성된 것으로 알려졌다. 불탑의 형식은 모두 원형 평면을 나타내고 있으며 미발굴된 마운드도 모두 봉분 형태이다.

표20)은 마디아 프라데시주의 불탑 현황표이며, 그림 5-03)은 불탑의 분포 현황표이다. 이해를 돕기 위해 이들 표와 그림의 연번은 같게 표시하였다. 이외에도 다수의 불교 유적지가 전하지만 불탑 유구를 위주로 다루었으며, 이해를 돕기 위해 지역별로 특징되는 불탑의 예를 삽입하였다.

표20. 마디아 프라데시주 불탑 현황

연번	스투파 명칭	소재지	조성시기(세기)	비고
1	Deur Kothar	Madhya Pradesh	B.C.3~2	원형
2	Bharhut	〃	B.C.3~B.C.1	원형
3	Dekhinath	〃	A.D.7	원형
4	Andher	〃	B.C.2	원형
5	Bhojpur	〃	B.C.1	원형
6	Sanchi	〃	B.C.3~A.D.1	원형
7	Sonari	〃	B.C.2	원형
8	Satdhara	〃	B.C.2	원형
9	Talpura	〃	B.C.2	원형
10	Saru Maru	〃	B.C.3	원형

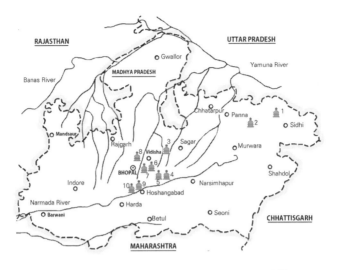

그림 5-03. 마디아 프라데시Madhya Pradesh주 불탑 분포현황도

현존하는 인도 스투파에서 가장 오래되고 원형 대부분을 유지하는 예
로 산치대탑을 들 수 있다. 원형 평면의 기단을 쌓고 그 위에 반구형의 탑
신이 올려져 있다. 탑두부는 결실되었지만 19세기 이후에 보수된 것이다.
산치대탑과 바르후트탑에는 부조탑 몇 기가 보인다. 이들 부조탑은 산치
대탑과 바르후트탑을 장엄하기 위해 만든 것으로 같은 양식이 되는 것은

당연하지만 여러 가지 의미로 당대
의 불탑 양식을 암시하고 있다. 산
치대탑에 대해서는 제2장 스투파 구
성요소에서 취급하였기에 이 장에
서는 별도로 언급하지 않았다.

바르후트탑(그림 5-04)은 마우리아
왕조 대에 건립되었지만 대부분 훼

그림 5-04.
바르후트 탑의 탑문과 울타리,
콜카타인도박물관

손되어 지금은 콜카타인도박물관에 탑문과 울타리만 이전 복원되었다. 탑문과 울타리에 새겨진 다양한 부조상과 명문불교 설화로 시작하는 최초기에 조성되는 불교미술의 예로서 중요하다. 바르후트탑 역시 장식 패널 중 부조탑의 양식은 산치대탑과 같음을 보여준다.

산치와 사르나트 사이에 있는 데루코타르Deur Kothar(그림 5-05)사원지는 1982년 발견되어 발굴이 이뤄졌다. 주 불탑은 복원되지 않은 봉분 형태로, 울타리 기둥에서 발견된 브라흐미 명문과 유물을 통해 아소카 왕 대에 우바새와 그의 제자들에 의

그림 5-05.
Deur Kothar Buddhist stupa 전경

해 조성된 것으로 전해 산치대탑보다 선행하는 것으로 알려졌다.

이곳에서는 40여기의 탑과 봉헌탑이 복원되었는데 대부분 석재를 사용하여 원형 기단부와 반구형 복발로 조성되었다. 이곳에서 발견된 아소카 석주는 이 지역 사암으로 제작되었고 마우리안 광택의 일산 조각이 발견되었다.

산치대탑 인근에 있는 불탑 중 보즈푸르Bhojpur, 사루마루Saru Maru, 소나리Sonari, 샛다라Satdhara, 안드허Andher탑 등의 경우 산치와 같은 원형 기단과 반구형 복발로 구성되었으며 석재를 벽돌처럼 가공하여 조성되었다. 이중 사루마루탑은 자연 동굴을 수행처로 삼는 유구와 14기의 스투파가 확인되었는데 대부분 봉헌탑으로 보인다. 이곳에서 발견된 명문을 통해 아소카왕이 비디샤에서 총독으로 있을 때 방문한 것으로 확인되었다.

소나리탑(그림 5-06)의 경우 산치와 같은 관석 3개로 구성되는 울타리가 확인되었고 기둥에는 원형 구획과 반원형 구획에 연꽃 장식 등이 새겨 있

다. 복발 중간에서 마우리아왕조 대의 사리 장치가 수습되었는데 B.C. 5세기 피프라흐와탑과 매우 유사한 형태를 나타내어 주목된다.

그림 5-06.
Sonari 제1탑 복구후 전경

다만 이들 불탑은 모두 훼손된 상태로 발견되어 복원이 이루어졌는데 별도의 고증 없이 이루어진 듯 대부분 유사한 형태로 복원이 되었다. 샛다라탑의 경우 복원 전(그림 5-07)과 복원 후(그림 5-08)의 모습이 달라 옛 모습으로의 복원 여부가 불확실하다. 마디아 프라데시주의 불탑 다수는 산치대탑과 같은 외형으로 석재를 벽돌처럼 가공하여 쌓고 내부는 잡석을 채워넣는 방식으로 이루어졌다.

그림 5-07.
Satdhara 탑 복원전 전경

그림 5-08.
Satdhara 탑 복원후 전경

2) 우타르 프라데시주Uttar Pradesh 와 네팔

우타르 프라데시주는 중인도의 북부에 있으며, 석존께서 탄생하신 현 네팔의 룸비니, 초전법륜 장소로 알려진 사르나트, 도리천 강하의 상카시아, 기원정사를 보시한 수닷타 장자의 집터, 천불화현의 기적을 보인 오라즈하르, 쭌다의 마지막 공양지인 파바, 열반하여 다비가 거행된 쿠시나가르 등 비하르주와 함께 붓다께서 실제 활동을 하신 지역으로 B.C. 5세기~A.D.8세기에 이르는 많은 불교 유적들이 전한다.

대표적인 예로 B.C.5세기 피프라흐와탑, 달마라지카탑, 다메크탑, 마투라 인근의 탑 등을 예로 들 수 있으며, 네팔에는 근본8탑의 하나로 추정되는 미발굴된 라마그라마탑이 있다. 표21)은 우타르 프라데시주, 네팔의 불탑 현황표이며 그림 5-09)는 우타르 프라데시주와 네팔의 불탑 현황도이다.

표21. 우타르 프라데시주 및 네팔 불탑 현황

연번	스투파 명칭	소재지	조성시기	비고
1	Mathura	Uttar Pradesh	B.C.1.C	난간부재
2	Sankisa	〃	B.C.3~2C	봉분형,미발굴
3	Dharmarajika	〃	B.C.3C	원형
4	Chaukhandi,영불탑	〃	A.D.5C	방형,반구형
5	Dhamek	〃	B.C.5~A.D.6C	이중 원통형
6	Pava Chunda,춘다탑	〃	B.C.	봉분형,미발굴
7	Parinirvana,아소카탑	〃	B.C.3C	원통형
8	Ramabhar	〃	B.C.5C	원형
9	Piprahwa	〃	B.C.5C	방형,원형
10	Orajhar,천불화현탑	〃	A.D.	봉분형,미발굴
11	Anathapindika,수닷타탑	〃	A.D.2~12C	건물형
12	Angulimala	〃	A.D.5C	건물형
13	Lumbini	Nepal	B.C.3C	방형
14	Ramagrama	Nepal	B.C.5C	봉분형,미발굴

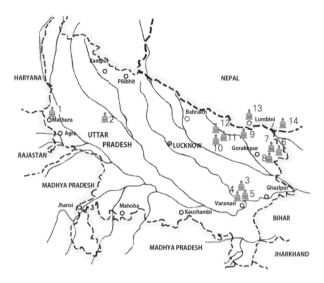

그림 5-09. 우타르 프라데시주 Uttar Pradesh, 네팔 불탑 분포 현황도

그림 5-10.
피프라흐와 탑 복원후 전경

근본 8탑의 카필라바스투의 석가족 건립으로 추정되는 피프라흐와 탑(그림 5-10)은 여러 번의 발굴을 통해 B.C.5~4세기, B.C.3세기경, 쿠샨왕조 대에 걸쳐 확장 증축된 것이 밝혀졌다.

사리분배 전설에 의하면 아소카 왕에 의해 열린 것으로 알려졌으나, 발굴 결과 3단계에 걸쳐 증축되었고 B.C.5세기에는 봉분 상태이며 사람의 손길이 닿은 흔적은 발견되지 않았다고 한다. 이후 증축하면서 구조물에 두꺼운 점토를 채우고 2단으로 쌓아 복원하였다가 쿠샨왕조 대에 현재의 크기와 벽돌을 이용하여 방형의 기단 위에 원형의 탑신부로 확장되었다.(그림 5-11)

스투파 내부 중심에는 파이프와 같은 구멍(점토로 꽉 차 있었음)이 있고 내부에서 사리장치와 1,000여 점이 넘는 많은 부장품이 수습되었다. 산간(찰주)은 사리와 관련되는 중요한 기둥으로, 다수의 스투파 발굴결과 나무 기둥을 세운 예도 있지만 구멍 자체가 목적일 경우도 많이 확인되었다. 이 구멍에 대해 미야지아키라宮

그림 5-11.
피프라흐와 탑 복원전 전경

治昭는 스투파 내부의 찰주공은 나무 기둥을 세우는 대용으로 뚫어 우주축으로의 기둥이라는 의미를 상징적으로 의도한 것이라는 견해를 제시했다.[182]

그림 5-12.
사르나트 달마라지카탑 전경

초전법륜 장소로 유명한 사르나트의 달마라지카탑(그림 5-12)의 경우 아소카왕에 의해 조성된 것으로 직경 31.5m에 달하며 현재는 벽돌과 점토로 쌓은 원형 기단 부위만 남아 있을 뿐 원형은 알 수 없다. 현장 스님에 의하면 기초는 무너졌지만

30m 이상의 벽이 남아 있었다고 전한다. 발굴 결과 5~6세기에 증축된 불탑의 모습을 표현한 것으로 보인다. 마우리아왕조 이후 다섯 번의 증축이 있었고, 복발은 직경 18m로 초기와 비교하면 6배 넓어졌으며 불탑 주위로 탑돌이 통로와 4방위에 계단이 설치되었다.

---

182 宮治昭, 「涅槃と彌勒の圖像學」-ストウトパの造形に見る「死」と「生」の象徴, 吉川弘文館 1992, pp. 38~39.

달마라지카 옆에 있는 다메크탑(그림 5-13)은 석존께서 첫 설법을 한 장소를 기념하기 위해 세워졌다고 전한다. 아소카왕 대에 조성된 것으로 보이나 초기 불탑의 흔적은 찾을 수 없다. 현재의 모습은 굽타 시대에 조성된 것으로 직경 28.5m, 높이 43.6m에 달하는 원형 평면에 원통형 탑신으로 이루어진 사르나트에서 가장 거대한 규모이다. 기단의 8방위에는 감실이 마련되었으나 어떤 불·보살상이 봉안되었는지는 알 수 없다. 8개의 감실은 팔방에 대한 의식을 나타내는 불탑의 만다라화를 표현한 것이라는 주장도 있다[183].

그림 5-13.
사르나트 다메크탑 전경

그림 5-14.
라마브하르탑 전경

쿠시나가르는 석존께서 열반에 드신 장소로, 라마브하르Ramabhar탑은 석존의 화장터인 마쿠타반다나 차이티야가 있던 곳과 동일시되는 원형 기단과 복발의 구분없이 벽돌로 조성되었고 주위로 탑돌이 통로가 개설되었다.(그림 5-14) 이처럼 전체가 벽돌로 조성되는 예는 서인도의 날라소파라탑, 남인도의 구디와다탑, 동인도의 우다야기리탑, 동인도의 수자타탑, 아난다탑 등 인도 전역에서 다수의 예가 확인되었다.

또 다른 예는 아나타핀디카탑, 앙굴리말라탑(그림 5-15), 차우칸디탑 등

183   杉本 卓洲, 『ブッダと仏塔の物語』 大法輪閣, 2007, p.246.

그림 5-15.
앙굴리말라 탑 복구전 전경

그림 5-16.
네팔 라마그라마탑 전경

에서 확인되는 벽돌을 이용하여 건축물 형태 방형 기단과 반구형 복발로 조성되는 형식을 들 수 있다. 복원 전에는 기단 벽체를 지지했던 구조체가 보이는 것도 하나의 특징이다. 남인도의 바큇살형 구조와 다른 형태를 띠며, 최초 조성 이후 증축되면서 건물 형태로 나타난 것으로 보인다. 이외에도 현재 발굴이 안 된 산키사, 오라즈하르, 파바쭌다탑, 대표적인 예로 사리분배 전설에 나오는 근본 8탑 가운데 아소카왕에 의해서도 유일하게 열리지 않는 특별함, 나가에 의한 사리 수호와 숭배, 불가침적인 특징을 보이는 네팔의 라마그라마탑(그림 5-16) 등을 들 수 있다. 초기에는 벽돌로 조성된 것으로 알려졌으나 현재 봉분 형태로 남아 있는 상태이다. 향후 라마그라마탑의 발굴결과가 기대된다.

룸비니의 레릭탑은 방형 기단에 계단이 1개소 설치되는 예와 담마탑(그림 5-17)은 방형 기단에 계단이 4곳에 조성되는 십자형 평면을 나타내고 있다. 규모는 작으나 현재 인도에서는 보기 힘든 예로 간다라 불탑의 영향을 받은 것을 보인다.

그림 5-17.
네팔 룸비니 담마스투파 전경

3) 비하르주Bihar

비하르주는 동인도에 속하나 이 책에서는 석존의 활동과 관련하여 중
인도에 포함하여 다루었다. 표22)와 그림 5-18)은 비하르주의 불탑 현황
이다.

표22. 비하르주 불탑 현황

연번	스투파 명칭	소재지	조성시기(세기)	비고
1	Lauriya Nandangarh	Bihar	B.C. 3	
2	Kesariya	〃	B.C. 3~A.D. 7	
3	Ananda	〃	B.C. 3	대림정사
4	Relic	〃	B.C. 5~2	
5	Juafardih	〃	B.C. 5	Nalanda
6	Shariputra	〃	B.C. 3~A.D. 6	Nalanda
7	Ajatashatru	〃	B.C. 3	
8	Giriyak	〃	B.C. 3~A.D. 6	
9	Rajgir	〃	B.C. 3	
10	Mahabodhi Temple	〃	B.C. 3~A.D. 7	
11	Sujata	〃	B.C. 3	
12	Vikram shila	〃	A.D. 7~9	

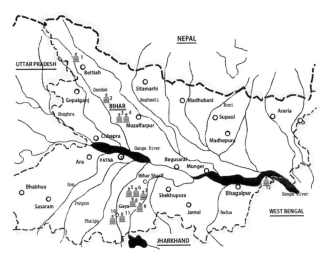

그림 5-18. 비하르Bihar주, 불탑 분포 현황도

비하르의 지명은 불교사원을 의미하는 비하라에서 유래되었듯이 불교의 발상지이다. 성도지 보드가야대탑을 포함, 붓다레릭탑을 비롯한 라우리아 난단가르, 케사리아, 마하보디대탑, 아난다탑 등을 들 수 있다. 다른 주와 달리 형태와 평면을 달리하는 다수의 불탑이 전해지고 있어 주목된다.

B.C 5세기에 조성된 근본 8탑의 하나인 바이샬리의 릿차비족이 조성한 것으로 알려진 붓다레릭탑(그림 5-19)은 진흙으로 조성된 것이 확인되었다. 상부구조물은 모두 없어진 상태로 조성 당시에는 기단이 없는 단순한 반구형의 봉분 상태이다.

그림 5-19.
바이샬리 붓다레릭 스투파, B.C.5C

이러한 예는 우타르 프라데시주의 산키사, 오라즈하르, 파바쭌다, 마하라슈트라주의 파우니, 네팔의 라마그라마, 비하르주의 라우리야 난단가르탑에 인접한 다수의 미발굴 스투파가 봉분 형태를 이루고 있어 초기의 불탑 형태를 나타내는 것으로 보인다.

그림 5-20.
바이샬리 아난다탑 B.C.3C

바이샬리의 아난다탑(그림 5-20)의 경우는 벽돌로 조성된 낮은 원통형 기단 위에 벽돌을 쌓아 반구형의 복발을 조성하였다. 기단 위에는 4방위에 벽돌 층단의 형태를 갖추며 외형 보존상태가 매우 양호하다.

최근 날란다의 Nava Nalanda Mahavihara 대학 조사팀에서 갠지스강변의 아난다 탑을 확인했다는 보고서와 아난다 탑으로 보이는 봉분 형태

의 장소가 알려져 향후 발굴결과가 기대
된다.

『대당서역기』에 비하르주에서 주목받는
불탑으로 언급되듯이 5~7세기 전반에 세
워진 보드가야의 마하보디대탑(그림 5-21)
은 산치대탑과 다른 방형의 거대한 고층
누각형 불탑으로 조성되었다. 이 불탑은
전각 안팎에 불상을 안치하는 건축 양식
의 변화가 나타난다. 이는 불교사원의 중
심이었던 불탑이 중시되지 않는 것을 의
미하는 것으로 불탑과 불상을 포함하는
정사 건축이 사찰 중심이 된다는 것으로
볼 수 있다.

그림 5-21.
보드가야 마하보디대탑

마하보디사원에서 가장 오래된 것은
B.C.3C 마우리아왕조 대에 조성된 거위
와 넝쿨무늬가 부조된 '금강보좌'이다. 이
후 여러 번에 걸쳐 증축이 이루어졌다.
B.C.1세기경 증축 때 석제 울타리가 수습
되고, 마하보디대탑을 묘사한 테라코타

그림 5-22.
마하보디 대탑 출토 테라코타판
A.D.12C, 델리박물관

판이 발견되었다(그림 5-22). 흥미로운 것은 마하보디대탑 내부에 좌불상이
있고 대탑 주위로 보리수를 나타내는 잎사귀가 화염문처럼 장식되어 있
는 점이다. 이것은 붓다께서 깨달음을 얻은 장소임을 나타내는 상징적인
보드가야의 표시이다.

이곳에서 수습된 100여 구에 달하는 불상은 대부분 11~12세기의 것이

지만 가장 오래된 굽타 시대 불상은 380년경까지 거슬러 올라간 것이다. 주목할 만한 것은 마투라 또는 사르나트에서 불상이 출현한 후 200년 이상이 흘렀음에도 이곳의 불상 출현이 늦었다는 점이다. 이것은 붓다께서 성도를 얻은 것을 기념하기 위해 불상을 봉안할 탑이나 사원을 건립해야 할 필요성을 느끼지 않았다는 것을 의미한다.

그림 5-23.
마하보디대탑 1870년 전경, 커닝엄,
영국박물관

그림 5-24.
카나가나할리탑 보리수사원 부조,
기원전 1세기경

이곳 마하보디 사원은 보리수 앞에 대탑(사원)이 있는 구조로, 보리수가 먼저 있고 후대에 대탑이 조성된 것을 나타낸다. 이곳을 최초로 촬영한 1870년 커닝엄의 사진을 보아도 알 수 있다.(그림 5-23) 즉 보리수 주위에 사원이 세워진 것은 보리수를 보호하고, 붓다의 깨달음을 칭송하기 위한 것이라 할 수 있다.

보드가야사원을 묘사한 듯한 남인도 카나가나할리탑 출토 석조 패널(그림 5-24)의 경우, 다층의 건축물로 된 맨 꼭대기에 보리수를 나타내는 듯한 표현이 있다. 이를 통해 고대의 보리수사원은 모두 비슷한 형식이었음을 알 수 있다. 붓다의 보리수를 둘러싼 초기의 목조 건물은 화려하게 장엄되었다. 여기서 중요한 것은 표현 방법이 아니라, 그 표현 대상이 건물이 아닌 보리수라는 점이다. 보리수 주위에 사원이 세워진 것은 보리수를 보호하는 것도 있지만 붓다를 칭송하고 공양하기 위한 것과 같다.

파트나 근교의 쿰라하르에서 출토된 봉헌판의 불탑(그림 5-25)은 마하보디대탑을 묘사한 것으로 추정되어 오래전부터 건축형식의 건물이 존재했음을 보여준다. 1세기 말, 붓다를 직접 상징하는 불상을 제작하게 된 이후 7세기에는 불탑과 불상을 포함하는 사원 건축이 사찰의 중심이 된 것이다.

그림 5-25.
쿰라하르 출토 봉헌판,
파트나박물관

그림 5-26.
케사리아 Kesariya 탑 전경

그림 5-27.
기리약 Giriyak 탑 복원후 전경,
B.C.3~A.D.6C

다른 예는 케사리아탑(그림 5-26)과 같은 6단의 층단을 이룬 원형 공간에 다수의 감실과 불상을 봉안하는 다른 형식의 불탑이 출현한 것이다. 현재 절반 정도가 발굴 복원되었으며 반대편은 발굴이 안 된 상태이다. 최초 조성은 B.C.3세기로 거슬러 올라가며, 현재 높이는 32m, 둘레 120m이다.

라즈기르의 기리약 능선 정상부에 위치하는 기리약Giriyak탑(그림 5-27)의 경우 2009년 인도 고고국에 의해 복원되었다. 이 탑은 쌍탑으로 조성된 특이한 예로 방형의 하층 기단과 지름이 좁고 높은 층단형의 원통형 탑신부와 복발로 구성된 높이 9m 내외의 간다라 형식의 세장고준형 불탑으로 인도에서는 유일한 예이다.

발굴과정에서 마우리아왕조, 굽타왕조, 팔라왕조 대의 벽돌 부재가 확인되어 오랫동안 사원이 운영된 것이 알려졌다. 그런데 이 지역을 방문했던 법현과 현장은 이 탑에 대해 언급이 없어 주목된다. 이와 유사한 예는 6~7세기에 조성된 사르나트의 다메크Dhamekh탑으로 현재 윗부분이 훼손이 심하고 또 후대에 보수가 이루어져 원형을 그대로 보존하는지 알 수 없다. 전체 형상이 원통 기단 위에 높은 원통형탑신과 반구형 복발로 구성된 것은 틀림없다. 마치 간다라 지역의 원통형 불탑과 유사한 형태이다.

중인도의 복발 중심 불탑은 바르후트탑과 산치대탑의 경우처럼 석존에 헌정된 기념물로서의 자리를 차지하나 종교적 교리와 상징성이 점점 복잡해지면서 스투파의 장식 체계와 건축 양식에 변화를 가져온다.

굽타왕조 이후의 불탑은 전형적인 반구형 복발 형태가 아닌 대규모 벽돌조의 방형 기단부 위에 층단형 다층구조의 건축물 형태 등 매우 복잡한 모습을 하는 불탑의 기능과 전각의 기능을 함께 갖춘 불탑이 출현한다. 이렇게 복잡하게 조성되는 이유는 초기에 조성된 불탑에 증축이 이루어지면서 나타난 결과로 보인다.

한편 간다라에서 나타난 십자형 평면을 가진 불탑은 비크람쉴라Vikram-shila(그림 5-28), 현재 방글라데시의 솜푸르 마하비하라Sompur Mahavihara, 중앙아시아, 신장웨이우얼 등에서 발견되는 사면 돌출형 불탑으로의 변화로 이어진다.

그림 5-28.
Bhagalpur 비크라마쉴라 탑

이러한 변화는 스리랑카를 포함하는 동남아시아 국가들로 전파되면서 다양한 건축 요소를 융합하고 조화시킨 독창적인 디자인으로의 변화가 나타난다. 가장 세련되고 혁신적인 디자인을 자랑하는 미얀마의 쉐다곤 Shwedgon 불탑과 같이 입체적이고 논리적인 형태를 갖춘 다중의 복발과 테라스가 그 대표적인 예이다.

2. 남인도 불탑

기원전 230년부터 데칸고원을 중심으로 남부 일부를 지배한 사타바하나왕조가 세워지면서 큰 세력을 이루었다. 남인도 지역에 불교가 진출한 것은 마우리아왕조 아소카왕 시대로 거슬러 올라가지만, 사타바하나왕조(B.C.230~A.D.225)와 이크슈바쿠Ikshavaku왕조(A.D.3~4C) 대에 가장 큰 번영을 이루었다. 남인도 각지에서는 다수의 로마 화폐와 자기 등이 출토되어 당시 양국 간에 활발한 해상 교역을 통한 경제적 번영과 왕궁 생활의 화려함이 그대로 불탑 부조에 표현되었다. 이 영향으로 안드라프라데시주와 인접한 지역에서는 현재 40개소 이상의 불교 유적이 발견되었으며, 이 책에서 거론하지 않는 다수의 스투파 유구가 전한다. 그중 대표적인 예는 표23), 그림5-29)와 같다.

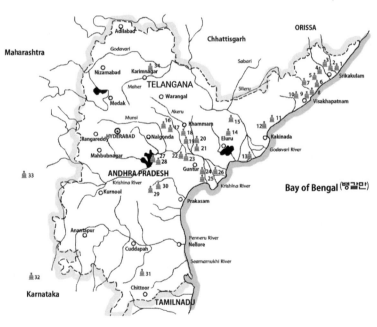

그림 5-29. Andhra Pradesh, Telangana주 지역 불탑 분포현황

표23. 남인도 불탑 현황

연번	스투파 명칭	소재지	조성시기(세기)	비고
1	Kalingapatnam	Andhra Pradesh	A.D. 2~3	바릿살구조
2	Salihundam	〃	B.C. 2~A.D. 7	바릿살구조
3	Dantapuram	〃	B.C. 2	원형
4	Ramatirtham	〃	B.C. 3~A.D. 2	차이티야그리하
5	Gudivada	〃	A.D. 1	원형
6	Pavurallakonda	〃	B.C. 3~A.D. 2	원형
7	Pellikonda	〃	B.C. 3	원형
8	Thotlakonda	〃	B.C. 3~A.D. 3	원형
9	Bavikonda	〃	B.C. 3~A.D. 3	원형
10	Bojjanakonda	〃	A.D. 4~9	방형, 원형
11	Kotturu Dhanadibbalu	〃	B.C. 1~A.D. 2	바릿살구조
12	Kodavali	〃	A.D. 1~2	원형
13	Adurru	〃	A.D. 2~3	바릿살구조
14	Guntupalli	〃	B.C. 2	차이티야그리하
15	Pedavegi	〃	A.D. 1~3	원형
16	Gajulabanda	Telangana	A.D. 1~2	원형
17	Phanigiri	Telangana	A.D. 1~3	차이티야그리하
18	Nelakondapally	Telangana	A.D. 3~6	바릿살구조
19	Jaggayyapeta	Andhra Pradesh	B.C. 2	원형
20	Gummadidurru	〃	A.D. 5	원형
21	Alluru	〃	A.D. 2	바릿살구조
22	Amaravati	〃	B.C. 2~A.D. 2	원형
23	Vaddamanu	〃	B.C. 2~A.D. 1	원형
24	Mallepadu	〃		
25	Bhattiprolu	〃	B.C. 2	바릿살구조
26	Ghantasala	〃	A.D. 1~2	바릿살구조
27	Nagarjunakonda	〃	A.D. 2	바릿살구조
28	Anupu Nagarjuna Sagar	〃	A.D. 2~3	바릿살구조
29	Dupadu	〃		
30	Chandavaram	〃	B.C. 2~A.D. 2	원형
31	Nandalur	〃		원형
32	Kanaganahalli	Karnataka	B.C. 3~A.D. 3	원형
33	Rajaghatta	Karnataka	A.D. 2~7	
34	Dhulikatta	Telangana	B.C. 2~A.D. 2	원형
35	Kanuparthi	Andhra Pradesh	A.D. 2	
36	Kummarilova	Andhra Pradesh		

그림 5-30.
아마라바티 스투파 전경

그림 5-31.
아마라바티 스투파 복원도
아마라바티박물관

남인도 불탑 가운데서 대표적인 예로 사타바하나왕조의 아마라바티탑과 이크슈바크왕조의 나가르주나콘다탑을 들 수 있다. 특히 아마라바티탑(그림 5-30)은 18세기 말 파괴된 채로 발견되었고 현재는 크리슈나강 하류에 있어 1954년 댐 건설로 인해 수몰되기 전에 발굴조사가 이루어졌다.

인근 높은 지역으로 이전되면서 불탑 부조 석판에 나온 도안을 근거로 축소된 불탑을 고고학박물관에 건립하였다.(그림 5-31) 발굴된 터를 기준으로 크기를 가늠해 보면 원통형 기단 지름이 약 50m, 난간 지름 58m, 높이 27m에 달한다. 규모가 산치대탑보다 큰 불탑으로 확인되었으며, 20세기 후반 발굴결과 고식의 석제 울타리 기둥과 석회암제 무장식 울타리 부재가 발견되어 아소카왕 대에 조성되었다는 견해가 주를 이룬다. 사타바하나왕조 등 3회에 걸쳐 보수가 이루어졌으며 규모도 증축되었다. 다만 외벽의 크기로 보아 조성 초기에도 규모가 상당히 컸음을 알 수 있다. 아울러 출토된 부조 패널을 통해 당시 장엄했던 불탑의 형태를 짐작할 수 있다. 이것은 당시 아마라바티탑의 특징을 살펴볼 수 있는 중요한 자료로 이를 통해 '아마라바티 양식' 혹은 '아마라바티 미술'로 분류되는 새로운 양식이 성립되었다.

불탑은 벽돌로 쌓았으며 표면은 석회암 판석으로 덮었고 주위는 울타리가 둘러 있다. 난간 전면과 후면, 원통형 기단 측면, 반구형 복발과 아야카 플랫폼에는 부조 패널(그림 5-32)이 빈틈없이 부착되었다.

부조탑(그림 5-33)의 탑문은 산치대탑과 달리 4면 울타리가 모두 외부로 돌출된 출입구 형태를 나타내고 있다. 울타리 모서리 부분의 덮개돌 위에는 네 마리 사자가 앉아 탑문을 양쪽에서 지키는 모습이며, 원통형 기단 사방에 아야카 플랫폼으로 부르는 장방형 돌출부가 조성되었다. 각각 7.20×2.10m의 돌출부에는 5개의 '아야카Ayaka'라고 부르는 기둥이 세워졌다. 아야카는 석존 생애에서 가장 큰 사건으로 알려진 탄생, 출가, 성도, 초전법륜, 열반을 상징하는 것으로 알려졌다. 입구에는 여러 개의 머리를 가진 나가, 불좌상, 입상 등이 부조되었다. 하르미카 위에는 여러 겹으로 겹친 일산들이 연

그림 5-32.
아마라바티 부조 스투파 발굴당시 전경

그림 5-33.
아마라바티 부조 스투파
B.C.1~A.D.3세기,영국박물관

꽃잎이 무성한 것처럼 뻗어나와 있다. 이러한 요소가 모든 불탑에 갖춰진 것이 아니라 여러 가지의 조합으로 구성된 것을 들 수 있다. 현재는 확인할 수 없지만 대탑 내부를 발굴할 당시 원통형 기단 내부에서 벽돌로 구성된 칸막이벽이 발견되었다. 칸막이벽은 방사상으로 배치되어 바큇살 형태 구조를 이룬다. 중심테와 바큇살, 바퀴로 이루어진 것처럼 불탑 내

부의 구조물이 방사상 형태로 만들어졌기 때문에 붙여진 이름이다. 이러한 형태가 '법륜', '태양' 등을 상징하고 있다는 견해가 주류를 이룬다.

바큇살 형태의 구조에 대해 최근에 쿠와야마는 1세기 고대 로마 영묘 건축 중에서 석조 또는 벽돌로 조성된 원형 무덤, 특히 A.D.1세기에 조성된 로마 초대 황제 아우구스투스Augustus 영묘의 구조가 인도-로마의 해상무역을 통해 전해진 것으로 보고 있다. 즉, 아우구스투스 영묘라는 거대한 원형 건축 구조가 동남인도 불탑의 거대화를 촉진했다[184]는 주장이다. 대형 불탑의 경우 이 같은 견해가 타당하다고 보인다. 다만 소형탑에서는 방사형의 바퀴살 구조가 아닌 '卍', '口' 등의 표시로 보아 상징성을 의미한다고 할 수 있다.

최근 발굴된 아마라바티탑 인근의 기원전 2세기에 조성된 것으로 알려진 바따마누탑Vaddamanu 내부에서 바큇살 형태의 구조벽이 확인되어 주목받고 있다. 즉 쿠와야마의 로마 황제 영묘(1세기)의 영향을 지적한 논고보다 더 이른 시기에 바큇살 형태의 구조가 조성되었음을 알 수 있다. 이러한 구조가 고대 거석무덤의 환상열석으로부터 왔다는 주장도 있어 향후 이에 관한 연구가 주목된다.

나가르주나콘다탑(그림 5-34)은 1926년 발견, 발굴되었고 사가르Sagar 댐 건설로 수몰되기 전에 1966년 인근 섬으로 이전, 복원되었다. 나가르주나콘다의 뜻은 '용수혈龍樹穴'로 대승불교의 위대한 학자 나가르주나龍樹가 이곳에서 입적한 것으로 알려져 붙여진 이름이라고 하나 확실한 것은 알 수 없다.

---

184 桑山正進,「アウグストゥス靈廟と大ストゥーパ(아우구스투스 영묘와 대스투파)」
『東方学報』第70冊 (1998): pp.566~506.

그림 5-34. 나가르주나콘다 스투파.
좌:차이티야그리하와 탑, 우:불상

　현재 사원유적지가 수몰되었으나 기록에 의하면 이크슈바크왕조의 찬
타무라Chantamula의 아들이며 후계자인 Virapurushadatta 6년에 건설된[185]
나가르주나콘다 유적은 현재는 주 불탑을 중심으로 삼면에 승방을 갖춘
승원이 마주하고 그 사이에 말발굽형의 대칭형 차이티야 그리하가 벽돌
로 조성되었다. 한쪽에는 불탑, 다른 한쪽에는 불상이 세워져 있는 구조
이다. 지금은 수몰되어 확인되지 않지만, 보고서를 통해 이곳 사원터에만
9개의 차이티야 그리하가 존재하고 있던 것이 확인되었다.[186]

　주 불탑은 형상과 구조가 아마라바티대탑과 비슷한 원통형 기단 외곽
으로 탑돌이 통로가 있고 난간을 벽돌로 쌓았다. 사방 네 곳에 출입구와
장방형의 돌출부를 만들어 아야카를 세울 수 있는 구조로 이루어졌다. 불
탑 표면을 장식한 부조 패널에는 현란하고 세련된 궁중 생활이나 사이좋
게 포옹하는 남녀상이 풍부하게 표현되었다. 명문을 통해 알려진 보수적
이고 금욕적인 성향과 정반대의 퇴폐적이고 에로틱한 분위기가 나타나는

185　Vogel, J. Ph. (1929-30) Prakrit Inscriptions from a Buddhist Site at Nagarjunakonda.
　　　EPigraphia Indica, 20, p. 3.

186　H. D. Sarkar, Some Aspects of the Buddhist Monuments at Nagarjunakonda,
　　　Ancient India, Bulletin of the Archaeological Survey of India, 1960. p. 84.

점이 특이하다[187]. 원통형 기단에 부조 패널을 설치한 예는 굼마디둘루, 자가야페타, 파기니리, 찬다바람, 카나가나할리탑 등에서도 확인되어 남인도 지방에서는 보편적으로 조성된 것을 알 수 있다.

남인도 불탑의 특징 가운데 하나인 바큇살구조를 보여주는 나가르주나콘다 탑은 현재 복발이 사라졌지만, 복발로 올라갈 수 있는 계단과 복발 내부에는 원형 테두리에 방위별로 8개의 방사형 칸막이벽이 설치되었다. 즉 바큇살형 구조로 이루어졌으며 바큇살구조는 직경 32.3m로 아마라바티대탑과 비슷한 규모이다. 내부의 원형벽을 중심으로 직경을 달리하는 3개의 원형벽체, 원형벽체를 연결하는 8개~16개의 방사형 칸막이 벽체가 확인되었다.

그림 5-35.
네라콘다팔리 스투파 전경, 바큇살구조, 복원후

인도 전역의 바큇살형 구조는 모두 40여 개로 알려졌는데 그중 3~4세기의 조성연대를 보여주는 나가르주나콘다에서만 모두 24개의 바큇살형 구조가 확인되었다. 대부분 소형탑 유구에서 확인되고 있으며 바큇살의 형태도 제각각인 점에서 대규모의 불탑 축조에 따른 구조 이외에도 상징적인 의미를 포함한 것으로 보인다. 이외에도 네라콘다팔리Nelakonda pally(그림 5-35), Alluru, Ghantasala, Anupu Nagarjuna Sagar 등 여러 곳에서 확인된다.

군투팔리탑은 B.C.3세기경 최초의 불교 석굴로 추정되는 군투팔리석굴

---

187   K.K.Murthy, Nāgārjunakoṇḍā : A Cultural Study. Delhi 1977. pp.18~24.

그림 5-36.
군투팔리 스투파 전경

그림 5-37.
군투팔리 스투파와 봉헌스투파 전경

군이 있는 구릉의 가장 높은 곳에 축대를 쌓고 벽돌로 조성한 말발굽형 차이티야 그리하 내부에 봉안된 불탑이다. 불탑은 벽돌을 이용하여 쌓은 후 표면을 매끄럽게 연마한 블록 형태의 석재를 쌓아 원통형 기단부를 조성하고 위쪽에는 반구형의 복발과 산간과 일산을 세운 모습이다. 주위로는 탑돌이 행위를 할 수 있는 통로가 마련되었다. (그림 5-36)

한편 불탑이 봉안된 차이티야 그리하가 있는 장소는 마치 우리나라 금산사 방등계단(方等戒壇)처럼 축대를 조성하고 위에 차이티야그리하와 불탑을 봉안한 모습이다. (그림 5-37)

바띠프롤루탑Bhattiprolu의 경우 1892년 레아A.Rea에 의해 발굴이 이루어졌다. 석존의 사리로 추정되는 유물과 사리장치, 브라흐미 명문으로 확인된 문자가 사리 항아리에 기록되어 초기 불탑 가운데 하나로 알려졌다.

파니기리탑Phanigiri의 경우 2000년 이후 여러 번에 걸친 발굴 작업이 이루어졌는데 2006년 발굴 시 B.C.1세기~A.D.3세기로 추정되는 사리장치와 브라흐미 명문[188]이 부조된 패널, 석존의 유물이 발견되어 파리보기카

188 브라흐미 문자는 남아시아 및 동남아시아 문자의 시조로 알려졌으며 기원전 6세기~기원전 3세기경 사용된 것으로 추정하고 있다.

Phari Bogika[189]로 부르고 있다. (그림 5-38)

그림 5-38. 파니기리 스투파 횡량부조

구디와다탑Gudivada에서는 피프라흐와탑Piprahwa에서 발견된 사리장치와 유사한 사리 항아리가 수습되어 조성시기가 B.C.3세기로 추정되며 현재 영국박물관에 소장 중이다.

카르나타카주의 B.C.3~2C에 조성된 것으로 알려진 카나가나할리탑[190]은 발굴과정에서 아소카왕 칙령과 아소카왕과 왕비의 모습을 표현한 부조상이 발견되어 주목을 받고 있다. 조성연대는 5단계로 구분되는데 1단계는 마우리아왕조 대에 직경 16m로 세워졌으며, 2단계는 상단의 패널에서 B.C.64년에 시주한 명문이 확인되어 사타바하나왕조 대에 기존 불탑에 석회암 패널을 덮는 증축이 이루어진 것이 알려졌다. 3단계는 울타리 기둥에서 A.D.125년에 시주한 명문이 확인되어 2세기에 재차 증축이 이루어진 것이 확인되었다. 이때는 아야카 플랫폼과 상단에 불전도를 장식한 장식대가 부설되었다. 4단계는 대승불교 융성과 맞물려 아야카 플랫폼에는 불입상과 불좌상, 탑돌이 통로에는 2구의 과거불좌상이 배치되었다. 5단계는 불탑을 보수하고 하단부조에 풀루마비 4세(225~230년) 재위기에 시주했음을 나타내는 명문이 확인되어 남인도 불탑의 변화되는 모습을 보여주고 있다. (그림 5-39)

189 Skilling, Peter, New discoveries from South India, The life of the Buddha at Phanigiri, Andhra Pradesh, Arts asiatiques 63 (1)2008. pp.96-118.

190 명문 해석이 되면서 옛 이름은 Adhāraka-Mahacaitya로 확인되었다.

그림 5-39. 카나가나할리 스투파 전경

대탑은 직경 26m, 주위에 폭3.75m의 탑돌이 통로가 있으며 높이 2.55m의 울타리 기둥 130주가 세워졌다. 사방에는 아야카를 받치는 장방형 플랫폼이 설치되었고, 기단은 2단으로 상단 59매, 하단 76매의 부조 패널이 세워졌다. 부조 패널은 본생도, 불전도 외에도 다양한 기하학 문양과 꽃문양 등 토착적인 성격을 잘 보여주고 있다. 본생도와 불전도의 주제는 명문해석을 통해 거의 밝혀졌다. 바르후트, 산치의 예와 달리 탁태영몽부터 탄생, 출성, 출가, 초전법륜, 기원정사보시, 제석굴설법, 도리천강하, 사리분쟁, 사리분배 등 석판 패널의 배열은 순서대로 되었다고는 말하기 어려우나 다수의 불전도가 표현되었다.

그림 5-40.
초전법륜상, 카나가나할리탑

그중 예를 들면 초전법륜상(그림 5-40)은 중앙에 빈 의자를 두고, 아래에 불족적이 표현되었으며, 대좌 뒤에는 법륜을, 법륜 중앙에는 사자후를 토해내는 사자를, 그 좌우에는 합장한 채 시선을 중앙에 두고 있는 네 명의 사천왕이 배치되어 있다. 이 부조 패널에서는 석존을 직접 표시하지 않는 고대인도 미술의 특징을 답습하는 것, 비워 있는 대좌를 배치하고 불족적을 나타내는 것이 아마라바티대탑에서도 유사한 표현이 있는 남인도 특유의 표현이라 할 수 있다.

그림 5-41.
초전법륜석주, 카나가나할리탑

이와 달리 초전법륜 석주부조(그림 5-41)에서는 간단하게 법륜 기둥과 녹야원을 암시하는 사슴으로 상징성을 나타내고 있어 산치대탑에서 나타난 상징적인 표현은 사타바하나왕조 대에 조영된 이 탑에 도달되는 등 무불상 시대의 표현양식과 불상 출현 후의 표현양식이 모두 확인되는 것으로 보아 오랫동안 사원이 운영되었음을 알 수 있다. 특히 현존 최고의 불교미술을 보여주는 중인도의 바르후트탑, 산치대탑과 남인도의 아마라바티대탑을 연결하는 중간 지점에 있어 도상 표현에서 두 지역의 특징을 모두 갖고 있다.

3. 북인도 불탑

카슈미르, 편잡 지역은 인도 최북단으로 인도와 중국, 파키스탄의 경계에 있는 산악지대로, 1947년 영국에서 독립할 때 인도와 파키스탄으로 분리되었다. 아소카왕 대에 불교가 전해지는 등 인도 문화권의 일부로 이후 불교 중심지의 하나가 되었으며, 8세기 이후 힌두 문화가 유입되어 독특한 양식이 나타났다. 표24)는 잠무 카슈미르와 북인도 지역의 불탑 유구 현황이다.

표24. 북인도(잠무 카슈미르, 편잡 등) 불탑 현황

연번	스투파 명칭	소재지	조성시기(세기)	평면
1	Sanghol	Punjab	A.D.1~2	바큇살형태
2	Ambaran	Kashmir	A.D.2	바큇살형태
3	Ushkara	〃	A.D.8	십자형
4	Tisseru	〃	A.D.12	방형 층단형
5	Parihaspora	〃	A.D.8	십자형
6	Harwan	〃	A.D.1~4	방형 층단형
7	Chaneti	Haryana	B.C.3	원형
8	Thaneswar Buddhist	〃	A.D.1~8	건물형
9	Bairat	Rajasthan	B.C.3	원형

가장 오래된 불탑으로 4세기경 쿠산왕조 대에 조성된 3단 방형 기단의 하르완Harwan불탑을 들 수 있다.(그림 5-42) 하르완은 스리나가르 북동쪽 외곽에 있는 카니슈카왕에 의해 대승불교 4차 결집이 행해졌던 곳으로 현재는 폐허가 되었지만 정교한 테라코타

그림 5-42.
카슈미르, 하르완 스투파 전경,
A.D.1~4C

타일 등이 발견되어 Sri Pratap Singh박물관(SPS)으로 옮겨졌다.

탑은 자연석을 이용하여 낮은 3단의 체감이 적은 정방형 층단으로 구성되었고 한쪽 면에 계단이 있으며 내부는 잡석과 흙으로 조성되었다. 상부구조물은 모두 결실된 상태이지만 이곳에서 출토된 SPS박물관에 소장 중인 부조탑(그림 5-43)을 통해 원형을 추정할 수 있다.

그림 5-43.
부조 스투파, SPS박물관

홍미로운 것은 티베트 초르텐의 층단 형태의 백색라마탑과 외형상 같다는 점이다. 지리적 또는 시기적으로 티베트 불교와의 연관성을 보여 티베트 불탑과 라마탑(백탑)으로 이어지는 시원적인 모습으로 추정된다.

그림 5-44.
펀잡 상홀 스투파 전경 복원도,
SPS박물관 모형도

펀잡의 상홀Sanghol에서는 남인도의 바퀏살 형태 불탑 유구(그림 5-44)와 중인도 마투라 지역의 탑과 같은 붉은 사암으로 조성된 울타리(그림 5-45)가 발굴되어 주목받는다. 울타리 부재는 117점이 수습되었는데 마투라에서 만들어 상홀까지 운반하여 조립한 것이다.

그림 5-45.
펀잡 상홀 스투파출토 난간,
약시와 살라반지카상, 찬디가르박물관

상홀탑은 남인도의 바퀏살형 구조벽으로 이루어졌는데 외곽은 십자형의 바닥과 방형 격자형의 기단, 내부는 원형으로 구성되었다. 남인도의

그림 5-46.
파리하스포라 스투파 전경, A.D.8C,
카슈미르

바큇살 형태와 비슷하면서 전혀 다른 모습이다. 서북인도에서 가장 이른 시기에 조성된 것은 탁실라의 달마라지카탑의 경우도 내부에 원형 벽체가 없는 것과 비슷한 형태로 상홀에서 조성된 남인도 바큇살 형태의 탑 조성 의도를 파악하지 못한 상태에서 받아들여 나타난 것으로 보인다.

우쉬카라Ushkara, 파리하스포라Parihaspora 등에서 불교사원과 불탑이 발견되었다. 우쉬카라와 파리하스포라탑(그림 5-46)의 경우 정방형 평면에 계단이 사면으로 돌출되는 십자형 평면에 기단과 계단 사이에 장식용 방형 부위가 돌출되는 사면 돌출형 평면을 이루는 점이다.

현재로서는 기단부만 남아 있어 탑신부를 포함한 원형은 알 수 없지만 사면 돌출형 평면을 가진 탑의 존재가 여러 곳에서 확인되어 인도 스투파 유형에서 중요하게 자리매김 하고 있다. 십자형 또는 사면 돌출형 평면 탑은 상홀을 포함하여 비하르주의 비크람쉴라, 간다라의 바말라, 서역의 호탄Khotan, 라왁Rawak, 방글라데시의 솜푸르, 마이나마티, 럽반무라 등 대부분 북인도, 동인도 지역과 중앙아시아, 신장웨이우얼 지역과 우리나라에서 발견된다.

즉 방형 평면에서 십자형 평면을 거쳐 나타난 사면 돌출형의 평면은 간다라에서 시작하여 아프가니스탄과 중앙아시아를 거쳐 원대에는 우리에게 라마喇嘛불탑의 양식으로 알려진 경천사지 석탑으로 이어지는 변천 과정이 확인된다.

서북인도에서 십자형 평면의 대표적 예로 '카니슈카대탑'으로 추정되는 페샤와르의 샤지키데리탑을 들 수 있다. 이 탑은 12각 평면이지만 조성시기가 올라가는 파리하스포라탑은 36각에 달하는 매우 복잡한 평면구성에 같은 다각 평면이 2층으로 구성된다. 이와 같은 사면 돌출형 평면은 서북인도를 중심으로 6세기경 이후에 집중적으로 나타난다. 이처럼 다른 지역과 달리 간다라 지역에서 '十'자형 평면이 다수 확인되는 것은 역사적으로 인더스문명의 기하학 문양과 종교적인 의미에서 유래되었다고 할 수 있다.

종교적인 의미로는 석존께서 열반을 위한 마지막 여행 중 아난다의 질문에 대한 답변으로 탑을 세우는 장소를 네거리로 한 것도 탑과의 관계에서 고려해야 할 하나의 단서라고 할 수 있다. '十'자형의 문양은 인더스문명 이후 인도인에게 매우 중요한 주제였음을 알 수 있다. 그것은 건축적인 문제뿐만 아니라 인도의 종교적 세계관, 즉 대승불교의 의궤화에 따른 교의와 함께 석존의 불탑신앙을 표현한 것이라 할 수 있다. 십자형 평면의 불탑은 서북인도, 특히 간다라 지역에서 처음으로 나타나서 북인도, 중앙아시아, 방글라데시, 동남아시아로 확산하였다.

라자스탄의 바리랏Bairat탑은 원형 기초부만 남고 상부구조물은 모두 없어진 상태이다. 특이한 것은 나무로 된 열주가 세워졌던 것으로 보이는 홈이 파여 있다는 점이다. 고대의 환상열석과 석굴사원의 열주와의 연관성이 주목된다.

이처럼 북인도에서 원형, 방형, 십자형, 층단형, 건물형 등 다양한 형태의 불탑이 잠무 카슈미르, 펀잡 지역에 조성된 것은 불교 전파가 이루어지는 통상로에 자리하는 지리적 이점에 의한 것이라 할 수 있다.

4. 동인도 · 서인도 · 방글라데시 불탑

동인도는 중인도와 벵골만에 접하는 갠지스강 하류 지역으로 비하르주와 오디샤주가 대표적이지만, 이 책에서는 오디샤주를 위주로 나머지 동인도와 북동인도에 포함되는 주의 경우 대표적인 불탑을 대상으로 하였다. 파하르푸르사원은 팔라왕조 때 세워진 대규모의 마하야나(Mahayana, 대승불교)사원이다. 인도에서 가장 동쪽에 세워진 세계에서 가장 규모가 큰 편에 속하는 벽돌 조적의 불탑 형식을 지닌 사원이다. 간다라에서 처음 출현한 사면 돌출형 평면으로 조성되었다.

서인도의 마하라슈트라주는 데칸고원과 인도양과 접한 콘칸 지역으로 이루어졌으며, 대규모의 불교 석굴사원이 개착된 것과 달리 지상의 불교사원은 매우 적은 수량만 확인되었다. 이에 석굴사원의 불탑은 별도의 항목으로 구분·고찰하였으며 현재 확인된 일반사원의 예는 이 항목에서 다루었다. 표25)는 이들 지역에 전해지는 불탑 유구 현황표다.

표25. 동 · 서인도 · 방글라데시 불탑 현황

연번	스투파 명칭	소재지	조성시기(세기)	비고
1	Lalitagiri	Odisha	B.C. 2~B.C. 1	원형
2	Ratnagiri	〃	A.D. 5~12	
3	Langudi	〃	B.C. 2	방형, 원형
4	Aragarh	〃	B.C. 2	원형
5	Udayagiri	〃	A.D. 8~10	방형
6	Wadagokugiri	Meghalaya	A.D. 4	
7	Bharatpur	West Bengal	A.D. 7	사면 돌출형
8	Somapura Mahavihara	Bangladesh Paharpur	A.D. 8~9	사면 돌출형
9	Devnimori	Gujarat	A.D. 4	방형, 원형
10	Mansar	Maharashtra	A.D. 5	
11	Pauni	〃	B.C. 2~1	
12	Ter	〃	B.C. 1~A.D. 2	
13	Nallasopara	〃	B.C. 3	

그림 5-47.
랄리타기리대탑 전경, B.C.2~B.C.1C

　원통형 기단, 반구 형태의 예로는 랄리타기리Lalitagiri대탑(그림 5-47)을 들 수 있다. 불탑은 구릉의 정상부에 있으며 외부는 벽돌, 내부는 진흙과 잡석으로 채워졌고 대탑 주위로 탑돌이 통로와 석제 울타리가 발굴되었다. 울타리는 보드가야대탑과 매우 유사하여 연대 추정에 도움을 준다. 1985년 사리장치와 사리가 발견되었으며, 조성연대는 B.C.2~1세기로 올라간다. 랄리타기리 사원지에는 대탑 이외에 길이 33m, 폭 11m에 달하는 차이티야그리하가 있다.

　랑구디Langudi탑(그림 5-48)은 독특한 평지 가람의 풍경을 보여준다. 초기 인도 탑에서는 보기 드문 남쪽에 계단이 있는 장방형(23×18m, 높이2.7m, 직경18m) 평면으로 조성되었다. 이러한 예는 간다라 지역에서 A.D.1~2세기에 조성되는 것과 달리 B.C.2~1세기

그림 5-48.
랑구디 대탑 전경, B.C.2~B.C.1C

로 추정되어 주목을 받고 있다. 간다라 지역의 방형 불탑과 달리 대탑 주위로 석제 울타리가 설치되었으며 26개의 기둥이 발굴되었다. 방형 기단 위에서 수습된 유물 및 조각 부재는 불탑이 부파불교 시대에 조성된 것을 보여준다. 초기에는 벽돌로 만들어졌고, 이후 라테라이트 블록을 추가하였다. 숭가왕조와 사타바하나왕조 대의 양식으로 보이는 반구형 부조(메달리온)로 보아 A.D.2세기에 증축되었으며 4~5세기에 폐사되었다.

　랑구디대탑의 남동쪽에는 석굴은 없으나 바위를 깎아 만든 부조탑이

54기가 새겨져 있다. 이들 부조탑은 토트라콘다, 상카람 등에서 볼 수 있는 방형 기단의 불탑이다. 현지 안내판에 의하면 2~3세기에 조성된 것으로 표기되었지만 불탑의 양식이 후기불교 석굴의 불탑과 동일한 모습으로 미루어 볼 때 4~5세기에 조성된 것으로 본다.

한편 동인도 랑구디탑과 관련이 없지만 4세기경으로 추정되는 서인도 데브니모리탑Devnimori(그림 5-49)은 현재 댐 건설로 인해 수몰되었지만, 평면형태가 2단 층단의 방형 기단에 반구형 복발로 구성되었다. 5~7세기경 조성으로 추정되는 서말와석굴군의 불탑을 제외하고는 찾아보기 어려운 방형 기단 형식이기 때문이다. 간다라 지역의 방형 기단 불탑의 영향을 받아 인도 내에서 조성된 방형 불탑으로 볼 수 있다. 구자라트와 서말와 지역은 교통로로 연결되어 데브니

그림 5-49.
구자라트 데브니모리 스투파, 수몰전 전경

그림 5-50.
오릿사주 우다야기리 스투파 전경, A.D.10C

모리탑과 서말와석굴군과의 연관성이 확인된다.

이외에도 오딧사주의 우다야기리탑(그림 5-50)은 인접한 라트나기리, 랄리타기리와 함께 오릿사 초기불교 유적의 하나로 인도에서 가장 큰 불교 사원지 'Madhavapura' 대승원으로 알려졌다. I사원지에 널찍한 방형 제단을 쌓고 중앙에 폭10m, 높이 7m의 방형 피라미드형으로 사면에는 감실과 불상이 봉안되는 등 인도에서도 특이한 외관을 지닌 불탑 가운데 하나이다.

이 불탑이 있는 장소는 이곳 불교 사원터에서도 제한된 결계 구역에 속해 있어 일반 대중들의 접근이 제한되었다.

7세기경 밀교의 영향을 받아 조성된 것으로 보이며, 이를 보여주듯 복원 전에는 높이 1.5m의 불좌상이 외부로 노출되었으나 복원 이후 4면에 감실을 조성하고 동면에는 아촉불, 서면 아미타불, 남면 보생여래불, 북면 불공성취불 등 중앙의 비로자나불을 포함하는 밀교의 금강계 만다라 불상이 봉안되었다. 각각의 불상에는 10세기 브라흐미 문자의 명문이 있다.

사면 돌출형의 예는 고대인도의 영역이었던 방글라데시의 솜푸르 마하비하라탑Sompur Mahavihara과 서벵갈주의 바랏푸르탑Bharatpur을 들 수 있다. 바랏푸르탑은 폭12.75m에 달하는 사면 돌출형으로 조성되었는데 사면에 계단의 조성이 없이 각 모서리 부분을 3단 각형으로 전체 형태가 원형에 가까운 사면 돌출형의 모습을 나타내고 있다. 이러한 예는 신장 웨이우얼 지역의 고창고성탑, 투르판의 베제클릭탑, 우리나라의 경천사지 석탑 등에서 볼 수 있고 이러한 예가 동인도지역까지 전해진 것으로 간다라에서 시작된 십자형 평면의 변화 과정을 엿볼 수 있어 흥미롭다.

소마푸라 마하비하라는 인도에서 가장 잘 알려진 비하라, 학술 중심지 중 하나로 당시 최고의 불교대학인 비크라마쉴라, 날란다와 함께 상호 연결된 사원이며 현장도 이곳 사원에 거주했던 것으로 알려졌다. 사원의 중앙에 있는 마하비하라는 팔라왕조의 다르마팔라Dharmapala(781~821)에 의해 조성된 것으로 11세기 후반 쇠퇴하기 시작하여 12세기에 폐사될 때까지 400년 동안 번영했다. 현재는 방글라데시 영토 안에 있다.

마하비하라(그림 5-51)는 폭 300m에 달하는 정방형의 사원 외곽에는 두께 6m에 달하는 두꺼운 벽돌로 된 177개의 독방으로 둘러싸여 있다. 중앙에는 3개 층의 테라스로 이루어진 사면 돌출형 평면으로 구성되었다.

완벽한 기하학 구조와 화려한 장식을
자랑하는 마치 거대한 요새처럼 지어
진 불탑은 북면의 중앙 계단을 통해
올라가면 2층과 3층의 테라스를 포
함해 위로 올라가면서 좁아지는 피라
미드 형태를 나타내고 있다. 간다라
에서 시작한 십자형 평면 불탑이 가

그림 5-51. 솜푸르 마하비하라
Somapura Mahavihara

장 멀리 떨어진 동인도까지 전해지는 예로 간다라의 십자형과는 다른 변
화가 나타난다. 이곳 건축은 미얀마, 자바, 캄보디아 등 인접한 동남아시
아 국가의 불교 건축 양식에도 영향을 끼쳤다.

한편 서인도의 마하라슈트라주는 불교 유적이 대부분 석굴사원으로 이
루어진 것과 달리 나그푸르에 있는 만사르Mansar 스투파(그림 5-52)는 중앙
에 장방형의 불탑이 있고, 주위로 방형의 승방으로 추정되는 건물이 회랑
처럼 외곽을 둘러싸고 있어 마치 간다라 사원의 배치를 연상시킨다. 벽
에는 감실, 공간을 번갈아 배치한 불탑은 산치대탑과 다른 벽돌을 이용하
여 장방형의 다층구조로 매우 복잡한 건축물의 형태를 나타내고 있다. 상
부 구조물이 대부분 훼손되어 원형을 파악할 수 없으나, 발굴 작업을 통
해 다양한 사원, 불탑, 궁전 구조를 포함하는 노출된 벽돌 구조물이 확인
되었다.

이러한 계단식 다층구조가 이 지
역에서 5세기 이후 다량으로 조성된
다. 초기에 조성된 것으로 보이는 불
탑 중심에 사용된 벽돌과 외곽의 벽
돌이 다른 점 등을 고려할 때 중앙 부

그림 5-52. 만사르 스투파 전경

분을 처음에 조성하고 이후 계속 증축·확장하면서 나타난 결과물로 보인다. 대표적인 예는 우타르 프라데쉬주의 아나타핀디카, 앙굴리말라, 차우칸디, 라지기르 등에서 볼 수 있다.

마하라슈트라주의 Ter는 남인도 텔랑나가주와 인접하고 고대부터 서인도 뭄바이에서 연결되는 교통로가 개설된 중요 요충지이다. 이곳에서 발견된 스투파는 벽돌로 조성된 바큇살구조를 가지고 있던 것으로 알려졌다. 보고서에 의하면 직경 26m, 8개의 방사형 바큇살구조와 우요 통로가 있으며, 4방위에 아야카 플랫폼이 돌출되었다고 전한다. 평면도, 사진, 계측한 결과도 없어 자세한 것은 알 수 없지만, 로마 화폐와 지중해 형식의 유리병이 출토되었다. 현재는 차이티야그리하와 스투파 기단만 남아 있으나 서인도에서 유일하게 확인된 바큇살 구조를 가진 스투파이다.

5. 인도 불탑의 특징

1) 중인도 불탑의 특징

갠지스강 유역의 중인도에 위치한 불교사원을 포함하여 이곳에서 확인되는 다양한 형태의 불탑 특징을 간략하게 언급하면 다음과 같다. 먼저 실물과 경전에 전해지는 고대 인도 불탑의 모습은 기단과 반구형의 탑신, 하르미카를 포함하는 탑두부 세 부분으로 이루어졌다. 물론 시대의 흐름에 따라 형태에 변화가 나타나지만, 근본 형식은 비교적 후대까지 잘 유지된다고 할 수 있다. 다만 앞서 언급한 바르후트탑, 산치대탑, 마하보디대탑을 주요 대상으로 하였고, 나머지 유구에 대해서는 발굴조사 보고서 등을 참조하였다.

가. 원통형 기단에 복발, 하르미카, 산간, 일산, 탑문, 난간, 울타리로 이루어졌다.

석존께서 열반 이후에 마우리아왕조 대에 조성된 불탑은 단순한 봉분 형태였음이 다수의 스투파를 발굴조사한 결과 확인되었다. 아소카왕 이후로 수많은 불탑이 조성되고 이들을 대표하는 산치대탑의 경우 기단, 불탑의 본체인 반구형 복발, 하르미카, 산간, 일산, 난간, 울타리로 구성되었다.

한편 서인도 뭄바이 북쪽의 아소카왕 대에 조성된 것으로 알려진 소파라 스투파 또한 산치대탑과 같은 구조로 축조되었다. 이외에도 남인도의 카나가나할리탑, 간다라의 달마라지카탑, 붓카라I사원지 대탑 등에서 산치대탑과 같은 구조로 이루어진 것으로 확인되었다. 이를 통해 마우리아왕조 당시부터 원형평면의 기단에 탑문과 울타리로 구성된 불탑의 축조가 이루어졌음을 알 수 있다.

나. 낮고 넓은 형태의 원통형 기단 위와 주위에 탑돌이 통로가 설치되었다.

현존하는 산치대탑을 제외한 다른 불탑의 경우 원형확인이 어려운 상태이나 복원된 유구를 기준으로 판단할 때 낮고 넓은 형태의 원통형 기단 주위로 탑돌이 행위를 할 수 있는 공간이 설치되었다. 또한 탑돌이 통로는 원형 기단, 방형 기단, 십자형 기단 등 기단 평면형태와 지역을 구분하지 않고 조성되었다.

다. 반구형 복발의 지름이 넓고 낮은 봉분 형태를 나타냈다.

대표적인 예로 고대인도 불탑으로서 유일하게 거의 완전한 형태를 나타내는 산치대탑을 예로 들 수 있으며, 산치대탑을 포함한 동말와 지역과 인도 전역에서 이와 유사한 형태의 불탑이 다수 조성되었다.

라. 본생도, 불전도, 호탑신, 여성신, 각종 동·식물 문양 장식이 더해졌다.

아소카왕 이전에는 다양한 부조들을 이용하여 불탑을 장식한 것이 확인되지 않았지만, 마우리아왕조의 아소카왕 이후 승가왕조 및 사타바하나왕조 대에는 불탑 주위에 울타리와 탑문이 세워지고 그곳에 다양한 장식이 가해진다. 즉 본격적인 불교미술의 시작이라 할 수 있다. 장식은 풍요와 길상의 이미지를 나타내는 것과 함께 석존의 많은 본생담과 불전 설화를 부조로 표현하였다.

마. 후기에는 사면 돌출형 평면의 대형 석탑이 등장했다.

서북인도 지방에서 조성되기 시작한 방형 기단의 사방에 계단이 추가되어 십자형 평면을 나타내는 불탑이 북인도, 동인도, 방글라데시 지역으로 전해진다. 여기에 계단과 방형 기단 사이에 장식용의 또 다른 돌출 부위를 추가한 사면 돌출형의 불탑이 나타나며 크기도 대형화되었다. 대표적인 예는 동인도에 속했던 방글라데시의 솜푸르 마하비라를 들 수 있다.

바. 고탑 기능을 가진 내·외부에 불상을 봉안한 전각형 대탑이 조성된다.

일반적인 불탑이 아닌 탑사의 형태를 갖춘 대표적인 예로 보드가야의 마하보디대탑을 들 수 있다. 이를 통해 불교사원의 중심이 불탑에서 불상으로의 변화가 나타난다. 이와는 별도로 초기의 불탑에 증축 과정을 겪으면서 방형의 전각형 또는 복잡한 건물형으로 변화가 나타난다. 또 다른 형태는 서말와 지역에서만 조성되는 환조 건물형(탑사)의 불탑 예도 조성된다.

사. 벽돌 조적의 말발굽형 차이티야 그리하(탑당, 塔堂)가 조성된다.

말발굽형 차이티야 그리하는 인도 전역에서 확인되는 탑을 봉안하는 탑당으로 고대인도 장묘문화의 영향을 받은 것으로 추정된다. 서인도 석굴사원의 차이티야굴의 시원형이라 할 수 있다.

아. 스투파 중앙에 기둥(우주목)이 조성된다.

불탑의 복발 정상에서 바닥까지 나무를 세우거나 벽돌을 쌓은 공간을 만들어 천지를 연결하는 우주목宇宙木의 형태를 나타내고 있다. 다양한 견해가 있지만 스투파가 성수聖樹 신앙과 결합된 것으로, 산개부터 기단, 사리장치까지 일체가 되어 전체적으로 천지를 연결하는 모습이다. 대표적인 예로 피프라흐와탑, 바티플로루탑 등을 들 수 있다. 우리나라의 경우는 안동 법흥사지 칠층전탑의 내부 찰주용 공간, 안동 조탑리 오층전탑의 목재 심주가 대표적인 예라 할 수 있다.

2) 남인도 불탑의 특징

앞의 예를 통해 남인도 불탑의 특징의 일부 예외는 있지만, 다음과 같다.

가. 기단부 사방에 '아야카 플랫폼'으로 부르는 장방형의 돌출부가 있다.

인도 불탑의 대표적인 산치대탑에서는 볼 수 없는 원통형 기단의 사방에 장방형의 플랫폼을 조성하여 위에 아야카를 세울 수 있는 특징이 있다. 파키스탄 간다라 지역에서도 비슷한 장방형의 돌출부와 계단을 조성하나 아야카를 세우기 위한 조성 목적과는 다르다.

나. 장방형 돌출부 위에 5개의 기둥 「아야카Ayaka」가 일렬로 세워졌다.

기단부 사방의 돌출부는 서북인도에서도 볼 수 있지만, 남인도의 아야카는 이 지방 고유의 것이다. 아야카는 석존 생애에서 가장 비중이 큰 사건으로 알려진 탄생, 출가, 성도, 초전법륜, 열반을 상징하는 것으로 알려졌다.

다. 원통형 기단과 반구형 복발의 표면에 부조 패널을 이용하여 스투파를 장엄하였다.

원통형 기단 외벽과 입구, 반구형 복발에 본생도, 불전도, 탄생, 성도 등을 묘사한 부조 패널과 나가, 불상 등으로 불탑 외곽을 장엄하였다. 다만 복발을 부조 패널로 장엄하는 것은 알 수 없으나 아마라바티대탑, 카나가나할리탑 등을 장식했던 부조 패널을 통해 복발 하단까지 장엄했음을 알 수 있다.

라. 하르미카는 겹겹이 겹쳐있는 일산이 잎이 무성한 것처럼 설치되었다.

하르미카 자체는 중인도와 동일하게 난간 형태로 조성된다. 그러나 일산의 경우 1~3개의 일산을 이용하는 중인도와 같은 경우도 확인되지만, 잎이 무성하거나 여러 겹으로 조성되거나, 산간과 일산이 3개로 표현되는 등 특이한 예를 나타내는 경우도 있다.

마. 원통형 기단 내부에 바큇살구조로 이루어진 내력 구조벽의 스투파가 등장한다.

남인도의 불탑은 중인도에 비해 규모가 큰 경우가 많이 확인되는데, 중인도와 달리 아마라바티대탑, 나가르주나콘다탑, 자가야페타탑을 포함하여 40여 기의 불탑 원통형 기단 내부에 방사형의 바퀴살 구조의 내력 구조 벽체가 조성되었다. 소형탑의 경우는 '卍'자를 포함한 상징성을 나타내는 예도 있다. 이와 함께 서인도, 북인도, 서북인도에서도 확인된다.

바. 원통형 기단부 주위로 울타리와 탑돌이 통로를 조성하였다.

탑돌이 통로가 설치되는 것은 인도 전역에서 확인되며 우요행위는 귀한 자에게 경의를 표하기 위한 의례법이자 태양의 운행과 관련된 인도 고유의 풍습에서 나온 것이다.

사. 말굽형 차이티야 그리하와 내부 원형부에 불탑이 봉안되었다.

차이티야 그리하Caitya griha는 인도 불교에서 성소, 사원, 기도 장소 등을 의미하는 가장 일반적인 용어로 석굴사원에서 차이티야굴(탑당)로 부르는 곳과 구조나 형식에는 차이가 없고 단지 다른 것은 석굴 밖에 있는가, 혹은 석굴 안에 있는가 하는 점에 지나지 않는다.

인도 전역에서 확인되나 남인도에서 더 많은 예를 볼 수 있다. 특히 남인도 사원은 주 불탑이 있음에도 주위에 상당수의 차이티야 그리하가 조성되는 것을 확인할 수 있다. 차이티야굴과 같이 불탑이 봉안된 가장 안쪽은 불탑 주위를 돌 수 있는 탑돌이 통로가 마련되었다.

이외에도 동인도와 북동인도, 서인도, 방글라데시에서 확인되는 불탑의 특징은 중인도와 인접한 영향으로 차이티야그리하를 포함하여 원통형 기단에 반구형의 외관, 불탑 주위의 울타리, 다양한 부조상, 대규모의 건축물 형태의 불탑, 사면 돌출형태 영향으로 특징을 보인다.

또한 서인도는 일반사원의 불탑 예는 적은 편이며 데칸고원의 특성상 대규모의 불교 석굴과 불탑이 조성된 것이 가장 큰 특징이라 할 수 있다.

간다라의
불탑

6장

간다라의 불탑

간다라Gandara는 좁은 의미로 인도 대륙의 서북쪽 끝에 있는 현재 파키스탄과 아프가니스탄 접경의 페샤와르가 있는 페샤와르 분지를 가리키고, 아프가니스탄, 우즈베키스탄 등 쿠샨왕조의 영역에 속하는 'Greater Gandara'라고 부르는 넓은 의미의 간다라가 있다.

간다라Gandhara의 어원은 '간다리Gandhāri족이 사는 땅'이라는 뜻에서 나왔으며, B.C.1,500년경 리그베다 이후에 나타난 것으로 보아 간다라족은 아리안족의 일원으로 보인다. 이 종족이 정착했던 지역을 간다라로 부르게 되었다. B.C.327년 알렉산더대왕에 의해 점령당한 이후 마우리아왕국과 인도-그리스왕국의 일부가 되었으며, 쿠샨왕조 대인 1세기~3세기에 걸쳐 전성기를 누렸다.

쿠샨왕조는 B.C.2세기경~A.D.3세기까지 중앙아시아와 인도 대륙에 걸쳐 대제국을 이룬 왕조로 카니슈카왕(A.D.127년경 즉위)[191]대에는 대규모

---

[191] 카니슈카 왕의 즉위 연대와 관련하여 A.D.78년, 128년, 143년 등 다양한 주장이 있었으나 2001년 Harry Falk에 의해 127년/128년이 제기되면서 현재 학계에서 가장 많은 지지를 받고 있다. Harry Falk. "The Yuga of Sphujiddhvaja and the Era of the Kuṣāṇas," Silk Road Art and Archaeology 7 (2001). pp.121~136. 1993년 카니슈카 왕이 봉헌한 아프가니스탄의 라바탁Rabatak에서 출토된 명문을 통해 확인된 카니슈카왕의 증조부 쿠줄라 카드피세스Kujula Kadpises, 조부 비마 탁토Vima Takto가

불상과 불탑을 조성하고, 고승들을 모아 설일체유부說一切有部의 경전을 결집하는 등 간다라 지역의 불교는 전례 없던 융성을 보였다.

당시 중인도의 불교 상황은 아소카왕 사망 후 마우리아왕조가 바라문교를 신봉한 것으로 알려졌다. 말기에는 푸샤미트라 슝가Pusyamitra Sunga의 불교 탄압정책으로 많은 스님을 학살하고 수많은 탑과 사원을 파괴하는 행동이 있었다. 다른 한편으론 승단이 자주 분열하는 등 불교가 점차 쇠퇴하여 옛날의 영화를 잃어버리고 만다. 그 후 여러 왕조도 모두 불교에 호의적인 경우가 없었기 때문에 자연스럽게 쇠퇴하였다.

쿠샨왕조는 3세기 전반에 이란에서 일어난 사산Sasan왕조의 침입 이후 급격하게 위축되어 인도 서북부에서 간신히 명맥만 유지하게 된다. 5세기 말 쿠샨왕조가 소멸, 역사에서 자취를 감추었고, 5세기 초 법현이 방문했을 무렵에도 번성했던 당시 이들의 화려했던 모습을 오늘날 전할 뿐이다.

1993년 아프가니스탄 라바탁Rabatak에서 발견된 카니슈카왕 명문에 의하면 카니슈카왕 대의 쿠샨제국 영토는 동쪽으로 코샴비Kauśāmbī와 파탈리푸트라Pāṭaliputra, 참파Campā, 남쪽으로는 말와Mālwā, 마하라슈트라의 크샤트라파kṣatrapa 제후들이 쿠샨에 복속되고 서북쪽으로는 지금의 아프가니스탄, 우즈베키스탄, 타지키스탄 등까지 세력이 뻗었다.[192]

페샤와르에서 아프가니스탄의 카불을 거쳐 힌두쿠시산맥을 넘고 아무다리야강을 건너면 테르메즈, 타슈켄트 등 중앙아시아 도시로 이어진다. 이들 중앙아시아 지역은 고대와 중세에 지중해와 유라시아, 타클라마칸

A.D.1세기로 비정하는 것이 가능해졌다. 쿠샨왕조와 관련하여 이주형, 「쿠샨왕조와 그 시대」『우즈베키스탄 쿠샨왕조와 불교』 2013, pp.150~175」 참조할 것.

192   이주형, 「쿠샨왕조와 그 시대」, 『우즈베키스탄 쿠샨왕조와 불교』, 2013, pp.156~158.

사막을 가로질러 중국을 연결하는 대상隊商들의 교통로에 있는 지리적으로 중요한 곳이다.

이들 지역은 고지대에 내린 눈이 녹아 흘러내리는 융설수가 하천을 만들어 사막에 물 공급이 가능하고, 사람의 거주가 가능한 오아시스 도시가 발달했다. 이들 오아시스 도시들이 이어져 중국과 유럽, 인도를 연결하는 교통로를 중국산 비단이 서쪽으로 이동했다 하여 실크로드Silk Road로 부른다.[193]

실크로드는 톈산산맥 북쪽의 초원길로 알려진 톈산북로, 남쪽의 톈산남로 또는 타클라마칸사막 북쪽에 있어 서역북로, 타클라마칸사막 남쪽과 쿤룬산맥 북쪽에 있는 서역남로로 구분된다. 북방 경로는 하미, 투르판에서 톈산산맥을 남북으로 카자흐스탄 남쪽 세미레치에, 아랄해, 동유럽으로 연결되는 톈산 남북로, 남방 경로는 둔황, 호탄, 야르칸드, 카슈카르를 거쳐 중앙아시아, 박트리아, 지중해의 그리스와 에트루리아로 이어지는 서역남로로 이어진다. 특히 남으로는 인도로 연결되는데 B.C.4세기경 『아르타샤스트라Arthashastra』에 '중국 비단'을 의미하는 '시나파타cinapatta'라는 단어가 등장하는 점이 이를 입증한다.[194] (그림 6-01)

---

193 실크로드라는 명칭은 독일의 지리학자 페르디난트 폰 리히트호펜(Ferdinand von Richthofen, 1833~1905)이 China, Ergebnisse eigner Reisen und darauf gegründeter Studien에서 '비단길'을 의미하는 'Die Seidnstraße'라는 용어를 사용하면서 비롯되었고, 학술용어로 사용된 것은 그의 제자 알베르트 헤르만(Albert Herrmann, 1886~1945)이 Die alte Seidenstrassen zwischen China und Syrien: beiträge zuralten geographie Asiens의 책 제목으로 사용되면서이다. 이것이 영역되어 보편적 개념이 된 것은 1938년 스벤 안데르스 헤딘(Sven Anders Hedin, 1865~1952)의 저서 The Silk road 이후부터이다. 『실크로드 연구사전』, 국립문화재연구소, 2019, p.22.

194 카를 바이파코프, 최문정·이지은 번역『카자흐스탄의 실크로드』, The Silk Road of Kazakhstan, 국립문화재연구소, 2017. p.44.

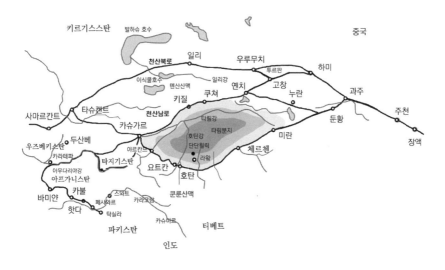

그림 6-01. 실크로드와 불교 유적 현황도

인도의 불교가 중국으로 동점하는 과정에서 우즈베키스탄을 포함한 중앙아시아와 동투르키스탄, 즉 신장웨이우얼 지역은 매우 중요한 자리매김을 한다. 불교 유구들을 포함한 다량의 고고학적 유구들은 타림 분지를 건너가는 사막길에 늘어선 오아시스를 따라 조성된 도시에서 대량으로 발견되었다. 이곳에 다양한 유적과 유물들이 많이 남아 있는 것은 주변의 다양한 문화를 받아들이고 다른 지역으로 유통할 수 있는 동서교통의 중요한 통로였기 때문이다. 실크로드를 통해 부파불교, 대승불교, 조로아스터교, 마니교, 이슬람교, 티베트 불교 등 다양한 종교가 유입되고, 이와 함께 들어온 다양한 문화가 이 지역의 토착문화와 융합되면서 인도와 다른 독특한 불교 문화가 만들어졌고, 그 영향은 이 지역에서 처음으로 나타난 불상의 기원을 이루는 데 이바지했다.

중국 신장웨이우얼 지역은 고대 중국에서 '서역西域'으로 불리던 지역이다. 이들 지역의 유적지에서 발견된 불탑의 형태가 중국의 불탑과는 다른 간다라풍의 외형을 지니고 발굴된 유구, 고문서 등을 통해 간다라 불교와의 연관성이 확인된다. 호탄 라왁Rawak의 불탑은 방형 기단부에 둥근 원통형 탑신부와 반구형 복발로 이루어져 전형적인 간다라 불탑의 특징을 나타낸다.

4~5세기 구법승 법현의 『불국기佛國記』는 누란樓蘭의 선선국鄯善國에 대해 자세한 묘사를 전한다. "17일 만에 약 천 리를 가서 선선국에 이르렀다. ··· 이 나라의 왕은 불교를 신봉하며 스님들은 4천 명 정도였는데 모두 소승을 믿는다. ··· 이곳뿐만 아니라 서쪽에 있는 나라들도 대개 이와 비슷하였다. 다만 나라마다 사용하는 언어가 다르지만, 출가한 사람들은 모두 인도의 문자를 익히고 있다."[195]

이를 통해 인도와 교류가 많았음을 알 수 있고 이곳에서 출토된 다양한 발굴품을 통해 현 파키스탄, 그리스와 교류가 있었음이 확인되었다.

인도의 경우 석굴사원 불탑을 제외하고 온전한 상태를 유지하는 불탑의 예는 산치대탑을 제외하고는 없다. 이와 달리 서북인도 특히 간다라 지역에는 완전한 형태는 아니지만, 불탑의 변천 과정을 알 수 있는 유구가 다수 남아 있다. 초기에는 원형 평면 탑이 조성되었지만 이후 변화가 나타나면서 인도 불탑과는 다른 형상을 취하게 된다.

즉 인도 불탑이 원형 기단, 반구형 복발을 중심으로 변화하는 것과 다르게 간다라에서는 초기에는 중인도와 비슷한 원형 평면 탑이 조성되나 이후에는 기단은 방형, 탑신이 현격히 높아지고 반구형 복발 부분은 오히려

---

195   김규현, 『불국기』, 글로벌콘텐츠, 2013, pp. 49~50.

축소되는 모습으로 변화한다. 이와 함께 방형 평면 기단의 각 면 중앙에 계단이 조성되면서 나타나는 십자형과, 계단과 기단 사이에 방형 돌출 부위가 부가되는 사면 돌출형 평면이 출현한다. 이 평면은 간다라, 북인도, 신장웨이우얼, 방글라데시, 우리나라에 이르는 광범위한 지역에서 대규모 형태로 조성된다.

간다라 불탑의 기본 형태에 대해 이주형[196]은 '방형 기단 위에 원통형 기단[197]을 쌓고 그 위에 스투파의 원형이자 중심인 돔을 올리며 돔의 정상은 세계의 축을 상징하는 찰주와 이를 둘러싸는 하르미카라는 부분으로 구성한다'로 정의하나 이것은 다수를 차지하는 방형 평면에 해당하며, 원형, 십자형 평면에는 어울리지 않는 표현이다.

간다라 탑에 대해 여러 경전에서 언급하는데 그중 대표적인 것은 작리부도雀離浮圖로 알려진 카니슈카대탑이다. 특히『낙양가람기』권5에는 카니슈카대탑의 외형, 치수, 재료 등에 대해 구체적으로 언급하고 있다. 경전에 나오는 불탑 실측치에 대해 전설, 전승으로도 치부置簿할 수도 있지만, 당시 간다라를 대표하는 카니슈카대탑의 모습을 전해주고 있다.

또『낙양가람기』에서 전하는 카니슈카대탑의 높이 400척, 철주 높이 300척, 도합 700척은 철제 첨두부(상륜부)를 포함하는 것으로 비율은 첨두부를 1로 하면 탑신부는 1.33을 나타낸다. 즉 탑신부가 높이 6m이면 첨두부는 4m 정도라는 것인데, 이상하지 않은 균형 잡힌 모습으로 인도 불탑과는 다른 외형을 지녔다. 이외에도『대당서역기』,『대당대자은사삼장

---

196 이주형,『간다라 미술』, 사계절, 2015, pp. 111~137.

197 원통형 기단과 반구형 복발로 이루어진 인도 불탑과 달리 간다라 불탑은 방형 기단과 뚜렷하게 구분되는 원통형 부위와 반구형 복발로 구성되었기 때문에 원통형 기단에 대해 이 책에서는 탑신부로 분류를 하였다.

법사전大唐大慈恩寺三藏法師傳』, 『법원주림法苑珠林』 등 많은 경전에서 카니슈
카대탑에 대해 묘사하고 있다.

   이 책에서는 고대인도의 간다라 지역과 간다라의 영향을 받은 아프가
니스탄, 우즈베키스탄, 타지기스탄, 신장웨이우얼 등 서역 지역에 있는
간다라 불교의 영향을 받은 불탑을 포함하였다. 이들 지역은 자료 입수가
가능하고 불탑 유구가 일부 남아 있다. 이중 현지 조사가 가능한 유적을
중점적으로 다루었으며, 둔황에서는 간다라 양식 불탑이 아닌 중국화된
불탑 형식이 나타나 제외하였다.

1. 파키스탄 불탑

1) 페샤와르Peshwar 지역

페샤와르는 쿠샨왕조의 수도 푸루샤푸라Purushapura가 있던 간다라 중심지역으로 표26)은 대표적인 불탑의 현황이며, 그림 6-02)는 불탑 분포 현황이다.

표26. 파키스탄 페샤와르 지역의 불탑 현황

연번	스투파 명칭	소재지	조성시기	비고
1	Shah-ji-ki-dheri	Peshwar	A.D.1~5C	십자형
2	Sphola	〃	A.D.2~5C	방형
3	Ali Masjid	〃	A.D.2~3C	방형
4	Zar Dheri	〃	B.C1~A.D.1C	십자형
5	Sahri Bahlol	〃	A.D.2~3C	-
6	Ranigat	〃	A.D.1~6C	방형
7	Aziz Dheri	〃	A.D.3~4C	방형
8	Jamal Garhi	〃	A.D.1~5C	원형
9	Sikri	〃	A.D.3~4C	원통형
10	Takht-i-Bāhī	〃	A.D.1C	방형

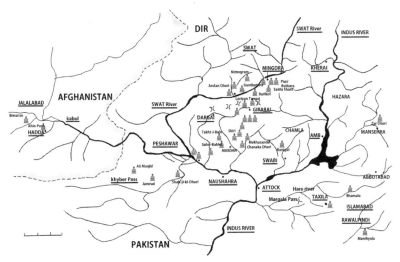

그림 6-02. 간다라 지역의 불교사원과 불탑 분포 현황도

페샤와르는 현재 서북변경주(N.W.F.P)의 주도州都이며, 카이바르 고개를 통해 아프가니스탄의 수도 카불로 연결되는 동서교통의 중요한 지역이다. 2세기 중엽 쿠샨왕조의 카니슈카왕이 수도로 정한 뒤 서북인도 대부분을 지배한 이곳은, 인더스강 서쪽에 있는 서·북·남쪽이 산으로 둘러싸인 분지이다. 현재는 아프가니스탄과 인접한 관계로 답사가 어려운 실정이며, 다수의 불교사원이 있다. 대표적인 예로 작리부도雀離浮圖로 알려진 샤지키데리Shah-ji-ki-dheri탑, 페샤와르 북서쪽 마르단 인근에 있는 탁트이바히Takht-i-Bahi사원 등을 들 수 있다.

페샤와르에 있는 샤지키데리탑은 앞에서 언급된 카니슈카탑으로 1960년대까지는 모습을 확인할 수 있었으나 1980년대의 급격한 인구 증가로 인해 현재는 스투파의 흔적을 찾을 수 없는 상태이다. 탑의 중심부에서 발굴된 사리장치는 명문해석을 통해 카니슈카 I세의 봉납품으로 확인되어 카니슈카왕 대에 조성된 것으로 간주하고 있다.

1908년 스푸너Spooner의 샤지키데리탑 발굴과정에서 바큇살구조의 원형 평면이 확인되었고, 다음으로는 카니슈카왕 이전에 인위적인 파괴행위가 일어나서 새롭게 조성된 방형 평면, 마지막으로 십자형 평면 등 3회에 걸쳐 조성시기가 다른 유구가 확인되었다. (그림 6-03)

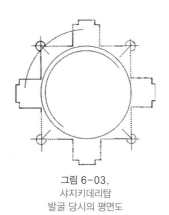

그림 6-03.
샤지키데리탑
발굴 당시의 평면도

원형 평면은 지름 72m에 달하는 대형 불탑이며 내부는 8개의 바큇살 형태 구조 벽체로 이루어졌고, 방형 평면은 한 변 54m로 모서리에 원형 기둥이 세워진 형태이며, 마지막으로 방형 평면의 각 면에 한 변 15m의 장방형 돌

출부인 계단이 있는 '十'자형 평면으
로 확인되었다.

이들 3가지 평면은 간다라 불탑에
서 나타나는 평면 형태의 조성시기를
알려주는 시기 구분에 하나의 획을
긋고 있다. 이외에도 발굴 당시의 기
단면을 촬영한 사진에는 석회로 만든
기둥과 좌불상 스투코가 교대로 배치
장식된 모습이다. (그림 6-04)

또 다른 경우는 간다라 불탑의 다
수를 차지하는 방형 평면의 예로 탁
트이바히Takht-i-Bāhi사원을 들 수 있

그림 6-04.
샤지키데리 불탑의 기단 장식 전경, 1910년

그림 6-05.
탁트이바히 불교사원과 불탑 전경

다. (그림 6-05) 라니가트사원보다 후대에 창건되었고 존속 연대도 짧은 것
으로 알려졌다. 사원 유구는 작은 3개의 구릉 위에 위치하며 유구가 집중
된 것은 중앙 능선으로 봉헌탑원 남쪽과 북쪽으로 주탑원, 승원, 서쪽에
세 탑원이 배치되었다. 불탑 유구는 주 불탑과 봉헌탑을 포함하여 41기
이며, 그 가운데 기단 형태 분석이 가능한 유구는 33기에 달한다. 주 불탑
은 간다라 불탑의 대다수를 이루는 계단이 한 곳에 설치되는 방형 평면의

그림 6-06. 탁트이바히 주불탑

기단부와 벽기둥이 있는 단층형으로
조성되었을 뿐 탑신부는 알 수 없다.
(그림6-06)

마르단의 자말가르히Jamal Garhi탑
(그림 6-07)의 경우 원형 이중 기단의
탑을 중심으로 불상을 봉안했던 감실

이 원형으로 배치되고 계단은 1개소이며, 탑 주위로 탑돌이 통로가 개설된 특이한 평면 예를 보인다. 탁실라의 달마라지카탑, 스와트의 붓카라I 사원지 탑의 원형 평면과는 다른 형식이다. 탑의 기단 외벽을 감싸던 불

그림 6-07.
자말가르히 스투파, 마르단

전 부조 패널은 영국박물관, 콜카타인도박물관 등에 소장 중이다. 흥미로운 것은 주 불탑을 에워싸는 감실 안에 봉안되었던 다양한 불, 보살상이 예배의 중심이 아닌 부차적인 역할을 하고 있다는 점이다. 즉 예배의 중심은 불상이 아니라 탑이라는 것을 확실하게 보여준다.

그림 6-08.
시크리출토 스투파, 파키스탄 라호르박물관

원형 평면에서 주목되는 예는 마르단의 시크리에서 출토된 원통형 기단부에 불전도 13개(연등불수기, 도솔천설법, 초전법륜, 칼리카용왕과 부인의 찬탄, 숫띠야의 길상초 보시, 사천왕의 발우 경배, 범천권청, 명상 중인 붓다, 도리천설법, 기녀 암라팔리, 붓다를 방문한 인드라, 야차 아카비카의 귀의, 원후봉밀)를 새긴 부조 패널이 완벽하게 남아 있는 상태로 장식된 탑이 발견되었다. (그림 6-08)

간다라 불탑에 부조 패널이 어떻게 부착, 조성되었는지를 보여주는 중요한 예이다. 100여 점이 넘는 불전 부조 가운데 '연등불수기'를 시작으로 정각을 얻기까지의 구도 장면과 성도 후 각지를 유행하면서 행한 설법과 교화에 대한 설화 등을 배치하고 있다. (그림 6-09) 특히 설법과 교화와 관련된 도상이 여덟 점으로 가장 큰 비중을 차지한다. 현재 파키스탄 라

호르박물관에서 소장 중이며 이곳에서 출토된 다양한 불전도와 불·보살상은 파키스탄 라호르박물관과 인도 찬디가르박물관에 분산 소장되어 있다.

그림 6-09.
시크리 출토 스투파, 연등불수기 본생도,
라호르박물관

이처럼 페샤와르 지역에서 확인되는 불탑의 평면은 초기에는 중인도의 산치대탑과 같은 원형 평면이나 이후 계단이 1개소에 설치되는 방형, 계단이 4개소에 설치되는 십자형으로 다양하게 확인된다. 이외에도 조성 시기는 달마라지카탑에 비해 늦게 출현하는 원형 평면의 자말가르히탑, 시크리탑 등 원형 기단의 외벽에 다양한 내용의 불전을 표현한 부조 패널로 장식되는 장식용 불탑의 예를 들 수 있다.

그림 6-10.
마르단 샤리바흐롤 출토 부조상, 1912년

한편 탁트이바사원 근처의 샤리 바흐롤Sahri Bahlol탑의 평면은 알 수 없으나 외벽을 장식했던 다양한 불보살상과 불전도가 수습되어 박물관으로 이전되었다. (그림 6-10) 이들 불전도 패널을 이용하여 탑의 외벽을 장식하는 장식탑의 예를 볼 수 있다.

2) 탁실라Taxila 지역

파키스탄 수도 이슬라마바드의 북서쪽 30km에 있는 지역이다. 고대부터 중앙아시아를 잇는 교통의 요지로 발전하였고 경전에서는 교육도시인 탁샤실라Taksasila라는 이름으로 기록되었다. 아케메네스왕조, 마우리아왕

조 등 도시유적과 시르캅, 시르숙을 비롯한 다수의 불교사원 유적이 남아
있다.

대표적인 예는 달마라지카, 자울리안, 모흐라모라두 등 다수의 불교사
원지가 있으며, 불교사원지 내에서는 수십~100여 개에 달하는 봉헌탑이
조성되어 있다. 이들 봉헌탑은 주위에서 구하기 쉬운 재료를 이용하여 조
성되었는데 페샤와르 지역에서 보기 힘든 탁실라 지역 특유의 석축법인
반마름돌 쌓기로 조성된 점 등이 조성시기 판별에 도움을 준다. 표27)은
탁실라 지역의 주요 불탑 현황이며, 그림 6-11)은 불탑 현황도이다.

표27. 탁실라 불탑 현황

연번	스투파 명칭	소재지	조성시기(세기)	비고
1	Dharmarajika	Taxila	B.C.3~A.D.3	원형
2	Mankiala	〃	A.D.2~A.D.3	원형
3	Mohra Moradu	〃	A.D.2~5	방형
4	Bhallar	〃	A.D.2~5	방형
5	Sirkap Double Headed Eagle	〃	A.D.1	방형
6	Jaulian	〃	A.D.2	방형
7	Jaulian II사원지	〃	A.D.2~5	방형
8	Kalawan	〃	A.D.1	방형
9	Kunala	〃	A.D.2	방형
10	Pipplan	〃	A.D.1~5	방형
11	Badalpur	〃	A.D.1~5	방형
12	Bhamala	〃	A.D.2-3	십자형
13	Karmala	〃	A.D.2~3	
14	Ghri	〃	A.D.2~3	방형

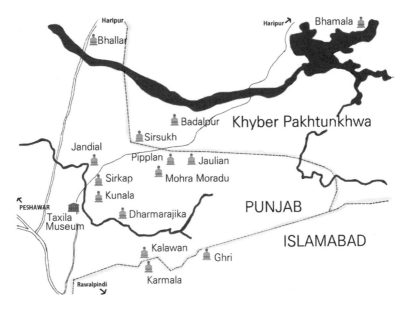

그림 6-11. 탁실라 지역 불교사원 및 불탑 현황도

그림 6-12.
탁실라 달마라지카 스투파, 19세기 전경

그림 6-13.
탁실라 달마라지카 스투파, 현재 전경

달마라지카사원(그림6-12, 13)은 탁실라에서 아소카왕대로 거슬러 올라가는 가장 오래된 불교사원으로 주위의 승원은 여러 시기에 걸쳐 축조된 방형 승원임이 밝혀졌다. 주불탑은 원형 평면으로 탁실라에서 가장 규모가 큰 편이며, 복발은 상부가 훼손된 상태로 하르미카를 포함한 탑두부는 모두 없어졌다. 원형 기단에는 벽기둥과 계단 4개소가 있고 내부는 방사형의 바큇살구조로 된 것이 확인되었으며 현재는 상부가 훼손된 복발만 보인다. 바큇살구조의 벽체는 남인도를 제외하고는 가장 이른 시기에 조성되었으며, 남인도의 조성 예와 다르게 중심테 부분이 꽉 차 있는 원통형에 반시계 방향으로 구조벽이 회전되고 있는 등 전체적으로 불규칙하게 보인다.

그림 6-14.
라왈핀디 마니키알라 스투파 전경

원통형 기단의 예는 라왈핀디에 인접한 마니키알라탑(그림 6-14)으로 보존상태가 양호하며, 조성시기가 쿠샨왕조 초반으로 빠른 편이다. 원통형 기단, 벽기둥, 복발, 계단, 탑돌이 통로로 이루어진 복발형 초기 간다라 불탑의 예이다. 달마라지카탑과 달리 원통형 기단의 높이가 높아지면서 불탑의 비율에 큰 변화가 나타나며, 계단도 1개소로 줄어들고 석축법도 탁실라 특유의 축조법이 아닌 석재를 블록 형태로 가공하여 조성한 점 등 조성시기가 내려오면서 변화가 나타난다. 흥미로운 것은 1834년 발굴과정에서 사리용기와 쿠샨왕조 때 금화, 은화가 대량으로 수습되었다는 점이다. 이것은 쿠샨왕조때 망자의 입안에 동전을 넣거나 손에 쥐여주는 형태의 풍습으로 보고 있다. 이는 사후 세계에 대한 관념과 망자가 사후에 풍요롭고 안정적인 삶을 살기 바라는 소원에서 비롯된 것으로 대승불교 출현이 높은 시기에 나타난 현상이다.[198]

---

198 한지연, 「서역에서 소승교단과 대승교단은 대립했는가?」, 『동아시아 불교에서 대립과 논쟁』, 금강대학교 불교문화연구소, 2015. p.43.

마니키알라탑 이후에는 큰 변화가 나타난다. 즉 기단부가 원형에서 방형으로 바뀌고 높이를 올리며 반구형 복발은 원통형 탑신부 위쪽에 축소되어 세워지면서 불탑의 비율에 큰 변화가 나타난다. 또한 기둥을 포함하는 장식요소, 즉 몰딩, 기둥 형태, 처마받침, 벽감이 보인다. 몰딩의 경우 단일석으로 이루어진 예와 '凸' 부분과 '凹' 부분이 다른 석재를 개별적으로 가공하는 방법으로 구분된다. 기둥 형태는 사각 또는 원통 기둥으로 구분되며 주두, 몸체, 주초를 개별로 제작하거나 단일 석재로 제작했다.

그림 6-15.
모흐라모라두 스투파, 1936년 전경

그림 6-16.
모흐라 모라두 스투파 기단 불좌상과 기둥 세부

원형 기단 이후 2세기경부터 방형 기단에 원통형 탑신부로 구성되는 탑이 대량으로 조성된다. 대표적인 예로 모흐라모라두탑(그림 6-15)을 들 수 있다.

모흐라 모라두탑의 경우 방형 기단, 원통형 탑신, 계단 1개소로 구성되었으며 원통형 하단부만 있고 복발은 없어진 상태이다. 방형 기단과 원통형 탑신부에는 지금도 기둥과 기둥 사이에 점토로 빚어 구운 테라코타 좌불상이 남아 있으며, 많은 예는 탁실라 박물관으로 이전되었다. (그림 6-16)

모흐라모라두탑의 예처럼 간다라 지역에서는 탁실라를 포함하여 페샤와르, 스와트 등 대다수 불탑이 계단 1개소가 있는 방형 기단에 원통형의 탑신부를 얹고 그 위로 반구형의 복발을 올려놓는 고준형으로 변화가 나타난다.

이와 함께 석굴사원의 승방 내에 탑당을 만들어 불탑이 조성되는 예와 같이 방형 승원 내부의 축선상의 중심에 주 불탑이 배치되는 예가 확인된다. 주 불탑과 사원의 배치 관계는 2가지로 구분된다. 첫 번째는 식수를 확보하기 쉽고 도시에 인접한 장소에 재가 신자를 위해 조성되는 경우와 두 번째는 세속을 벗어나 성스러운 장소이자 스님들의 수행에 적합한 장소로 산의 능선 윗부분에 조성되는 경우이다.

그림 6-17.
시르캅 쌍두취탑, 20세기 초 전경

그림 6-18.
시르캅 쌍두취탑의 기둥과 장식 세부

그리스와 쿠샨왕조의 고대도시 시르캅에 있는 방형 기단 탑은 기단의 전면 면석에 2개의 머리를 가진 쌍독수리상이 부조되어 쌍두취탑雙頭鷲塔으로 불리고 있다. 쌍독수리의 모티브는 유라시아, 비잔틴, 유럽의 갑옷에서 자주 볼 수 있는 문양으로 알렉산더대왕에 의해 전파된 그리스 문화의 영향을 받아 나타난 결과물이다. (그림 6-17)

기단 면석에는 우주와 탱주 2주가 각출되었으며, 기둥은 주두가 아칸서스 잎으로 장식된 코린트식으로 몸체의 중앙은 원통형, 좌우는 방형으로 조성되었다. 기둥 사이의 면석에는 그리스 신전 건축인 삼각 형태의 페디먼트식, 석굴사원의 차이티야창 형태, 일반사원 스투파 탑문 형태의 3가지 문이 부조되어 그리스 문화 등 여러 문화가 혼재하는 특징을 보인다. (그림 6-18)

또 다른 예인 탁실라 북쪽 8km지점의 언덕에 있는 발라르탑(그림 6-19)은 원통형 탑신부 북면의 붕괴가 심해 복원되었는데 축대처럼 복원되어 아쉬움이 있다. 남면 상태는 원형을 유지하여 원형파악이 가능한 상태이며, 원통형 탑신 중단에는 벽기둥이 있다. 동면은 계단이 돌출된 상태로 전형적인 간다라 방형 불탑의 예이다. (그림 6-20)

그림 6-19.
Bhallar탑, 20세기초 전경, A.D.2~5C

그림 6-20.
Bhallar탑, 동면 계단부 상세

다만 발라르탑에 대해 천득염은 사르나트의 다메크탑과 같은 원형 기단 위에 복발형을 올리는 형식의 원통형 탑으로 분류하고 있다.[199] 이는 탑의 위치가 산 능선의 정상부에 있는 관계로 남면 아래쪽의 도로에서 바라보면 원통형 탑신부와 반구형 복발만 보이는 것에서 나타난 착오이다.

다음으로는 방형 탑에서 한쪽에만 있던 계단이 사방으로 추가되는 십자형 평면이 출현한다. 즉 카슈미르 지역의 우쉬카라탑, 페샤와르의 샤지키데리탑과 같은 방형 기단 사면에 계단이 추가되는 십자형 평면에 기단과 계단 사이에 작은 방형 돌출부위가 추가되는 사면 돌출형의 평면을 갖춘 탑이 나타난다. 대표적 예로 바말라Bhamala탑을 들 수 있다.

---

199   천득염, 『인도 불탑의 형식과 전래양상』, 심미안, 2018. p.322.

그림 6-21.
Bhamala탑, 1930~31 전경,
A.D.2~3C

그림 6-22.
Bhamala탑, 기단부 전경, 1930~31

　　탁실라 북동쪽에 있는 바말라탑(그림 6-21)은 기단 윗부분이 현재 도굴로 파헤쳐진 상태이지만 정방형 기단에 사방으로 계단이 돌출된 십자형 평면이다. 특히 각 모서리에 방형 돌출부위가 추가되어 장식성이 높아지는 사면 돌출형으로 분류되는 평면의 예이다. 기단 윗면 중앙은 원통형 탑신부를 올려놓기 위해 정방형의 구조이며 기단은 다층구조를 나타내고 있다. 기단면에는 기둥과 불상이 스투코로 장식되었다. (그림 6-22)

　　특히 발굴과정에서 간다라 지역에서 가장 오래된 것으로 추정되는 열반상이 발견되었다. 열반상은 현재 탁실라박물관에 소장 중이며, 열반상의 석존은 평상 위에 올라 왼쪽으로 머리를 향하고 오른쪽 옆구리를 아래로 바닥에 대고 다리를 포개 옆으로 누운 자세를 취하고 있다.

　　탁실라 지역 불탑의 특징으로 석축법을 들 수 있다. 인근에서 구하기 쉬운 석재를 활용하였고, 석축법은 막돌rubble쌓기(그림 6-23), 작은 마름모꼴돌diaper쌓기(그림 6-24), 긴면이 직육면체가 되는 마름돌ashlar쌓기(그림 6-25)로 변화된다.

그림 6-23.
초기 막돌쌓기(B.C.2C.)
Early rubble masonry

마름모꼴돌쌓기는 초기부터 최종까지 거의 모든 시기에서 사용되며 2~3세기 후반에는 마름돌쌓기가 주로 나타난다. 석축 형태를 통해 시기 판별이 어느 정도 가능하다.

그림 6-24.
작은 마름모꼴돌쌓기(A.D.1~2C)
Small diaper masonry

한편 기단 장식 부분에는 凸, 凹면을 개별석재를 가공하여 쌓는 방법에서 단일석재를 가공하는 방법과 회반죽 바탕의 가공으로 변화하는 간략화와 장식화가 나타난다. 기둥 형태도 방형 기둥뿐만 아니라 원통형 기둥도 나타나며, 감실도 삼엽형과 탑문형을 번갈아 배치하는 다양한 형태로 조성

그림 6-25.
마름돌쌓기(A.D.2~5C)
Semi ashlar diaper masonry

되어 전체적으로 장식화가 이루어진다.

또 다른 특징은 인도 본토의 예와 달리 간다라에서는 주 불탑 주위로 다량의 작은 봉헌탑이 함께 조성되는 예가 대부분이라 할 수 있을 정도로 많은 수의 봉헌탑이 조성된다는 것이다. 이들 봉헌탑은 원형 기단이나 방형 기단을 구분하지 않고 불탑의 탑돌이 통로를 따라 주위에 배치되거나 주 불탑에 바짝 붙여 조성하거나 주 불탑이 있는 탑원과 구획을 달리하여 배치되는 경우가 대부분이다.

예를 들면 탁트이바히사원을 포함하여 다수의 사원에 주불탑과 함께 조성되는 봉헌탑은 단층형과 복층형은 적은 숫자이며 대부분 상하 2단으로 이루어진 적층형이다. 축조법은 마름모꼴돌쌓기와 작은 석재인 칸쥬르석을 사이에 끼워넣어 쌓는 방법이 사용되었다. 장식요소는 몰딩, 기둥, 처마받침, 감실 요소가 확인되며 몰딩은 모든 유구에서 확인되고 대부분 불탑은 벽면에 기둥을 장식하였다. 기둥은 칸쥬르석을 지대석으로 쌓고 몸체, 주두는 별도의 부재를 이용하여 기둥 형태로 쌓았다. 처마받침은 모두 칸쥬르석으로 제작되며 시기가 올라가면서 서너 개의 처마받침을 한 돌에 각출하고 기단 상부에 얹혀놓는 방식이다. 층위 관계와 소탑의 기둥 제작 방법을 고찰하면 주초, 기둥, 주두 등을 별도 제작하는 방법에서 단일석으로 제작하는 방법으로의 변화가 나타난다.

이들 봉헌탑의 기단 형식은 방형 기단의 단층형, 적층형, 복층형으로 이루어지며 간혹 원형 평면의 봉헌탑도 확인된다. 단층형(그림 6-26)은 기단 상부의 띠 모양의 돌출부분 코니스와 기단 하부의 몰딩으로만 장식하는 간결한 형태로 기단 벽면에 기둥이 있는 것과 없는 것으로 구분된다.

그림 6-26.
단층형 봉헌탑, 기둥 무장식 예,
탁트이바히 봉헌탑

적층형(그림 6-27)은 기단이 상하 2층으로 구성되어 상층기단이 하층기단보다 더욱 체감되는 경우와 비슷한 경우로 구분된다. 마샬의 시기 구분에 의하면 초기에는 단층형, 이후에

그림 6-27.
적층형 기단 스투파 예, 탁트이바히 봉헌탑

는 적층형과 복층형으로 축조된다. 또 시대가 내려오면서 지대석 또는 기단 하부를 높게 하여 기단의 높이를 높게 하는 예도 나타난다.

복층형(그림 6-28)은 기둥과 감실, 사자, 코끼리와 아틀라스 등으로 구성된 장식대를 여러 개, 장식대가 상부로 올라가면서 계단식으로 체감되는

형식이다. 복층형에서는 마름모꼴
석축법과 회반죽 장식의 석축법이 모
두 확인된다.

그림 6-28.
복층형 기단 스투파 예,
자울리안 스투파의 봉헌탑

3) 스와트Swat 지역

스와트 지역은 파키스탄 북서부,
페샤와르 북쪽에 위치하고 페샤와르

분지보다 해발 500m 정도 높은 스와트 강 중·상류 지역의 계곡 일대이
다. 고대에는 오장나국(烏仗那國, Udyana)으로 불렸고 험준한 산으로 둘러
싸인 스와트 계곡 분지에 있는 관계로 외세의 침략을 받지 않아 A.D.1세
기 쿠샨왕조부터 8세기경까지 불교가 번성하였다. 법현, 현장 등 중국 구
법승들이 지나가는 길에 위치하여 이들의 여행기에 당시 모습이 전해진
다. 이를 통해 불교가 쇠퇴해진 이후에도 이 지역에서는 불교가 융성했던
것을 보여준다. 조각의 예도 간다라 미술과 유사하면서도 토착화 경향이
나타난다. 현재도 티베트 불교 성지 가운데 하나이며, 다수의 불교 유적
이 남아 있다. 표28)은 스와트 지역의 불탑 현황이며, 그림 6-29)는 스와
트 지역의 불탑 현황도이다.

표28. 스와트 불탑 현황

연번	스투파 명칭	소재지	조성시기	비고
1	Gumbatona	Swat	A.D.2C	방형, 기둥
2	Nimogram	〃	A.D.3C	방형
3	Dangram	〃	A.D.2C	방형
4	Loriyan Tangai	〃	A.D.2C	방형
5	Loebanr	〃	A.D.	방형
6	Bazira, Barikot	〃	A.D.3~4C	방형
7	Butkara I	〃	B.C.2C	원형

연번	스투파 명칭	소재지	조성시기(세기)	비고
8	Butkara III	〃	A.D.1~	원형, 방형
9	Saidu Sharif	〃	A.D.1~5	방형, 기둥
10	Shararai	〃	A.D.3	방형
11	Shingardar	〃	A.D.3~4	방형
12	Andan Dheri	〃	A.D.1	방형
13	Amluk Dara	〃	A.D.2	방형
14	Jurjurai	〃	A.D.2~5	방형
15	Panr	〃	A.D.1~5	방형, 기둥
16	Tokar Dara	〃	A.D.1~3	방형
17	Top Dara	〃	A.D.1~3	방형

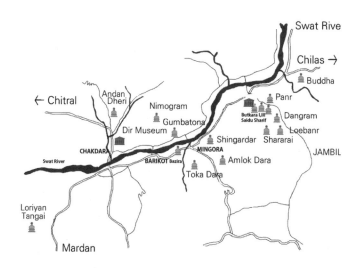

그림 6-29. 스와트 지역 불교사원 및 불탑 현황도

이 지역에서 가장 오래된 불탑은 붓카라I사원지(그림 6-30)를 들 수 있다. 발굴결과 주탑의 내부에서 마우리아왕조의 초대 찬드라굽타, 퇴적층에서는 7세기 사산조Sasan 화폐가 발

그림 6-30.
스와트 붓카라I사원지 불탑과 봉헌스투파

견되는 등 4회에 걸친 증축이 확인되었다. 간다라 불탑에서는 가장 이른 시기에 속하며 기단에는 벽기둥도 없는 가장 단순한 형태인 원형이다. 기단 둘레는 조개, 파란색 유리타일, 얇은 판석 등이 깔렸는데 파란색 유리타일은 인도의 창조설화에 나오는 '태초의 물' 이미지를 형상화한 것으로 보고 있다. 이러한 예는 탁실라의 달마라지카탑에서도 볼 수 있다.

증축이 거듭되면서 사방에 계단, 불감, 울타리 외에 탑돌이 통로가 마련되는 등의 형태 변화가 나타난다.(그림 6-31) 장기간 존속되면서 자연재해로 붕괴를 겪고 복구하는 과정이 반복되었고, 복구 때 기존 석재를 재활용하였다. 주위에는 한 변 1~9m에 달하는 200기 이상의 봉헌탑이 유존하고 있다.

그림 6-31.
붓카라사원지 주스투파 기단 외벽 증축 모습

흥미로운 것은 스와트에서 중앙의 선정인을 취한 인물과 좌우에 두 인물이 합장한 모습으로 서 있는 삼존불 형식의 부조상이 출토되었다는 점이다.(그림 6-32) 중앙의 인물은 복장의 차이를 제외하면 이후에 보게 되

그림 6-32.
삼존부조, 스와트 출토, 1세기 전반,
베를린 인도미술박물관

는 불좌상과 비슷하다. 이 인물이 붓다를 표현한 것이라면 A.D.1세기 초의 불교 미술사에서 가장 이른 시기의 불상을 나타낸 것이다.[200]

200　이주형,『간다라미술』, 사계절, 2003, p.67

스와트 지역에서 나타나는 불탑의
유형 가운데 대표적인 예로 밍고라에
인접한 뢰반느Loebanr탑(그림 6-33)은
방형 기단, 원통형 탑신부와 반구형
복발로 조성되었다. 이러한 예로 싱
가다라Shingardar 등 다수의 불탑이 조
성되었다.

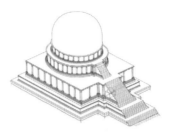

그림 6-33.
Loebanr stupa 복원도 Martore, 2003

그림 6-34.
사이두 샤리프 스투파 복구 후 전경,
A.D.1~5C

그림 6-35.
사이두 샤리프 스투파 복원도, 스와트박물관

또 다른 평면의 예는 붓카라I사원
지 남쪽의 사이두 샤리프Saidu Sharif
탑(그림 6-34, 35)으로 현재는 기둥의
흔적이 한 곳에서만 확인되지만, 방
형 평면형식의 기단 윗면의 네 모서
리에 기둥 4주가 세워지는 새로운 형
식의 탑이다. 출토된 화폐 등을 통해
조성시기는 기원전으로 보이나 본격
적인 건축은 기원후 3세기경으로 보
고 있다.

기단 상면에 기둥이 있는 예는 현
재는 없어졌지만, 기단 상면의 네 귀
퉁이에 정장형의 기둥 주초 흔적이
남아 있는 예는 앞에서 언급한 샤지
키데리탑, 굼바토나탑을 들 수 있으며, 이외에도 나지그람, 암룩다라탑
등에서도 확인된다.

붓카라III사원지 인근에 있는 판르Panr탑(그림 6-36)은 스와트강의 지류에

위치하며, 현재 방형 기단, 계단 1개소와 원형 복발 흔적만 있는 상태이다. 사원지는 3단의 테라스로 이루어졌으며 그 중 중단 테라스에는 주 불탑 주위로 봉헌탑과 기단 모서리에 기둥의 주초가 확인되었다. 이를 통해 사이두 샤리프의 기단 상부에 기

그림 6-36.
판르 스투파 전경, A.D.1~5C

둥이 조성되는 것과 달리 탑 주위에 4주의 기둥이 세워지는 또 다른 평면예의 출현을 볼 수 있다.

2. 아프가니스탄Afghanistan 불탑

아프가니스탄에 불교가 기원전에 도입되었다는 증거는 확인되지 않으며, A.D.1세기 이후에 불교가 전래하였고 다수의 불탑이 전해진다. 아쉬운 점은 현재 종교, 정치 문제 때문에 이들 유적에 대해 접근조차 어렵다는 점이다. 이 책에서는 기존 학자들의 연구결과를 바탕으로 간다라 불탑이 중앙아시아, 중국으로 전해지면서 나타나는 변천 과정을 살펴보기 위해 서술하였다. 표29)는 아프가니스탄의 불탑 현황이며, 그림 6-37)는 아프가니스탄의 불탑 현황도이다.

표29. 아프가니스탄 불탑 현황

연번	스투파 명칭	소재지	조성시기(세기)	비고
1	Kunjakai	Kabul	A.D.2~5	방형
2	Kurrindar Locakan	〃	A.D.4~5	방형
3	Top Dara	〃	A.D.3~5	방형
4	Guldara	〃	A.D.2~3	방형
5	Mes Aynak	〃	A.D.2~4	방형
6	Shewaki	〃	A.D.2~5	방형
7	Tepe Narenj	〃	A.D.5~6	방형
8	Ahin Posh	〃	A.D.2~3	십자형
9	Surkh Kotal	〃	A.D.2~5	방형,외부 기둥
10	Tepe Kalan	〃	A.D.2~	방형,건축형
11	Shotorak	Bagram	A.D.2~3	-
12	Takht-e Rostam	Haibak	A.D.3~4	원형
13	Bamiyan	Baminyan	A.D.6~9	사면 돌출형
14	Tapa Sardar	Ghazni	A.D.3~7	원형,팔각형
15	Bagh gai	Hadda	A.D.1	-
16	Tapa kalan	〃	A.D.5~8	방형
17	Gar-Nao	〃	A.D.2~7	방형
18	Tapa Shotor	〃	A.D.4~5	방형
19	Chakhil-i-ghoundi	〃	A.D.2~3	방형,십자형?
20	Tapa-i-kafariha	〃	A.D.3~4	방형?
21	Deh-i Ghoundi	〃	A.D.2~7	방형

그림 6-37. 아프가니스탄 불탑 현황도

아프가니스탄 불교 유적에 대해 1970년 이탈리아 조사팀의 체계적인
조사와 발굴을 통해 지역 내 불교사원이 9세기 초까지 운용되었던 것으로
밝혀졌다. 특히 페샤와르에서 카불로 이어지는 중간에 있는 잘랄라바드
근처의 핫다Hadda를 중심으로 발굴이 이루어지면서 다수의 불교 유적지
가 확인되었다. 발굴 때 수습된 유물은 카불박물관과 기메박물관으로 옮
겨졌으며, 다른 유물은 박물관에 소장 중이던 1979년 소련 침공 때 파괴
되고 약탈당했다.

카불과 베그람 지역은 몇 안 되는 교통로 가운데 하나로 페샤와르에서
중앙아시아, 신장웨이우얼 지역으로 카라반과 군대의 이동, 문화의 전파
등이 이루어진 중요한 곳이다. 파키스탄의 페샤와르에서 잘랄라바드를 거
쳐 카불, 베그람 주위에 남아 있는 불탑은 간다라 지역에서 쉽게 볼 수 있
는 형식으로 건축되어 당시 같은 불교 문화권에 속하는 것을 알 수 있다.

그림 6-38.
Bamiyan 스투파, A.D.6~9C

그림 6-39.
Tapa Sardar 스투파①, A.D.3~6C

바미얀Bamiyan 사원터에서 발견된 사면 돌출형 탑은 규모로 보아 봉헌 탑으로 보이며, 사면 돌출형 기단이 완벽하게 남아 있는 예로 십자형 스투파가 간다라→중앙아시아로 전해지는 교두보 역할을 한 것을 분명히 보여준다.(그림 6-38) 또 다른 예로 Tapa Sardar에서 발견된 원통형, 8각형 기단 탑(그림 6-39)은 지표면과 접하는 부분은 가장자리가 연꽃잎으로 장식된 원형 기단이고 위는 사면 돌출형으로 다양하게 변화된다. 특히 원형 평면의 기초는 복련 문양이 빙 둘러 부조되고 기단은 사면 돌출형으로 면석에는 불보살 입상이 각각 부조된 전형적인 장식탑의 예를 보인다. (그림 6- 40) 이들 탑은 원형에서 사면 돌출형으로 찾아보기 힘든 중요한 예이며, 궁극적으로 우리나라 경천사지석탑에 영향을 끼쳤다고 본다.

그림 6-40.
Tapa Sardar 스투파②, A.D.3~6C

그림 6-41.
Ahin Posh 스투파 복원도, A.D.2~3C,
William Simpson, 1880

십자형 평면에서 규모가 큰 편에 속하는 아힌 포쉬Ahin Posh 스투파(그림 6-41)는 이슬람사원으로 건축되면서 현재 평면도로 확인될 뿐이다. 발굴 시 붓다가 부조된 코인이 발견되어 주목받는다.

그림 6-42.
Surkh Kotal 방형 기단과 외부 기둥,
A.D.2~5C

그림 6-43.
Kabul, Topdara 스투파, A.D.2C

또 다른 평면의 예로 수르흐 코탈 Surkh kotal의 조로아스터교 배화단으로 알려진 방형 기단의 네 귀퉁이에 기둥을 세운 유구(그림 6-42)는 간다라 지역에서 확인되는 방형 기단 외곽 기둥 설치형과 같아 배화단이 아닌 불탑이라 할 수 있다.

카불에서 북쪽으로 60km정도 떨어진 톱다라Topdara탑(그림 6-43)은 아프가니스탄에서 규모가 가장 크며 온전한 상태로 남아 있다. 폭 36m의 방형 기단에 원통형 탑신부, 복발로 이루어졌으며 2019년 복원되었다. 특이하게 동, 서면에 계단이 조성된 예이며, 원통부 탑신에는 56개의 연꽃형 감실 아치와 벽기둥이 2단으로 조성되었는데 하단은 코린트식, 상단은 페르세폴리스식으로 장식되었다. 기단 주위에 탑돌이 행위를 위한 석재로 포장된 흔적이 발견되었다. 발굴팀에 의하면 복발을 금으로 장식했음을 알 수 있다. 이 탑의 조성시기에 대해서는 알려진 것이 없다.

카불에서 남쪽으로 22km 떨어진 구릉 정상에 있는 굴다라Guldara탑(그림 6-44)은 아프가니스탄에서 가장 잘 보존된 벽돌과 탁실라 지역의 석축

그림 6-44.
Kabul, Guldara 스투파, A.D.2C

그림 6-45.
Kabul, Shewaki 스투파, A.D.2~5C

법인 칸쥬르석과 마름모꼴돌쌓기, 마름돌쌓기 등으로 조성된 커다란 불탑으로 남서쪽에 계단이 있는 방형 기단에 2단 원통으로 된 탑신부가 남아 있다. 벽기둥은 인도-코린트식으로 장식되었고 기단 사면에는 아치형의 탑문이 조성되었다. 이러한 예는 메스 아낙탑에서 볼 수 있다.

카불의 쉐와키탑(그림 6-45)의 경우 스와트 지역에서 일반적으로 볼 수 있는 방형 기단에 원통형 탑신부, 반구형 복발의 형태를 지니고 있다. 하단 기단부는 훼손되어 자세한 형태는 알 수 없으나 원통형 기단과 중단의 감실, 상부의 반구형 복발은 원형이다. 아프가니스탄에서 가장 많이 볼 수 있는 평면형식이며, 이러한 예는 Kurrindar Locakan 등에서 확인된다.

핫다Hadda의 차킬이군디Chakhil-i-ghoundi탑의 경우 방형 기단부를 구성했던 일부 부재가 확인되었다.(그림 6-46) 규모로 보아 복층형 봉헌탑으로 보이는데, 다양한 문양을 조각한 석회암 패널로 기단 전체를 장식한 점이 흥미롭다.

기둥의 주두는 인도-코린트식의 정교한 아칸서

그림 6-46.
차킬이군디 스투파, Hadda, A.D.2~3C, wikipedia

스잎과 넝쿨, 아이 모양의 큐피트상인 아모리노amorino로 이루어졌다. 3단 방형 기단을 장식한 부조 패널 하단은 간다라에서 흔히 볼 수 있는 헬레니즘적인 장면, 중단과 상단은 불전 장면을 부조하였다. 시크리 출토의 원형 탑 외의 불전도 패널이 장식된 예를 찾아 보기 힘들다. 방형 탑을 장식한 드문 예로 간다라에서 출토된 다수의 부조 패널 장식 예를 잘 보여준다. 이와 유사한 예는 Tapa-i-kafariha, Tapa Shotor, Gar-Nao탑 등에서 볼 수 있다.

이외에도 아프가니스탄에는 다수의 불탑 유구가 전해진다. 흥미로운 것은 Takht-e Rostam탑의 경우는 커다란 암반을 위에서부터 파내려갔으며, 직경 10여m의 원통형 복발과 상부에 작은 하르미카, 복발 주위로 탑돌이 통로가 조성된 예도 확인된다.

3. 중앙아시아 불탑

중앙아시아에는 테르메즈와 고창고성 등 번영했던 오아시스 도시가 많이 있다. 이들 도시는 현장과 법현 등 중국 구법 스님들이 서역 방문을 위해 거쳐간 곳으로, 19세기에는 서구 열강들의 원정대가 경쟁적으로 답사를 하면서 알려지게 되었다. 이들 지역에서 불상을 포함한 많은 조각품이 발굴되어 주목을 받고 있다. 불상은 여러 사막의 오아시스 도시에서 발굴되었는데, 탑도 다수 확인되었다. 표30)은 중앙아시아의 대표적인 불탑 현황표이며 이외에도 키르기스스탄 Chuy 계곡 등에 불교사원이 남아 있다.

표30. 우즈베키스탄과 중앙아시아 불탑 현황

연번	스투파 명칭	소재지	조성시기(세기)	비고
1	Kara Tepa	Uzbekistan Termez	A. D. 2~3	방형
2	Fayaz Tepa	〃	A. D. 2~3	원형, 방형
3	Zurmala	〃	A. D. 2~3	방형
4	Kampir Tepe	〃	A. D. 2~3	
5	Vrang	Tajikistan Wakhan	A. D. 4	층단형
6	Khisht Tepa	Dushanbe	A. D. 7~8	
7	Kalai-Kafirnigan	〃	A. D. 7~8	
8	Ajina Tepa	Kurganteppa	A. D. 7~8	사면 돌출형
9	Kafyr-kala	〃	A. D. 7~8	

1) 우즈베키스탄

우즈베키스탄은 아무다리야강amu darya, Oxus 중국에서 우즈베키스탄 서쪽 끝의 아랄해Aral로 이어지며 이 관개수로 역할을 하고 있어 다른 지역보다 자연적 이점을 지닌다. 구리, 주석 등과 같은 유용한 광물이 풍부하여 다른 민족과, 문화 접촉이 활성화된 곳으로 많은 지역과의 교역로가 발달했다. 교역로를 통해 고대인도, 중국과 활발한 교역과 문화 외교 관계가 형성되고 불교가 전해지면서 중국과 동아시아 지역의 불교 전파에 중요한 역할을 담당했다.

우즈베키스탄 남부 테르메즈 지역에 불교 유구들이 집중적으로 분포되었는데 대표적인 유구로는 아이르탐Airtam, 주르말라, 파야즈테파, 카라테파를 들 수 있다. 인접한 자르테파Zartepa와 캄피르테파Kampirtepa, 북으로 70km 정도 떨어진 달베르진테파Dalverzintepa, 100km 정도 떨어진 할챠얀Khalchayan 등의 불교 유적지에 관한 연구가 이루어졌다.

이들 유적지연구를 통해 쿠샨왕조 대인 1~3세기에 해당하는 것으로 확인되었다. 특히 테르메즈는 1926~1928년 학계에 처음으로 알려졌고 현장의 『대당서역기』권1에 언급되는 달밀국呾蜜國으로 알려신 고대도시이다. 가람은 10여 곳, 1,000여 명 이상의 스님들이 거주하고 불탑과 불상이 매우 신기롭고 기이하며 영험이 있다는 기록이 전한다.

발굴조사를 통해 테르메즈는 고대 박트리아뿐만 아니라 중앙아시아 불교의 중심지였음이 확인되었다. 유적의 규모, 건축 유구의 다양성과 문화적 독창성은 이 지역에서 불교의 차지하는 위상을 엿볼 수 있다. 테르메즈 지역에 불교가 유입된 시기는 B.C.3세기 말, B.C.2세기~A.D.1세기 초, A.D.2세기 초 쿠샨왕조 카니슈카왕 대에 등장했다는 견해가 제시되었지만, B.C.1세기 이전에 인도에서 이주한 스님을 통해 불교가 유입된 것으로 보인다.

하지만 중앙아시아 남부와 아프가니스탄, 파키스탄, 인도 서북부는 쿠샨왕조의 영향권에 속하던 곳으로 대대적인 스님의 파견은 쿠샨왕조 이후로 파악하고 있다. 특히 이들 유구에서 발견된 주화, 벽돌, 조적술 등을 고려할 때 카니슈카 1세 재위기에 이 지역에 불교가 유입된 것으로 본다. 2~3세기에 가장 번성하였으며, 3세기 말~4세기경 쿠샨왕조 소멸과 박트리아의 사회, 경제적 쇠퇴에 따라 불교도 점차 사라졌다. 7세기 말 토차리스탄Tocharistan과 아랍의 전쟁 이후 폐사된 것이 연구결과로 밝혀졌다.

그중 타르미타Tarmita - 테르메즈Termez는 쿠샨, 박트리아의 불교 중심지 중 하나로 사원의 평면구조가 전통적인 비하라 형태의 사원과 유사하다. 탑은 사원의 중심에 위치하며, 기단부가 석회암 재질의 석조 프리즈frieze로 형성된 것으로 판단할 때 본생도, 불전도를 표현한 다양한 형태의 부조로 이루어졌을 것으로 추정된다. 이곳에서 다양한 불상, 스님, 공양자, 신수神獸들과 같은 다양한 부조상이 출토되었다. 이들은 모두 독창적인 예술적 감각을 보여주면서 간다라 불교예술과 동일 선상에 자리매김한다.

그림 6-47.
Fayaztepa 스투파, 복원후 전경

그림 6-48.
Fayaztepa 스투파,
복원전 내부 불탑 모습, A.D.1~4C

파야즈테파Fayaztepa사원은 카라테파에서 북쪽으로 1km 정도 떨어진 곳에 있다. 승원과 탑원으로 구분되며 탑원에는 방형 기단에 복발을 갖춘 대형 불탑이 있고, 불탑 주위로는 승방 흔적을 볼 수 있다. 불탑은 2단 방형 기단 위에 원통부와 복발로 구성되었다. (그림 6-47) 현재는 훼손되었지만, 발굴 당시 원통부와 복발은 연꽃과 법륜으로 장식되었다. 흥미로운 점은 원통형 탑신부 내부에 원형 평면, 반구형 복발의 소형탑이 봉안

된 점이다. (그림 6-48)

　현재도 기단 위쪽의 동쪽 출입구를 통해 내부에서 재가자의 기도와 탑돌이 행위를 할 수 있는 통로가 개설되어 있다. 내부 소형탑은 A.D.1세기에 조성되었다가 3~4세기에 외부로 돔을 쌓고 기단을 크게 증축한 것으로 알려졌다. 이 절터에서 불상이 발굴되었는데 이곳에서 나온 것으로 보인다. 이러한 특징은 스와트 붓카라Butkara, 라니가트Ranigat, 쿠나라Kunala에서도 볼 수 있다.

그림 6-49.
Zurmala 스투파, A.D.1~3C

　한편 테르메즈 남서쪽 평야 지대에 자리한 주르말라Zurmala불탑은 3세기 쿠샨왕조 때 조성되고 현재 원통부와 복발만 남아 있다. 오랜 세월을 보냈지만, 탑이라는 느낌을 풍긴다. 불탑은 흙을 말려서 만든 벽돌로 쌓은 방형 기단과 원통부만 남아 있다. 동쪽에 계단이 위치하고 크기는 22×16m, 높이는 1.4m, 원통부는 잔존 높이 13m, 지름 14.5m이다. (그림 6-49)

　카라테파Karatepa는 아무다리야강변에 있어 강 건너편의 아프가니스탄을 마주하고 있다. 우즈베키스탄의 최대 불교사원이면서 유일한 석굴사원으로 사암층을 개착한 석굴과 흙벽돌로 쌓은 지상 건축물이 연결된 구조이다. 석굴 운용 시기는 불교와 관련하여 상한 연대가 쿠샨왕조 대로 확인된다. 반면 북쪽의 주 불탑은 방형 기단의 탑신 구조를 나타내고 있다. 현재 훼손이 많이 진행되어 원형확인은 어려우나, 복원도에 의하면 방형 기단에 원통부와 반구형 복발로 이루어져 간다라 불탑과 같은 외형을 갖춘 것으로 알려졌다. 주탑 주위에는 작은 봉헌탑이 있다. 이곳에 있는 탑의 주재료는 모두 흙으로 벽돌을 만들어 굽지 않고 말려서 만든 특징을 나타낸다.

카라테파에서 이른 시기 조성된 것으로 추정되는 연화문 장식의 원형 기단을 갖춘 탑이 남쪽 구릉에서 발견되었다. 방형 기단 탑이 처음으로 나타난 시기에 대해서는 정확히 알 수 없지만, 원형과 방형 기단 불탑이 동시에 발견된 점으로 보아 A.D.1세기 말~2세기 초에 조성된 것으로 추정된다.

2) 카자흐스탄Kazakhstan, 키르기스스탄Kyrgyzstan, 타지키스탄Tajikstan 불탑

카자흐스탄은 서쪽으로는 카스피해로부터 동쪽으로는 알타이산맥Altai, 북쪽으로는 시베리아 평원에서 남쪽으로는 톈산산맥Tian Shan 天山에 걸쳐 있는 대규모의 영토를 가진 나라이다. 최남단은 우즈베키스탄, 키르기스스탄과 접하며 동으로는 중국 신장웨이우얼 지역과 접해 있다. 키르기스스탄은 북으로는 카자흐스탄, 서쪽으로는 우즈베키스탄, 동으로는 중국 신장웨이우얼, 남으로는 타지키스탄과 접하며, 고대 수 세기 동안 다양한 문화와 문명이 이동하던 실크로드인 사막 횡단로가 개설되었다. 타지키스탄은 우즈베키스탄, 키르기스스탄, 아프가니스탄, 신장웨이우얼과 접하고 있는 지역이다.

특히 파미르고원 와칸 협곡의 판지강을 국경으로 아프가니스탄과 구분하는 외진 곳에 위치한 타지기스탄의 브랑Vrang탑(그림 6-50)은 마치 우리나라의 방단형 적석탑과 같은 자연석을 쌓아 만든 층단 형태로 다른 곳에서 보기 힘든 유일한 예라 할 수 있다.

그림 6-50.
Wakhan, Vrang 스투파, A.D.4세기

카슈미르의 하르완탑은 3단의 낮은 층단 형태와 달리 5단의 높은 층단으로 구성된 피라미드 형태를 나타내고 있다.

그림 6-51.
아지나테파 스투파 전경, 7~8세기

그림 6-52.
아지나테파탑 복원도,
타지키스탄 국립유물박물관

타지기스탄 남부의 Kurgan Teppa에서 동쪽 12km에 있는 아지나테파 Ajinatepa에서도 불교사원 단지가 1959년 발견되었다. 이곳에서는 12.8m의 석존의 열반상과 한 변의 폭이 20m인 사면 돌출형 탑(그림 6-51, 52), 정방형 사원 구조 등을 통해 간다라 불교의 영향을 받은 불교 건축 유구와 불교 미술품을 확인할 수 있다. 특히 열반상은 틀을 사용하지 않고 열을 가하거나, 석회를 섞지 않고 제작된 진흙상(泥像)이라는 점에서 주목받고 있다. 1966년 제한된 기술력과 부족한 예산을 핑계로 소련 고고학자에 의해 92개의 조각으로 분리되었다가 매우 조악한 상태로 복원되었다는 점이 매우 아쉽다.

앞으로 이 지역의 불교 유적에 대해 기회가 된다면 다시 한번 심층 있게 거론하고 싶다.

4. 신장웨이우얼新疆維吾爾自治區 불탑

중앙아시아의 동쪽은 현재 중국 신장웨이우얼 자치구에 해당하며, 한 대漢代 사서에서 '서역西域'으로 불리기 시작했다. 신장新疆이라는 명칭은 18세기 청대에 불렸고 위구르Uyghur는 주민들을 지칭하는 것으로 중국어로는 웨이우얼維吾爾, '투르크의 땅'을 뜻하는 '투르키스탄Turkestan'이라는 용어가 동시에 사용되었다. 19세기 제정 러시아에서 정복한 중앙아시아 지역을 지칭하는 용어로 러시아가 지배한 지역을 '서투르키스탄'이라 하고 청조淸朝에서 지배한 지역은 '동투르키스탄'으로 불렸는데 현재는 사용하지 않는다[201].

이 지역은 남북으로 거대한 산맥에 둘러싸여, 지구에서 가장 건조한 곳 중 하나로 타클라마칸사막으로 이루어졌다. 양쪽 산맥을 따라 조성된 오아시스 주변이 개발되면서 문화가 발달하고 주변과의 소통이 이루어졌다. 사막 남쪽으로는 카스(喀什, Kashgar), 호탄(和田, Khotan), 로프노르(羅布泊, Lop-Nor), 쿠처(庫車, 龜玆, Kucha), 북쪽으론 하미(哈密, Hami), 투루판(吐魯番, Turpan), 창지회족昌吉回族(우루무치烏魯木齊, Urumqi), 알타이阿勒泰, 타청塔城, 보얼타라몽골博爾塔拉蒙古, 일리카자흐伊犁哈薩克 등으로 구성되었다.

실크로드가 형성된 시기에 대해 알려진 것은 없으나 B.C.138년 한漢 무제의 명을 받은 장건張騫에 의해서 그 존재가 처음 알려졌다. 고고학 조사 결과에 따르면 B.C.5세기경 중앙아시아 유목민인 샤카족과 스키타이족에 의해 개설된 것으로 추정하고 있다.

실크로드는 중국의 장안西安을 출발하여 란조우蘭州, 과주瓜州, 하미哈密, 투르판吐魯番에서 텐산天山산맥 북쪽의 텐산북로와 텐산남로로 갈라진다.

---

201 『실크로드 연구사전 동부 : 중국 신장』 국립문화재연구소, 2019. p. 20.

톈산북로는 타지기스탄의 타슈켄트를 거치고, 톈산남로는 옌치焉耆, 쿠차庫車, 카슈가르喀什, 타슈겐트와 우즈베키스탄의 테르메즈로 연결된다. 톈산남로는 타클라마칸사막의 북쪽에 있어 서역북로라고도 한다. 또 다른 통로는 타클라마칸사막 남쪽의 서역남로로 과주瓜州에서 둔황燉煌, 미란米蘭, 체르첸且末, 호탄和田, 요트칸, 카슈가르를 연결하는 통로이다. 이들 통로는 톈산天山산맥과 쿤룬崑崙산맥에서 내려온 물이 사막에서 솟아나는 오아시스 도시를 연결하는 대상들의 교통로였다.

근대에 들어와 서구학자들의 노력으로 오아시스 도시의 유적이 발굴되면서 불교 유적과 유물을 통해 인도와 페르시아의 문화가 수용됐음이 알려졌다. 불교 문화는 이 지역의 문화 발달에 크게 이바지했으며 현재까지 확인된 불교사원은 40여 개소에 달하고 있다. 표31)은 신장웨이우얼 지역의 불탑 현황이다.

표31. 신장웨이우얼 자치구의 불탑 현황

연번	스투파 명칭	소재지	조성시기(세기)	비고
1	Rawak, 熱瓦克佛寺	Khotan	A.D.3~5	십자형
2	Mor, 喀什莫尔佛塔	Kashgar	A.D.3~5	방형, 원통형
3	Miran, 米兰遗址大佛塔	Miran	A.D.3~4	원통형
4	Miran 2절터, 米兰遗址大佛塔	Miran	A.D.3~4	방형
5	Jiaohe, 交河故城	Turfan	A.D.5~7	상부 기둥형
6	Qocho, 高昌故城	Turfan	A.D.5~7	사면 돌출형
7	Bezelik caves	Turfan	A.D.5~7	사면 돌출형
8	Subashi No.1, 蘇巴什	Kuchar	A.D.4~7	방형
9	Subashi No.2, 蘇巴什	Kuchar	A.D.4~7	방형
10	Subashi No.3, 蘇巴什	Kuchar	A.D.4~7	방형
11	Loulan	Loulan	A.D.4~7	방형
12	Hamil	Hamil	A.D.6~9	
13	Yingpan	Khotan	A.D.4~9	
14	Thol	Khotan	A.D.3~9	방형

그림 6-53.
Jiaohe탑과 고층누각탑

실크로드에서 불교 문화가 사라지게 된 주된 이유는 당唐의 쇠퇴, 이슬람의 진출과 불교 문화의 파괴, 자연환경의 변화가 겹쳐 나타난 것이다. 4~6세기경 북위北魏 이전 중국에 건립된 불탑은 모두 훼손되어 유구의 특징을 확인할 수 없다. 다만 투르판의 교하고성Jiaohe에 있던 고층누각 불탑 도판을 통해 짐작할 뿐이다. 중국의 고층누각 불탑이 서쪽으로 가장 멀리 전해진 지역으로 보인다. (그림 6-53)

서역남로의 오아시스 왕국 호탄(和田, Khotan)은 예전엔 우전국于闐國으로 불렀다. 초기에는 부파불교가 전해졌고, 이후에는 대승불교가 성황을 이루었다. 법현의『불국기佛國記』에 우전국의 불교 상황이 자세하게 언급되어 있는데 이 기록을 통해 불교가 매우 번성했음을 알 수 있다. 6세기 누란이 멸망한 이후에도 서돌궐, 당에 예속되는 등 서역남로의 중요한 거점이었다. 주요 불교 유적지로 요트칸, 메리카와트, 단단윌릭, 라왁 등을 들 수 있다.

현재 호탄의 황량한 사막 한가운데 있는 '정자 누각'이라는 뜻을 지닌 대표적인 십자형 평면의 라왁Rawak탑 (그림 6-54)의 기단 주위 벽에 불상과 불화가 남아 있지만, 보존을 위해 모래로 덮어 두었다고 한다. 탑은 방형의 벽으로 둘러싸인 안뜰의 중앙에

그림6-54.
Rawak 스투파, 호탄, A.D.3~5C

위치하며 계단과 방형 기단, 원통형
탑신부가 남아 있다. 그림 (6-55)는
라왁 불탑의 평면도이다.

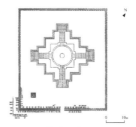
그림 6-55.
Rawak 스투파 평면도, Stein, 1907

캬슈가르에서 동쪽 40km 평원의
모르Mor탑(그림 6-56)이 있는 곳이 현
장 스님이 언급한 스님 만여 명이 있
던 장소였는지 여부는 확실치 않으
나 유일한 정방형 기단, 원통형 탑신
으로 간다라 불탑의 영향을 받았음이
확인된다. 특히 옛 카슈가르 유적지
에서 7km 떨어진 사방이 트인 장소
에 가람이 조성된 것은 군사 요충지
의 역할을 한 것으로 보인다.

그림 6-56.
Mor 스투파, 가슈가르, A.D.3~5C

카스(喀什, Kashgar)는 타클라마칸사막 초입에 있는 도시로 동서문화의
교차점이자 서역남로와 서역북로가 갈라지는 곳이다. 현장『대당서역기』
권12에는 "그들의 문자는 인도의 문법을 따르고, … 인도의 필법 양식을
지킨다. … 가람은 수백 곳이 있으며 스님들은 만여 명이 있는데, 이들은
소승의 가르침인 '설일체유부'를 배우고 있다"고 전하고 있어 간다라의 영
향권에 속함을 알 수 있다.

미란(米蘭, Miran)은 서역남로에서 가장 동쪽 끝에 있는 '서역 6강' 중 하
나로 번성하며 선선국鄯善國에 속했던 오아시스 거점도시이다. 법현의
『불국기佛國記』에서 선선국에 대해 "이 나라의 왕은 불교를 신봉하며 스님
들은 사천 명 정도였는데 모두 소승을 믿는다. 사문들은 물론 속인들도
모두 천축의 예법을 행하고 있었는데 이곳뿐만 아니라 서쪽에 있는 나라

들도 대개 이와 비슷하다. 나라마다 사용하는 언어가 다르지만 출가한 사람들은 모두 인도의 문자를 익히고 있다"[202]고 전한다.

그림 6-57.
Miran 제2절터 스투파, 미란,
A.D.3~4C

20세기 초 오렐 스타인이 발견한 미란 제2절터 불탑(그림 6-57)은 방형 기단, 원통형 탑신 형태의 전형적인 간다라 양식 불탑임이 확인되었다. 미란 제2절터는 현재 확인되지 않고 사진으로만 만날 수 있을 뿐이다.

투르판(吐魯番, Turpan)은 중국에서 서역으로 가는 실크로드 초입에 있는 오아시스 도시이다. 톈산天山산맥 남쪽의 톈산남로와 톈산북로가 갈라지는 삼거리에 위치하는 지정학적 입지로 지난 2천여 년간 유목민족을 비롯해 중국의 한, 당, 청나라 등과 치열한 영토 전쟁이 벌어졌다. 투르판에는 교하고성, 고창고성, 베제클리크 석굴 등 대표적인 불교 유적지가 있다.

교하고성은 2개의 강줄기를 낀 높이 30m, 길이 1,650m, 폭 300m의 고구마 모양의 섬 형태로 현지에서는 '야르호트(언덕 위의 성)'로 부른다. 고성의 북쪽에 있는 탑은 5~6세기에 조성된 것으로 추정되며 방형 기단의 십자형 평면, 모서리의 소형 탑 4기, 중앙의 원통형 탑신으로 구성되었다. 이러한 예는 간다라 지역에서 기단 상부의 4주 기둥과 십자형 평면이 함께 구성되며 이후 보협인탑의 원형으로 나타나는 것에서 확인할 수 있다.(그림 6-58) 특이한 것은 주 불탑 주위에 100개의 소형 봉헌탑이 25개씩 네 군데로 나뉘어 조성된 점이다.

---

202   김규현, 『불국기』 글로벌콘텐츠, 2013, pp. 49~50.

그림 6-58.
Jiaohe 스투파, 교하고성, 투르판,
A.D.5~7C

그림 6-59.
Kaochang 스투파, 고창고성, 투르판,
A.D.5~7C

그림 6-60.
Subashi 스투파, 蘇巴什, 쿠차,
A.D.4~10C

고창고성의 불탑은 원형에 가까운 사면 돌출형 평면을 나타내며 계단이 없는 특이한 형식이다. (그림 6-59) 우리나라에서는 이러한 형태를 '라마양식'으로 부르며 티베트 불교의 영향을 받은 것으로 보고 있다. 하지만 이러한 평면은 간다라 양식의 십자형 평면의 마지막 변천 과정에 나타나는 형식으로 이러한 예는 인근의 베제클리크석굴 주위의 탑에서도 확인된다.

쿠차庫車의 톈산남로 중간 지점에 있는 수바시蘇巴什 고성의 불탑은 방형 기단에 1개의 계단, 원통형 탑신부와 반구형 복발로 이루어졌다. (그림 6-60) 이러한 형식은 아프가니스탄에서 볼 수 있다.

이외에도 지금은 없어졌지만, 호탄의 톨Thol 탑 경우처럼 작게 다듬은 자연석을 이용하여 쌓은 형식 등 다양한 형식의 탑이 간다라를 통해 이곳까지 전해졌음을 알 수 있다. 이들 지역의 탑을 볼 때 파손은 심해도 상당수의 불탑이 있었고 형상을 추정할 수 있는 예도 일부 전해지고 있으며, 간다라 양식의 불탑이 중앙아시아를 중간 거점으로 하여 중국, 우리나라로 전해지는 변화 과정을 엿볼 수 있다. 이외에도 신장웨이우얼에 있는 불탑 유구는 다음과 같으며, 향후 연구를 위해 수록하였다.

　楼兰佛寺(若羌县), 米兰佛寺, 尼雅中心佛塔, 尉犁营盘佛寺(尉犁县-), 库车苏巴什佛寺, 焉耆七个星佛寺遗址, 吐鲁番高昌故城大佛寺, 吐鲁番台藏塔, 吐鲁番交河故城佛寺, 吐鲁番交河故城塔林, 吐鲁番交河故城地下寺院, 吐鲁番胜金口佛寺, 鄯善色尔克普厄格孜塔木和塔什佛教刻石及佛塔, 鄯善克其克阿萨佛寺, 哈密白杨沟佛寺, 哈密甲朗聚龙佛寺, 哈密托玛佛寺, 哈密央打克佛寺, 哈密库木吐鲁佛寺, 哈密恰普佛教禅室, 北庭高昌回鹘大佛寺遗址, 巴楚图木秀克佛寺遗址, 巴楚克克勒玛佛寺遗址, 巴楚脱库孜萨来佛寺遗址, 伽师卡玛洞佛寺遗址, 伽师喀勒呼其佛塔, 皮山杜瓦佛寺, 皮山布特列克佛寺遗址, 莫尔佛塔, 疏附托库孜卡孜那克寺院遗址, 于阗克里雅喀拉墩佛寺遗址, 于阗长孜纳克佛寺, 和阗牛头山佛教圣地, 和阗布盖乌衣里克佛寺遗址, 策勒达玛沟乌宗塔提佛教遗址, 洛浦热瓦克佛寺遗址, 策勒丹丹乌里克佛寺

5. 간다라 불탑의 특징과 변천

1) 간다라 불탑의 특징

간다라 불탑 중 다수를 차지하는 방형 기단 불탑의 기단부와 탑신부는 현저히 높아지나 복발은 오히려 축소 퇴화하는 경향을 나타낸다. 즉 간다라 불탑 기단부는 인도의 원통형에 비해 정방형이 다수를 차지하고 있다. (그림 6-61)

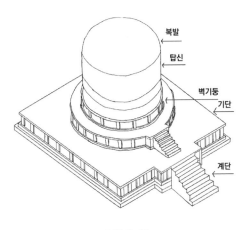

그림 6-61.
간다라 방형 기단 스투파 명칭

기단 면석에는 벽기둥, 감실 등의 조형이나 처마받침 등이 수평 단락되어 층간 구분이 분명하다. 탑신부는 인도의 반구형 스투파와 달리 높고 지름이 일정한 원통형과 맨 위에는 규모가 축소된 반구형 복발로 구성되었다. 첨두부는 앞에서 언급한, 현재 탁실라박물관에 있는 하르미카와 다수의 소형 봉헌탑을 제외하고는 없다. 그것도 석재를 쌓아올린 것이 아니라 환조 또는 금속으로 이루어졌다. 이러한 방식으로 된 것은 당시 인도인들의 축조방식으로는 조성할 수 없었기 때문이다.

현장의 『대당서역기』권2, 카니슈카대탑을 언급한 장면에서 첨두부(상륜부)를 금동으로 표현한 것은 당시 간다라에서 금속 또는 조각을 이용하여 이러한 문제점을 해결했기 때문으로 판단된다. 이를 증명하듯이 다양한 봉헌탑을 통해 첨두부 외형이 지름이 체감되는 버섯 모양의 일산으로 다수 장식된 것이 확인된다. 이렇듯 탑의 전체 윤곽은 고준하고 명쾌한 모습을 나타낸다. (그림 6-62)

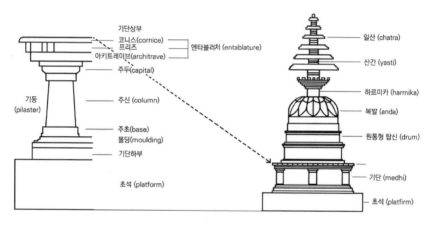

그림 6-62. 간다라 봉헌탑 명칭과 기단 상세

앞의 예를 통해 간다라 불탑의 특징은 모든 불탑에서 확인되는 것은 아니지만 많은 유구에서 공통으로 확인되는 예는 다음의 다양한 특징을 갖고 있다고 할 수 있다.

가. 잡석과 점판암 등 석재를 가공하여 쌓은 축조법으로 조성되었다.

벽돌과 흙, 석재로 구성된 인도 스투파와 달리 간다라 지역의 탁실라의 경우는 대부분 사원과 불탑이 마름모꼴돌과 얇고 납작한 형태의 점판암 kanjur을 사용한 축조법으로 조성되었다. 초기에는 막돌을 쌓고 그다음에는 마름모꼴돌과 얇고 납작한 칸쥬르석을 채우는 형식으로 변화가 나타난다. 이후 마름돌과 칸쥬르석을 사용하는 등 형식의 변화가 나타나 사원의 조성연대를 파악하는데 하나의 기준점이 되고 있다.

탁실라박물관에서는 석축법을 ㉮초기 막돌쌓기, ㉯중기 막돌쌓기(초기는 막돌 크기가 작고, 중기는 막돌 크기가 큰 것으로 막돌 크기로 구분함) ㉰작은 마름모꼴돌과 칸쥬르석쌓기, ㉱큰 마름모꼴돌과 칸쥬르석쌓기, ㉲마름돌과 칸쥬르석쌓기 등 5가지로 분류했다.

나. 기단부 평면이 원형, 방형, 사면 돌출형 등 다양하게 조성된다.

마우리아왕조 이후 조성되는 불탑은 발굴결과 원형 평면으로 조성된 경우가 있었지만, 이후 방형·사면 돌출형 평면 등으로 변화하는 과정을 겪는다. 방형 기단에는 계단이 한쪽으로 설치되며 사면 돌출형 평면의 경우는 사방에 계단이 설치되고 마지막으로 계단이 생략되는 변화로 이어진다.

다. 기단은 다단으로 중첩되며 면에는 벽기둥과 불감, 불상 등으로 장식된다.

일반적으로 원형·방형 기단부와 탑신부는 구분이 뚜렷한 몇 개의 층단으로 중첩된다. 기단부 맨 위쪽에는 처마가 돌출되고 밑면에는 처마받침이 있다. 면석에는 주두柱頭에 아칸서스acanthus 잎을 디자인한 코린트식 기둥과 인도-코린트식의 기둥을 일정한 간격으로 배치했다. 기둥 사이에는 불전도나 본생도 또는 불상으로 장식했다.

봉헌탑의 기단은 단층형과 적층형, 복층형으로 구분된다. 단층형은 기단 상부의 띠 모양 돌출부인 코니스와 기단 하부의 몰딩으로만 장식되는 간결한 형태, 적층형은 층단으로 구분되는 형태, 복층형은 폭이 다른 기단이 복층으로 이루어진 형태인데 기둥과 감실, 사자, 코끼리와 아틀라스 등으로 구성되는 장식대가 여러 개 있다. 일반적으로 상부로 올라가면서 계단식으로 체감되는 형태를 나타낸다.

라. 복발 하부는 지름이 같고 높은 원통형 탑신부가 추가된다.

일반적으로 원통형·방형 기단과 인도에서는 일부 예를 제외하곤 유례를 찾기 어려운 고준한 원통형 기단과 높이를 높인 원통형 탑신부는 체감이 거의 없는 조적법이다. 기단부와 탑신부가 일체화되어 전체 모습이 매우 높아지고 기단부와 탑신부는 받침으로 수평으로 층단 구분이 확실하며 윗부분이 볼록한 반구형 복발로 구성된다. 원통형 탑신부에도 감실과 불상 및 다양한 문양 등이 장식되는 층단으로 구성되었다.

마. 첨두부尖頭部가 다중의 일산으로 구성되는 등 세장하고 고준해진다.

간다라에 유존하는 불탑의 첨두부가 파손되어 원형확인이 어렵지만, 일부 원형 추정이 가능한 예를 볼 수 있다. 탁실라박물관의 시르캅 출토 첨두부(그림 2-11)의 경우 하르미카와 3단의 일산, 모흐라모라두 Mohra Moradu사원 승방의 봉헌탑(그림 6-63) 등은 일산이 마치 버섯처럼 위쪽으로 올라가면서 일정하게 지름이 체감되는 전체적으로 잘 갖추어진 외형을 나타내고 있다.

그림 6-63.
모흐라모라두 출토
봉헌 스투파

탁실라의 자울리안Jaulian에서 발견된 봉헌탑(그림

6-64) 경우는 3단 방형 기단과 3단 원형 탑신 위에 장식이 부가된 반구형 복발을 올렸다. 첨두부는 하르미카 위에 긴 찰주를 세우고 11개의 일산으로 장식되었다. 일산 형태는 마치 고깔 형태와 같고 지름은 위쪽으로 올라가면서 일정하게 체감되었기 때문에 전체적으로 잘 갖추어진 외형을 나타내고 있다. 또 다른 예로 날란다대학 터에서 출토된 청동제 봉헌탑(그림 6-65)은 방형 기단부에 원통형 탑신부, 반구형

그림 6-64.
자울리안 출토
봉헌 스투파

그림 6-65.
날란다 출토
봉헌 스투파

복발, 역층단받침과 13개의 일산으로 구성되어 간다라 지역의 불탑 외형을 그대로 보여주는 중요한 예이다.

『낙양가람기』외에도『대당서역기』권2는 현장이 바라본 카니슈카대탑으로 알려진 작리부도雀離浮圖의 외형 및 첨두부 모습을 전하고 있다.

"작은 솔도파의 주위에 다시 돌로 솔도파를 세워서 자신의 공덕의 힘으로 작은 솔도파를 덮어씌우려고 하였다. … 높이는 점점 높아져 4백 척이 넘게 되었다. … 층기層基가 5층에 달하였으며, 높이는 150척이 되고서야 마침내 작은 솔도파를 덮을 수 있게 되었다. … 그 위에 다시 25층의 금동상륜金銅相輪을 세우고는 여래의 사리 1곡(斛:10말)을 그 속에 안치하고서 예식을 갖추어 공양을 올렸다."

즉 현장이 본 불탑은 석조이며 5층 기단 위에 탑신과 금동으로 된 일산이 올려져 있다. 토카다라Tokar Dara탑 또는 자울리안 봉헌탑과 같은 모습

을 표현한 것 같다. 인도 스투파에서 이러한 첨두부 예는 확인되지 않아 간다라 지방 특징이라 할 수 있다. 또한 첨두부를 금속으로 제작하여, 쌓는 방법으로는 불가능했던 것을 극복하였음을 보여준다. 마치 인도 석굴 사원의 스투파 탑두부를 조각기법을 사용하여 조성한 것과 같다.

바. 방형 기단 상면 또는 주위에 기둥 4주가 세워진다.

방형 기단 윗면의 모서리 또는 기단 주위에 원통형 기둥 4주가 조성된다. (그림 6-66) 쿠와야마秦山正進[203]에 의하면 사면 돌출형이 나타나기 훨씬 이전인 카니슈카 I세부터 바수데바Vesudeva I세 때에 원통형 모서리 기둥이 조성된 것이 확인되었다.

그림 6-66.
간다라 기둥설치형
봉헌 스투파

원통형 모서리 기둥은 힌두쿠시산맥의 남쪽 카불강 유역에서 6세기 중반부터 활발하게 조성되어 8세기까지 유행하는[204] 특징을 보인다. 특히 인접한 아프가니스탄의 수르흐 코탈Surkh Kotal에서 같은 형태의 불탑 기단부가 발견되어 이 같은 형식이 중앙아시아로 전파되었음을 확인하게 된다. 원통형 기둥과 관련하여 한역 경전 중『낙양가람기』권5에 조성시기를 파악할 수 있는 근거가 전해진다.

"「도영전」에는 카니시카대탑에 관한 전설은 스투파 보수가 끝나고 네

---

203   Kuwayama,Sh. The Fourth Excavation at Tapa Skandar. Japan-Afghanistan Joint Archaeological Survey in 1976. Kyoto. pp.9~11.

204   Kuwayama,Sh. Kapisi Begram Ⅲ : Renewing its Dating. Orient 10, 1974. pp.57~78.

귀퉁이에 고층누각을 세웠다."

고고학적으로도 원통형 기둥이 방형 기단 불탑에 처음으로 나타났다는 것이 확인되었다. 쿠와야마는 네 귀퉁이의 고층누각과 카니슈카대탑의 네 구석에 있는 원통형 기둥을 동일시하면 방형 기단 불탑을 조성한 것은 카니슈카 왕이라는 주장[205]을 펴고 있다. 특히 도영전 기록이 카니슈카 대탑의 실상을 바탕으로 언급한 것이라면 샤지키데리탑에 원통형 기둥을 조성한 것은 도영 시절, 즉 5세기 중반에는 이미 존재했다고 할 수 있다.

이와 같은 기둥 4주는 석존의 탄생, 성도, 초전법륜, 열반을 의미한다.

그림 6-67.
탁실라 시르캅 자이나교탑

한편 시르캅 쌍두취탑에서 얼마 떨어지지 않은 곳에 기둥이 설치된 불탑은 아니지만 자이나교탑Jain으로 알려진 스투파가 있다. (그림 6-67) 시르캅에서 기둥이 있는 스투파로 조로아스터교의 성화단 등의 이야기가 전한다. 그런데 사자 형상이 새겨진 기둥은 시르캅 유구의 폐허에서 이곳으로 옮겨온 것으로 스투파와는 관련이 없으므로 잘못 전해진 이야기일 뿐이다.

사. 十자형 또는 사면 돌출형 기단을 가진 스투파가 조성된다.

한쪽에 계단이 설치되는 일반적인 방형 기단의 경우와 다르게 사방에 계단이 설치되어 마치 '十'자형 모습을 보이는 평면이 나타나는 불탑이 조

---

205 桑山正進, 위 논문 1995, pp. 366~363.

성되었다. 이후에는 계단과 기단 사이의 모서리 부분에 또 다른 방형 돌출부위가 표현되어 사면 돌출형 평면을 나타낸다. 샤지키데리탑을 포함하여 다수의 불탑 발굴조사 결과 방형 기단 이후에 나타나는 것으로 밝혀졌다. 사면 돌출형 탑은 간다라 지역을 포함한 잠무·캬슈미르 지역에서 새로운 불교사상의 전파와 함께 조성되면서 오랫동안 애용되었고 규모도 대형화되었다. 아프가니스탄 카불 인근의 가즈니Ghazni에서는 경주 석굴암 삼층석탑의 기단부를 연상시키는 원형 지대석에 팔각기단, 사면 돌출형 탑신의 평면을 가진 불탑이 확인되었다.

불교 설화를 집대성한 『디바야바다나』에 이러한 십자형 평면과 4주의 기둥이 있는 불탑이 언급되었다. "스투파는 황금으로 자궁의 형태를 만들고 사방에는 4개의 계단을 만든 다음 차례로 기단, 복발을 조성하고 기둥을 세우고 … 석존의 탄생, 성도, 초전법륜, 열반을 기념하는 4개의 탑을 세운다."는 구절로 간다라 지역에 조성되던 불탑의 형태를 자세히 알 수 있다.

아. 남인도 스투파에 조성되던 기단 내부에 바큇살구조 스투파가 조성된다.

남인도 안드라프라데시주 코로만델 해안의 북단, 크리슈나강, 고다바리강 유역에서 주로 발견되던 바큇살구조의 스투파가 잠무 카슈미르, 간다라 탁실라, 아프가니스탄 잘랄라바드에 이르는 광의의 간다라 지역 등에서 발견되고 있다. 이들 구조는 대체로 대규모 스투파에 조성되던 것이다.

남인도 스투파의 경우 중심에 원형 혹은 방형의 중심테를 두고 방사상 형태의 차단벽과 외벽이 조성되는 것과 달리 샤지키데리탑, 달마라지카탑 등 간다라를 포함하는 지역의 불탑은 중심테와 외벽에 해당하는 구조물이 없다. 특히 상홀탑의 내부구조는 거대한 방형 기단과 지름이 작은 원형 탑신부로 이루어진 구조로 되어 있는 등 바큇살구조가 남인도와 다르다. 이는 남인도에서 마투라, 상홀을 거쳐 간다라로 전해지는 과정에서 기술의 이해 부족이 어우러져 나타난 현상으로 볼 수 있다.

자. 스투파 기단부 또는 원형 탑신부에 불전도 부조 패널이 장식된다.

바르후트 또는 산치의 예에서 보듯이 인도에서는 다양한 장식문양을 비롯해 본생도·불전도 등의 설화를 표현한 패널을 스투파 난간에 부착하여 장식하는 형태로 나타난다. 이와 달리 간다라 지방에서는 소규모 불탑 기단 외벽에 석존의 태몽(그림 6-68)부터 탄생, 궁중 생활과 출가에 이르는 전반적인 삶과 생애 마지막에 관한 열반 관련 설화를 연대순으로 조각

그림6-68.
마야부인 태몽 설화, 간다라 스투파 부조,
파키스탄 라호르박물관

한 부조 패널로 장식하는 특징을 보인다.

그 가운데 열반과 관련된 장면, 즉 「열반」장면 외에 「염습」, 「운구」, 「입관」, 「다비」, 「사리입성」, 「사리수호」, 「사리쟁탈전」, 「사리분배」, 「사리운반」, 「조탑」 등 여러 장면이 있다.

대표적인 예로는 현재 파키스탄 라호르 박물관에 소장 중인 시크리 출토 스투파의 원통형 기단의 부조 패널을 들 수 있다. 부조 패널의 내용은 석존의 삶 가운데 「연등불수기」, 「도솔천설법」, 「초전법륜」, 「칼리카 용왕과 부인의 찬탄」, 「길상초를 보시받는 석가보살」, 「사천왕의 발우공양」, 「범천권청」, 「명상 중인 석존」, 「도리천 설법」, 「망고 숲을 보시한 기녀 암라팔리」, 「붓다를 방문한 인드라」, 「야차 아카비카의 귀의」, 「원후봉밀」 순서로

중요한 13개의 사건을 표현하였다.

이렇게 석존의 생애를 부조로 표현한 것은 포교를 위한 방법의 하나로 스투파를 찾은 재가 신자들에게 석존의 가르침을 설명하는 것으로 볼 수 있다. 이외에도 앞에서 언급한 아프가니스탄에 존재하는 다수의 방형 평면 불탑에서는 불상과 불전도로 장식한 것이 확인되고, 인도 및 파키스탄의 여러 박물관에는 출토지 불명의 수많은 간다라 불탑을 장식했던 불전도 패널이 전한다.

차. 다중 방형 기단부의 형식이 나타난다.

다중 방형 기단은 인도 스투파에서 거의 찾아보기 힘든 형식으로 잠무 카슈미르 지방의 하르완Harwan 탑에서 예를 볼 수 있다. 하르완탑은 간다라 지역의 방형 기단에 비해 낮고 넓으며 체감이 급격하게 되는 방형 3단 층단의 기단부로 이루어졌다. 탑신부는 모두 결실된 상태로 원형확인은 되지 않는다. 이렇게 낮은 형태의 3단 방형 기단으로 이루어지는 것은 인도 스투파가 변형 발전된 티베트 불탑인 쵸르텐Chorten으로의 변화 과정을 확인할 수 있는 중요한 예이다.

주목되는 것은 실크로드에 있는 타지키스탄 브랑Vrang에서 발견된 방단형 적석탑 형태의 스투파이다. 자연석을 계단식으로 축소하면서 쌓아 올린 적석탑으로 우리나라의 적석총과 방단형 적석탑과 동일한 외형을 지니고 있다. 이러한 예는 현재로선 이곳이 유일한 것으로 보인다.

이처럼 간다라 지역이 동서교통의 요충지인 관계로 일찍이 페르시아, 그리스 문명이 유입되었고 이것이 인도 문명과 서로 결합하면서 일종의 독특한 문화가 형성되었다. 인도 본토의 스투파가 이곳으로 전해지면서 그 모습을 그대로 답습하지 않고 다양한 불탑 조성 경험과 축조기술의 고도화에 따라 자신들의 기호에 맞는 여러 가지 변화를 더하여 점차 중인도 스투파와 다른 형태를 취하게 된 것이라 할 수 있다.

2) 간다라 불탑의 형식

인도, 간다라에 있는 불탑에 대한 전수 조사는 현실적으로 불가능하지만, 그동안 여러 학자에 의해 이루어진 문헌 조사와 필자의 답사를 병행한 결과 130여 개 이상의 현존하는 불교사원과 불탑 유구를 확인할 수 있었다.

이외에도 다수의 유구가 존재하나 이들 유구 대부분은 미발굴 또는 훼손되어 향후 과제로 남긴다. 양호한 상태로 전해지는 불탑 유구가 없는 인도와 달리 인도에서 간다라를 거쳐 중국 둔황으로 불교가 전해지는 통상로에 위치하는 서북인도, 파키스탄, 아프가니스탄, 중앙아시아, 신장웨이우얼 등에는 산치를 제외하고 원형 파악이 가능한 예가 일부 확인된다.

인도 불탑의 시원형으로 알려진 산치대탑은 원형 기단, 반구형 복발, 탑두부로 구성되는 공간 요소로 이루어졌다. 이들 공간 요소에 관해 기존의 연구 방향은 불교사원의 주 불탑에 해당하는 일부 탑에 대해 조사가 이루어졌고 여기서 나온 결과를 활용하였다. 그 결과에 대한 고찰이 이루어지면서 여러 문제점이 나타났다. 발생한 문제점과 오류를 줄이기 위해 가능한 현존하는 많은 불탑의 예를 수집하였다. 이들에 대해 공간 요소를 분석하고 정리함으로써 불탑을 구성하는 공간 요소가 시간과 지역에 따라 변화하는 과정을 확인하기 위해 새로운 방법을 도입하였다.

즉 산치대탑을 기준으로 간다라 불탑 공간 요소의 변화를 살펴본 결과 기존의 공간 요소에 방형 기단, 계단, 원통형 탑신 등 다른 공간 요소가 추가되는 것이 확인되었다. 다만 주 불탑 이외의 요소, 예를 들어 사원 구조 등은 깊이 다루지 않았다. 그러나 향후 주 불탑 이외의 사원이나 승원에 관한 연구가 진행되어야 할 것이다.

현존하는 가장 오래된 스투파로 알려진 산치대탑의 공간 요소인 원형 기단, 반구형 복발, 계단을 불탑의 기본형으로 설정하였다. 다만 울타리나 탑문은 공간 요소에서 제외하였으며 일부 장식적인 요소도 고려하지 않았다.

간다라 불탑은 중인도 산치대탑 또는 바르후트탑의 공간 요소를 점차 발전시키면서 낮은 원통형 기단에서 높은 방형 기단으로 변화되고 방형 기단의 네 면에 계단이 추가되는 십자형 기단으로 바뀌었으며, 반구형 복발도 아랫부분에 원통형 탑신부가 추가되어 고준화 요소로 변화된다.

이와 함께 장식으로 장엄한 울타리와 탑문이 탑 주위에 배치되는 것이 아닌, 기단 표면을 불전도 등을 부조한 석판으로 장식하였다. 대표적인 예로 페샤와르 분지에 있는 샤리바롤Sahri-Bahlol, 스와트 계곡 초입의 로리얀탕가이Loriyan Tangai 등 다수의 탑에서 기단부를 장식했던 석조 패널과 부조상이 수습되었고, 라호르 박물관에 소장 중인 시크리 출토의 불탑 기단부에는 부조상이 벽면을 장식하는 예를 확인할 수 있다. 이러한 현상은 남인도 불탑에서도 확인된다.

간다라 불탑의 평면은 기단 형식(원형, 방형, 십자형), 탑신 형식(벽기둥 유무, 원형 탑신), 독립된 기둥 유무로 구분되며, 이것은 세분화하면 15개의 유형으로 분류되었다. 이외에도 여러 평면의 예가 있으며 그 가운데 기둥 외에 다른 부조장식을 한 장식 탑도 또 다른 평면으로 구분할 수 있으나 너무 세분되어 이 책에서는 취급하지 않았다.

첫 번째는 원형 기단 형식으로 ①무기둥형, ②기둥형, ③이중형, 두 번째는 방형 기단 형식으로 ①단일 원통탑신 무기둥형, ②이중 원통탑신 무기둥형, ③단일 원통탑신 기둥형, ④이중 원통탑신 기둥형, ⑤이중 방형 기단 원통탑신 기둥형, ⑥상부 기둥형, ⑦외부 기둥형, ⑧다중 기단형, ⑨ 다층 기단형, 세 번째는 십자형 기단 형식으로 ①십자형, ② 이중십자형, ③상부기둥형, ④사면 돌출형으로 구분된다.

(1) 원형 기단

가. 무기둥 형식(그림 6-69)

그림 6-69.
원형 기단 무기둥 형식

무기둥 형식의 공간 요소는 원형 기단, 반구형 복발, 계단으로 이루어지는 가장 단순한 형식으로 기본형인 산치 대탑과 유사한 원형 기단과 계단, 반구형 복발로 이루어진 가장 단순한 외형을 갖추었고 간다라에서는 가장 초기에 조성된다. 산치대탑과의 차이점은 원통형 기단의 높이가 낮아지면서 난간이 없어지고 계단이 방위별로 조성되어 다양한 방향에서 불탑과의 접촉과 탑돌이 행위가 이루어진다는 점이다. 대표적인 예는 스와트의 붓카라I사원지 탑(B.C. 2세기경, 그림 6-24)을 들 수 있다.

나. 기둥 형식(그림 6-70)

그림 6-70.
원형 기단 기둥 형식

무기둥 형식의 원형 기단 측면에 벽기둥이 추가되는 것을 가장 큰 특징으로 꼽을 수 있다. 이와 함께 벽기둥 상부를 연결하는 처마받침의 추가, 한쪽 면에 남인도 스투파의 특징인 아야카를 올려놓을 수 있는 장방형의 플랫폼과 유사한 돌출부위의 추가를 들 수 있다. 이러한 예는 탁실라의 달마라지카(B.C.2~1세기경), 만키알라탑 등이 있다.

다. 이중 형식(그림 6-71)

그림 6-71.
원형 기단 이중 형식

이중 형식의 공간 요소는 원형 기단과 반구형 복발로 이루어지는 형식으로 달마라지카, 붓카라I사원지의 원형 기단 형식과 비교하면 규모가 작고, 기둥의 유무는 제외하더라도 기단 면석에 불전도 등을 부조한 패널을 빈틈없이 장식하는 예이다. 쿠샨왕조 전성기인 2~3세기에 주로 조성된다. 대표적인 예로 시크리 출토의 원통형 탑(라호르박물관)을 들 수 있다.

(2) 방형 기단

A.D.2세기 이후에는 불탑 외형에 큰 변화가 나타난다. 즉 기단이 원형에서 방형, 탑신부는 원통부가 추가되어 전체적으로 위로 솟는 상승감을 나타낸다. 원형 기단은 사방에 계단이 설치되었으나 방형 기단은 한쪽에만 설치함으로써 예배자들이 스투파와 접촉하는 방향이 정해졌다. 기단 형식의 요소는 방형 기단, 원통형 탑신, 반구형 복발, 계단, 벽기둥으로 구성되며 간다라 지역에서 가장 많이 조성되는 형식이다. 이와 함께 방형 기단과 원통형 탑신 표면에는 벽기둥과 감실이 조성되는 예가 많이 확인된다. 감실은 아치형, 사다리형을 차례로 배열하거나 1가지 유형을 반복 배치하고 있다. 이 책에서는 감실의 형태를 포함하여 장엄의 작은 차이는 구별하지 않았다.

가. 단일 원통 무기둥 형식(그림6-72)

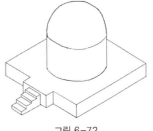

단일 원통 무기둥형식은 원형 기단이 방
형 기단으로 변화되면서 기둥이 없는 기단
과 반구형 복발 사이에 원통형 탑신부가
추가되며 한쪽 면에 계단이 설치되는 형식
이다.

그림 6-72.
단일 원통 무기둥 형식

방형 기단에서 가장 단순한 외형을 지니며, 원형 기단에 비해 규모는
작아지나 높아지는 구성 비율의 변화가 나타난다. 기단 면석에는 벽기
둥이 설치되지 않고 탁실라 특유의 석축법으로 조성되는 특징이 나타난
다. 이러한 예는 안단데리Andan Dheri, 아지즈데리, 니모그람, 바리코트
스투파와 우즈베키스탄 테르메즈Termiz의 카라테파Kara Tepa 스투파 등
을 들 수 있다.

나. 이중 원통 무기둥 형식(그림 6-73)

이중 원통 무기둥 형식은 단일 원통탑신
형에서 원통탑신 아래쪽에 지름이 크고 낮
은 형태의 원통이 추가되어 이중 원통형
탑신으로 이루어진 형식이다. 하단 원통
부 윗면은 탑돌이 행위를 할 수 있는 계단
과 통로로 이루어졌다.

그림 6-73.
이중 원통 무기둥 형식

산치대탑에서 볼 수 있는 난간의 유무는 확인되지 않으며, 계단은 지면
에서 방형 기단을 거쳐 하단 원통부 윗면까지 연결 설치되었다. 이러한
예는 당그람Dangram, 샤라라이Shararai 등에서 확인된다.

그림 6-74.
단일 원통 기둥 형식

다. 단일 원통 기둥 형식(그림 6-74)

단일 원통 기둥형식은 무기둥 형식의 기단 면석에 벽기둥, 처마받침, 감실, 몰딩, 부조 패널 등 장식성이 추가되면서 스투파가 더욱 장엄하게 변화된다. 그뿐 아니라 기둥과 기둥 사이의 감실 내부는 불상 등으로 장식되고 감실은 사다리꼴, 아치형 등이 다양하게 배치된다. 대표적인 예로 시르캅의 쌍두취탑, 자울리안, 칼라완, 쿠나라, 암룩다라, 싱가다르, 굴다라, 스폴라, 아프가니스탄 톱다라 등을 들 수 있다.

라. 이중 원통 기둥 형식(그림 6-75)

이중 원통 기둥 형식은 방형 기단 면석에 벽기둥, 처마받침 등이 조성되어 장식성이 추가되는 것 이외에도 원통형 탑신부에 지름이 다른 2개의 원통부가 부가되

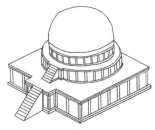

그림 6-75.
이중 원통 기둥 형식

고 벽기둥이 조성되는 형식이다. 바달푸르, 모흐라모라두, 뢰반르, 암룩다라, 주르주라이, 탁트이바히, 나지그람, 톱다라, 아프가니스탄의 쿤자카이, 로카칸, 굴다라, 아힌포쉬 등 넓은 지역에서 많은 예가 확인된다.

마. 이중 방형 기단 형식(그림6-76)

이중 방형 기단 형식은 방형 기단이 이중기단으로 높아지며 위에 원통형 탑신부와 반구형 복발과 한쪽 면에 계단이 위

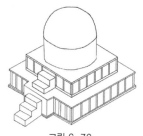

그림 6-76.
이중 방형 기단 형식

아래로 조성되는 형식이다.

대표적인 예로 파키스탄 FATA의 알리마스지드 스투파를 들 수 있다. 이 형식의 특징은 규모가 작고 기단 면에 다양한 벽기둥, 감실, 불좌상 등으로 장엄하였다. 사원의 주 불탑으로 봉안되기도 하며 봉헌탑으로 봉안되는 예도 확인된다.

바. 상부 기둥 형식(그림 6-77)

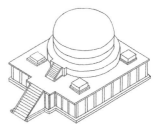

그림 6-77.
상부 기둥 형식

상부기둥형식은 방형 기단, 원통형 탑신, 반구형 복발, 계단의 공간 요소에 방형 기단 윗면 네 모서리에 4개의 독립된 기둥이 추가되는 형이다. 원통 탑신부의 벽기둥 유무와 상관없이 붓카라I사원지에서 가장 큰 사원인 사이두 샤리프탑을 대표적인 예로 들 수 있다. 특히 굼바토나의 경우 지금은 없어졌지만, 방형 기단 상부 네 모서리에 기둥 흔적이 있다. 이외에도 다수의 봉헌탑에서 기둥이 새겨진 예가 많이 확인된다.

사. 외부 기둥 형식(그림6-78)

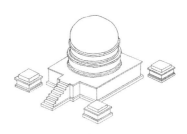

그림 6-78.
외부 기둥 형식

기단, 원통형 탑신, 반구형 복발, 계단 이외에 탑 외곽에 기둥이 부가되는 형식이다. 즉 윗면 네 모서리에 세워졌던 기둥 4주가 모서리 외곽으로 옮겨 세워지고 계단이 1개소에 조성되는 형식이다.

대표적인 예로는 붓카라 제III사원지 부근에 있는 판르탑으로 4개의 독립된 기둥이 방형 기단 외곽에 세워졌다. 흥미로운 것은 이와 같은 형식의 조성이 아프가니스탄 수르흐 코탈Surkh Kotal사원에서도 확인[206]되어 쿠샨왕조 대에 전해진 것으로 볼 수 있다는 점이다.

아. 다중 기단 형식 (그림6-79)

그림 6-79.
다중 기단 형식

다중 기단 형식은 인도, 간다라를 포함하여 잠무 카슈미르 지방의 하르완탑과 구자라트주 데브니모리탑에서 확인되는 기단형식이다. 하르완탑의 구성요소는 계단, 낮은 다중 방형 기단으로 구성되며 중국의 백탑, 티베트 불교의 독특한 초르텐Chorten의 시원형으로 볼 수 있다. 일반적으로 초르텐은 고대인도 불탑과 네팔 불탑의 영향을 받았다는 것이 다수설이다. 데브니모리탑은 2단 방형 평면에 반구형 복발이 올려진 모습으로 서말와 지역 석굴사원의 방형 기단 불탑에 영향을 끼친 것으로 보인다.

자. 다층 기단 형식 (그림6-80)

다층 기단 형식은 불교가 간다라에서 중국으로 전해지는 통상로에 있는 아프칸과 접하는 타지기스탄 와칸 계곡의 브랑Vrang에 있는 자연석을 층단으로 쌓아

그림 6-80.
다층 기단 형식

---

206 수르흐 코탈사원의 스투파 도판은 아프가니스탄 카불 대학 참조, https://ackuimages. photoshelter. com/image/I0000DHNVcJIEdCw.

만든 방단형 적석탑이 대표적이다.

다중 기단과 다층 기단의 차이점은 방형평면의 전체적인 형태는 유사하지만 각 층단의 높이와 폭에서 차이가 많이 나타난다. 다중 기단은 층단의 체감율이 다층 기단에 비해 작고 낮으며, 위로 또 다른 층단이 올려지는 티베트의 초르텐의 초기모습으로 추정된다. 이에 비해 다층기단은 체감율이 많아 고준한 모습이며 층단 위로 별도의 기단보다는 반구형의 복발이 올려지는 것으로 추정되어 간다라의 이중 방형 기단에서 변형된 것에서 차이가 있다. 외형적으로는 우리나라의 적석총, 방단형 적석탑과 동일한 피라미드 외형의 층단간격이 높은 층단형으로 축조된 점이 흥미롭다.

(3) 십(十)자형 기단

십(十)자형 기단은 간다라 불탑에서 가장 늦게 나타나는 평면형식이다. 대표적인 예는 우리에게 작리부도雀離浮圖로 알려진 샤지키데리대탑(A.D.2세기경)을 들 수 있다. 십자형 기단은 방형 기단에 계단 1개소만 추가되던 것이 사방으로 계단이 추가되어 '十'자형을 나타내는 평면이다.

십자형 기단은 간다라에서 발생하여 인접한 아프가니스탄의 바미얀, 북인도의 잠무·캬슈미르 지역을 포함하여 동쪽은 방글라데시, 인도네시아 보로부두르사원으로 전해지고, 서쪽은 간다라와 둔황으로 연결되는 교역로를 따라 전파되고 우리나라의 경천사지 석탑까지 이어지는 과정을 보인다. 이후 계단과 방형 기단 사이에 계단의 양쪽 측면을 장엄하는 다른 방형 돌출부위가 돌출이 많이 되면서 사면 돌출형 평면으로 이어진다.

흥미로운 점은 앞에서 언급한 아소카왕에 대한 전설을 포함하는 불교 설화를 집성한 산스크리트『디비야바다나Divyavadana』에 언급되는 스투파 모습이 바로 십자형 기단 평면과 같다는 점이다. 석존께서 제자들에게 설법하던 모습을 본 당시 상인이 Kṣemaṅkara를 위해 스투파를 조성했다는 기사가 다음과 같이 전한다[207].

"스투파는 황금으로 자궁의 형태를 만들고 사방에는 네 개의 계단을 만든 다음 차례로 기단, 복발을 조성하고 기둥을 세운다. 그 위에 하르미카, 기둥을 세우고 비를 막는 큰 일산을 설치했다. 스투파 사방으로는 각각 벽이 있는 문과 공간을 만들고 사방으로 연못, 네 개의 탑을 세운다. 또 사방으로 연못을 만들고 석존의 탄생 · 성도 · 초전법륜 · 열반을 기념하는 탑을 세운다."

십자형 불탑이 간다라에서 활성화되는 것은 인더스문명 이후 인도인들에게 매우 중요한 주제인 동시에 대승불교의 의궤화에 따른 인도인의 종교관과 석존에 대한 신앙이 불탑을 통해 표현된 것이라 할 수 있다.

가. 십(+)자 형식 (그림 6-81)

방형 기단 사면에 계단이 설치되면서 '十'자형의 평면을 나타내는 형식이다. 대표적인 예로는 샤지키데리대탑을 들 수 있다. 발굴결과 원형, 방형으로 조성되었다가 최종적으로 십자형의 평면으로 완

그림 6-81.
십자 형식

---

207 Divyāvadāna Vaidya ed. pp. 150~151. 杉本卓洲, 『インド佛塔の研究』 1984. p. 212. 재인용

성되어 간다라 불탑의 변천을 한 번에 보여주는 중요한 예이다. 특히 정방형의 기단 모서리에는 원형 돌출부가 부가[208]되는 예가 확인되는 십자형에서는 단순한 형태이다.

필자는 샤지키데리대탑의 정방형 기단 모서리의 원형 돌출부는 앞서 언급한 기둥을 표현한 흔적으로 보고 있다. 이러한 예는 바말라, 자르데리, 라왁, 아프가니스탄 바미얀 등을 들 수 있다. 이후 간다라와 인접한 잠무·카슈미르 지역의 파리하스포라, 우쉬카라 불탑은 하층 기단 십자형 평면과 같은 평면의 이중 기단부로 구성되는 예가 확인된다.

나. 기둥 형식 (그림6-82)

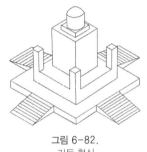

그림 6-82.
기둥 형식

방형 기단의 윗면 가운데에 탑신부가 세워지고 네 귀퉁이에 정방형의 기둥 또는 작은 스투파가 세워지는 형식이다. 방형 기단의 상부 기둥 형식에서 발전한 것으로 보드가야의 마하보디대탑을 연상시킨다. 이러한 형식은 불탑에 기둥의 4가지 의미와 함께 동서남북 방향성과 함께 위로 솟는 상승감을 강조하는 특징이 있다.

대표적인 예로 불탑 윗부분은 현재 결실된 상태이나 방형 탑신 받침부와 반구형 복발로 구성된 것으로 추정되는 교하고성탑을 들 수 있다. 우리에게 알려진 박지원의 『열하일기熱河日記』등에 기록된 명대에 조성된 대정각사의 금강보좌탑과 보드가야의 마하보디대탑 등으로 이어진다.

208　桑山正進, 「Shah-ji-ki Dheri 主塔の遷變」, 『東方學報 京都第67冊(1995), pp.408~331.

다. 사면 돌출 형식 (그림 6-83)

사면 돌출 형식은 방형 기단과 사방에
조성된 계단 사이에 별도의 방형 돌출부
위가 부가되면서 십자형보다 더욱 복잡한
평면을 나타내며 십자형의 돌출 형태가
약화한 모습이다. 탑신부도 원통형이 아

그림 6-83.
사면 돌출 형식

닌 사면 돌출 기단을 축소하는 모습으로 쌓은 고층누각 형태로 이루어졌
다. 전체적인 형태는 원형에 가깝게 조성되는 특징을 나타낸다.

이러한 예는 투루판의 고창고성, 베제클릭석굴사원에서도 확인되는데
원형 평면에 가까운 사면 돌출형 평면형태를 나타내며 공간 구성요소에
서 계단이 제외되는 특징이 나타난다. 인도네시아의 보로부두르사원, 우
리나라의 경천사지, 원각사지 석탑의 평면구성에 영향을 끼친다.

3) 간다라 불탑의 변천

간다라 불탑은 기단, 탑신, 탑두부, 계단 등의 공간 요소로 구성되고, 이
들 요소가 어떻게 연결되고 변화되었는지를 단순하게 도식화를 통해 살
펴보았다. 다만 여기서 제시한 순서로 변화했다는 것을 의미하지 않는다.

첫 번째는 기단부가 원형, 방형, 십자형을 거쳐 사면 돌출형으로 변화되
었다.

두 번째는 기단 형태가 원형에서 방형으로, 십자형 또는 사면 돌출형으
로 변화되면서 위로 솟아오르는 수직 방향의 지향성이 생겼다. 수직성은
이후 기단부를 더 높이 올리고 확장함으로써 스투파 자체의 크기를 증가
시켜 강조하였다. 수직 지향성은 같으나 스리랑카, 동남아시아의 경우는
원형 기단 위에 대형의 반구형 복발 형식과 보로부두르사원과 같이 방형

에 가까운 사면 돌출형의 고층화로 변화된다. 이와 달리 중앙아시아, 중국, 우리나라로 전해지면서 원형에 가까운 사면 돌출형의 고층누각으로 변화된다.

흥미로운 것은 사면 돌출 형식을 더 복잡하고 극단적으로 표현한 원형에 가까운 다중 돌출 형식의 건축물이 힌두사원에서 다량으로 조성된 것이다. 대표적인 예로 남인도 카르나타카주의 호이살레스와라Hoysaleswara 힌두사원을 들 수 있다. 다양한 부조와 함께 원형의 다중 돌출 형태를 나타내고 있어, 간다라 불탑의 영향을 받은 것이라 할 수 있다.

세 번째는 불탑의 표면에 감실, 불상, 벽기둥, 처마받침, 불전도 패널 등을 다양한 기법을 사용하여 장엄하였다. 붓카라III사원지의 경우 인도 석굴 스투파와 비슷한 원통형 다중 기단의 형태를 나타내 주목되며, 티베트와 중국에서 확인되는 초르텐 또는 표면에 흰색 칠을 한 백탑의 시원형으로 볼 수 있는 정방형 기단부가 층단을 이루는 전혀 다른 형태의 평면이 나타난다.

간다라 불탑을 기단별 형식에 따른 형태로 크게 15개의 형식으로 유형화하고 3차원 도면화하였다. (그림 6-84) 다만 이들 유형의 순서가 불탑 조성 순서는 아니며, 이 지역의 십(+)자 형식도 이중십자형식, 사면 돌출 형식에서도 팔각평면 등의 예와 기단 면석 전체를 불전도 등을 부조한 패널로 장식화한 장식탑은 너무 세분화되어 이 책에서는 별도로 다루지 않았다.

그림6-84. 간다라 스투파 형식과 변천도

원형 기단	① 무기둥 형식	② 기둥 형식	③ 이중 원통 형식
방형 기단	① 단일 원통 무기둥 형식	② 이중 원통 무기둥 형식	③ 단일 원통 기둥 형식
	④ 이중 원통 기둥 형식	⑤ 이중 방형 기둥 형식	⑥ 상부 기둥 형식
	⑦ 외부 기둥 형식	⑧ 다중 기단 형식	⑨ 다층 기단 형식
십자형 기단	① 十자 형식(이중 십자)	② 기둥 형식	③ 사면 돌출 형식

맺음말

맺음말

　기원전 5세기경 인도에서 석존의 열반 이후 석존의 유골, 즉 사리 봉안 장소로 스투파, 즉 불탑의 역사가 시작된다. 처음엔 단순한 흙, 돌에서 벽돌, 석재로 재료가 바뀌고 '차이티야 그리하'라는 곳에 불탑이 봉안된다. 이와 함께 불탑을 장엄하고 예배와 공양을 올리면서 본격적인 불교미술이 시작되었다.

　불탑은 봉분 형태를 하고 있는데 그것이 어디에서 유래되었는지, 화장 후 유골을 갠지스강에 뿌리는 오늘날 방식과 비교하면 불탑은 예외 중의 예외라 할 수 있어 그 기원을 잘 알 수 없다. 그러나 고대인도의 우주 창조신화와 풍요의례 등 많은 상징성을 담고 있다.

　광활한 인도 대륙에서 석존의 사리를 봉안한 불탑이 원형을 보존하는 예는 없지만, 불탑을 만들었던 흔적은 많이 발견되었다. 기단부까지 남아 있는 예는 석존이 활동하던 북인도 30~40여 곳, 아소카왕과 관련 있는 중인도 10여 곳, 남동인도 40여 곳, 간다라 지역 60여 곳 등 상당수의 불교 사원과 불탑 유구가 확인된다. 물론 미발굴 봉분과 흔적만 있는 유구가 1,000여 곳 이상 알려졌다. 이들 불탑은 인도와 간다라 지역간에 뚜렷한 차이를 나타낸다. 원통형 기단과 반구형 복발로 구성되는 인도와 달리 간다라 지역은 다양한 민족과 만남이 있는 특징으로 인해 독특한 불교 문화와 불탑을 만들었다.

특이한 것은 서데칸 지역에는 1,200여 개가 넘는 석굴과 불탑이 초기의 모습 그대로 전한다. 불교 석굴은 기원전 2세기 말~기원후 3세기 전반 무렵에 데칸고원과 콘칸 지역에 집중적으로 개착되었다. 일반사원의 경우 주 불탑과 봉헌탑 등 다수의 불탑이 조성되는 것과 다르게 불탑 1기만 봉안되는 차이티야굴이 40여 곳에서 100여 기의 불탑이 확인되었다.

석굴사원에는 시주행위를 기록한 명문이 다수의 석굴에서 확인된다. 일부 석굴에서 왕의 명칭이 확인되는 예도 있으나 역사기록이 없는 인도 민족의 특성 때문에 흥망성쇠를 거듭한 여러 왕조에 대한 기록이 없고, 있는 경우도 부정확하여 전반적으로 정확한 조성시기는 알 수 없다.

석굴사원은 처음에는 자연 동굴을 활용하였으나 이후 인공적인 석굴로 조영된다. 처음에는 가장 단순하고 자연스러운 원형 공간을 만들었으나 많은 인원이 모이자 의례를 위한 대규모 집회공간의 필요성으로 말발굽형 공간과 고대인도의 장묘문화에서 전해온 울타리의 역할을 하는 열주가 추가되었다.

일반사원은 모두 파괴되어 원형 파악이 어렵지만, 석굴사원은 원형이 어느 정도 남아 있어 당시 사람들의 생활을 엿볼 수 있다. 즉 석굴사원은 스님들이 우기 때 안거를 행하고 비거 때는 석굴을 떠나 각자의 수행 생활로 돌아간다. 석굴사원 내에 저수조가 조성되면서 스님들의 정주定住 생활이 이루어진다. 의식주를 재가 신자의 시주로 해결하던 스님들이 석굴에 머물게 되자 재가 신자들이 석굴사원으로 와서 공양과 시주를 하게 되고 사원에서는 재가 신자들을 수용하기 위해 커다란 규모의 석굴사원 조영 필요성이 대두되었다. 이러한 양측의 공감대가 석굴사원의 불탑 조성으로 이어지고, 스님 자신들의 수행공간인 '승방'에도 불탑을 봉안하면서 독자적으로 불탑에 대한 예배와 숭배를 하였다.

이렇듯 주거환경, 장묘문화, 신앙 형태를 고려한 평면을 이용하여 불탑의 봉안 및 의례 장소를 석굴로 조성한 것이다. 개착된 차이티야굴도 기존에 알려진 것과 달리 기둥이 없는 평면에서 기둥이 있는 평면으로의 변화가 이루어졌다. 이들 석굴사원은 자연 동굴에서 인공석굴로, 단순한 것에서 복잡한 것으로, 폐쇄성에서 개방성, 다시 폐쇄성으로 가는 변천 과정이 뚜렷하게 나타난다.

불탑의 모델은 중인도의 산치대탑 뿐이다. 원형 기단, 반구형 복발, 하르미카, 일산으로 이루어지는 매우 단순하고 소박한 형태를 나타낸다. 그러나 석굴사원의 불탑은 일반사원의 모습과는 다르다. 불탑의 주요 부분인 구형 복발과 두꺼운 부재를 쌓아 올린 듯한 층단받침은 석굴사원의 불탑과 부조탑 등에서만 확인된다. 즉 돌이나 벽돌을 쌓아 올리는 방법이 아닌 조각이라는 행위를 통해서만 볼 수 있는 형태를 지니고 있다.

불탑의 반구형 복발을 「안다」라고 부른다. 황금의 알에서 창조주가 태어났다는 인도의 천지창조와 연관성이 있다. 단지 그 모습이 알 모양에서 유래했기 때문이 아니라 거기에는 우주 창조의 상징, 부활의 개념이 포함되어 있다고 이해해야 한다. 그런데 벽돌이나 석재를 쌓아 올리는 방법으로 알을 의미하는 둥근 모습을 재현하는 것은 당시 인도인에게는 불가능했다. 그런데 석굴사원의 불탑은 돌을 깎아내고 다듬어 조성하는 조각이었기에 가능했다. 조각이라는 방법을 통해 인도인들이 생각하고 상상했던 의미와 상징성을 구현해낸 것이다. 이들이 구현하고자 했던 불탑의 모습은 낙원의 모습을 구현하는 전륜성왕의 도성 모습을 연상케 하고 불탑 자체가 바로 낙원임을 나타내려고 했다.

불탑에는 반드시 석존의 사리가 봉안되어 숭배의 대상이 된다. 그러나 사리의 수량은 한정되었다. 더구나 석굴사원의 불탑은 조각이다. 즉 돌을 깎아서 만드는 특성으로 인해 사리를 넣을 공간이 없어 사리 봉안 방법에서 필연적인 변화를 가져온다. 그것은 경전에서 언급하는 '법신사리'를 활용하는 방법이었다. 법신사리 사상은 굽타왕조 대에 번성하나 불탑에 공양한 최초로 확인된 예는 기원후 2세기경 칸헤리 제3굴에서 발견된 '연기법송'이다. 이는 곧 법신사리 사상의 태동으로 볼 수 있다. 이렇듯 사리의 유무를 떠나 불탑은 세워지고 조형 상징이 된 것이다.

아울러 당시 인도인들이 쌓아 올리는 방법의 일반사원 불탑에서 구현하지 못했던 상징성을 석재에 조각함으로써 불탑의 상징성을 구체적으로 표현할 수 있었고 그 후 다양한 조형상의 전개를 나타낸다.

현재 우리는 너무 불탑을 불교와 연결하지 않는 것 같다. 이러한 태도는 불탑의 진정한 이해에서 벗어나고 있다는 비판을 받을 수 있다. 불탑에 석존의 사리를 봉안하는 이상 불탑은 재가자들의 석존에 대한 소박한 존경과 숭배심을 구체적으로 표현한 것이다.

석존께서 열반에 들기 전, 아난다의 질문에 답하길 "아난다여, 여기서 그대들은 자신을 섬으로 삼고 자신을 귀의처로 삼아 머물고, 남을 귀의처로 삼아 머물지 말라, 법을 섬으로 삼고, 법을 귀의처로 삼아 머물고, 다른 것을 귀의처로 삼아 머물지 말라"고 하며 자신이 가르친 진리인 법을 중시하게 하였다. 또한 "내가 가고 난 후에는 내가 그대들에게 가르치고 천명한 법과 율이 그대들의 스승이 될 것이다"라는 유훈을 남긴 석존은 자신의 유골을 신앙의 장소로 여기는 것은 기대하지 않았을 것이다.

향후 인도 내에서 발굴이 진행되어 또 다른 불탑의 유구가 발견되고 인도 불탑의 세부 정보가 더 밝혀질 것을 기대하고 싶다.

참고문헌

1. 국내문헌

가. 단행본

· 『낙양가람기』, 양현지 저, 서윤희 역, 눌와, 2001.

· 『미술대사전』 한국사전연구사, 1998.

· 『종교학대사전』, 한국사전연구사, 1998.

· 『시공 불교사전』, 곽철환, 시공사, 2003.

· 『탑』, 강우방, 신용철 저, 솔, 2003.

· 『불국기』, 김규현 역, 글로벌콘텐츠, 2013.

· 『대당서역기』, 김규현 저, 글로벌콘텐츠, 2013.

· 『인도 불교사 - 붓다에서 암베드카르까지』, 김미숙 저, 살림출판사, 2007.

· 『佛陀의 世界』, 나까무라 하지메(中村元) 외 저, 김지견 역, 김영사, 1984.

· 『불상의 탄생(仏像の起源)』, 다카다 오사무(高田修) 저, 이숙희 역, 예경, 1994.

· 『인도미술사』, 미야지 아키라 저, 김향숙 · 고정은 역, 다할미디어, 2006.

· 『실크로드 연구사전 동부 : 중국 신장』, 국립문화재연구소, 2019.

· 『인도미술사』, 왕용 저, 이재연 역, 다른생각, 2013.

· 『우즈베키스탄 쿠샨왕조와 불교』, 국립문화재연구소, 2013.

· 『인도의 역사』, 유성욱 저, 종교와 이성, 2008.

· 『간다라 미술』, 이주형 저, 사계절, 2003.

· 『Sutta Nipāta』, 전재성 저, 한국빠알리성전협회, 2004.

· 『인도 사상의 역사』, 하야시마 쿄소 외 저, 정호영 역, 민족사, 1993.

· 『佛陀의 世界』, 중촌원 외 저, 김지견 역, 김영사, 1984.

· 『인도 불탑의 의미와 형식』, 천득염 저, 심미안, 2013.

· 『인도 불탑의 형식과 전래양상』, 천득염 외 저, 심미안, 2018.

· 『번역으로서의 동아시아』, 후나야마 도루 저, 이향철 역, 푸른아시아, 2018.

· 『석탑』「인도의 불탑」, 황수영 저, 중앙일보사, 1981.

나. 연구논문

· 강희정, 「보원사지 오층석탑 사리함의 연기법송(緣起法頌)과 해상실크로드」, 『미술사와 시각문화』 제13호, 2014.

· 김준오, 「인도 초기 Stupa 형식 연구-Relief Stupa 분석을 중심으로」, 전남대학교 박사학위논문, 2012.

· 김준영, 「분황사석탑 연구」, 영남대학교 박사학위논문, 2013.

· 문명대, 「골굴석굴의 구조형식과 아잔타 19굴」, 『강좌미술사』 51호, (사)한국미술사연구소, 2018.

· 문명대, 「Julian II 사원지 발굴 보고」, 『강좌미술사』 제25호, (사)한

국미술사연구소, 2005.

· 손신영, 「간다라 방형기단 불탑의 일고찰」, 『강좌미술사』 25호, 한
국미술사연구소, 2005.

· 송봉주, 「인도 불교석굴과 불탑 연구」, 동국대학교 박사학위논문,
2019.

· 송봉주, 「간다라 불탑의 특징과 변천에 대한 고찰」, 『강좌미술사』
56호, 한국미술사연구소, 2021.

· 유근자, 「간다라 佛傳 圖像의 연구」, 동국대학교 박사학위논문,
2005.

· 우인보, 『탑과 신앙』, 해조음, 2013.

· 이분희, 「韓國 石塔 佛像 奉安 硏究」, 동국대학교 박사학위논문,
2016.

· 이희봉, 「인도불교 석굴사원의 시원과 전개」, 『건축역사연구』 17권
4호, 2008.

· 이희봉, 「탑의 원조 인도 스투파의 형태 해석」, 『건축역사연구』 18
권6호, 2009.

· 이희봉, 「탑 용어에 대한 근본 고찰 및 제안」, 『건축역사연구』 19권
4호, 2010.

· 이희봉, 「이희봉 교수의 인도 불교유적 답사기」, 『법보신문』,
2012.08.

· 이희봉, 「인도 스투파의 자궁-알 상징성 고찰을 통한 탑 상부 해
석」, 『대한건축학회논문 계획계』 28권 11호(통권289호),
2012.

· 주경미, 「중국 고대 불사리장엄 연구」, 서울대학교 박사학위논문,

2002.

· 주경미, 「백제의 사리신앙과 미륵사지 출토 사리장엄구」, 『대발견 사리장엄! 彌勒寺의 再照明』, 마한백제문화연구소, 2009.

· 천득염, 「간다라의 佛塔形式-불탑건축의 전래와 양식에 관한 비교 론적 고찰」, 『대한건축학회논문집』 10권6호, 1994.

· 최복희, 「연기법송에 대한 고찰」, 『新羅文化』 제47집, 2016.

· 석길암, 「화엄경의 편집의 사상적 배경에 대한 고찰」, 『인도철학』 제40집, 2014.

· 한지연, 「서역에서 소승교단과 대승교단은 대립했는가?」, 『동아시 아 불교에서 대립과 논쟁』, 금강대학교 불교문화연구소, 2015.

· 현행스님, 「석존 당시의 외도사상연구」 『승가』 13호, 1996.

· 황순일, 「연기법송, 아리야 운율, 그리고 빨리 율장대품」, 『인도철 학』 제42집, 2014.

다. 경전

· 『대당서역기』 동국대학교역경원, 1991.

· 『대반열반경』 동국대학교 전자불전문화콘텐츠연구소

· 『대비경』 권3, 동국대학교역경원, 1991.

· 『디가니까야』 권2, 각묵스님, 초기불전연구원, 2006.

· 『마하승기율』 권33, 동국대학교역경원, 1991.

· 『묘법연화경』 권4, 동국대학교역경원, 1991.

· 『방광대장엄경』 권10, 동국대학교역경원, 1991.

· 『본생경』 권3, 5 동국대학교역경원, 1991.

· 『불설장아함경』권18, 동국대학교역경원, 1991.

· 『불설조탑공덕경』동국대학교역경원, 1991

· 『사분율비구계본』동국대학교역경원, 1991.

· 『중아함경』권36, 동국대학교역경원, 1991.

· 『장아함경』권18, 동국대학교역경원, 1991.

· 『잡보장경』권6, 동국대학교역경원, 1991.

2. 외국문헌 및 논문

· A. Cunningham, *The Stupa of Bharhut*, London. 1879.

· A. Cunningham, *Archaeological Survey of India*, vol,II, 1864-'65,

· A. Cunningham, *The Ancient Geography of India*. Varanasi 1963.

· A. Cunningham, *The Bhilsa Topes*, Buddhist Monuments of central India, London, 1854,

· A.A.Macdonell & A.B.Keith, *Vedic Index of Names and Subjects*, Vol.II. London, 1912.

· A. H. Longhurst, *The Story of the Stūpa*. Colombo 1936(New Delhi 1979)

· A. H. Longhurst, "The Buddhist Monuments at Guntapalle, Kistna District" *Annual Report of the Archaeological Department*, Southern Circle, Madras, 1916-17,

· A. Govinda, *Psycho-cosmic Symbolism of the Buddhist Stūpa*, California, 1976.

· A. K. Coomaraswamy, *History of Indian and Indonesian Art*.

New York 1965.

· A. K. Coomaraswamy, Yakṣas. Part II. Washington.D.C. 1931.

· A. Rea, *South Indian Buddhist Antiquities*, Archaeological Survey
of India, Madras, 1894.

· Adrian Snodgrass, *The Symbolism of The Stupa*, Delhi,1 992.

· B. M. Barua and K.G.Sinha, *Barhut Inscriptions.* Calcutta. 1926.

· *Buddhist Vestiges of Sanghol*, Archaeological Survey of India
Chandigarh Circle, Chandigarh, 2015.

· B. Rowland, *The Art and Architecture of India*, Harmondsworth
(3rd ed.) 1967.

· C. E. Luard, 'Gazetteer Gleanings in Central India', *The Buddhist
Caves of Central India*, Vol.XXXIX, 1910.

· Chakraborti, Haripada, *India as Reflected in the Inscriptions of
the Gupta Period*, New Delhi, 1978.

· Debala Mitra, *Buddhist Monuments*, Sahitya Samsad, Calcutta, 1971.

· Dulari Qureshi, *The Rock-cut Temples of Western India*, Bharatiya
Kala Prakashan, 2010.

· E. Impey, 'Description of the Caves of Koolvee, in Malwa'(1853) *The
Journal of Bombay Branch of the Royal Asiatic Society*
Vol.5. 1857.

· G. Combaz, L'ēvolution du stūpa en Asie, *I.Étude d'architecture
bouddhique*, 1933 ; II.Contributuons nouvelles, vue
d'ensemble, 1935 ; III.La symbolisme du stūpa,1937.
Mēlanges Chinois et Bouddhiques.

· Govinda, *Psycho-cosmic Symbolism of the Buddhist Stupa*, Dharma Publishing, 1976,

· H. Cousens, 'The Dhamnar Caves and Monolithic Temple of Dharmanatha' *Archaeological Survey of India, Annual Reports, 1905-06*,

· H. Zimmer, *The Art of Indian Asia*, vol. I, New York, 1955

· H. Sarkar, *Studies in Early Buddhist Architecture of India*, Delhi 1966.

· Indian Archaeology : *A Review, 1960-'61*, Archaeological survey of India, 2000,

· Irwin, John, *The Axial Symbolism of The Early Stupa*, An Exegesis, In Dallapiccola, 1980.

· J. Burgess, *Report on the Buddhist Cave Temples and their Inscriptions*, London,1883.

· J. Burgess, *The Buddhist Stupas of Amaravati and Jaggayyapeta*, London. 1886.

· J. Burgess and B. *Indraji, Inscriptions from The cave temples of Western India*, ASWI, Delhi 1881.

· J. Eggeling, *The Śatapatha-Brāhmana*, SBE. Vol.XII. Delhi 1963.

· J. Fergusson and J. Burgess, *The Cave Temples of India*, London, 1880.

· J. Fergusson, *History of Indian and Eastern Architecture*, London, 1910.

· J. Marshall and A. Foucher, *The Monuments of Sāñchi III*, Delhi, 1940.

· J. Marshall, *Taxila*, An Illustrated Account of Archaeological Excavation, Archaeological Survey of India, 1951

- John Murray, *The Rock-cut Temples of India*, Albemarle Street, London,1864.
- J. Przyluski, *Le partage des reliques du Boddha*. MCB.IV. 1936. ; *The Harmikā and the Origin of the Buddhist Stūpa*. Indian Historical Quartery. XI.2.
- Kailash Chand Jain, *Malwa through the Ages*, Motilal Banarsidass Publ, Delhi, 1972,
- Kurt A.Behrendt, *The Buddhist Architecture of Gandhara*, HdO, Brill Leiden · Boston 2004
- Le Huu Phuoc, *Buddhist Architecture*, Published by Grafikol, 2009.
- Lionel Casson, *The Periplus Maris Erythraei*, Princeton University Press, 1989.
- Maryin Martin Rhie, *Early Buddhist Art of China & Central Asia*, Vol.III, Brill, 2010.
- M. K. Dhavalikar, *Late Hinayana Caves of Western India*, Poona, 1984.
- M. N. Deshpande, *The Caves of Panhale-Kaji, an art historical study of transition from Hinayana*, Tantric Vajrayana to Nath sampradaya (third to fourteenth century A.D.) Archaeological Survey of India, New Delhi, 1986.
- Luca M. Olivieri, *Buddhist Architecture in the Swat Valley,* Pakistan, Marco Mancini and Adriano Rossi 2015.
- P. Mus, Barabuḍur. *Les origines du stūpa et la transmigration,*

Bulletin de l'École Francaise de l'Extrême-Orient, X X XII,
1932.

· Percy Brown, *Indian Architecture (Buddhist and Hindu Periods)*, Delhi,
1959.

· Peter Harvey, *The Symbolism of the Early Stūpa*, The Journal of
The International Association of Buddhist Studies
Editor-in-chief, University of Wisconsin, 1984.

· Poonacha,K.P. *Excavations at Kanaganahalli:* (Sannati) Taluk
Chitapur, Dist. Gulbarga, Karnataka, MASI No.106.
Delhi: Chandu Press, 2013.

· R. E. M. Wheeler, *Brahmagiri and Chandravalli 1947,* Megalithic
and Other Cultures in the Chitaldrug District.
1947.

· R. G. Bhandarkar, *Early History of the Deccan*, Bombay, 1926.

· Richard Lannoy, The Speaking Tree ; *A Study of Indian Culture
and Society*, Oxford Univ. Press, 1971

· R.N.Mehta, *Excavation at Edvinimori*, M.S.University, Baroda,1966

· Robert Sharf, *The Eastern Buddhist*, Art in the dark: the ritual
context of Buddhist caves in western China, Eastern
Buddhist Society, 2013.

· Romila Thapar, *The Penguin History of Early India* : from the
Origins to AD1300, London, Penguin Books, 2002.

· S. Nagaraju, *Buddhist Architecture of Western India*. Delhi. 1981.

· S. V. Jadhav, *Rock Cut Cave Temples at Junnar* - An Integrated

study, unpublished Phd. Thesis, University of Poona
1980.

· Snodgrass, *The Symbolism of the Stupa*, Delhi, 1984.

· Susan L. Huntington, *The Art of Ancient India: Buddhist, Hindu,
Jain*, New York and Tokyo, Weatherhill, 1985,

· The Gṛihyasūtras, Sacred Book of the East, Oxford, 1892, Delhi
1964.

· Walter M. Spink, *"Bagh: A Study"* Archives of Asian Art 30, 1977,

· Vidya Dehejia, *Early Buddhist Rock Temples A Chronology*, New
York, 1972.

· Vivek Kale, Me Sahyadri, *Sahyadri Geographic*, 2018.

· V. V. Mirashi, *Inscriptions of the Vakatakas* (Corpus Inscriptionum
Indicarum vol.V), Ootacamund. 1963,

· W.C.Peppé, The Piprāhwā Stūpa, Containing Relics of Buddha.
*Journal of the Royal Asiatic Society of Great Britain
and Ireland*, London, 1898.

· W. E. Begley, *The Chronology of the Mahayana Buddhist
Architecture and Painting at Ajanta,*
Ph.D.dissertation, University of Pennsylvania, 1966

· W. M. Spink, Ajanta: *History and Development*, Defining Features,
Vol.46, No.1, Mumbai: Heras Institute of Indian
History and Culture, 2009.

· W. M. Spink, *"Ellora's Earlist Phase"* Bulletin of the American
Academy of Banares Vol.1, 1967.

· Yuuka Nakamura and Shigeyuki Okazaki, *The Spatial Composition of Buddhist Temples in Central Asia*, Intercultural Understanding, 2016

· 加藤直子, 矢谷早, 増井正哉, 「ガンダーラ仏教建築における仏塔に関する研究 その1,2,3」, 『日本建築学会計両系論文集』2009, 2010.

· 高橋堯英「仏塔信仰の二重性—仏塔の中のギリシアを手がかりとして—」, 『印仏研』45-2, 1997

·『国宝の美』18, 建築4, 朝日新聞出版, 2009,

· 高田 修, 『仏教の説話と美術』, 東京, 講談社, 2004

· 宮治昭「宇宙主としての釈迦仏」立川武蔵編『曼荼羅と輪廻』佼成出版, 1993,

· 宮治昭『インド美術史』吉川弘文館, 1982.

· 宮治昭『涅槃と彌勒の圖像學』吉川弘文館, 1992.

· 宮治昭『インド仏教美術史論』中央公論美術出版, 東京, 2010.

· 宮坂宥勝『仏教の起源』山喜房仏書林, 1971.

· 藤田宏達「転輪聖王について--原始仏教聖典を中心として-」『宮本正尊教授還暦記念・印度学仏教学論集』三省堂, 1954.

· 米田文孝・豊山亜希・森下真企・松並真帆, 「インド共和国西デカン地方における小規模仏教石窟群の踏査(1)」『関西大学博物館紀要』14, 2008.

· 柏瀬清一郎「ストゥトパの起源について」『名古屋大学文学部研究論集』哲学18, 1971.

· 肥塚隆『美術に見る釈尊の生涯』平凡社, 1979年

· 肥塚隆「Sātavāhana朝の仏教石窟」『日本仏教学会年報』第38号, 1973.

· 山岡泰造, 中谷伸生編『インド石窟寺院の美術史的研究—西インド地域を

中心として一』(科学研究費補助金研究成果報告書) 関西大学, 2006.

・三枝充悳「インド仏教史の時代区分」『印度學佛教學研究』35巻(1986 -1987)
　　　　1号

・杉本卓洲『インド佛塔の研究』「仏塔崇拝の生成と基盤」平楽寺書店, 1984.

・桑山正進「アウグストゥス靈廟と大ストゥーパ」『東方学報』第70册, 京都, 1998.

・桑山正進, Shah-ji-ki Dheri 主塔の遷變,『東方學報』京都, 第67册, 1995,

・「仏教の歴史」仏教書総目録刊行会, 2005.

・辻直四郎訳『リグ・ヴェーダ讃歌』岩波文庫, 1970

・梅原 猛,『塔』集英社, 1976

・野々垣篤,「ダムナール仏教石窟の平面と伽藍の基本構成」『日本建築学会
　　　　計面系論文集』第460号,1994.

・野々垣篤,「インドの後期佛教石窟の形態に關する研究」名古屋大学, 1996.

・逸見梅榮,『印度佛教美術考』建築篇, 甲子社書房, 昭和3年(1928).

・中西麻一子,「カナガナハッリ大塔仏伝図の研究」佛教大学大学院博士学
　　　　位論文, 2017

・中村優香,岡崎甚幸,「中央アジア仏教寺院における祠堂建築の空間構成の
　　　　類型」,『日本建築学会計画系論文集』第83巻 第754
　　　　号, 2018年12月

・足立康,『塔婆建築의 研究』, 中央公論美術出版, 1987

・佐藤宗太郎,『インド石窟寺院』東京書籍, 1985.

・村上堅太郎訳注『エリュトラー海案内記』中公文庫, 1993.

・塚本啓祥,『インド佛教碑銘の研究I, II』平樂寺書店, 1996.

・塚本啓祥,『法華經の成立と背景-インド文化と大乗佛教』東京, 佼成出版
　　　　社, 1986,

・秋山光文「インド美術の初期相」『世界美術大全集 東洋編』第13巻, 2006.

・坂井 隆『古代における塔型建築物の伝播』2008.

・平岡 三保子,『インド仏教石窟寺院の成立と展開』山喜房佛書林, 2009.

・平岡三保子,「カーンヘーリー第3窟の初期仏陀像造例について」『密教図像』第24号, 2006年.

・平岡三保子「インド前期仏教石窟の再検討」『美学美術史研究論集』第21号 名古屋大学, 2006年.

・豊山亜希,「ジュンナル石窟マーンモーディー第四十窟の造営意義に関する一考察」,『関西大学哲学』25, 2005.10.

・黄蘭翔,「初期中国仏教寺院の仏塔とインドのストゥーパ」,『佛教藝術』316号, 2011.

도판목록

주제어Key Words

스투파, 불탑, 간다라, 열반, 차이티야, 불교 석굴, 힌두교 석굴, 아프가니스탄 불탑, 우즈베키스탄 불탑, 타지기스탄 불탑, 신장 웨이우얼 불탑

인도 불탑 *India Stupa*

© 송봉주 2022

초판 1쇄 발행 2022년 2월 14일

지은이 송봉주
펴낸이 오세룡

편집 전태영 유지민 박성화 손미숙
기획 최은영 곽은영 김희재 진달래
디자인 김효선 고혜정
홍보·마케팅 이주하

펴낸곳 담앤북스
주소 서울특별시 종로구 새문안로3길 23 경희궁의아침 4단지 805호
전화 02)765-1250(편집부) 02)765-1251(영업부) **전송** 02)764-1251
전자우편 damnbooks@hanmail.net
출판등록 제300-2011-115호
ISBN 979-11-6201-347-2 (03220)

정가 22,000원